자바스크립트로
서버와 클라이언트
구축하기

자바스크립트로
서버와 클라이언트 구축하기

초판 1쇄 인쇄 | 2018년 6월 01일
초판 1쇄 발행 | 2018년 6월 05일

지 은 이 | 박정태
발 행 인 | 이상만
발 행 처 | 정보문화사

책 임 편 집 | 최동진
편 집 진 행 | 노미라

주   소 | 서울시 종로구 대학로 12길 38 (정보빌딩)
전   화 | (02)3673-0037(편집부) / (02)3673-0114(代)
팩   스 | (02)3673-0260
등   록 | 1990년 2월 14일 제1-1013호
홈 페 이 지 | www.infopub.co.kr

I S B N | 978-89-5674-784-2

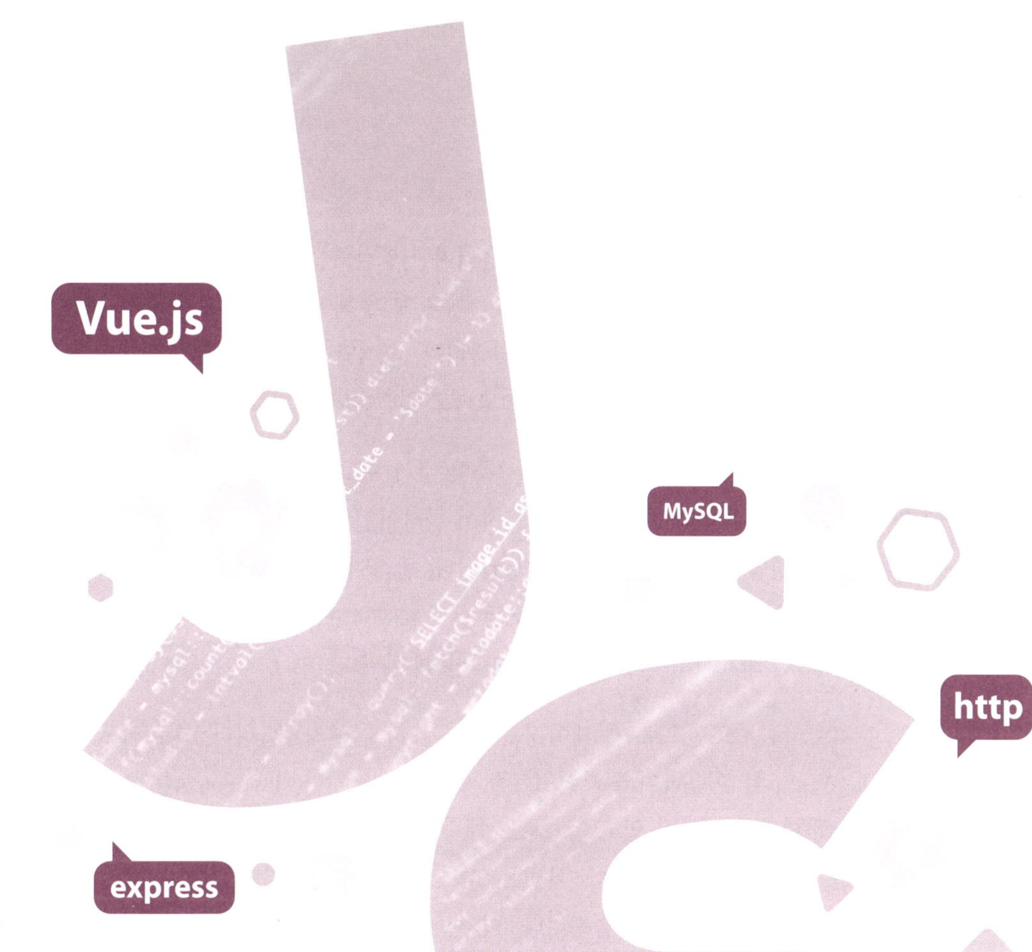

자바스크립트로 서버와 클라이언트 구축하기

박정태 지음

정보문화사
Information Publishing Group

머리말

이 책은 처음 node.js를 공부했던 기억을 떠올리며 집필하였습니다. 처음 node.js를 공부할 때 JavaScript를 한 번도 다뤄본 적이 없었습니다. 책을 보며 책에 나온 코드를 따라하면서 동작하는 결과를 보며 재미있게 공부했던 기억이 있습니다. 하지만 이 책에서는 프로그래밍을 경험하지 못한 분들도 고려하여 최소한의 문법을 설명하고 있습니다.

JavaScript로 클라이언트와 서버를 동시에 구축할 수 있도록 도움을 줄 수 있는 책입니다. 문법 위주의 설명보다는 Vue.js와 node.js를 이용하여 클라이언트와 서버를 만들면서 재미를 느끼게 해 줍니다. 또한 상당히 많은 개념을 다루게 됩니다. 클라이언트, 서버, 데이터베이스 개념을 다루며, 하나의 서비스를 만드는 데 필요한 모든 것을 다룹니다. 그 외에도 서버에서 자주 사용하는 라이브러리들을 소개하고 직접 프로젝트에 적용해 봅니다.

HTML, JavaScript, CSS만으로 웹 페이지를 만드는 시대는 지났습니다. 대표적으로 React.js, Angular.js, Vue.js를 이용하여 클라이언트를 구축하게 됩니다. JavaScript는 ES5, ES6, ES7, ES8 등 상당히 다양한 버전이 있고 앞으로도 계속 나올 것입니다. 하지만 모든 것을 다 알아야만 개발을 할 수 있는 것은 아닙니다. 문법을 알면 편하지만 기본적인 개념만 알고 있다면 프로젝트를 진행하는 데 큰 어려움은 없습니다. 이 책에서는 반드시 알아야 할 필수 문법을 설명하고 있으며 다른 언어를 해 봤다면 쉽게 이해할 수 있는 내용입니다.

저자는 회사 프로젝트로 nuxt.js와 express를 이용하여 제품 주문, 추가 주문 시스템과 토이 프로젝트로 모의 거래소를 만들었었는데, nuxt.js 사용 시 상당히 만족했습니다. React.js와 다르게 진입 장벽이 낮아 누구나 쉽게 접할 수 있는 것이 가장 큰 특징입니다.

이 책을 읽고 나면 혼자 웹 서비스를 뚝딱 만들 수 있는 자신감을 가질 수 있습니다.

책에 대한 질문, 건의사항, 궁금한 사항을 남기면 블로그(blog.naver.com/pjt3591oo)를 통해 저자와 소통할 수 있습니다.

저자 박정태

이 책의 구성

이 책은 크게 네 단계로 구성되어 있습니다.

1단계 **클라이언트를 구축합니다.**

JavaScript에서 대표적인 프론트엔드 라이브러리, 프레임워크는 vue.js, react.js, angular.js가 있습니다. vue.js 기반인 nuxt.js를 이용하여 클라이언트를 구축합니다. nuxt.js는 vue.js 기반이기 때문에 vue.js의 문법과 nuxt.js의 프로젝트 구조가 어떻게 이루어져 있는지 다룹니다. 그리고 프로젝트를 시작할 때마다 기본적인 설정을 자동으로 세팅하는 보일러 플레이트를 다루게 됩니다.

2단계 **서버를 구축합니다.**

JavaScript에서 가장 대표적인 서버 엔진은 node.js입니다. node.js에서는 express, koa, hapi를 사용하여 서버를 만들지만, express를 활용하여 서버를 구축합니다. 그리고 인증, 파일 업로드, 이메일 보내는 방법을 알아봅니다. 마지막으로 서버를 만들면 데이터베이스를 연동해야 하는데, 데이터베이스를 연동하고 ORM 형태로 데이터베이스를 관리하는 방법을 다룹니다.

3단계 **채팅 프로젝트를 구축합니다.**

1단계와 2단계에서 배운 내용을 토대로 채팅을 만들게 됩니다. 채팅을 만들 땐 socket.io 라이브러리를 사용합니다. 채팅 시 발생된 유저나 채팅 내용은 따로 데이터베이스에 저장하지 않기 때문에 데이터베이스 연동을 하지 않습니다.

4단계 **최종 프로젝트인 쇼핑몰을 구축합니다.**

쇼핑몰은 관리자 페이지와 일반 페이지로 구분하여 만들게 됩니다. 관리자 페이지에서는 가장 중요한 제품 등록을 하며 제품, 유저, 구매 이력을 관리할 수 있습니다. 일반 페이지에서는 관리자가 등록한 제품을 볼 수 있고, 해당 제품을 구매할 수 있습니다. 마이페이지에 접속하면 로그인한 유저가 구입한 제품 목록을 볼 수 있습니다.

이 책에서 사용한 코드는 github.com/pjt3591oo/javascript-book 또는 정보문화사 홈페이지 (infopub.co.kr) 자료실에서 다운받을 수 있습니다.

목차 Contents

서버 만들기

PART 3 ··· node.js

1. http 모듈과 서버 요청 테스트 ··································· 142

PART 5 ··· node.js의 특징 – 비동기 패턴

PART 6 ··· 데이터베이스

PART 7 ··· ORM을 이용한 데이터베이스 연동

PART 8 ··· 알아두면 유용한 라이브러리

PART 9 ··· 소켓

3단계 · 1차 프로젝트 채팅 구현

PART 10 ··· node.js

PART 11 ··· 쇼핑몰 구축 – 관리자편

JavaScript

개발 환경 설정

node.js와 MySQL을 설치하는 방법을 다룹니다.

_ node.js 설치
_ MySQL 설치

① node.js 설치

OS 환경에 맞춰 윈도우, Mac OS X, Linux[Ubuntu]에서 node.js를 설치하는 방법을 알아봅니다.

1-1 윈도우

node.js를 설치하기 위해 `https://nodejs.org/ko` 사이트에 접속합니다.

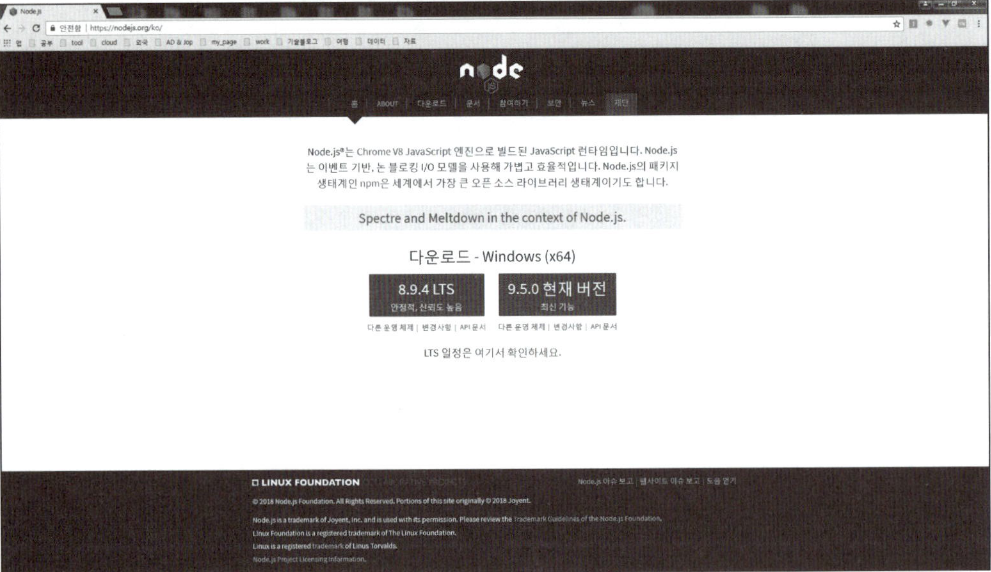

[설치 1.1] 노드 메인 페이지 접속

원하는 버전을 선택하여 설치합니다.

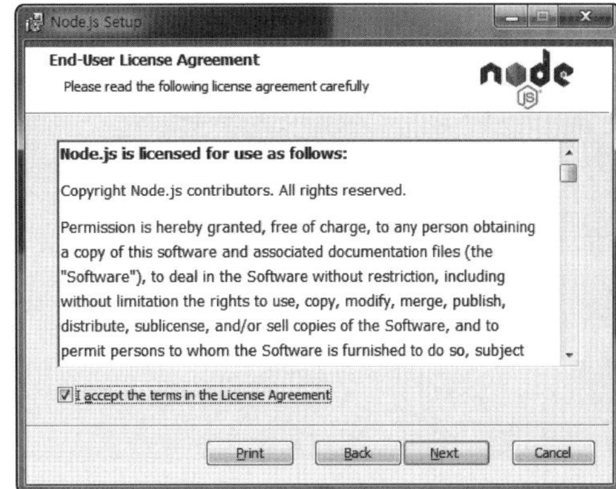

[설치 1.2, 설치 1.3] 노드 설치 파일 실행-①

[설치 1.1]에서 설치 파일을 내려 받고 실행하면 설치할 수 있는 창이 뜹니다. Next 버튼을 누르면 동의 버튼을 체크하고 계속 Next를 누릅니다.

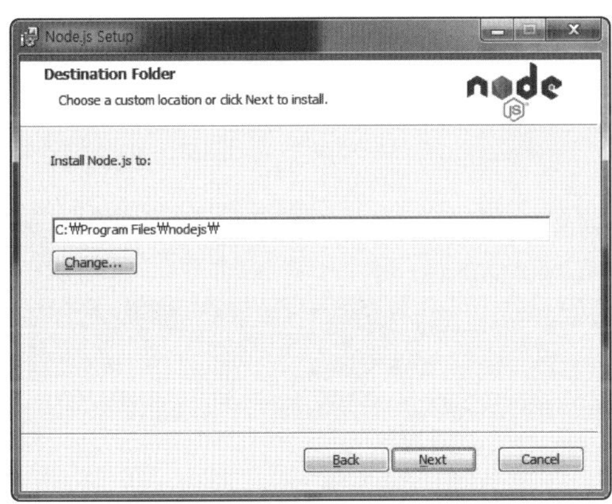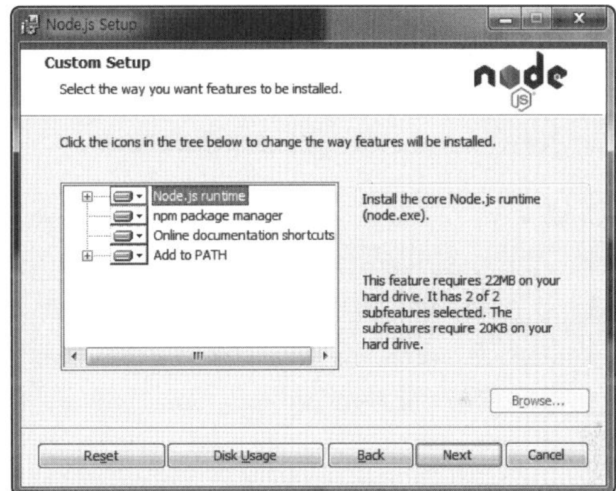

[설치 1.4, 설치 1.5] 노드 설치 파일 실행-②

경로를 설정하고 계속 Next를 눌러줍니다.

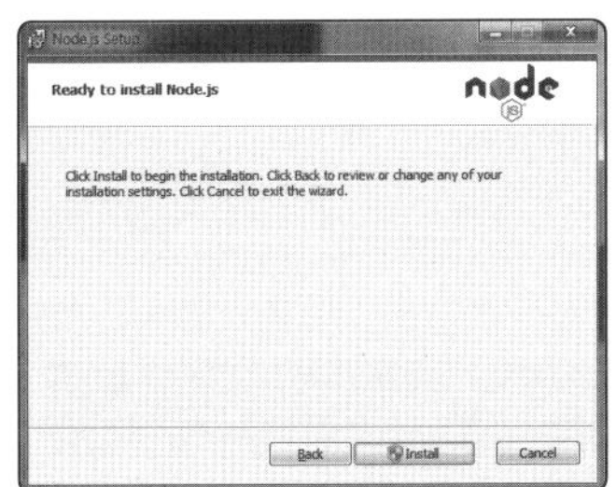

[설치 1.6, 설치 1.7, 설치 1.8] 노드 설치 파일 실행-③

설치를 완료합니다.

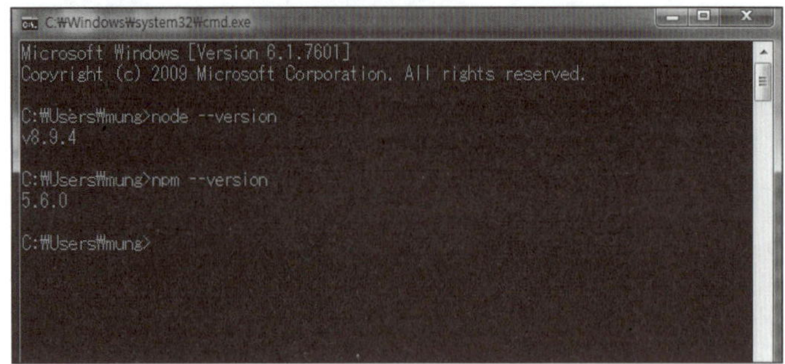

[설치 1.9] 윈도우 노드 설치 완료

설치가 정상적으로 됐는지 확인하기 위해 명령 프롬프트에서 node --version과 npm --version을 입력하여 [설치 1.9]처럼 뜨면 됩니다.

1-2 Mac OS X

https://node.org/ko에 접속합니다.

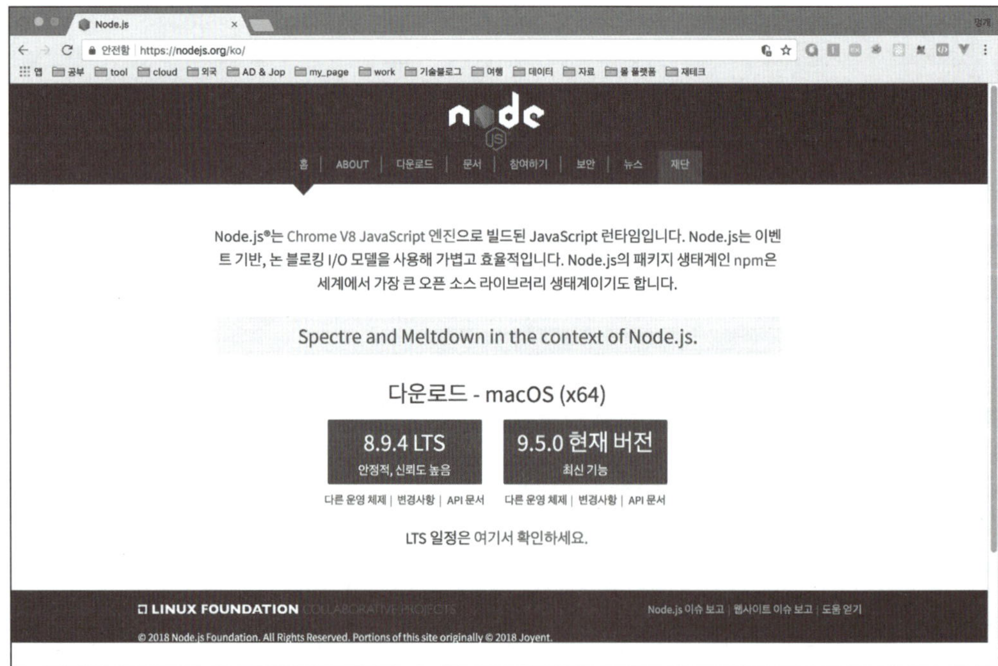

[설치 2.1] 노드 메인 페이지 접속

node.js 메인 페이지에서 원하는 버전을 설치합니다. pkg 파일을 내려받고 해당 파일을 실행합니다.

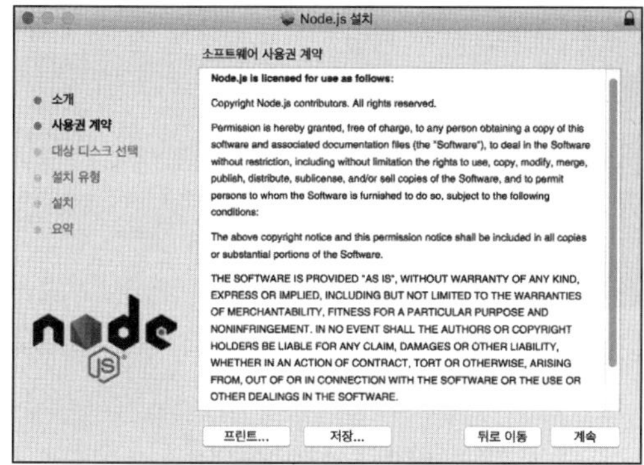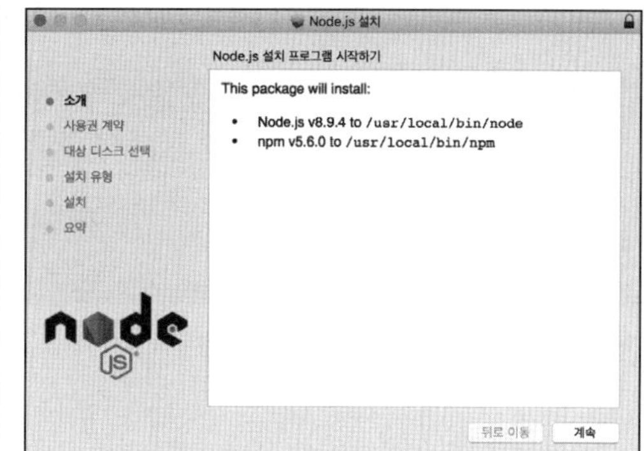

[설치 2.2, 설치 2.3] 노드 설치 파일 실행-①

pkg를 실행하면 설치 창이 뜨는데, 계속 버튼을 눌러줍니다.

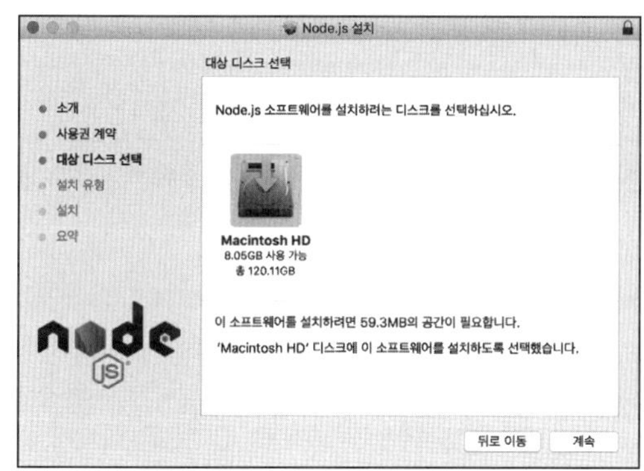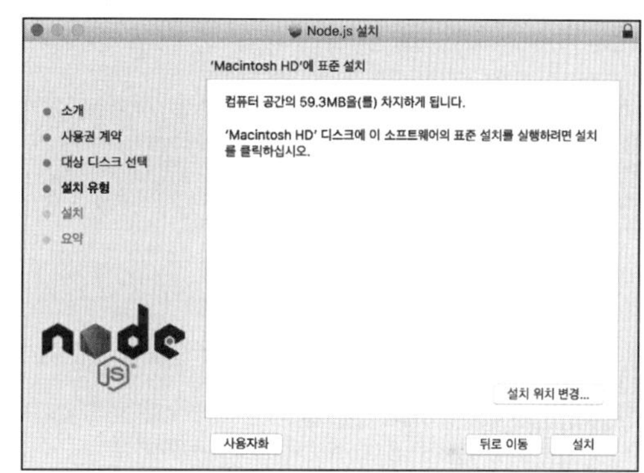

[설치 2.4, 설치 2.5] 노드 설치 파일 실행-②

[설치 2.5]에서 설치를 누르면 PC의 비밀번호를 입력하라고 뜹니다. 비밀번호를 입력하여 설치를 진행합니다.

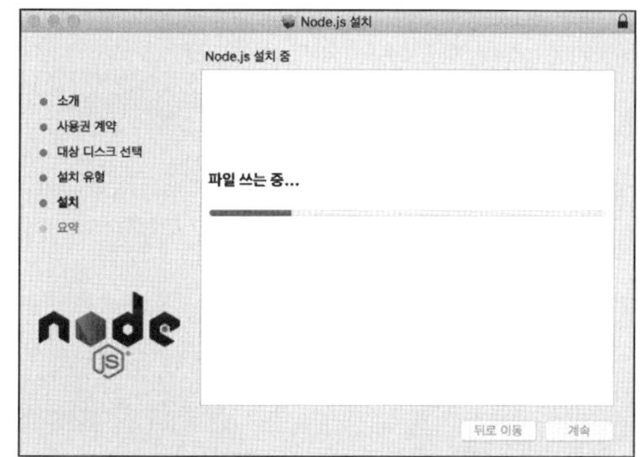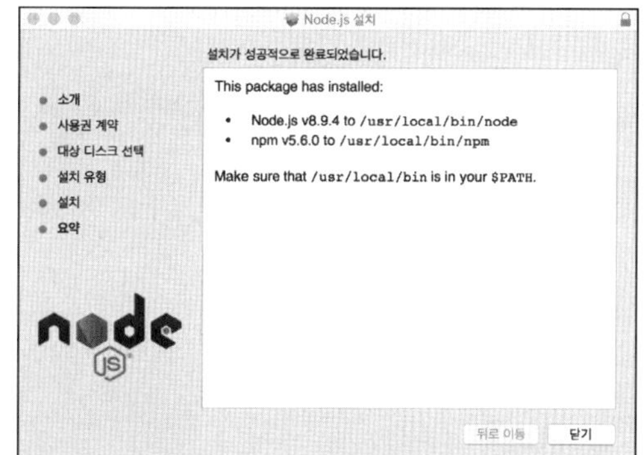

[설치 2.6, 설치 2.7] 노드 설치 파일 실행-③

설치를 완료합니다.

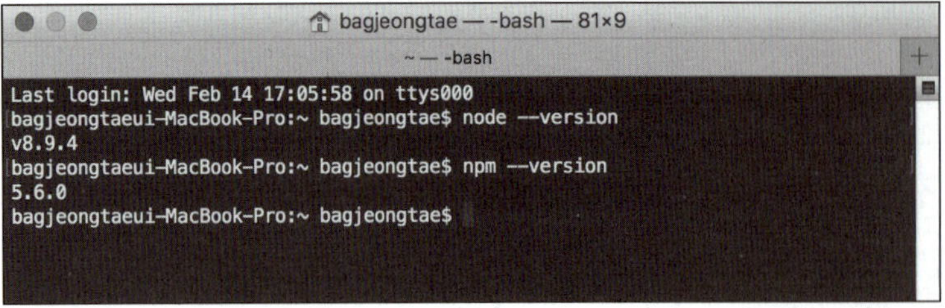

[설치 2.8] Mac OS X 노드 설치 완료 확인

터미널 창에서 node --version, npm --version으로 설치를 확인할 수 있습니다.

1-3 Linux^{Ubuntu}

리눅스 환경에서는 터미널 명령으로 설치하는 것이 수월합니다.

```
$ sudo apt-get install curl
$ curl -sL https://deb.nodesource.com/setup_6.x -o nodesource_setup.sh
```

curl을 이용하여 노드 설치 파일을 다운받습니다.

```
$ ls
nodesource_setup.sh
```

ls를 이용하여 설치된 파일을 확인합니다.

```
$ sudo bash nodesource_setup.sh # 또는 sudo ./nodesource_setup.sh
```

bash나 ./를 이용하여 실행합니다.

```
$ sudo apt-get install nodejs
```

패키지 관리자인 apt-get으로 nodejs를 설치합니다.

```
$ node --version
v4.7.3
$ npm -- version
2.15.11
```

node.js를 설치하면서 버전은 크게 신경 쓰지 않아도 됩니다. 뒤에서 노드 버전을 관리하는 방법을 다룹니다.

2 MySQL 설치

OS 환경에 맞춰 윈도우, Mac OS X, Linux^Ubuntu에서 MySQL 설치 방법을 알아봅니다.

2-1 윈도우

`https://dev.mysql.com/downloads/mysql/` 사이트에 접속합니다.

[설치 3.1] MySQL 설치 페이지 접속-①

설치 페이지에 접속해서 Go To Download Page 버튼을 눌러 줍니다.

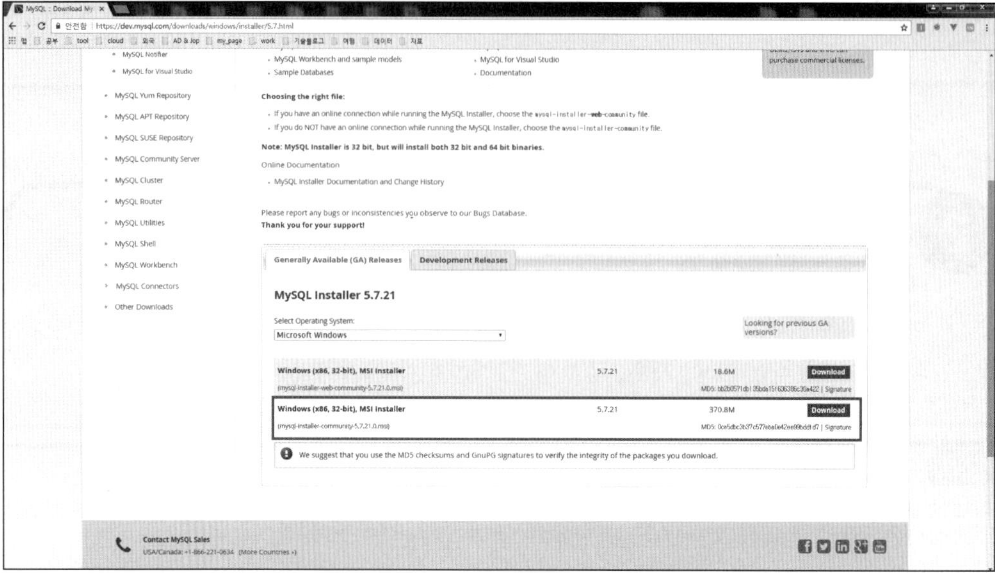

[설치 3.2] MySQL 설치 페이지 접속-②

설치 파일을 선택하여 Download 버튼을 누릅니다.

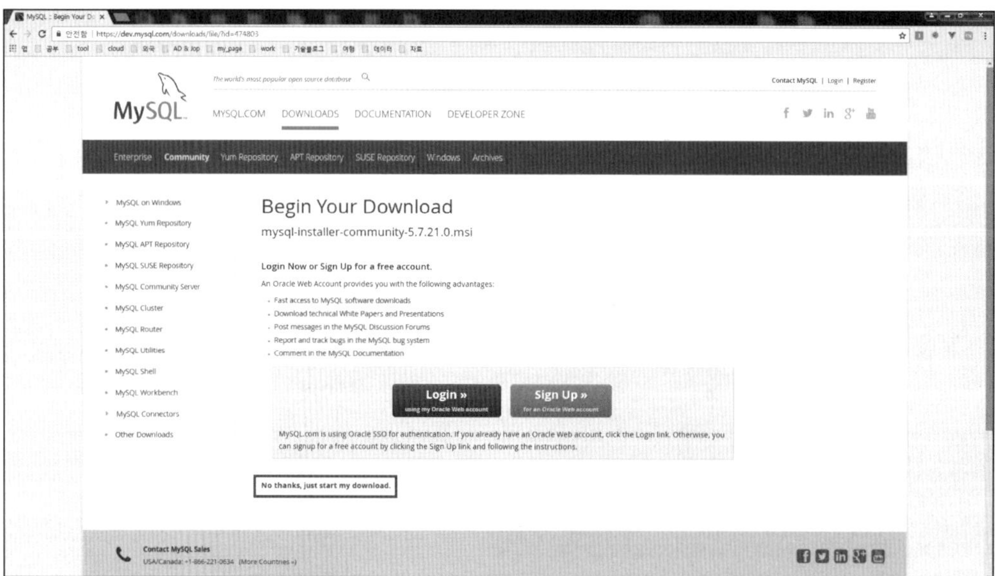

[설치 3.3] MySQL 설치 페이지 접속-③

[No thanks just start my download]를 눌러주면 설치 파일을 내려받습니다.

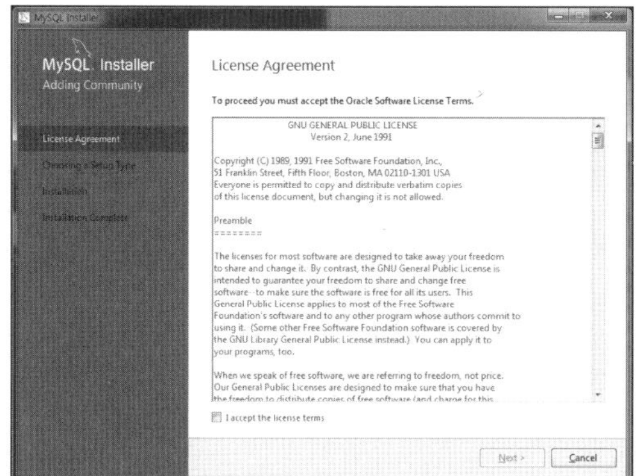

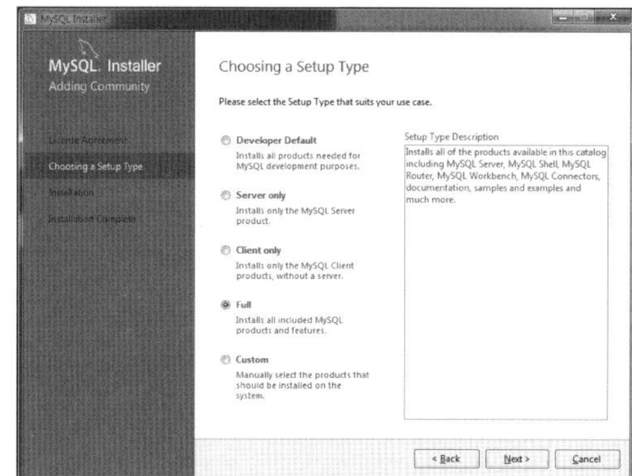

[설치 3.4] MySQL 설치 - 설치 파일 실행 　　　　　　[설치 3.5] MySQL 설치 - 설치 타입 선택

설치 파일을 실행합니다. 동의 체크박스를 체크한 후 Next 버튼을 누르면 설치 타입을 선택하라
고 나오는데, Full을 선택한 후 Next를 눌러줍니다.

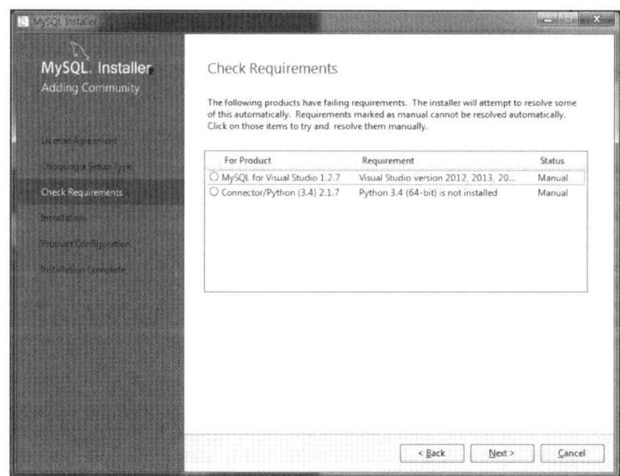

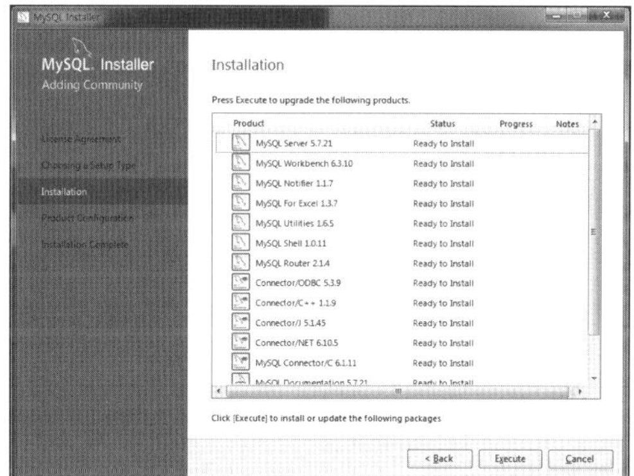

[설치 3.6, 설치 3.7] MySQL 설치-①

Next를 눌러주고 [설치 3.7]에서 execute를 눌러줍니다. execute를 누르면 설치를 시작합니다.

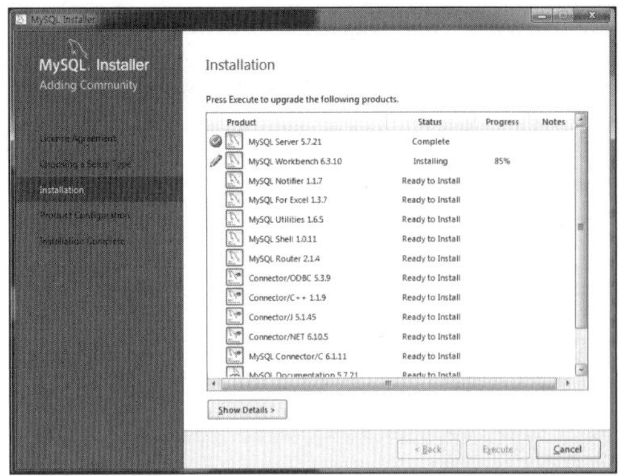 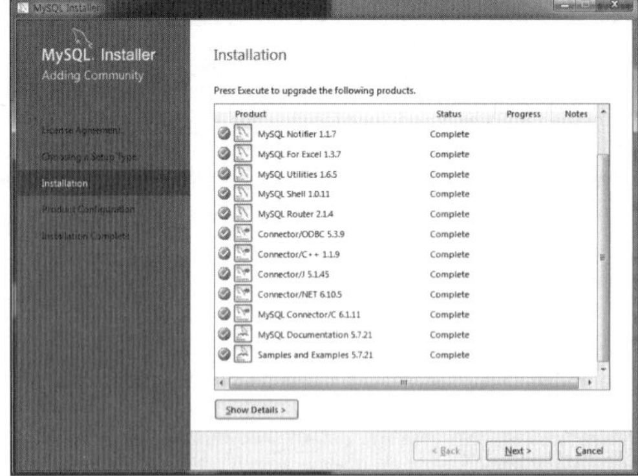

[설치 3.8, 설치 3.9] MySQL 설치-②

execute를 누르면 항목별로 설치를 시작합니다. 설치가 완료되면 Next 버튼이 활성화 됩니다.

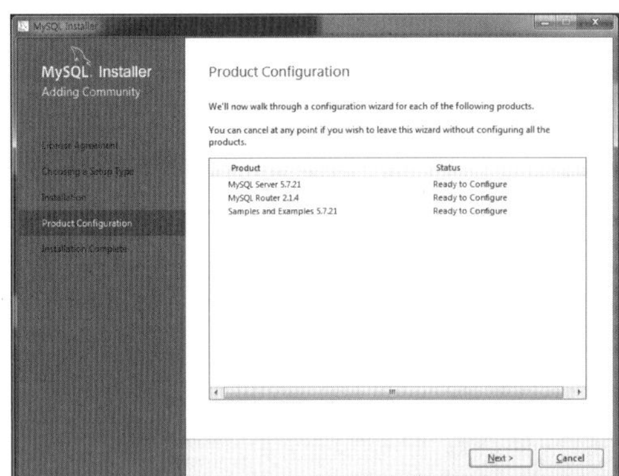 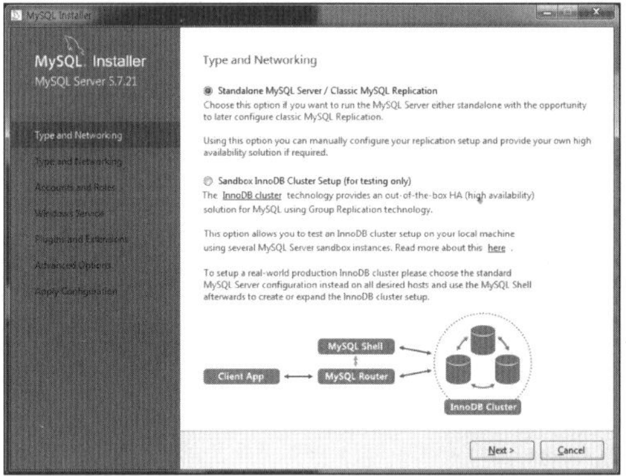

[설치 3.10, 설치 3.11] MySQL 설치-③

[설치 3.11]에서 [Standalone MySQL Server / Classic MySQL Replication]을 선택하고 Next 버튼을 눌러줍니다.

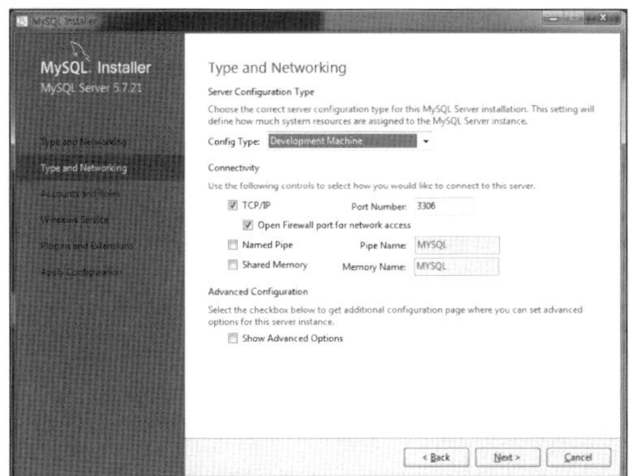 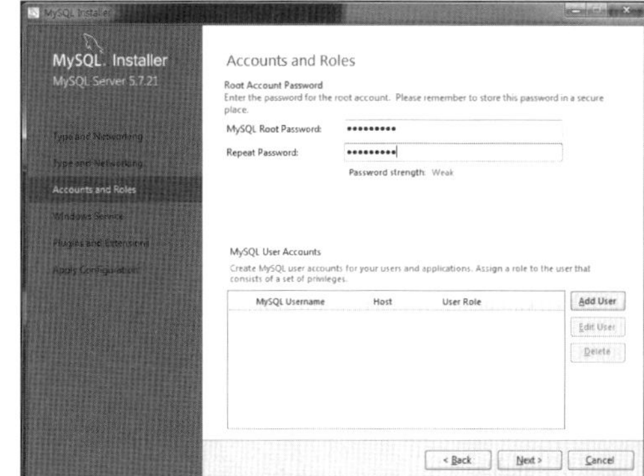

[설치 3.12] MySQL 설치 – 포트 번호

[설치 3.13] 비밀번호 설정

[설치 3.12]에서는 데이터베이스 시스템에 접속하기 위한 설정을 합니다. 포트 번호는 MySQL 기본값인 [3306]을 사용합니다. [설치 3.13]에서 데이터베이스에 접속하기 위한 비밀번호를 설정합니다. 해당 비밀번호는 잘 기억해야 합니다.

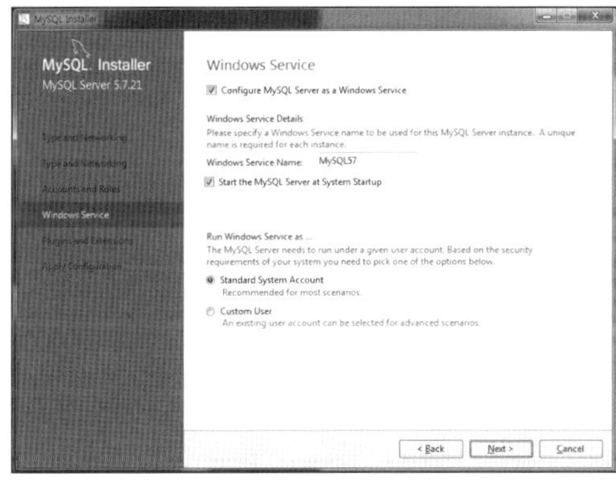 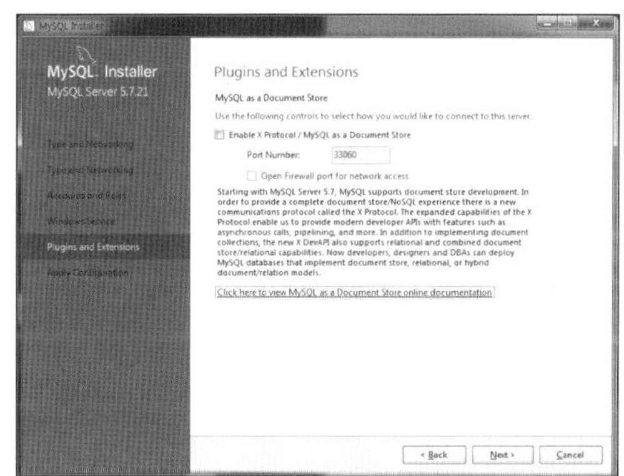

[설치 3.14, 설치 3.15] MySQL 설치-①

Next 버튼을 눌러줍니다.

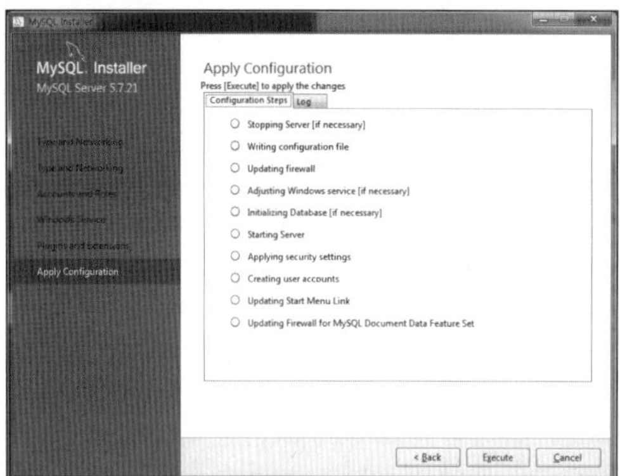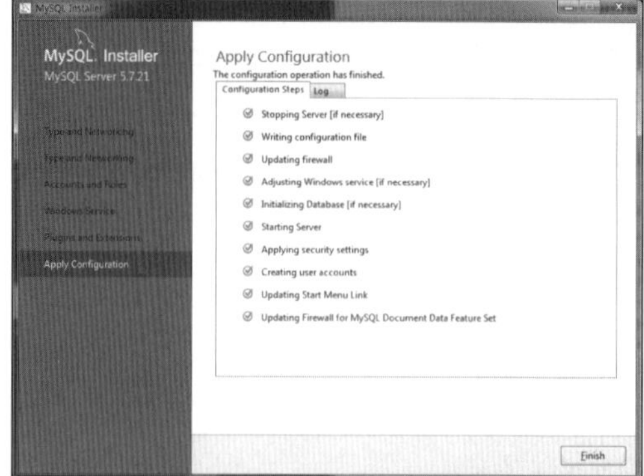

[설치 3.16, 설치 3.17] MySQL 설치-②

Execute 버튼과 Finish 버튼을 눌러줍니다. 아직 끝이 아닙니다.

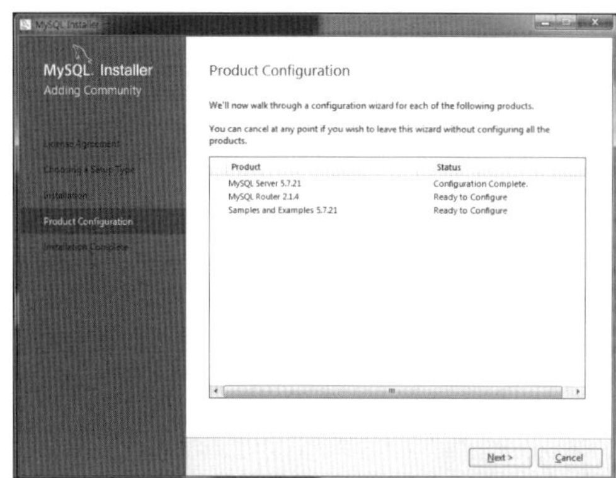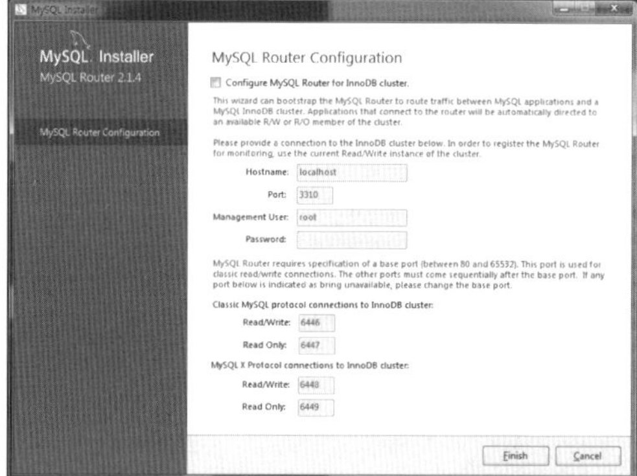

[설치 3.18, 설치 3.19] MySQL 설치-③

Next 버튼과 Finish 버튼을 눌러줍니다.

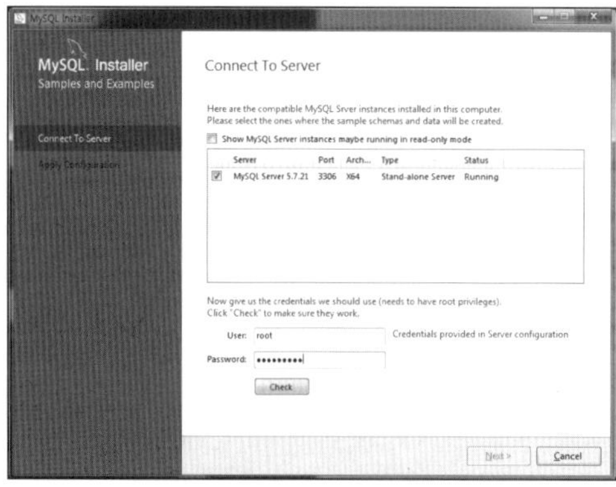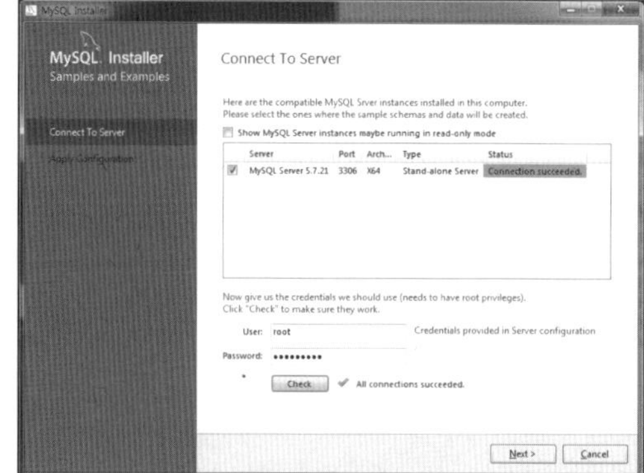

[설치 3.20, 설치 3.21] MySQL 설치-비밀번호 확인

앞에서 설정한 비밀번호를 입력하고 Check를 눌러야 Next 버튼이 활성화 됩니다. Next 버튼이 활성화되면 Next 버튼을 눌러줍니다.

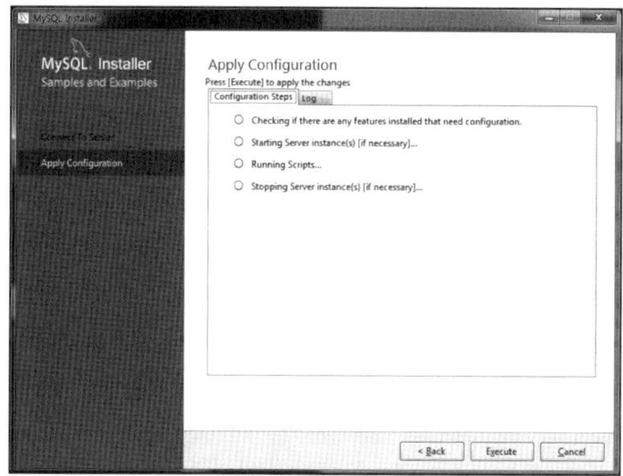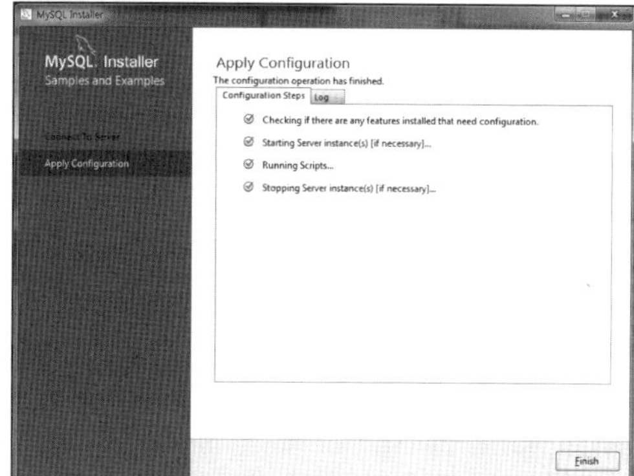

[설치 3.22, 설치 3.23] MySQL 설치

Execute 버튼과 Finish 버튼을 눌러줍니다.

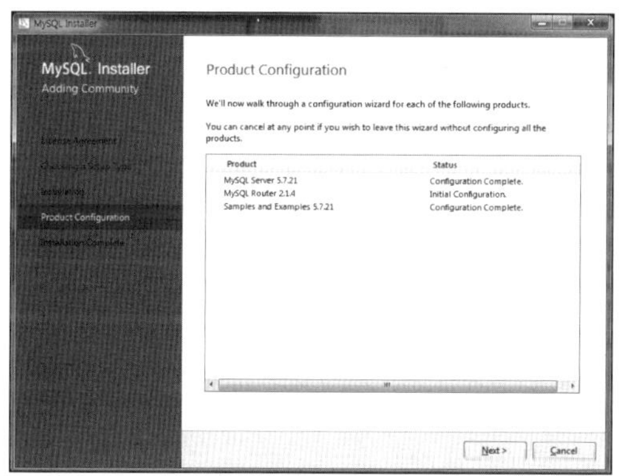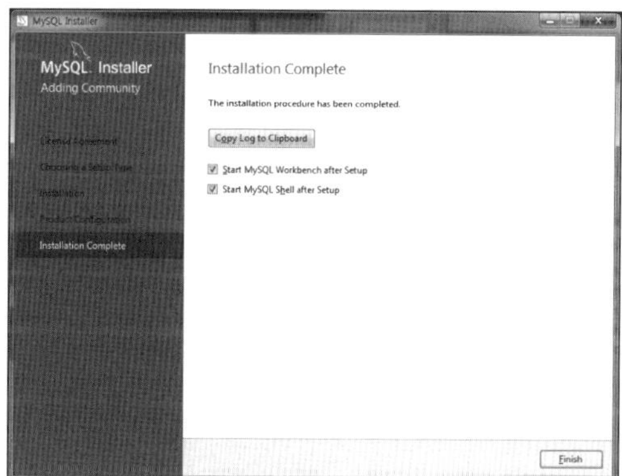

[설치 3.24, 설치 3.25] MySQL 설치-설치 완료

Next 버튼을 누르고 Finish 버튼을 누르면 설치가 완료됩니다.

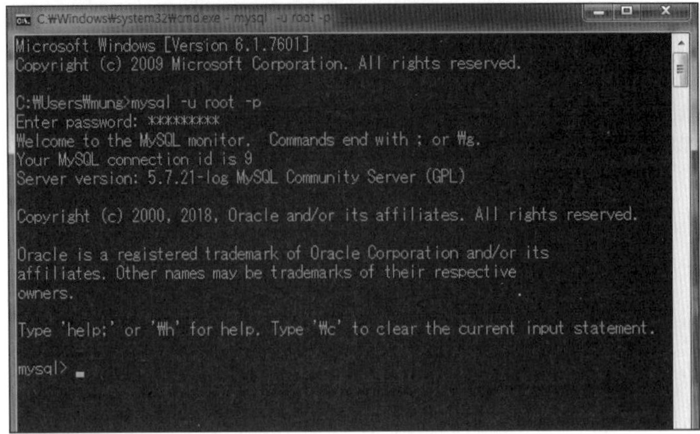

[설치 3.26] MySQL 설치 완료-실행 방법-①

설치가 완료됐다면 다음과 같은 형태로 MySQL을 실행할 수 있습니다.

```
$ mysql -u root -p
```

비밀번호를 입력하라고 뜹니다.

```
Enter password:
```

이때 앞에서 설정한 비밀번호를 입력하면 MySQL을 사용할 수 있습니다.

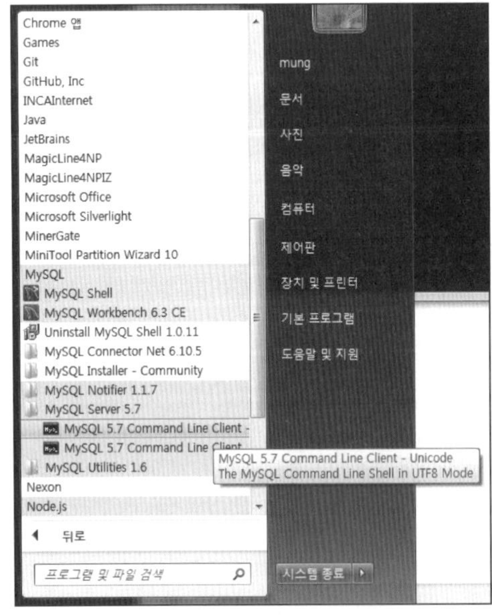

[설치 3.27] MySQL 설치 완료-실행 방법-②

설치된 경로로 가면 MySQL 5.7 Command Line Client 프로그램이 있습니다. 해당 프로그램을 실행하면 비밀번호만 입력하고 MySQL에 접속할 수 있습니다.

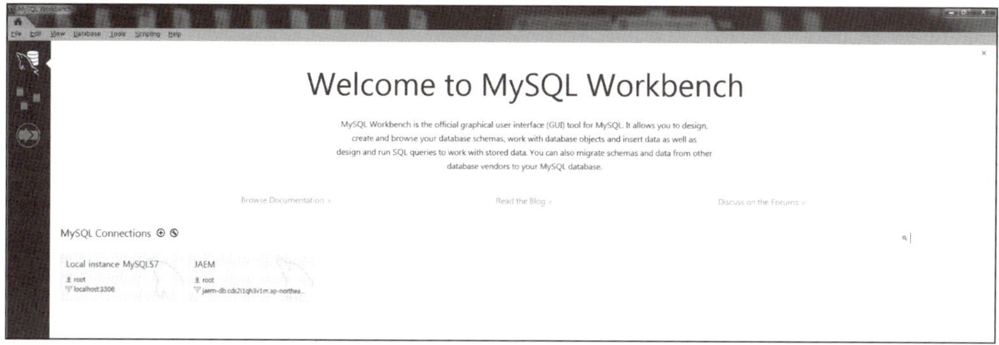

[설치 3.28] MySQL 설치 완료-실행 방법-③

Workbench는 윈도우에서 MySQL을 GUI 형태로 관리하는 프로그램입니다. MySQL이 설치된 경로를 가면 프로그램을 실행할 수 있고, MySQL 설치가 끝났을 때 자동으로 실행합니다.

2-2 Mac OS X

Mac OS X 환경에서는 homebrew를 이용하면 매우 간단히 설치를 할 수 있습니다.

https://brew.sh/ 링크로 가면 homebrew 홈페이지로 이동합니다.

[설치 4.1] homebrew 페이지 접속

Install Homebrew 아래에 보이는 명령어를 터미널에 복사&붙여넣기를 하여 실행하면 homebrew 설치가 끝납니다.

```
$ brew install mysql
```

brew install mysql로 mysql을 설치할 수 있습니다.

```
$ mysql.server[start, restart, stop]
```

mysql을 시작, 재시작, 종료할 수 있습니다.

```
$ mysql -u root -p
Enter password:
```

이러한 형태로 입력하면 됩니다. 그러면 비밀번호를 입력하라고 뜨는데 brew를 이용하여 mysql을 설치하면 비밀번호 없이 세팅되므로 그냥 엔터를 쳐주면 됩니다.

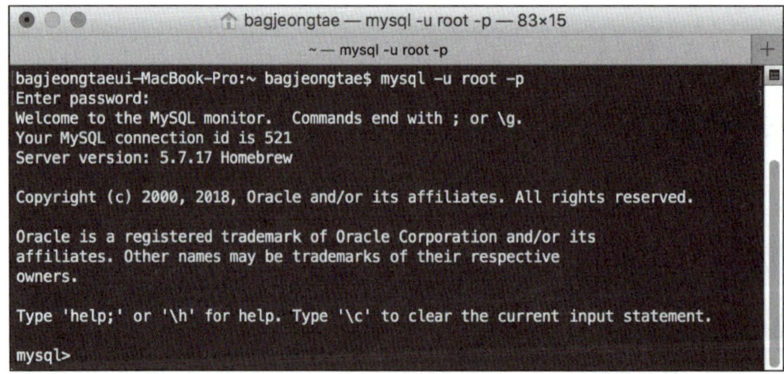

[설치 4.2] MySQL 설치 완료

Mac OS X에서는 SequelPro 툴을 이용하여 GUI 형태로 관리할 수 있습니다.

2-3 Linux^{Ubuntu}

Ubuntu에서는 패키지 관리자인 apt-get을 이용하면 편리하게 설치할 수 있습니다.

```
$ sudo apt-get update # apt-get을 업데이트
```

```
$ sudo apt-get install mysql-server
```

mysql-server를 설치합니다. 설치 도중 계속 진행할지 묻는 부분이 나오면 [y]를 입력한 후 엔터를 치면 됩니다.

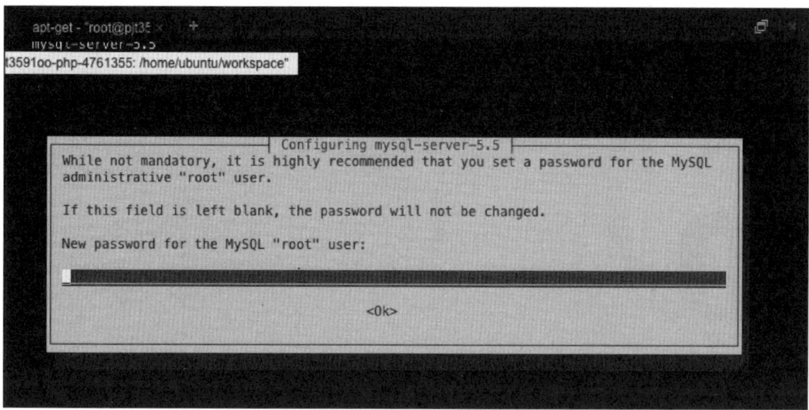

[설치 5.1] MySQL 설치 중 비밀번호 설정

설치 중 비밀번호를 입력하라고 뜹니다. 입력한 비밀번호를 잘 기억해야 합니다.

```
$ service mysql[start, restart, stop]
```

MySQL을 시작, 재시작, 종료할 수 있습니다.

```
$ mysql -u root -p
Enter password:
```

설치하면서 설정한 비밀번호를 입력합니다.

/etc/mysql/mysql/conf.d/mysqld.cnf 해당 경로의 파일을 이용하여 데이터베이스 서버의 설정을 수정할 수 있습니다.

```
bind-address = 0.0.0.0
```

해당 부분이 #으로 주석이 걸려 있는데 #을 지우면 원격지remote에서 해당 데이터베이스를 접속할 수 있습니다.

```
$ service mysql restart
```

설정이 바뀌었다면 service mysql restart를 이용하여 재시작합니다.

PART
0

필수 문법

JavaScript는 웹 또는 node.js가 설치된 환경에서 실행할 수 있습니다. 이 책을 시작하기 앞서 JavaScript의 필수 문법을 다룹니다.

_ 변수 생성
_ 데이터 타입
_ 데이터 형 변환
_ 비구조화 할당
_ 조건문
_ 반복문
_ Array(배열) 고급 사용법
_ Object(객체) 고급 사용법
_ 전개 연산자
_ 함수와 화살표 함수
_ 클래스
_ 모듈 패턴

1 변수 생성

JavaScript에서 변수를 생성하는 방법은 세 가지가 있습니다.

- **var**

```
var foo;
```

- **let**

```
let foo;
```

- **const**

```
const foo;
```

JavaScript에서는 변수를 선언하기 위해 let, var, const 키워드를 사용합니다. 이들은 차이가 있습니다.

var은 let보다 엄격하지 않습니다.

```
1  var foo;
2  var foo;
```

var은 똑같은 변수로 선언이 가능합니다. 하지만 let은 이러한 형태를 허용하지 않습니다. 만약 let으로 이미 선언한 변수를 선언한다면 에러가 발생합니다.

var은 let과 다르게 범위scope가 다릅니다.

```
1  var foo = 'bar1';
2  cosole.log(foo);      // bar1
3
4  if (1) {
5    var foo = 'bar2';
6    console.log(foo);  // bar2
```

```
7  }
8
9  console.log(foo);     // bar2
```

var로 변수를 생성하면 scope를 벗어나도 변경된 값이 유지됩니다.

```
1  let foo = 'bar1';
2  cosole.log(foo); // bar1
3
4  if (1) {
5    let foo = 'bar2';
6    console.log(foo); // bar2
7  }
8
9  console.log(foo); // bar1
```

let으로 생성한다면 마지막 출력에서 bar2가 아니라 bar1을 출력합니다. let을 사용하면 if 문 밖에서 선언된 foo와 if 문 안에서 선언된 foo는 다른 foo가 됩니다.

const로 변수를 선언하면 값을 바꿀 수 없습니다.

```
1  const foo = 'bar1'
2  foo = 'bar2'
```

만약 다른 값으로 assignment(할당)를 하면 에러가 발생합니다.

2 데이터 타입

● Boolean

Boolean은 **true, false값**을 가지는 타입입니다.

```
let foo = true // 또는 false
```

● Null

Null은 **null**을 가지는 타입입니다.

```
let foo = null // 또는 false
```

● Undefined

Undefined는 값이 할당되지 않은 타입입니다.

```
let foo
console.log(foo) # undefined
```

● Number

Number는 숫자 타입입니다. 숫자 자료형에서 **NaN**은 숫자가 아닌 것을 의미합니다.

```
let foo = 1
let boo = NaN
```

● String

String은 **문자열** 타입입니다. 문자/문자열을 저장합니다.

```
let foo = '1'
let boo = "1"
```

문자열을 만들 때는 **싱글 따옴표(')**나 **더블 따옴표(")**로 감싸줍니다. 숫자형 1과 문자형 1은 서로 다른 값입니다.

문자열을 만들 때 문자열을 조합해야 하는 경우가 있습니다.

```
1  let foo = 'hello'
2  let boo = 'world'
3  let result = foo + ' ' + boo
```

템플릿 문자열을 이용하면 + 연산을 사용하지 않고 문자열을 만들 수 있습니다.

```
1  let foo = 'hello'
2  let boo = 'world'
3  let result = `${foo} ${boo}`
```

템플릿 문자열을 만들 땐 **싱글 따옴표(')**나 **더블 따옴표(")**가 아닌 백틱(`)으로 감싸줍니다. 백틱은 키보드에서 숫자 1 좌측에 있는 키입니다. 그리고 변수는 ${ }로 감싸주면 됩니다.

● Object

Object는 **속성**과 **메소드**를 가지고 있는 데이터 타입입니다. JavaScript에서 가장 쉽게 접할 수 있는 것으로 json이 있습니다.

```
1  let foo = {
2      a: 1, // 속성
3      b: 2, // 속성
4      c: () => 10 // 메소드
5  }
```

Object는 **key: value**의 형태로 구성되어 있습니다. key를 이용하여 속성이나 메소드를 접근할 수 있습니다.

● Array

Array는 연속적인 데이터를 저장하는 타입입니다.

```
let foo = [1, 2, 3, 4, 5]
```

3 데이터 형 변환

JavaScript에서는 숫자 ↔ 문자열, 문자열 ↔ json으로 바꿀 수 있습니다.

● parseInt

paseInt는 INT형 타입으로 바꿔줍니다. INT형은 10진수 정수형입니다.

```
1  console.log(parseInt('1')) // 1
2  console.log(parseInt('1.1')) // 1
3  console.log(parseInt(1)) // 1
4  console.log(parseInt(1.1)) // 1
```

10진수 정수형 타입으로 바꿔주기 때문에 실수가 들어가면 소수점을 없앱니다.

● parseFloat

parseFloat는 실수 타입으로 바꿔줍니다.

```
1  console.log(parseFloat('1')) // 1
2  console.log(parseFloat('1.1')) // 1.1
3  console.log(parseFloat(1)) // 1
4  console.log(parseFloat(1.1)) // 1.1
```

● toString

toString은 문자열로 바꿔줍니다.

```
1  let foo1 = "1"
2  let foo2 = 1
3
4  console.log(foo1.toString()) // "1"
5  console.log(foo2.toString()) // "1"
```

- **JSON.stringify**

JSON.stringify는 json, array를 문자열로 바꿀 때 사용합니다.

```
1  let foo = {a: 1, b:2}
2
3  console.log(JSON.stringify(foo)) // "{"a":1,"b":2}"
```

```
1  let foo = [1,2,3,4]
2
3  console.log(JSON.stringify(foo)) // "[1,2,3,4]"
```

문자열로 바뀌었기 때문에 더블 따옴표(")로 감싸져 있습니다.

- **JSON.parse**

JSON.parse는 JSON.stringify처리되어 문자열로 된 json과 array를 다시 json과 array로 되돌리는 데 사용합니다.

```
1  var foo = {a: 1, b:2}
2  var boo = JSON.stringify(foo) // "{"a":1,"b":2}"
3
4  console.log(JSON.parse(boo))  // {a: 1, b: 2}
```

```
1  var foo = [1,2,3,4]
2  var boo = JSON.stringify(foo) // "[1,2,3,4]"
3
4  console.log(JSON.parse(boo))  // [1,2,3,4]
```

JSON.parse는 문자열 형태의 json을 원래의 문자열로 바꿔줍니다.

비구조 할당은 배열이나 객체에서 특정 값이나 키값만 가져오는 방법입니다.

● **비구조 배열(Destructuring Array)**

```
1  let foo = [1, 2, 3];
2  let [one, two, three] = foo;
3
4  console.log(one, two, three) // 1, 2, 3
```

[ ]을 이용하여 assignment한 값의 배열 요소를 순차적으로 선언할 수 있습니다.

```
1  let foo = [1, 2, 3];
2  let [one, ...two] = foo; // one은 첫 번째 요소,  two는 첫 번째 요소를 제외
3
4  console.log(one, two) // 1, [2, 3]
```

● **비구조 객체(Destructuring Object)**

```
1  let foo= {a: 1, b: null};
2  let {a, b, c=10} = foo;
3
4  console.log(a); // 1
5  console.log(b); // null
6  console.log(c); // 10
```

비구조 객체를 사용하기 위해 {}으로 키값을 감싸면 해당 키값을 변수로 사용 가능합니다. 해당 키가 없을 땐 기본값을 설정할 수 있습니다.

5 조건문

조건문은 프로그래밍에서 중요한 개념입니다. 조건문은 특정 조건에 따라 코드 실행 여부를 결정합니다. if 문은 다음과 같은 형태로 이루어져 있습니다.

```
if (조건) {
    . . . 실행될 코드 . . .
}
```

조건이 true라면 { }으로 감싼 부분을 실행합니다.

```
1  if (true) {
2      console.log("실행됩니다.")
3  }
```

조건에 false가 들어가면 실행하지 않습니다.

```
1  if (false) {
2      console.log("실행이 되지 않습니다.")
3  }
```

조건문은 다양한 형태로 만들 수 있습니다. 여러 개의 조건 중 하나의 조건이 true라면 다른 조건을 검사하지 않아도 될 경우가 있습니다. 이럴 때는 if ~ else를 사용합니다. if ~ else는 다음과 같은 구조로 되어 있습니다.

```
if (조건 1) {
    . . . 코드1 . . .
} else if(조건 2) {
    . . . 코드2 . . .
} else if(조건 3) {
    . . . 코드3 . . .
}else{
    . . . 코드4 . . .
}
```

조건 1이 참이라면 코드 1만 실행한 후 조건 2, 3, else는 검사하지 않습니다.

조건 1이 거짓이고 조건 2가 참이라면 조건 1이 거짓이기 때문에 코드 1은 실행하지 않습니다. 그리고 조건 2가 참이기 때문에 코드 2를 실행합니다. 그리고 조건 3과 else 부분을 실행하지 않습니다.

만약 조건 1, 2, 3 모두 거짓이라면 else 부분의 코드 4를 실행합니다.

6 반복문

반복문은 조건문과 마찬가지로 프로그래밍에서 중요한 개념입니다. JavaScript에서는 다양한 형태로 반복문을 구현할 수 있습니다.

● for 문

```
for (초기문;  조건문  ; 증감문) {
        . . . 실행될 코드 . . .
}
```

for 문은 초기문, 조건문, 증감문의 형태로 이루어져 있습니다.

```
1  for(let i = 0; i< 3 ; i++){
2      console.log(i)
3  }
```

처음에 i를 0으로 초기화합니다. 그리고 i가 3보다 작은지 검사합니다. 만약 true라면 {}로 감싼 부분을 실행합니다. 그리고 i++을 실행하여 i값을 1 증가합니다. i++는 i값을 1 증가하라는 의미입니다(i--는 i값을 1 감소하라는 의미입니다). 그리고 다시 i가 3보다 작은지 검사합니다. 이 과정을 반복하여 조건문이 false가 될 때까지 반복합니다.

● **for ~ in 문**

```
for(index in [Array 또는 Object]){
     . . . 실행될 코드 . . .
}
```

for ~ in은 객체나 배열을 이용하여 반복문을 돌리는 방법입니다.

```
1  let l = [10, 20, 30, 40]
2  for(index in l){
3      console.log(index, l[index])
4  }
```

조건문이나 증감문이 없더라도 배열 길이만큼 반복할 수 있습니다.

```
1  let j = {foo: 1, boo: 2}
2  for(key in j){
3      console.log(key, j[key])
4  }
```

객체의 모든 키 값을 접근하여 사용할 수 있습니다.

7 Array(배열) 고급 사용법

Array는 다양한 기능을 지원합니다. 데이터 삽입, 길이, 검색, 제거를 할 수 있습니다.

```
1  let foo = [] // new Array()로도 생성 가능
2
3  console.log(foo.length) //foo의 길이 출력 : 0
4
5  foo.push(1)    // foo에 숫자형 1을 추가
6  foo.push("1") // foo에 문자형 1을 추가
7
```

```
 8  console.log(foo, foo[0], foo[1]) // push로 데이터를 추가한 foo 출력
 9
10  console.log(foo.length) // foo의 길이 출력  : 2
11  console.log(foo.pop())    // 마지막 요소를 제거한 후 반환  : "1"
12  console.log(foo.length) // foo의 길이 출력  : 1
13  console.log(foo.pop())    // 마지막 요소를 제거한 후 반환  : 1
14  console.log(foo.length) // foo의 길이 출력  : 0
```

push( )는 배열 가장 마지막 요소에 추가합니다. pop( )은 배열 마지막 요소를 지우면서 반환합니다. length는 배열의 길이를 알려주는 속성 값입니다.

```
1  let foo = [10, 20, 30, 40, 50]
2
3  console.log(foo.indexOf(30))   // 2
4  console.log(foo.indexOf(100)) // -1
```

indexOf( )는 배열에서 요소를 찾습니다. 찾은 요소의 인덱스를 반환합니다. 존재하지 않다면 -1을 반환합니다.

배열은 자체적으로 반복문을 돌릴 수 있습니다. 반복문을 돌리면서 필터링도 가능합니다.

```
1  let foo = [10, 20, 30, 40, 50]
2
3  foo.forEach(function (item, index, array) {
4    console.log(item, index);
5  });
```

반복문을 돌리면서 특정 값들만 필터링을 해야 한다면 forEach 대신 filter를 사용하면 됩니다.

```
1  let foo = [10, 11, 20, 21, 30, 31]
2
3  let newFoo = foo.filter(function (item, index, array) {
4    if(item%10 == 0){ // 10의 배수 검사
5      return true // true를 반환하면 새로운 배열에 item 추가
6    }
7  });
8  console.log(newFoo)  // [10, 20, 30]
```

filter는 배열 요소를 검사하여 새로운 배열을 만드는 데 유용합니다.

8 Object(객체) 고급 사용법

JavaScript는 모든 것을 객체로 취급합니다. 객체는 프로퍼티(속성)와 메소드(함수)로 이루어져 있습니다.

```javascript
1  let foo = {"a": 10, "b": 3} // new Object({ "a": 10, "b": 3})
2
3  console.log(foo, foo["a"], foo["b"])  // {a: 10, b: 3} 10 3
4
5  foo["c"] = 30 // 프로퍼티 추가
6  console.log(foo) // {a: 10, b: 3, c: 30}
7
8  console.log(foo.hasOwnProperty('a'), foo.hasOwnProperty('asd'))
9  // true, false
```

hasOwnProperty( )는 해당 객체에 키값이 있는지 검사합니다.

9 전개 연산자(Spread Operator)

전개 연산자는 하나의 배열 또는 객체를 전달할 때 여러 개의 값으로 받을 때 사용합니다. 또는 배열이나 객체를 복사할 때 유용하게 사용합니다. 전개 연산자는 ...을 사용합니다.

● 배열

```javascript
1  function foo(x, y, z) { console.log(x, y, z) }
2  var boo = [0, 1, 2];
3  foo(...args); ///0, 1, 2
```

```
1  var foo = [1, 2, 3];
2  var boo = [...foo, 11, 22, 33];
3  console.log(foo, boo)// [1, 2, 3] [1, 2, 3, 11, 22, 33]
```

foo 배열에 11, 22, 33을 추가하여 새로운 배열을 만들어 줍니다.

```
1  var foo = [1, 2];
2  var boo = [0, ...foo, 3, 4];
3  console.log(foo, boo) // [1, 2] [0, 1, 2, 3, 4]
```

● **객체**

```
1  var foo = {a: 1, b:2}
2  var boo = {...foo, a: 2, c:3} // foo에서 a와 c를 새로만들거나 값을 덮어씌움
3  console.log(foo, boo) //{a: 1, b:2} {a: 2, b: 2, c: 3}
```

기존 객체를 이용하여 새로운 객체를 만들 때도 사용합니다.

🔟 함수와 화살표 함수

ES6부터는 function( ) { }을 ( ) => { }로 사용할 수 있습니다. function( ) {return }는 ( ) => ( )의 형태로 사용 가능합니다. 화살표 함수는 ( )를 넣으면 return을 합니다.

일반적인 함수의 형태는 다음과 같습니다.

```
1  function foo(){
2      console.log('foo')
3  }
4  foo()
```

화살표 함수로 정의하기 위해서는 함수를 변수에 담으면 됩니다.

```
1  const foo = function(){
2      console.log('foo')
3  }
4  foo()
```

function 대신 화살표(=>)로 바꿔주면 화살표 함수가 완성됩니다.

```
1  const foo = () => {
2      console.log('foo')
3  }
4  foo()
```

( ) =>를 사용한 화살표 함수와 function( )으로 정의한 함수는 동작이 같습니다. 화살표 함수에서는 return 키워드를 생략 가능합니다.

```
1  const foo = function(){
2      return 'foo'
3  }
4  console.log(foo())
```

```
1  const foo = () => ( 'foo' )
2  const boo = () => { return 'boo'}
3  console.log(foo())
4  console.log(boo())
```

화살표 함수를 이용하면 return 키워드 없이 값을 반환할 수 있습니다. 리턴 키워드 없이 반환하기 위해 소괄호(( ))를 감싸줍니다.

ES6부터는 class 키워드를 사용할 수 있습니다.

```
1  class Square {
2    constructor(height, width) { // 생성자
3      this.height = height;        // 속성
4      this.width = width;          // 속성
5    }
6
7    get area() {
8      return this.calcArea()
9    }
10
11   calcArea() {
12     return this.height * this.width;
13   }
14 }
15
16 var foo1 = new Square(1, 2)
17 var foo2 = new Square(11, 2)
18
19 console.log(foo1.area) // 2
20 console.log(foo2.area) // 22
```

메소드를 생성할 때 get 키워드를 이용하면 해당 메소드를 속성처럼 사용할 수 있습니다. 클래스를 만들 때 내부적으로 속성이나 메소드를 사용하기 위해서는 **this**를 사용해야 합니다.

클래스를 이용하면 객체를 생성할 수 있습니다.

JavaScript는 다른 언어와 달리 조금 특이한 형태로 모듈을 사용합니다. 특정 파일을 가져온다고 해서 파일에 정의된 변수, 함수, 클래스를 사용할 수 없습니다.

● ES5 스타일

```javascript
// ./ES5/index.js
let PI = Math.PI;

let area = function (r) {
    return PI * r * r;
};

module.exports = {
    area: area,
    pi: PI
}
```

module.exports를 이용하여 해당 파일에 만들어진 함수, 변수, 클래스를 외부에 노출을 해야 외부에서 사용 가능합니다.

```javascript
// es5.js
const foo1 = require('./ES5')
const foo2 = require('./ES5/index.js')

let area1 = foo1.area(10)
let area2 = foo2.area(10)

console.log(area1)  // 314.1592653589793
console.log(area2)  // 314.1592653589793
```

es5.js와 같은 위치에 있는 ES5 디렉터리를 require하면 require('./ES5/index.js')가 됩니다.

변수 foo1과 foo2는 같은 파일을 호출합니다.

```
1   const {area} = require('./ES5')
2
3   console.log(area(10)) 314.1592653589793
```

앞에서 배운 비구조화 할당을 이용하면 좀더 간결하게 사용 가능합니다.

● **ES6 스타일**

```
1   import foo1 from './ES6'
2   import foo2 from './ES6/index.js'
```

ES6 버전으로 바꾸면 이러한 형태로 사용 가능합니다.

```
1   // ./ES6/index.js
2   let PI = Math.PI;
3
4   let area = function (r) {
5       return PI * r * r;
6   };
7
8   export default area
```

module.exports 대신 export default를 사용합니다.

```
1   // ES6.js
2   import area from './ES6/index.js'
3
4   let area1 = area(10)
5
6   console.log(area1)
```

import [사용할 이름] from [파일]을 하면 다른 파일에서 export default한 변수, 클래스, 함수를 사용할 수 있습니다. export default는 파일 자체를 의미합니다. 해당 파일을 가져오면 export default한 값을 사용합니다. ES6/index.js를 가져오면 export default area이기 때문에 ES6/index.js가 area 함수 자체를 의미합니다.

만약 여러 개를 외부로 노출하고 싶다면 노출하고 싶은 곳에 export를 붙여주면 됩니다. 이 경우는 export한 것들을 객체 형태로 이해하는 것이 편합니다.

```javascript
1  // ./ES6/index.js
2  export const hello = function hello(){
3      return 'hello'
4  }
5
6  export const area = function area(r) {
7      return Math.PI * r * r;
8  };
9
10 export const v = "hello world'
```

외부로 노출하고 싶은 곳에 export를 붙여주면 됩니다. 이제 해당 파일을 가져와서 변수인 v와 함수인 hello, area를 사용할 수 있습니다.

```javascript
1  // ES6.js
2  import {hello, area} from './ES6/index.js'
3
4  console.log(hello()) // hello
5  console.log(area(1)) // 3.141592653589793
```

비구조화 할당처럼 ES6/index.js에서 외부로 노출한 변수, 함수 중에서 hello, area를 사용합니다.

하지만 import from과 export default는 babel로 es5로 빌드를 해야 정상적인 사용이 가능합니다.

JavaScript |||||||||||||||||||||||||||||

클라이언트

1장과 2장에서는 클라이언트 사이드 렌더링(CSR)인 vue.js와 서버 사이드 렌더링(SSR)인 nuxt.js를 이용하여 웹 어플리케이션을 만드는 방법을 다룹니다. 또한, CSR과 SSR의 차이점을 통해 SSR을 사용하는 이유를 설명하고 전반적인 프로젝트는 SSR인 nuxt.js를 이용하여 클라이언트를 구현합니다.

vue.js

클라이언트 사이드 렌더링(CSR)인 vue.js 라이브러리에 대해 알아봅니다. 이 책에서는 nuxt.js를 이용하여 프로젝트를 진행합니다. nuxt.js는 vue.js 기반 서버 사이드 렌더링 (SSR) 프레임워크입니다. react.js도 vue.js처럼 서버 사이드 렌더링 프레임워크가 있는데 이것을 next.js라고 합니다.

_ vue.js 시작하기, vue 인스턴스 생성
_ 템플릿 문법
_ 데이터 바인딩
_ computed, watch, methods
_ 조건부 렌더링, 리스트 렌더링
_ 이벤트 핸들링
_ 라이프 사이클

1 vue.js 시작하기, vue 인스턴스 생성

nuxt.js를 이용하여 클라이언트를 구현합니다. nuxt.js는 **클라이언트 사이트 렌더링(CSR)**[1]인 vue. js를 **서버 사이드 렌더링(SSR)**[2]이 가능하도록 만들어진 프레임워크입니다. vue.js 기반이기 때문에 vue.js를 알고 있으면 nuxt.js를 쉽게 익힐 수 있습니다. 이번 장에서는 vue.js 사용법을 익힙니다.

1-1 vue.js 시작하기

vue.js를 사용하기 위해서는 vue.js 파일을 다운로드 받아서 <script> 태그에 추가해야 하지만, JavaScript의 최대 장점은 해당 파일을 직접 가지고 있지 않더라도 사용 가능합니다. **CDN**[3]을 이용하면 파일을 직접 다운로드 하지 않고 사용할 수 있습니다.

```
<script src="https://cdn.jsdelivr.net/npm/vue"></script>
```

위 코드를 html 코드 <head> 태그에 삽입하면 vue를 사용할 수 있습니다. 코드 한 줄로 vue 사용 준비가 끝났습니다.

[코드 1-1] vue.js 사용 준비	(파일명: ./codes/ch/ch1/1.1.html)

```
 1  <!DOCTYPE html>
 2  <html>
 3    <head>
 4      <meta charset="utf-8">
 5      <title>vue 시작하기!!</title>
 6      <script src="https://cdn.jsdelivr.net/npm/vue"></script>
 7    </head>
 8    <body>
 9      <h1>vue 시작하기!!</h1>
10    </body>
11  </html>
```

---

1 CSR : Client Side Rendering의 약자로 클라이언트는 빈 페이지를 받아와 JavaScript를 실행하여 렌더링하는 방식

2 SSR : Server Side Rendering의 약자로 서버에서 JavaScript가 실행된 결과를 렌더링하는 방식

3 CDN : Content Delivery Network의 약자로 콘텐츠의 트래픽을 분산시키는 역할

[코드 1-1] 실행 결과

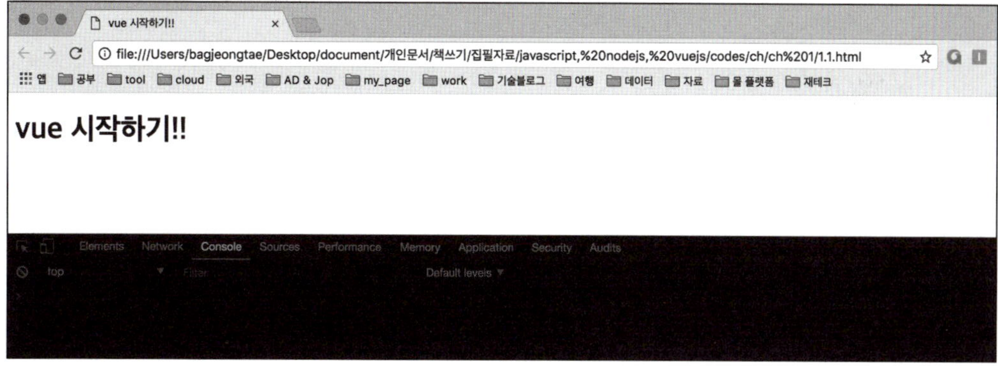

[코드 1-1]을 실행하면 h1 태그로 감싼 텍스트를 출력합니다.

1-2 인스턴스 생성

CDN을 통해 vue.js를 사용할 수 있게 됐습니다. vue.js를 이용하여 웹 애플리케이션을 만듭니다.

[코드 1-2] vue 인스턴스 생성　　　　　　　　(파일명: ./codes/ch/ch1/1.2.html)

```html
1  <!DOCTYPE html>
2  <html>
3    <head>
4      <meta charset="utf-8">
5      <title>vue 시작하기!!</title>
6      <script src="https://cdn.jsdelivr.net/npm/vue"></script>
7    </head>
8    <body>
9      <h1>vue 시작하기!!</h1>
10     <div id="start">
11       {{ message }}
12     </div>
13     <script type="text/javascript">
14     let app = new Vue({
15       el: '#start',
16       data: {
17         message: '!!!!!hello world!!!!'
18       }
```

```
19        })
20      </script>
21    </body>
22  </html>
```

[코드 1-2] 실행 결과

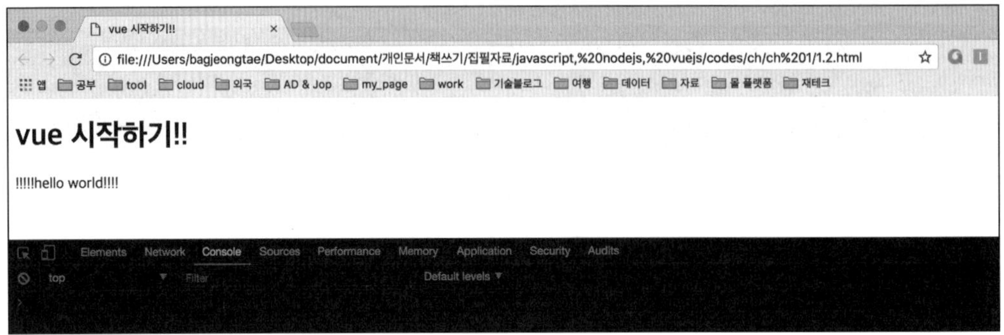

!!!!!hello world!!!!!를 출력하는 간단한 웹 애플리케이션을 만들었습니다. 다음 장에서는 vue.js와 nuxt.js의 실행 결과를 비교합니다.

vue는 매우 간단한 형태로 웹 애플리케이션을 만들 수 있습니다. vue는 기본적으로 다음과 같은 형태를 가지고 있습니다.

```
let app = new Vue({
  // 속성
})
```

new Vue( )를 하여 vue 인스턴스(객체)를 생성합니다. 인스턴스를 생성할 때 속성값들을 넣어줄 수 있는데, 전달된 속성에 따라 우리가 원하는 웹 애플리케이션을 만들게 됩니다. 앞의 코드처럼 el과 data 같은 속성을 사용할 수 있습니다.

el은 웹 애플리케이션의 루트를 지정해주는 것을 의미합니다.

data는 화면에 띄우거나 웹 애플리케이션을 동작하는데 필요한 데이터를 정의합니다. [코드 1-2]에서는 data에서 message를 정의하여 화면에 띄워주는 역할을 합니다. 이 외에 여러 가지 속성과 메소드를 정의할 수 있습니다. 하나씩 알아보겠습니다.

data 속성을 먼저 알아보겠습니다.

[코드 1-3] 메소드 형태로 data 사용   (파일명: ./codes/ch/ch1/1.3.html)

```html
1  <!DOCTYPE html>
2  <html>
3    <head>
4      <meta charset="utf-8">
5      <title>vue 시작하기!!</title>
6      <script src="https://cdn.jsdelivr.net/npm/vue"></script>
7    </head>
8    <body>
9      <h1>vue 시작하기!!</h1>
10     <div id="start">
11       {{ message }}
12     </div>
13     <script type="text/javascript">
14     let app = new Vue({
15       el: '#start',
16       data () {
17         return {
18           message: '!!!!!hello world!!!!'
19         }
20       }
21     })
22     </script>
23   </body>
24 </html>
```

[코드 1-3]을 실행하면 [코드 1-2]와 같은 결과를 출력합니다. [코드 1-3]과 [코드 1-2]의 차이점은 data를 메소드 형태로 정의합니다. 컴포넌트를 사용할 때 속성 형태가 아닌 메소드 형태로 data를 사용해야 하기 때문에 평소에도 메소드 형태로 사용하여 익숙해지는 것이 좋습니다.

vue 인스턴스에 정의된 메소드, 속성들은 el에 정의된 루트 경로에서 사용 가능하게 됩니다. nuxt.js에서는 파일 단위로 관리하기 때문에 사용하지 않는 속성값입니다. 하지만 vue.js는 new 키워드로 직접 인스턴스를 만들기 때문에 어느 부분에서 사용할 지 vue에게 알려야 합니다. 만약 [코드 1-3]에서 el에 없는 셀렉터4를 넣으면 다음과 같은 에러가 발생합니다.

[코드 1-3]에서 el 부분을 없는 id 값인 #1을 넣어보겠습니다.

```
▶Uncaught DOMException: Failed to.execute 'querySelector' on 'Document': '#1' is not a valid selector.
    at Zt (https://cdn.jsdelivr.net/npm/vue:6:20392)
    at Rt.$mount (https://cdn.jsdelivr.net/npm/vue:6:85826)
    at Rt.t._init (https://cdn.jsdelivr.net/npm/vue:6:58417)
    at new Rt (https://cdn.jsdelivr.net/npm/vue:6:18459)
    at file:///Users/baqjeongtae/Desktop/document/%E1%84%80%E1%85%A2%E1%84%8B%E1%8…4%85%E1%85%AD/javascript,%20nodejs,%
```

[그림 1.1] vue 생성 시 없는 셀렉터를 이용하여 el 속성 초기화

실행 결과로 #1은 잘못된 셀렉터라고 나옵니다. 아이디 값이 1인 돔을 찾을 수 없으므로 에러가 발생합니다.

우리는 vue.js를 사용하기 위해 CDN을 이용하여 파일을 추가하는 방법과 간단한 웹 애플리케이션을 만들면서 vue.js 사용 시 주의할 점에 대해 알아보았습니다. 이제부터는 vue.js를 이용하여 효율적으로 웹 애플리케이션 만드는 방법에 대해 알아보겠습니다.

2 템플릿 문법

vue 인스턴스에 정의된 데이터 메소드를 이용하여 웹 애플리케이션에 바인딩할 수 있습니다. 화면에 보이는 텍스트, 태그에 포함된 속성, 자바스크립트 표현식을 렌더링하여 사용자에게 제공하는 화면에 출력할 수 있습니다.

2-1 텍스트

앞의 코드에서 간단히 템플릿 문법을 사용해 보았습니다.

```
1  <!DOCTYPE html>
2  <html>
3    <head>
4      <meta charset="utf-8">
```

---

4 셀렉터(selector) : JavaScript와 CSS에서 HTML 돔을 접근하는 방법으로 class를 나타낼 땐 마침표(.), 아이디를 나타낼 땐 샵(#)을 사용합니다.

```
5        <title>vue 시작하기!!</title>
6        <script src="https://cdn.jsdelivr.net/npm/vue"></script>
7    </head>
8    <body>
9      <h1>vue 시작하기!!</h1>
10     <div id="start">
11       {{ message }}
12     </div>
13     <script type="text/javascript">
14     let app = new Vue({
15       el: '#start',
16       data () {
17         return {
18           message: '!!!!!hello world!!!!'
19         }
20       }
21     })
22     </script>
24   </body>
25 </html>
```

vue 인스턴스에 정의된 데이터를 {{ }}로 묶어주면 바인딩됩니다. 여기서 반드시 중 괄호({ })를 두 개씩 묶어야 합니다. 이렇게 바인딩된 데이터는 추후에 이벤트를 통해 해당 값을 바꾸면 해당 데이터로 바인딩된 모두가 바뀐 데이터로 적용됩니다.

2-2 속성

데이터 바인딩을 하면 매우 편하게 데이터를 관리할 수 있습니다. 텍스트 형태 뿐 아니라 a 태그나 img 태그같이 외부 리소스를 사용하는 태그에서도 데이터를 바인딩하여 유동적으로 외부 리소스를 바꿔줄 수 있습니다.

[코드 1-4] 데이터 바인딩을 이용하여 속성값 설정 (파일명 : ./codes/ch/ch1/1.4.html)

```
1 <!DOCTYPE html>
2 <html>
3   <head>
4     <meta charset="utf-8">
```

```
 5      <title>vue 시작하기!!</title>
 6      <script src="https://cdn.jsdelivr.net/npm/vue"></script>
 7    </head>
 8    <body>
 9
10      <div id="start">
11        <a v-bind:href="link1">페이지 이동</a>
12        <img v-bind:src="src1" alt="fron.png">
13      </div>
14
15      <script type="text/javascript">
16      let app = new Vue({
17        el: '#start',
18        data () {
19          return {
20            link1: 'http:blog.naver.com/pjt3591oo',
21            src1: 'https://blogpfthumb-phinf.pstatic.net/20150108_189/
22 pjt3591oo_1420674831487anbDY_PNG/frog.png?type=w161'
23          }
24        }
25      })
26      </script>
27    </body>
28  </html>
```

[코드 1-4] 실행 결과

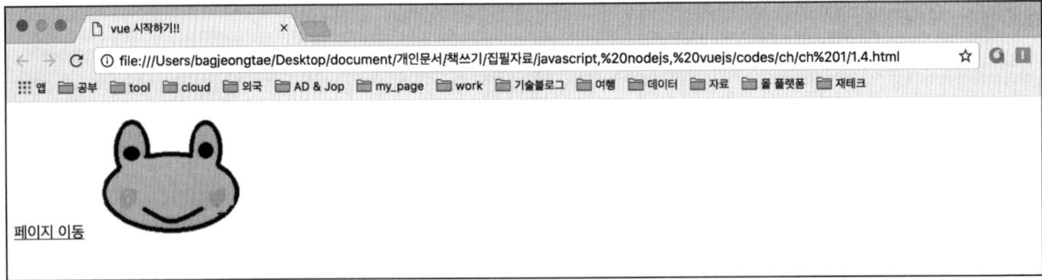

data 메소드에 선언한 link1로 a 태그의 href 속성값과 src1로 img 태그의 src 속성을 설정했습니다. 태그 속성에 vue 인스턴스에 생성된 데이터를 바인딩하기 위해서는 [코드 1-4]처럼 **v-bind:**를 붙여주어야 합니다.

```
<a v-bind:href='href1'> </a>
<img v-bind:src='src1'>


<a href='href1'> </a>
<img src='src1'>
```

v-bind를 붙인 것과 붙이지 않은 것의 차이가 궁금할 수 있습니다. v-bind를 붙이지 않고 작성하면 각각의 속성에 'href1', 'src1' 문자열 그대로 들어갑니다. v-bind를 통해 vue 인스턴스에 있는 data 메소드에 있는 값을 사용한다고 알려줍니다.

하지만 v-bind: 대신 :의 형태로 약어로만 사용할 수 있습니다.

```
<a :href='href1'> </a>
<img :src='src1'>
```

v-bind:보다 훨씬 편한 형태로 코드 작성을 할 수 있습니다. 약어를 사용하는 것과 사용하지 않는 것은 똑같은 코드이기 때문에 편한 방법으로 코드를 작성하면 됩니다. 물론 짧은 방법이 더 편하겠죠?

2-3 자바스크립트 표현식

{{ }}는 data 메소드에 정의한 데이터를 그대로 사용할 수 있습니다. 그리고 JavaScript 코드도 포함할 수 있습니다.

[코드 1-5] 화면에 날짜 출력 – ① (파일명 : ./codes/ch/ch1/1.5.html)

```
1  <!DOCTYPE html>
2  <html>
3    <head>
4      <meta charset="utf-8">
5      <title>vue 시작하기!!</title>
6      <script src="https://cdn.jsdelivr.net/npm/vue"></script>
7    </head>
8    <body>
9
10     <div id="start">
11       <h1>오늘의 날짜 : {{date}}</h1>
```

```
12        </div>
13
14        <script type="text/javascript">
15        var app = new Vue({
16          el: '#start',
17          data () {
18            return {
19              date: new Date()
20            }
21          }
22        })
23        </script>
24      </body>
25    </html>
```

[코드 1-5]를 실행하면 화면에 현재 날짜를 출력합니다.

```
오늘의 날짜 : "2018-01-24T01:12:53.845Z"
```

이런 형태로 웹 브라우저에 띄워줍니다. 하지만 JavaScript를 이용하면 간단한 형태로 표현이 가능합니다. 이럴 땐 {{ }}에서 JavaScript 코드를 통해 복잡한 date 타입으로 된 문자열을 처리하면 됩니다.

```
<h1>오늘의 날짜 : {{date.getFullYear() + '-' + parseInt(date.
getMonth()) + 1 + '-' + date.getDay()}}</h1>
```

new Date( )로 생성한 날짜는 getFullYear( ), getMonth( ), getDay( ) 메소드를 통해 현재 년, 월, 일을 가져올 수 있습니다. 그리고 getHours( ), getMinutes( ), getSeconds( ) 메소드를 이용하여 현재 시간, 분, 초를 가져올 수 있습니다. getMonth( ) 메소드 같은 경우는 [현재 월-1]로 가져오기 때문에 + 1을 해야 현재 월을 가져올 수 있습니다.

월을 가져오는 date.getMonth( )에 parseInt( )로 정수 타입을 바꾸었습니다. 이렇게 한 이유는 getMonth( )로 가져온 값이 정수 타입이 아니라 문자열 타입이기 때문에 +1을 할 때 옆으로 붙는 현상이 발생합니다. 정상적인 숫자 연산을 위해 parseInt( )를 이용하여 정수 타입으로 바꿉니다.

```
<h1>오늘의 날짜 : {{date.getFullYear()}} - {{parseInt(date.getMonth())
+ 1}} - {{date.getDay()}}</h1>
```

각각 가져온 년, 월, 일을 {{ }}로 따로 묶어서 출력하면 + 연산을 하지 않고도 원하는 형태로 출력할 수 있습니다.

[코드 1-6] 화면에 날짜 출력 - ② (파일명 : ./codes/ch/ch1/1.6.html)

```html
1  <!DOCTYPE html>
2  <html>
3    <head>
4      <meta charset="utf-8">
5      <title>vue 시작하기!!</title>
6      <script src="https://cdn.jsdelivr.net/npm/vue"></script>
7    </head>
8    <body>
9
10     <div id="start">
11         <h1>오늘의 날짜 : {{date.getFullYear()}} - {{parseInt(date.
12  getMonth()) + 1}} - {{date.getDay()}}</h1>
13     </div>
14
15     <script type="text/javascript">
16     let app = new Vue({
17       el: '#start',
18       data () {
19         return {
20           date: new Date()
21         }
22       }
23     })
24     </script>
25   </body>
26 </html>
```

JavaScript로 우리가 원하는 날짜의 형태로 화면에 출력합니다.

```
오늘의 날짜 : 2018-1-3
```

하지만 {{ }} 내부에 복잡한 JavaScript 코드를 넣지 않는 것이 좋습니다. 이 부분은 뒤에서 **computed 속성**을 사용하여 해결합니다.

2-4 템플릿 문법이 중요한 점

템플릿 문법을 이용한 데이터 바인딩은 상당히 편리하게 웹 애플리케이션을 만들 수 있습니다. 만약 웹 애플리케이션에서 회원가입을 만든다고 가정합니다. 우리는 다양한 input 데이터를 입력받아 서버에 전달합니다. 데이터 바인딩을 하면 이 부분을 편리하게 구현 가능합니다. 앞의 코드에서 보았듯이 바인딩된 데이터를 바로 화면에 뿌려주듯이, 화면에 뿌려진 바인딩된 데이터를 바로 가져다가 사용하는 것도 가능합니다.

vue를 사용하면 jquery에서 selector를 만들어 돔에 접근한 후 데이터를 가져오는 작업을 하지 않습니다. 또한 뒤에서 **vuex**를 사용하는데 이것을 이용하면 더 편한 웹 애플리케이션 환경을 만들 수 있습니다.

vue를 사용하면 개발에만 집중하여 웹 애플리케이션을 만들 수 있습니다.

③ 데이터 바인딩

앞에서 v-bind를 이용하여 데이터 바인딩을 했습니다. v-bind는 **단방향 바인딩**입니다. 하지만 vue.js에서는 단방향뿐만 아니라 **양방향 바인딩**도 가능합니다.

3-1 단방향 바인딩

단방향 바인딩은 말 그대로 한 쪽으로만 데이터가 바인딩되는 것입니다. 예제를 통해 단방향 바인딩이 무엇인지 알아보겠습니다.

[코드 1–7] 단방향 바인딩	(파일명 : ./codes/ch/ch1/1.7.html)

```
1   <!DOCTYPE html>
2   <html>
```

```html
3    <head>
4      <meta charset="utf-8">
5      <title>vue 시작하기!!</title>
6      <script src="https://cdn.jsdelivr.net/npm/vue"></script>
7    </head>
8    <body>
9
10     <div id="start">
11       <input type="text" name="" v-bind:value="text">
12       <h1>{{text}}</h1>
13     </div>
14
15     <script type="text/javascript">
16     let app = new Vue({
17       el: '#start',
18       data () {
19         return {
20           text: 'hello world!'
21         }
22       }
23     })
24     </script>
25   </body>
26 </html>
```

앞의 코드를 실행하면, vue 인스턴스 데이터에 정의된 text 값을 input 태그와 h1 태그에 출력합니다. input 창에서 바인딩된 값을 바꿔도 h1 태그의 값은 변화가 없습니다.

단방향 바인딩은 HTML 코드에서 vue 인스턴스에 정의된 데이터의 값을 바꿀 수 없습니다. 그런데 input 태그의 값에 따라 vue 인스턴스에 정의된 데이터를 바꾸고, 바뀐 데이터로 바인딩된 곳의 값을 전부 바꾸고 싶다면 양방향 바인딩을 이용하면 됩니다. 이때는 **v-model**을 이용합니다.

3-2 양방향 바인딩

양방향 바인딩은 양쪽으로 바인딩한다는 것을 의미합니다. 여기서 방향이란 vue 인스턴스의 데이터와 해당 데이터로 바인딩된 HTML에서 DOM을 의미합니다. 단방향의 경우 vue 인스턴스에서 DOM으로만 데이터 바인딩이 됩니다. 그러므로 DOM에서 데이터 변경이 일어나도 vue 인스턴스의 데이터에는 변화가 이루어지지 않게 됩니다.

```html
1  <!DOCTYPE html>
2  <html>
3    <head>
4      <meta charset="utf-8">
5      <title>vue 시작하기!!</title>
6      <script src="https://cdn.jsdelivr.net/npm/vue"></script>
7    </head>
8    <body>
9
10     <div id="start">
11       <input type="text" name="" v-model:value="text">
12       <h1>{{text}}</h1>
13     </div>
14
15     <script type="text/javascript">
16     let app = new Vue({
17       el: '#start',
18       data () {
19         return {
20           text: 'hello world!'
21         }
22       }
23     })
24     </script>
25   </body>
26 </html>
```

v-bind를 v-model로만 바꿔주면 양방향 바인딩이 됩니다. [코드 1-8]을 실행하면 [코드 1-7]처럼 input 창과 h1이 화면에 보입니다. 여기서 input에 데이터를 입력하면 입력된 데이터로 h1 태그에 출력합니다.

v-model로 바인딩된 데이터가 바뀌면 vue 인스턴스에 생성된 데이터가 바뀌고 이 데이터가 바뀌면 해당 데이터로 바인딩된 데이터도 바뀝니다.

3-3 · 다양한 형태의 타입에서 데이터 바인딩

input 형태에 따라 데이터 바인딩이 가능합니다.

3-3-1 select type

선택 리스트에서 선택된 값을 바인딩합니다.

[코드 1-9] 양방향 바인딩 – select (파일명 : ./codes/ch/ch1/1.9.html)

```html
<!DOCTYPE html>
<html>
  <head>
    <meta charset="utf-8">
    <title>vue 시작하기!!</title>
    <script src="https://cdn.jsdelivr.net/npm/vue"></script>
  </head>
  <body>

    <div id="start">
      <select v-model="select">
        <option value="" disabled>옵션중 하나를 선택해주세요.</option>
        <option>1</option>
        <option>2</option>
        <option>3</option>
      </select>
      <h1>선택함: {{ select }}</h1>
    </div>

    <script type="text/javascript">
    let app = new Vue({
      el: '#start',
      data () {
        return {
          select: ''
        }
      }
    })
    </script>
  </body>
</html>
```

select 태그는 option 태그를 하위(자식) 태그로 가집니다. option 태그는 셀렉트 박스를 누르면 보이는 리스트에 해당합니다. 또한 select 태그는 선택된 option 태그를 값으로 가지고 있습니다.

select 태그에 v-model을 하여 값이 선택될 때마다 vue 인스턴스에 정의된 데이터 메소드의 select 값이 바뀌면 h1 부분도 같이 바뀌게 됩니다.

첫 번째 option 태그에 value와 disabled를 넣은 이유는 옵션을 선택하라는 문구를 다른 option 이 선택되기 전, 한 번만 띄우기 위해서입니다.

3-3-2 checkbox type

선택한 체크 리스트에 따라 값을 바인딩합니다. checkbox는 여러 개의 선택이 가능하기 때문에 리스트 형태로 가지고 있습니다.

[코드 1-10] 양방향 바인딩 – checkbox (파일명 : ./codes/ch/ch1/1.10.html)

```
1  <!DOCTYPE html>
2  <html>
3    <head>
4      <meta charset="utf-8">
5      <title>vue 시작하기!!</title>
6      <script src="https://cdn.jsdelivr.net/npm/vue"></script>
7    </head>
8    <body>
9
10     <div id="start">
11       <div>
12         <input type="checkbox" value="1" v-model="checks">
13         <label>1</label>
14         <input type="checkbox" value="2" v-model="checks">
15         <label>2</label>
16         <input type="checkbox" value="3" v-model="checks">
17         <label>3</label>
18         <br>
19         <h1>체크리스트: {{ checks }}</h1>
20       </div>
21     </div>
22
```

```
23        <script type="text/javascript">
24        let app = new Vue({
25          el: '#start',
26          data () {
27            return {
28              checks: []
29            }
30          }
31        })
32        </script>
33      </body>
34  </html>
```

checks가 리스트이기 때문에 선택된 결과를 ['1', '2']와 같은 형태로 띄워주게 됩니다. 만약 해당 요소만 출력하고 싶다면 반복문인 v-for를 이용하면 됩니다. v-for 사용 방법은 뒤에서 다룹니다.

3-3-3 radio type

radio는 checkbox와 다르게 하나의 값만 선택합니다.

<table><tr><td>[코드 1-11] 양방향 바인딩 – radio</td><td>(파일명 : ./codes/ch/ch1/1.11.html)</td></tr></table>

```
1  <!DOCTYPE html>
2  <html>
3    <head>
4      <meta charset="utf-8">
5      <title>vue 시작하기!!</title>
6      <script src="https://cdn.jsdelivr.net/npm/vue"></script>
7    </head>
8    <body>
9
10     <div id="start">
11       <input type="radio" value="1" v-model="pick">
12       <label>1</label>
13       <input type="radio" value="2" v-model="pick">
14       <label>2</label>
15       <br>
```

```
16        <h1>선택: {{ pick }}</h1>
17      </div>
18
19      <script type="text/javascript">
20      let app = new Vue({
21        el: '#start',
22        data () {
23          return {
24            pick: ''
25          }
26        }
27      })
28      </script>
29    </body>
30 </html>
```

3-3-4 단방향 바인딩 하기

웹 애플리케이션을 실행시킬 때 특정 데이터로 띄워주고 싶다면 vue 인스턴스에 생성된 data
메소드에 미리 해당 값을 넣어주면 됩니다.

[코드 1-12] 단방향 바인딩으로 데이터 띄워주기   (파일명 : ./codes/ch/ch1/1.12.html)

```
1  <!DOCTYPE html>
2  <html>
3    <head>
4      <meta charset="utf-8">
5      <title>vue 시작하기!!</title>
6      <script src="https://cdn.jsdelivr.net/npm/vue"></script>
7    </head>
8    <body>
9
10     <div id="start">
11       <div class="select">
12         <select v-model="select">
13           <option value='' disabled>옵션중 하나를 선택해주세요.</option>
```

```
14              <option>1</option>
15              <option>2</option>
16              <option>3</option>
17          </select>
18      </div>
19
20      <div class="checkbox">
21          <input type="checkbox" value="1" v-model="checks">
22          <label>1</label>
23          <input type="checkbox" value="2" v-model="checks">
24          <label>2</label>
25          <input type="checkbox" value="3" v-model="checks">
26          <label>3</label>
27      </div>
28
29      <div class="radio">
30          <input type="radio" value="1" v-model="pick">
31          <label>1</label>
32          <input type="radio" value="2" v-model="pick">
33          <label>2</label>
34      </div>
35    </div>
36
37    <script type="text/javascript">
38    let app = new Vue({
39      el: '#start',
40      data () {
41        return {
42          select: '1',
43          checks: ['1', '3'],
44          pick: '2'
45        }
46      }
47    })
48    </script>
49  </body>
50 </html>
```

[코드 1-12] 실행 결과

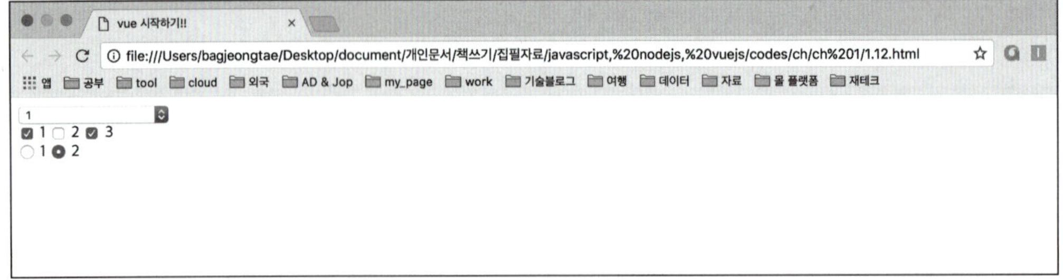

단방향 바인딩을 하기 위해 data를 정의합니다. 이때 각각의 값이 input 태그 value 속성에 존재하는 값 또는 존재하는 option 값이어야 정상적으로 선택됩니다. 만약 없는 값을 넣어주면 아무것도 선택되지 않습니다. 여기서 에러는 발생하지 않습니다.

4 computed, watch, methods

computed와 watch는 특정식을 계산하거나 특정 값이 바뀌었을 때 실행되는 메소드를 포함하는 속성입니다. 그리고 methods를 이용하여 el 속성으로 정의된 돔 또는 vue 인스턴스 내에서 사용 가능한 메소드를 정의하는 속성입니다.

computed를 **계산된 속성**, watch를 **감시자**라고 부릅니다.

4-1 computed : 계산된 속성

앞에서 데이터 바인딩 후 {{ }} 안에서 자바스크립트 코드를 실행하여 날짜를 보기 좋게 출력했습니다. 하지만 HTML 코드 안에 JavaScript 코드가 포함되면 유지보수하기 힘들고 반복되는 코드를 작성합니다. computed를 이용하면 해결할 수 있습니다.

[코드 1-13] computed를 사용한 데이터 바인딩   (파일명: ./codes/ch/ch1/1.13.html)

```
1  <!DOCTYPE html>
2  <html>
```

```html
 3    <head>
 4      <meta charset="utf-8">
 5      <title>vue 시작하기!!</title>
 6      <script src="https://cdn.jsdelivr.net/npm/vue"></script>
 7    </head>
 8    <body>
 9
10      <div id="start">
11        <h1>{{calcDate}}</h1>
12        <h2>{{calcDate}}</h2>
13        <h3>{{calcDate}}</h3>
14      </div>
15
16      <script type="text/javascript">
17      let app = new Vue({
18        el: '#start',
19        data () {
20          return {
21            date: new Date()
22          }
23        },
24        computed: {
25          calcDate: function () {
26              return this.date.getFullYear() + '-' + parseInt(this.
27   date.getMonth()) + 1 + '-' + this.date.getDay()
28          }
29        }
30      })
31      </script>
32    </body>
33  </html>
```

computed 속성에 calcDate 메소드를 정의했습니다. HTML에서 date를 직접 사용하지 않고 calcDate에서 계산된 값을 반환하는 것을 가져다 사용합니다. calcDate에서 this를 사용하여 date에 접근하는데, vue 인스턴스 내부에서 data 메소드에 정의된 값들을 사용하기 위해서는 this를 이용하여 참조해야 합니다.

calcDate 메소드를 보면 return에서 문자열을 만들어 줍니다. 여기서 + 연산을 사용하지 않고 템플릿 문자열을 사용하면 간단하게 문자열 생성이 가능합니다.

```
return `${this.date.getFullYear()}-${parseInt(this.date.getMonth())
+ 1}-${this.date.getDay()}`
```

템플릿 문자열을 만들기 위해서는 **역 따옴표(')**를 이용합니다. 역 따옴표는 키보드에서 숫자 1 좌측에 있는 키입니다. 역 따옴표로 묶어주고 내부에 사용할 변수는 **${ }**로 감싸주면 됩니다. 이 부분은 한/영 상태, 운영체제에 따라서 **원화(₩)** 표시가 나옵니다.

왜 굳이 computed를 사용해야 하는지 의문이 들 수 있습니다. 만약 computed를 사용하지 않았다면 HTML 코드는 다음과 같이 바뀝니다.

```
<div id="start">
  <h1>{{date.getFullYear()}}-{{parseInt(date.getMonth() + 1}}-
{{date.getDay()}}</h1>
  <h2>{{date.getFullYear()}}-{{parseInt(date.getMonth() + 1}}-
{{date.getDay()}}</h2>
  <h3>{{date.getFullYear()}}-{{parseInt(date.getMonth() + 1}}-
{{date.getDay()}}</h3>
</div>
```

보기 좋은 코드는 아닙니다. 그리고 또 다른 문제는 코드가 수정되는 경우입니다. 만약 date.getMonth( )에서 parseInt( )로 바꾸지 않았다고 가정해 봅시다.

```
<div id="start">
  <h1>{{date.getFullYear()}}-{{date.getMonth() + 1}}-{{date.
getDay()}}</h1>
  <h2>{{date.getFullYear()}}-{{date.getMonth() + 1}}-{{date.
getDay()}}</h2>
  <h3>{{date.getFullYear()}}-{{date.getMonth() + 1}}-{{date.
getDay()}}</h3>
</div>
```

코드에 버그가 있다면 세 군데를 수정해야 합니다. 하지만 computed를 사용했다면 computed 속성에 정의한 메소드 하나만 수정하면 됩니다. 그래서 복잡한 계산식이나 자주 사용하는 계산식은 {{ }}에 직접 넣는 것이 아닌 computed 속성을 사용합니다.

computed뿐만 아니라 methods를 이용해도 앞의 결과와 똑같이 만들 수 있습니다. 하지만 왜 굳이 computed를 사용하는지 methods에 대해 알아본 후 비교합니다.

4-2 methods

methods 속성을 이용해서 vue 인스턴스 내부와 el 속성으로 정의된 돔 내부에서 사용할 메소드를 정의합니다. 예시를 통해 어떻게 사용하는지 알아보겠습니다.

[코드 1-14] methods를 사용한 데이터 바인딩   (파일명: ./codes/ch/ch1/1.14.html)

```html
<!DOCTYPE html>
<html>
  <head>
    <meta charset="utf-8">
    <title>vue 시작하기!!</title>
    <script src="https://cdn.jsdelivr.net/npm/vue"></script>
  </head>
  <body>

    <div id="start">
      <h1>{{calcDate()}}</h1>
      <h2>{{calcDate()}}</h2>
      <h3>{{calcDate()}}</h3>
    </div>

    <script type="text/javascript">
    let app = new Vue({
      el: '#start',
      data () {
        return {
          date: new Date()
        }
      },
      methods: {
        calcDate: function () {
            return `${this.date.getFullYear()}-${parseInt(this.date.
getMonth()) + 1}-${this.date.getDay()}`
        }
```

```
29        }
30      })
31    </script>
32  </body>
33 </html>
```

methods로 정의된 calcDate를 사용하기 위해 calcDate에서 calcDate( )로 사용하는 방법만 바뀌었을 뿐 큰 차이는 없습니다. 하지만 이러한 계산식에서는 methods가 아니라 computed를 사용해야 합니다.

computed와 methods 속성을 이용한 결과는 똑같지만 computed는 데이터 속성에서 사용한 값이 바뀌지 않는다면 **캐싱**cache되어 사용합니다. 즉, 같은 값이면 여러 번 계산하지 않습니다. 하지만 methods로 정의한 메소드는 값의 변경 여부에 상관없이 호출될 때마다 계산합니다. 만약 v-for을 이용하여 반복문을 돌리는데 반복문이 돌아가는 횟수가 많은 상황에서 캐싱 여부에 따라 성능 저하가 발생할 것입니다.

4-3 watch : 감시자

watch는 vue 인스턴스 내에 생성된 데이터를 감시하는 속성입니다. watch를 사용할 땐 어떤 데이터의 변경을 감지할지만 알려주면 됩니다. 그리고 변경됐을 때 어떤 작업을 할지 만들면 됩니다.

[코드 1-15] watch를 이용하여 바인딩된 데이터 감시　　　　　(파일명: ./codes/ch/ch1/1.15.html)

```
1  <!DOCTYPE html>
2  <html>
3    <head>
4      <meta charset="utf-8">
5      <title>vue 시작하기!!</title>
6      <script src="https://cdn.jsdelivr.net/npm/vue"></script>
7    </head>
8    <body>
9
10     <div id="start">
11       <input type="text" name="" v-model:value="value">
12       <h1>{{sum}}</h1>
```

```html
13      </div>
14
15      <script type="text/javascript">
16      let app = new Vue({
17        el: '#start',
18        data () {
19          return {
20            value: 1,
21            sum: 1
22          }
23        },
24        watch: {
25          value: function (d) { // 변경된 값을 첫 번째 인자로 받음
26            this.sum += parseInt(d)
27          }
28        }
29      })
30      </script>
31    </body>
32 </html>
```

vue 인스턴스 데이터에 생성된 value 값이 변경되면 변경된 값을 받아 sum에 해당 값을 더해 h1 태그로 보여주는 코드입니다.

```javascript
watch: {
  value: function (d) {
    if(!isNaN(d)) {
      this.sum += parseInt(d)
    }
    this.value = 0
  }
}
```

값을 더하고 있기 때문에 숫자가 아닐 경우 parseInt( )를 실행시키지 않도록 바꾸었습니다.
this.value가 0이 되기 때문에 input 태그에는 항상 0 값만 표시됩니다.
watch 속성을 이용하면 바인딩된 데이터의 변경을 감지하여 특정 기능을 수행합니다.

5 조건부 렌더링, 리스트 렌더링

조건부 렌더링을 통해 특정 조건에 맞는 부분만 렌더링하여 화면에 출력합니다. 또한, 화면에 보일지 말지 선택할 땐 v-show를 이용하면 화면에 필요한 영역을 출력할 수 있습니다.

vue 인스턴스에 리스트 형태로 생성된 데이터는 반복문을 통해 한 번에 렌더링합니다.

5-1 조건부 렌더링

조건부 렌더링을 할 때는 v-if, v-else, v-else-if를 이용하여 조건 검사를 합니다. 조건부 렌더링은 조건이 맞았을 경우 렌더링하여 렌더링 결과를 화면에 출력합니다. 반대로 조건이 거짓 값일 경우 렌더링하지 않아 화면에 출력하지 않습니다.

[코드 1-16] 조건부 렌더링 – ① (파일명: ./codes/ch/ch1/1.16.html)

```html
1  <!DOCTYPE html>
2  <html>
3    <head>
4      <meta charset="utf-8">
5      <title>vue 시작하기!!</title>
6      <script src="https://cdn.jsdelivr.net/npm/vue"></script>
7    </head>
8    <body>
9
10     <div id="start">
11       <h1 v-if="condition1">1</h1>
12       <h1 v-if="condition2">2</h1>
13     </div>
14
15     <script type="text/javascript">
16     let app = new Vue({
17       el: '#start',
18       data () {
19         return {
20           condition1: true,
21           condition2: false
22
```

```
23          }
24        }
25      })
26    </script>
27  </body>
28 </html>
```

[코드 1-16]을 실행하면 화면에는 1만 보입니다. condition2는 false이기 때문에 화면에 보이지 않습니다. 조건부 렌더링은 조건문 사용이 익숙하다면 쉽게 이해할 수 있습니다.

(파일명: ./codes/ch/ch1/1.17.html)

```
1  <!DOCTYPE html>
2  <html>
3    <head>
4      <meta charset="utf-8">
5      <title>vue 시작하기!!</title>
6      <script src="https://cdn.jsdelivr.net/npm/vue"></script>
7    </head>
8    <body>
9
10     <div id="start">
11       <h1 v-if="condition1">1</h1>
12       <h1 v-else-if="condition2">2</h1>
13       <h1 v-else>3</h1>
14     </div>
15
16     <script type="text/javascript">
17     let app = new Vue({
18       el: '#start',
19       data () {
20         return {
21           condition1: false,
22           condition2: false
23         }
24       }
25     })
26    </script>
27  </body>
28 </html>
```

v-if, v-else-if, v-else는 하나의 구문으로 동작되며, 이 중 하나라도 참 값이 발생하면 참값이 발생한 DOM만 렌더링됩니다. 하나라도 참 값이 없다면, v-else가 렌더링됩니다.

이것을 이용하면 선택적으로 화면에 필요한 정보를 렌더링하여 띄워줄 수 있습니다.


```
1   <!DOCTYPE html>
2   <html>
3     <head>
4       <meta charset="utf-8">
5       <title>vue 시작하기!!</title>
6       <script src="https://cdn.jsdelivr.net/npm/vue"></script>
7     </head>
8     <body>
9
10      <div id="start">
11        <div class="tab_select">
12          <input type="radio" value="1" v-model="tabPick">
13          <label>1</label>
14          <input type="radio" value="2" v-model="tabPick">
15          <label>2</label>
16        </div>
17
18        <div class="condition">
19          <div v-if="tabPick == '1'">
20            <h1>1 탭을 클릭했습니다.</h1>
21          </div>
22          <div v-else-if="tabPick == '2'">
23            <h1>2 탭을 클릭했습니다.</h1>
24          </div>
25          <div v-else>
26            <h1>알 수 없는 탭을 클릭했습니다.</h1>
27          </div>
28        </div>
29
30      </div>
31
32      <script type="text/javascript">
```

```
33      let app = new Vue({
34        el: '#start',
35        data () {
36          return {
37            tabPick: '1'
38          }
39        }
40      })
41    </script>
42  </body>
43 </html>
```

radio 선택에 따라 다른 영역을 화면에 렌더링합니다.

조건에 따라 렌더링이 아니라 화면에 출력 여부만 결정할 땐 v−if보다 v−show를 사용합니다.


```
1 <!DOCTYPE html>
2 <html>
3   <head>
4     <meta charset="utf-8">
5     <title>vue 시작하기!!</title>
6     <script src="https://cdn.jsdelivr.net/npm/vue"></script>
7   </head>
8   <body>
9
10     <div id="start">
11       <input type="text" v-model:value="value">
12
13       <div v-show="isAnswer">안녕하세요!</div>
14     </div>
15
16     <script type="text/javascript">
17     let app = new Vue({
18       el: '#start',
19       data () {
20         return {
21           value: '',
22           isAnswer: false
```

```
23            }
24          },
25       watch: {
26         value: function(v){
27           this.isAnswer = true
28         }
29       }
30     })
31   </script>
32   </body>
33 </html>
```

value의 변경을 감지하고 isAnswer을 true로 바꿔 '안녕하세요!'를 출력합니다.

v-if와 v-show의 차이점은 v-if같은 경우는 초기에 렌더링이 되지 않습니다. 하지만 v-show는 초기에 렌더링하고 참/거짓에 따라 CSS의 display를 토글[5]합니다. v-if는 조건이 맞을 때만 렌더링하므로 초기에 매우 빠르게 렌더링하여 화면을 출력할 수 있습니다. 하지만 조건에 따라 렌더링을 하기 때문에 조건이 자주 바뀐다면 v-if보다는 v-show를 사용하는 것이 성능 향상에 도움이 됩니다.

만들고자 하는 웹 애플리케이션 성격에 따라 v-if와 v-show를 선택적으로 사용하면 됩니다. 조건이 자주 바뀐다면 v-show를 사용하고, 거의 바뀌지 않는다면 v-if를 사용하는 것이 좋습니다.

5-2 리스트 렌더링

vue 인스턴스에 데이터를 리스트 형태로 생성했다면 반복문을 통해 렌더링할 수 있습니다. 이때는 v-for를 사용합니다. JavaScript의 for in 문법을 안다면 어렵지 않게 구현할 수 있습니다.

[코드 1-20] 리스트 렌더링 – ①   (파일명: ./codes/ch/ch1/1.20.html)

```
1 <!DOCTYPE html>
2 <html>
3   <head>
4     <meta charset="utf-8">
```

---

5 토글 : 전원을 on/off 하는 것처럼 특정 행위를 반복하는 것

```html
5        <title>vue 시작하기!!</title>
6        <script src="https://cdn.jsdelivr.net/npm/vue"></script>
7    </head>
8    <body>
9
10       <div id="start">
11         <ul>
12           <li v-for="data in dataSet">{{data.t}}</li>
13         </ul>
14       </div>
15
16       <script type="text/javascript">
17       let app = new Vue({
18         el: '#start',
19         data () {
20           return {
21             dataSet: [
22               { t: '1' },
23               { t: '2' },
24               { t: '3' },
25               { t: '4' }
26             ]
27           }
28         }
29       })
30       </script>
31     </body>
32 </html>
```

json을 리스트로 들고 있으므로 각 요소에 접근해서 키값인 t를 이용하여 렌더링합니다. 리스트 렌더링을 할 때 해당 요소의 값뿐만 아니라 몇 번째 요소인지 인덱스도 같이 가져올 수 있습니다.

```html
<li v-for="(data, idx) in dataSet">{{idx}} : {{data.t}}</li>
```

요소를 가져오는 부분에 (data, idx)처럼 해주면 됩니다. 첫 번째는 요소값을 받고, 두 번째는 해당 요소가 몇 번째 인덱스인지 알려줍니다. 그리고 for in 대신 for of 형태로도 작성 가능합니다.

우리는 앞에서 배운 computed나 methods를 활용하면 해당 리스트에서 특정 값만 필터링을 만들어 구현할 수 있습니다.


```html
<!DOCTYPE html>
<html>
  <head>
    <meta charset="utf-8">
    <title>vue 시작하기!!</title>
    <script src="https://cdn.jsdelivr.net/npm/vue"></script>
  </head>
  <body>

    <div id="start">
      <ul>
        <li v-for="data in calcDataSet">{{data.t}}</li>
      </ul>
    </div>

    <script type="text/javascript">
    let app = new Vue({
      el: '#start',
      data () {
        return {
          dataSet: [
            { t: 1 },
            { t: 2 },
            { t: 3 },
            { t: 4 }
          ]
        }
      },
      computed: {
        calcDataSet : function () {
          return this.dataSet.filter(function (item){
            return  item.t %3 === 0 //!(item.t % 3)
          })
        }
```

```
35        }
36     })
37   </script>
38  </body>
39 </html>
```

[코드 1-21]을 실행하면 computed를 이용하여 vue 인스턴스에 정의된 데이터에서 dataSet의
3의 배수로 필터링된 리스트로 렌더링합니다.

```
30 calcDataSet : function () {
31   return this.dataSet.filter(function (item){
32     return !(item.t % 3)
33   })
34 }
```

필터링할 때 3으로 나누어 0인지 검사하는 부분에서 0인지 검사하는 방법과 !을 해서 not 연산
을 하는 방법이 있습니다. 0으로 비교 연산하는 것보다 !을 이용하여 not 연산을 하는게 좀 더
빠르게 동작합니다.

6 이벤트 핸들링

웹 애플리케이션에서 클릭, 키보드 입력 등 다양한 이벤트를 걸어 사용자로부터 특정 기능을 수
행하기를 원합니다. vue.js에서는 매우 간결하게 이벤트 핸들링을 할 수 있습니다.

6-1 클릭 이벤트

[코드 1-22] 클릭 이벤트 – methods에 정의된 함수 사용   (파일명: ./codes/ch/ch1/1.22.html)

```
1 <!DOCTYPE html>
2 <html>
3   <head>
```

```html
4       <meta charset="utf-8">
5       <title>vue 시작하기!!</title>
6       <script src="https://cdn.jsdelivr.net/npm/vue"></script>
7    </head>
8    <body>
9
10     <div id="start">
11       <button type="button" name="button" v-on:click="increase">+</button>
12       <button type="button" name="button" v-on:click="decrease">-</button>
13       <h1>{{value}}</h1>
14     </div>
15
16     <script type="text/javascript">
17     let app = new Vue({
18       el: '#start',
19       data () {
20         return {
21           value: 1
22         }
23       },
24       methods: {
25         increase: function() {
26           this.value += 1
27         },
28         decrease: function() {
29           this.value -= 1
30         }
31       }
32     })
33     </script>
34   </body>
35 </html>
```

vue.js에서 이벤트를 걸기 위해서는 [v-on:이벤트="함수"]의 형태로 등록합니다. 앞의 코드는 클릭 이벤트를 걸어서 각 버튼을 클릭할 때마다 vue 인스턴스에 정의된 데이터인 value의 값을 증가시키거나 감소시킵니다. **이벤트 핸들러[6]**는 methods에 정의된 함수를 등록합니다.

....
6 이벤트 핸들러 : 이벤트 발생 시 실행되는 함수

만약 앞의 코드처럼 특정 값만 수정하는 경우라면 굳이 methods에 정의하지 않고 **인라인 형태**[7]로 작성할 수 있습니다.


```html
1  <!DOCTYPE html>
2  <html>
3    <head>
4      <meta charset="utf-8">
5      <title>vue 시작하기!!</title>
6      <script src="https://cdn.jsdelivr.net/npm/vue"></script>
7    </head>
8    <body>
9
10     <div id="start">
11       <button type="button" name="button" v-on:click="value += 1">+</
12 button>
13       <button type="button" name="button" v-on:click="value -= 1">-</
14 button>
15       <h1>{{value}}</h1>
16     </div>
17
18     <script type="text/javascript">
19     let app = new Vue({
20       el: '#start',
21       data () {
22         return {
23           value: 1
24         }
25       }
26     })
27     </script>
28   </body>
29 </html>
```

---

7 인라인 형태 : HTML 태그에서 한 줄로 작성된 형태

[코드 1-22]와 같은 기능을 하는 코드입니다. 해당 코드에서는 메소드를 호출하는 것이 아니라 인라인 형태로 vue 인스턴스에 선언된 데이터 값을 직접 수정하였습니다.


```html
<!DOCTYPE html>
<html>
  <head>
    <meta charset="utf-8">
    <title>vue 시작하기!!</title>
    <script src="https://cdn.jsdelivr.net/npm/vue"></script>
  </head>
  <body>

    <div id="start">
        <button type="button" name="button" v-on:click="test('t',
$event)">인자전달</button>
    </div>

    <script type="text/javascript">
    let app = new Vue({
      el: '#start',
      data () {
        return {
          value: 1
        }
      },
      methods: {
        test: function(test, event) {
          console.log(event)
          alert(test)
        }
      }
    })
    </script>
  </body>
</html>
```

[코드 1-24] 실행 결과(인자 전달 버튼 클릭 후)

[코드 1-24] 실행 결과(인자 전달 버튼 클릭 후)

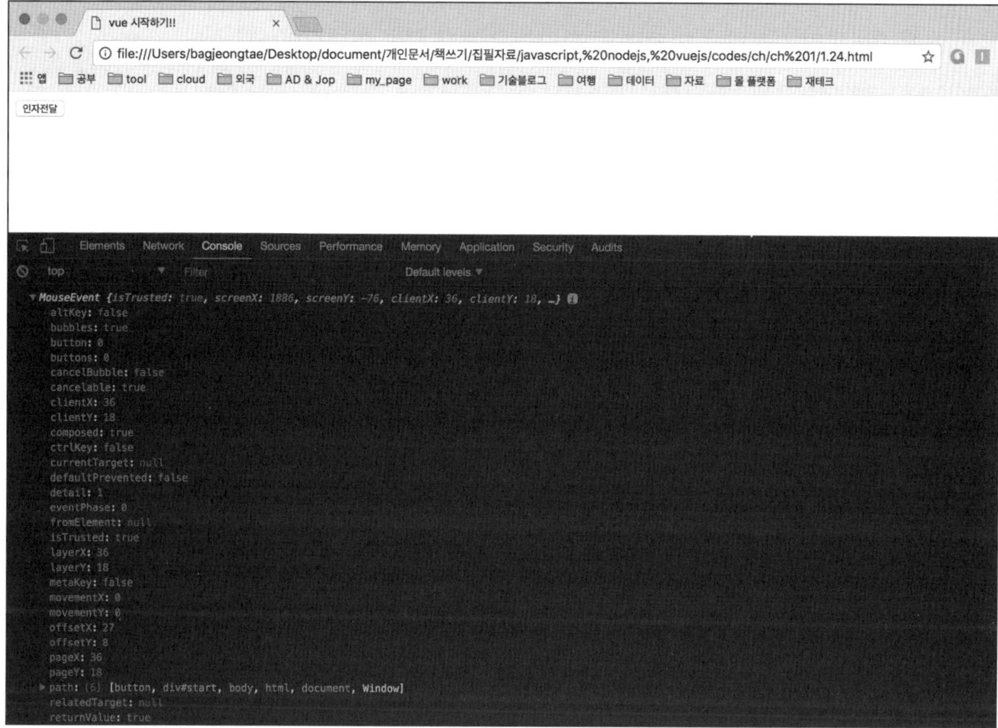

이벤트 버블링 방지를 위해 이벤트 객체를 통해 이벤트 핸들러 내부에서 event.preventDefault( )
나 event.stopPropagation( )을 호출할 수 있습니다.

event.stopPropagation( )는 이벤트가 상위 DOM으로 전파되는 것을 방지하는 이벤트입니다.
event.preventDefault( )는 추가로 발생하는 이벤트 전파를 하지 않습니다. vue.js에서 submit
이벤트 발생 시 화면이 새로고침 됩니다. 이때 event.preventDefault( )를 넣어주면 새로고침 되
지 않습니다.

click 시 왼쪽 클릭뿐만 아니라 오른쪽 클릭, 가운데 클릭 이벤트도 걸 수 있습니다.

```html
<button type="button" name="button" v-on:click.right="test">인자 전달</button>
<button type="button" name="button" v-on:click.left="test">인자 전달</button>
<button type="button" name="button" v-on:click.middle="test">인자 전달</button>
```

right, left, middle을 체이닝하여 간단하게 마우스 버튼마다 다르게 동작하도록 이벤트를 만들
수 있습니다.

클릭 이벤트와 많이 사용하는 이벤트 중 하나는 키보드 입력 이벤트입니다.

[코드 1–25] 키보드 이벤트　　　　　　　　　　　　　　(파일명: ./codes/ch/ch1/1.25.html)

```html
1  <!DOCTYPE html>
2  <html>
3    <head>
4      <meta charset="utf-8">
5      <title>vue 시작하기!!</title>
6      <script src="https://cdn.jsdelivr.net/npm/vue"></script>
7    </head>
8    <body>
9
10     <div id="start">
11         <input type="text" name="text" v-on:keyup="key('test',
12 $event)"></input>
13     </div>
14
15     <script type="text/javascript">
16     let app = new Vue({
17       el: '#start',
18       data () {
19         return {
20           value: 1
21         }
22       },
23       methods: {
24         key: function(test, event) {
25           console.log(event)
26           alert(test)
27         }
28       }
29     })
30     </script>
31   </body>
32 </html>
```

v-on:keyup를 등록한 지점에서 키보드 이벤트가 발생하면 핸들러를 호출합니다. 인자를 전달하는 방법은 클릭했을 때와 동일하게 동작합니다. 단, event 객체는 클릭했을 때와 다른 형태로 전달합니다.

클릭 이벤트에서 left, middle, right로 서로 다르게 핸들러를 등록한 것처럼 키보드 이벤트도 다른 키들로 이벤트를 걸 수 있습니다. 방법은 클릭과 같습니다.

```
- enter
- tab
- delete
- esc
- space
- up
- down
- left
- right

아래는 2.1.0+ 버전에 추가됨
- ctrl
- alt
- shift
- meta(window 키)
```

만약 특수키가 아니라 숫자나 문자에 대해 이벤트를 걸고 싶다면 다음과 같은 방법으로 할 수 있습니다.

```
<input type="text" name="text" v-on:keyup.65="key('test',
$event)"></input>
```

해당 코드는 대문자 A를 입력하면 발생됩니다. 65는 아스키 코드에서 대문자 A와 맵핑되어 있습니다. 특정 문자는 해당 문자와 맵핑되는 **아스키 코드**로 체이닝하면 됩니다.

6-3 v-on 대신 @ 사용

지금까지 v-on을 이용하여 핸들러를 등록했습니다. 앞에서 데이터 바인딩을 위해 v-bind 대신 :로 줄여 사용했습니다. 이벤트도 마찬가지로 v-on 대신 @로 사용할 수 있습니다.

```
<input type="text" name="text" @keyup.65="key('test', $event)"></input>
<button type="button" name="button" @click="test('t', $event)">인자 전달</button>
```

훨씬 더 간결하게 이벤트 등록이 가능합니다. 두 가지 방법은 동일하게 동작하기 때문에 사용하기 편리한 것으로 선택해서 사용하면 됩니다.

6-4 event.preventDefault( )를 이용하여 이벤트 전파 막기

vue.js에서 가장 일반적인 이벤트 전파는 submit 이후에 페이지가 새로고침되는 현상입니다.

[코드 1-26] 이벤트 전파 방지　　　　　　　　　　　　(파일명: ./codes/ch/ch1/1.26.html)

```
1   <!DOCTYPE html>
2   <html>
3     <head>
4       <meta charset="utf-8">
5       <title>vue 시작하기!!</title>
6       <script src="https://cdn.jsdelivr.net/npm/vue"></script>
7     </head>
8     <body>
9
10      <div id="start">
11        <form @submit="s($event)">
12          <button type="submit" name="button">제출</button>
13        </form>
14
15      </div>
16
17      <script type="text/javascript">
18      let app = new Vue({
19        el: '#start',
20        methods: {
21          s: function(event){
22            // event.preventDefault()
23          }
24        }
```

```
25        })
26      </script>
27    </body>
28  </html>
```

[코드 1-26]을 실행하면 제출 버튼이 있습니다. 해당 버튼을 누르면 데이터를 전송하면서 페이지가 새로고침 됩니다. 하지만 새로고침을 원하지 않을 때가 있습니다. 이때 event.preventDefault( )를 호출하면 됩니다.

```
20  methods: {
21    s: function(event){
22        event.preventDefault()
23    }
24  }
```

핸들러에서 preventDefault( )를 호출하면 버튼을 눌러도 페이지 새로고침이 발생하지 않습니다. event.preventDefault( )는 체이닝으로 설정할 수 있습니다.

```
11  <form @submit.prevent="s($event)">
12    <button type="submit" name="button">제출</button>
13  </form>
```

prevent를 체이닝하면 핸들러 내부에서 event.preventDefault( )를 호출할 필요가 없습니다.

첫 번째 방법과 두 번째 방법 중 편한 방법을 사용하면 됩니다. prevent가 설정되었다면 버튼을 눌러도 페이지 새로고침이 발생하지 않습니다.

vue.js를 이용하여 웹 애플리케이션을 만듭니다. vue 인스턴스는 data 메소드에 생성된 데이터를 감시하고, 템플릿을 렌더링합니다. 이러한 과정을 하기 위해 초기 설정을 하는 단계가 있습니다. 이 과정 중 created, mouted같은 훅이 존재하는데 해당 훅은 사용자가 커스텀 마이징이 가능합니다. vue 인스턴스가 생성, 마운트, 업데이트, 삭제 중 특정 함수들이 호출됩니다.

vue.js에서 다음과 같은 훅이 존재합니다.

- beforeCreate : 인스턴스 생성되기 전 호출
- created : 인스턴스 생성 후 호출, 아직 마운트는 호출되기 전
- beforeMount : 데이터가 돔에 마운팅 되기 전 호출(SSR에서는 호출되지 않음)
- mounted : el에 정의한 부분에 vue 인스턴스를 포함시킴. mounted가 호출될 때는 el에 정의된 부분에 vue 인스턴스가 포함된 상태. 즉, 모든 화면이 렌더링이 완료된 상태
- beforeUpdate : vue 인스턴스에 생성한 데이터가 변경될 때 가상돔이 재 렌더링, 패치가 되기 전에 호출(SSR에서는 호출되지 않음)
- update : vue 인스턴스에 생성한 데이터가 변경될 때 가상돔이 재 렌더링, 패치가 된 후 호출
- beforeDestroy : vue 인스턴스를 제거하기 전에 호출(SSR에서는 호출되지 않음)
- destroy : vue 인스턴스가 제거된 후 호출

라이프 사이클 훅은 메소드 형태로 정의합니다.

[코드 1-27] 라이프 사이클 훅 걸기 (파일명: ./codes/ch/ch1/1.27.html)

```
1  <!DOCTYPE html>
2  <html>
3    <head>
4      <meta charset="utf-8">
5      <title>vue 시작하기!!</title>
6      <script src="https://cdn.jsdelivr.net/npm/vue"></script>
7    </head>
8    <body>
9
10     <div id="start"></div>
```

```
11
12      <script type="text/javascript">
13      var app = new Vue({
14        el: '#start',
15        created () {
16          console.log('created')
17        },
18        beforeCreate () {
19          console.log('beforeCreated')
20        },
21        mounted () {
22          console.log('mounted')
23        },
24        beforeMount () {
25          console.log('beforeMounted')
26        }
27      })
28      </script>
29    </body>
30  </html>
```

[코드 1-27] 실행 결과

[개발자 도구] – [콘솔 탭]을 보면 라이프 사이클 순서대로 출력되는 것을 확인할 수 있습니다. 라이프 사이클 부분은 당장 이해하지 않아도 되지만 프로젝트를 진행하다 보면 해당 부분이 필요해질 때가 있습니다. 그때 다시 한 번 이번 장을 참고하면 됩니다.

PART
2

nuxt.js

앞에서 다룬 클라이언트 사이드인 vue.js를 서버 사이드 렌더링이 가능하도록 만들어진 nuxt.js 프레임워크를 다룹니다. nuxt.js의 보일러 플레이트를 통해 어떤 구조로 프로젝트를 구성하는지 확인합니다. 직접 프로젝트를 만들어보고, 앞에서 배우지 않은 컴포넌트나 nuxt.js에 추가적으로 나오는 개념을 다룹니다.

_ nuxt.js 시작하기
_ pages
_ 설정 파일
_ 라우트
_ 레이아웃
_ 컴포넌트
_ Vuex store를 이용한 데이터 관리

먼저 **nuxt-community/starter-template**를 이용하여 빠르게 프로젝트를 생성할 수 있습니다.

프로젝트를 생성하기 전에 vue-cli가 설치되어 있어야 합니다.

```
$ npm install -g vue-cli
```

vue-cli를 -g 옵션을 이용하여 전역으로 설치합니다.

```
$ vue init nuxt-community/starter-template [프로젝트 이름]
```

앞의 명령어를 이용하여 nuxt.js 프로젝트를 생성합니다.

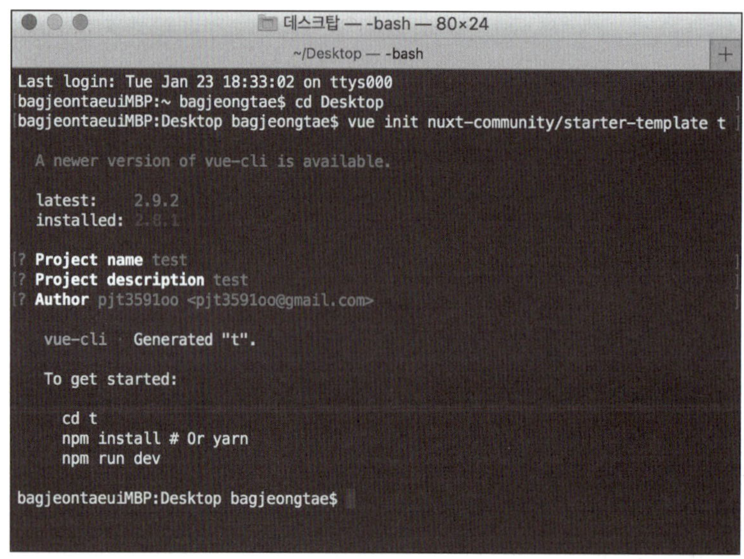

[그림 2.1] nuxt.js 프로젝트 생성

프로젝트를 생성하면 프로젝트 이름, 설명, 작성자를 입력하라고 나옵니다. 빈 값으로 넣으려면 아무것도 입력하지 않고 엔터를 치면 됩니다. 마지막에 To get started에서 해당 프로젝트를 실행하는 방법을 알려줍니다.

```
$ cd t                      # 생성한 프로젝트 t로 이동
$ npm install # Or yarn      # (npm 또는 yarn을 이용하여)의존성 모듈 설치
$ npm run dev               # nuxt.js 실행(이후 localhost:3000으로 접속)
```

프로젝트 이동 → 의존성 모듈 설치 → nuxt.js 실행 순으로 명령어를 입력합니다.

[그림 2.2] nuxt.js 실행(npm run dev 실행 후 모습)

npm run dev를 입력하면 빌드한 후 [그림 2.2]처럼 변합니다. nuxt.js 실행이 완료된 것입니다.
localhost:3000으로 접속하면 nuxt.js로 만든 웹 애플리케이션에 접속할 수 있습니다.

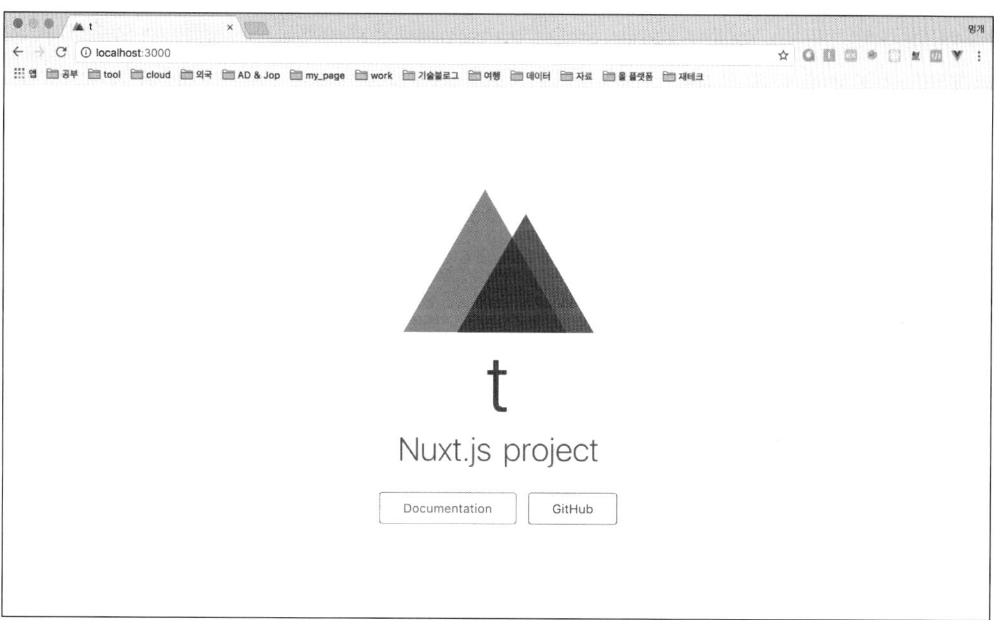

[그림 2.3] nuxt.js로 만든 웹 애플리케이션 접속

매우 간편하게 nuxt.js를 설치하고 간단한 웹 애플리케이션을 만들어 보았습니다. 생성된 프로
젝트가 어떤 구조로 되어 있는지 알아보겠습니다. 그리고 프로젝트를 위해 필요한 기능들을 다
뤄보겠습니다. 이후 우리는 node.js의 express에서 nuxt.js를 연동하여 사용합니다.

nuxt-community/starter-template를 통해 nuxt 프로젝트를 생성했습니다. nuxt.js로 개발을 하기 전에 nuxt.js는 어떤 형태로 프로젝트를 구성하는지 알 필요가 있습니다.

기본 구성을 바탕으로 필요한 것을 추가/수정하여 우리만의 웹 애플리케이션을 만듭니다.

nuxt.js는 [그림 2.4]의 형태로 이루어져 있습니다.

[그림 2.4] 프로젝트 구성

1-1-1 nuxt.config.json

nuxt.config.json은 nuxt.js의 설정 정보가 들어 있는 파일입니다. 해당 파일은 반드시 nuxt.config.json으로 사용해야 합니다. 해당 파일을 통해 build, cache, css, dev, env, generate, head, loading, plugin, rootDir, router, srcDir, transition의 기본 설정을 덮어씌울 수 있습니다. 프로젝트를 진행할 때 모든 설정을 다 건들지 않습니다. 최소한의 필요한 것만 수정하여 진행합니다.

1-1-2 package.json

package.json 파일은 JavaScript 기반의 프로젝트에서 매우 중요한 파일입니다. 해당 프로젝트의 의존성 모듈과 각종 정보, 스크립트를 포함하는 파일입니다. 앞에서 npm install을 통해 의존성 모듈을 설치했는데 설치되는 모듈 정보가 포함된 곳이 package.json 파일입니다. 해당 파일은 npm init 명령어를 통해 생성 가능합니다.

1-1-3 assets

assets은 SASS, LESS나 빌드가 필요한 JavaScript 파일이 포함되는 디렉터리입니다.

1-1-4 components

components는 nuxt.js에서 사용되는 컴포넌트들을 포함하는 디렉터리입니다. 화면을 구성하고 있는 요소를 컴포넌트라고 부릅니다. 모듈, 부품의 개념으로 이해할 수 있습니다. 이 곳에서는 우리가 1장에서 배웠던 vue를 사용합니다.

components에서 만들어지는 파일은 vue 파일입니다.

1-1-5 layouts

layouts은 nuxt.js에서 사용하는 기본 레이아웃을 포함하는 디렉터리입니다. 우리가 만드는 웹 애플리케이션의 대부분은 상단 탭, 하단 탭, 좌/우측 탭은 모든 페이지에서 동일하게 적용합니다. 이런 것들은 페이지마다 만드는 것이 아니라 레이아웃을 통해 한 번만 정의해서 사용할 수 있습니다. layouts을 사용하면 핵심적인 부분을 개발하는데 집중할 수 있습니다.

1-1-6 middleware

middleware는 레이아웃, 페이지가 렌더링되기 전에 실행되는 파일이 정의되는 곳입니다. 미들웨어는 클라이언트뿐만 아니라 서버에서도 쓰이는 개념이므로 개념 자체를 알아두면 도움이 됩니다.

1-1-7 pages

pages는 우리가 보는 일반적인 vue 파일을 포함하는 곳입니다. pages도 컴포넌트의 일종입니다. 앞에서 배운 vue에 대한 내용을 사용합니다.

pages에서 만들어지는 파일은 vue 파일입니다.
추가로 asyncData, fetch, head, layout, transition, scrollToTop, validate, middleware 속성을 사용합니다.

1-1-8 plugins

plugins는 vue로 만든 웹 애플리케이션이 생성되기 전에 실행시키고 싶은 js 파일을 포함합니다. 어기서는 외부에서 실치한 모듈이나 직접 만든 모듈 모두 포함 가능합니다. 외부 모듈로는 axios나 vue-notifications 등이 있습니다.

1-1-9 static

static은 정적이라는 의미로 이미지 파일이나 각종 CSS, JavaScript 같은 정적 파일을 포함합니다.

1-1-10 store

store는 **상태(데이터)** 관리를 도와주는 라이브러리인 vuex가 포함된 디렉터리입니다.

보일러 플레이트를 통해 생성한 프로젝트는 다양한 종류의 디렉터리와 파일을 가지고 있습니다. 여기서 바꿔도 정상적으로 실행될 수 있고, 바꾸면 안 되는 디렉터리와 파일이 존재합니다. 이 책에서는 보일러 플레이트로 생성된 이름들을 그대로 사용해서 프로젝트를 진행합니다.

nuxt.js를 보일러 플레이트를 이용하여 프로젝트를 생성해보고 실행해 보았습니다. 또한, 보일러 플레이트로 생성된 디렉터리와 파일이 어떤 역할을 하는지 알아보았습니다. 프로젝트를 진행하는 데 필요한 내용을 좀 더 알아보겠습니다.

2 pages

nuxt.js는 pages 디렉터리와 package.json 파일만 가지고 웹 애플리케이션을 만들 수 있습니다.

2-1 간단한 웹 애플리케이션 만들어보기

가장 먼저 package.json 파일을 만들어 줍니다.

[코드 2-1-1] package.json　　　　　　　　　　(파일명: ./codes/ch/ch2/2.1/package.json)

```
1  {
2    "name": "hello world",
3    "scripts": {
4      "dev": "nuxt"
5    }
6  }
```

scripts에 프로젝트를 실행하는 스크립트를 포함시킬 수 있습니다. npm run dev를 이용하여 nuxt.js를 실행합니다. 실행하기 전에 nuxt를 설치해야 합니다.

```
$ npm install --save nuxt
```

npm을 이용하여 nuxt를 설치합니다. --save를 이용하여 의존성 모듈을 package.json에 추가합니다.

npm을 이용하여 모듈을 설치하면 해당 디렉터리에 node_modules가 추가됩니다(--save 대신 -s로 사용할 수 있습니다).

```
1  {
2    "name": "hello_world",
3    "scripts": {
4      "dev": "nuxt"
5    },
6    "dependencies": {
7      "nuxt": "^1.1.1"
8    }
9  }
```

dependencies에 방금 설치한 모듈이 추가됐습니다.

이제 pages 디렉터리에 우리가 보는 화면을 만들어 보겠습니다.

[코드 2-1-2] 화면 – ① (파일명: ./codes/ch/ch2/2.1/pages/index.vue)

```
1  <template>
2    <h1>Hello world!</h1>
3  </template>
```

간단한 코드가 완성됐습니다. 화면에 hello world를 출력하는 코드입니다. 이제 nuxt를 실행해 보겠습니다.

```
$ npm run dev
```

해당 명령어를 이용하여 간단한 웹 애플리케이션을 실행합니다. 컴파일이 완료됐다고 뜨면 localhost:3000으로 웹 애플리케이션에 접속할 수 있습니다.

[코드 2-1] 실행 결과 – nuxt.js로 만든 첫 웹 애플리케이션

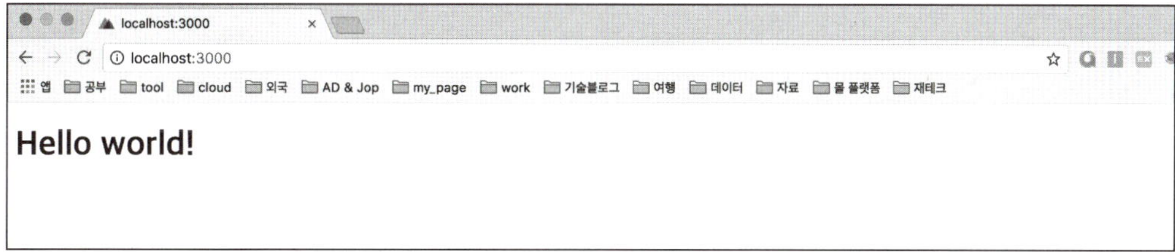

우리가 만든 첫 웹 애플리케이션입니다. pages에 vue 파일을 더 만들어 보겠습니다. nuxt는 코드 및 파일 변경이 감지되면 자동으로 재시작합니다.

[코드 2-1-3] 화면 - ②　　　　　　　　　　　　　(파일명: ./codes/ch/ch2/2.1/pages/users.vue)

```
1  <template>
2    <h1>user page</h1>
3  </template>
```

[코드 2-1-3] 파일을 생성하고 코드를 추가하면 npm run dev로 실행한 nuxt는 자동으로 재시작되므로 껐다가 다시 켤 필요는 없습니다.

이제 2개의 페이지 localhost:3000/, localhost:3000/users를 가지고 있습니다. localhost:3000/users로 접속하면 화면에 user page가 보일 것입니다.

nuxt.js는 pages 디렉터리 구조에 따라 접속할 수 있는데 이것을 라우팅이라고 합니다. 라우팅은 뒤에서 자세히 다룹니다.

지금까지 만들어진 vue 파일은 모두 컴포넌트입니다. nuxt.js는 이들을 모두 컴포넌트 취급을 하며 vue에서 속성과 메소드를 이용하여 기능을 정의하듯이 컴포넌트에서도 속성과 메소드를 통해 다양한 기능을 정의하고 사용할 수 있습니다. 1장을 잘 이해했다면 이번 장은 어렵지 않게 이해할 수 있습니다. 약간의 키워드만 다를 뿐 사용법이 vue와 같습니다.

2-2　pages API

이번에는 vue 인스턴스를 생성할 때 정의했던 속성, 메소드 이외에 nuxt.js에서 사용하는 속성과 키들을 알아보겠습니다. 그리고 이들을 어떻게 정의하여 사용하는지도 같이 알아봅니다.

vue 파일에서는 다음과 같은 형태로 이루어져 있습니다.

```
1  <template>
2
3  </template>
4
5  <script>
6  export default {
7    // vue 인스턴스가 생성되기 전 store 초기화
```

```
 8    fetch({store, params}) {
 9    },
10
11    // 인스턴스가 생성될 때 호출
12    created () {
13    },
14
15    // 비동기적으로 데이터 생성 json 형태로 반환하면 data () 와 머지됨
16    asyncData (context) {
17      return {}
18    },
19
20    // 데이터 생성
21    data () {
22      return {}
23    },
24
25    // 없어도 됨!, 해당 페이지 <head> 커스텀마이징
26    head () {
27      return {
28        title: '',
29        meta: [
30          { hid: '고유값', name: '설명', content: '커스텀 설명' }
31        ]
32      }
33    },
34
35    // 해당 파일에 동작시킬 메소드 정의
36    methods: {
37    },
38
39    // 복잡한 계산식일 때 computed를 이용
40    computed: {
41    },
42
43    // 외부 컴포넌트 추가 {a, b, c}의 형태로 작성. 각각의 컴포넌트는 import a from 'a'로 가져옴
44    components: {
45    },
```

```
46
47   // 없어도 됨!, layout 설정, 기본 레이아웃 사용 시 지워도 됨
48   layout: '',
49
50   // 없어도 됨!, 미들웨어 설정 , middleware : 'authenticated'는 middleware
51      디렉터리의 authenticated.js 파일 실행
52   middleware: '',
53
54   // 없어도 됨!, 최상단 true, 최하단 false
55   scrollToTop: true || false
56 }
57 </script>
```

vue 인스턴스를 생성하는 것과 유사한 형태로 이루어져 있습니다.

없어도 되는 부분들은 nuxt.js에서 제공되는 기본설정값이 세팅되는 부분입니다. 만약 해당 컴포넌트가 호출될 때 스크롤을 내리고 싶다면 scrollToTop: false를 추가하면 됩니다. 해당 설정이 없다면 true로 설정되어 스크롤이 가장 상단이 됩니다. vue 파일을 만들 때 필요한 요소만 선택적으로 사용하게 됩니다.

2-2-1 asyncData 메소드

asyncData는 컴포넌트에서 데이터 설정을 할 때 비동기적으로 생성되는 데이터일 때 asyncData를 사용합니다. 서버에서 데이터를 가져와서 사용한다면 asyncData를 사용합니다. asyncData로 생성한 데이터는 data로 생성한 데이터와 머지되어 사용하는 입장에서는 asyncData와 data 차이는 없습니다. 단지 초기화시키는 데이터가 동기적으로 실행되는지 비동기적으로 실행되는지에 대한 차이입니다.

```
1 export default {
2   asyncData (context) {
3
4     // 서버에서 데이터를 받아오는 부분
5
6     return { message2: 'world' }
7   },
8   data () {
```

```
 9        return { message1: 'hello' }
10    }
11  }
```

asyncData는 첫 번째 인자로 context를 받습니다. context는 url에 있는 params나 query를 가져올 수 있습니다. redirect나 error를 이용하여 원하는 페이지로 리다이렉트 시키거나 에러페이지를 띄워줄 수 있습니다.

vuex가 설정된 경우 store를 사용할 수 있습니다.
env를 이용하면 nuxt.config.js에 설정된 환경변수를 확인할 수 있습니다.

2-2-2 fetch 메소드

fetch 메소드도 data와 asyncData처럼 데이터를 가져오는 것은 똑같지만 데이터를 초기화하는 대상이 다릅니다. asyncData와 data는 컴포넌트에서 사용하는 데이터를 초기화하지만 fetch는 vuex인 데이터 스토어에 데이터를 넣기 위해 사용합니다. 물론 비동기적으로도 작동할 수 있습니다.

```
 1  <template>
 2      <h1>message: {{ $store.state.data }}</h1>
 3  </template>
 4
 5  <script>
 6  export. default {
 7      fetch ({ store, params }) {
 8
 9          // 데이터 가져오는 부분
10          store.commit('dataUpdate', data)
11
12      }
13  }
14  </script>
```

fetch도 context 인자를 받고 store와 params키를 사용합니다. store는 웹 애플리케이션 전역에서 사용하는 데이터 저장소로 이해하면 됩니다. store.commit은 데이터 저장소에 있는 특정 함수를 실행하여 필요한 데이터로 초기화/수정하는 역할을 합니다.

head 메소드는 각 페이지에서 head 태그를 수정할 수 있습니다.

```
 1  <template>
 2    <h1> {{ title }} </h1>
 3  </template>
 4
 5  <script>
 6  export default {
 7    data () {
 8      return {
 9        title: 'hello world'
10      }
11    },
12    head () {
13      return {
14        title: this.title,
15        meta: [
16          { hid: '1', name: '멍개', content: '멍개는 제 별명입니다.' }
17        ]
18      }
19    }
20  }
21  </script>
```

head 메소드를 사용하면 각각의 페이지마다 서로 다른 헤더 내용을 만들 수 있습니다. head 메소드는 해당 컴포넌트에 만들어진 데이터에 접근할 수 있으며 참조자인 this를 사용하여 접근합니다.

layout은 속성 형태로 정의될 수 있고 메소드 형태로 정의할 수 있습니다. layout은 따로 설정하지 않으면 default로 설정됩니다. default.vue 또한 layout에 생성하여 커스텀 마이징이 가능합니다. 이 부분은 뒤에서 layout을 다루면서 알아봅니다.

```
1  <script>
2  export default {
3    layout: 'boardDefault',
4  }
5  </script>
```

레이아웃을 설정할 땐 layouts 디렉터리 안에 있는 vue 파일로 설정해주면 됩니다. 속성 형태가 아닌 메소드 형태로도 작성 가능합니다.

```
1  <script>
2  export default {
3    layout (context) {
4      return 'boardDefault'
5    }
6  }
7  </script>
```

return해준 파일을 찾아 레이아웃으로 사용합니다.

2-2-5 middleware

미들웨어를 통해 컴포넌트가 호출되기 전에 특정 코드를 실행시킬 수 있습니다. 미들웨어를 사용하기 위해서는 middleware에 js 파일을 만들어 주어야 합니다.

```
1  // /middleware/auth.js
2  export default function ({ store, redirect }) {
3
4
5    if (로그인 하지 않았을 때) { // store.state.isLogin으로 스토어에 접근할 수 있음
6      return redirect('/signin')
7    }
8  }
```

미들웨어에 로그인을 검사하는 파일을 만들었습니다. 이제 페이지에서 해당 파일을 미들웨어로 등록할 수 있습니다.

```
1  <template>
2    <h1>유저 상세 페이지</h1>
3  </template>
4
5  <script>
6  export default {
7    middleware: 'auth'
8  }
9  </script>
```

유저 상세 페이지에 접근한다고 했을 때, 반드시 로그인을 해야 합니다. 스토어에는 로그인 유부를 저장하고 미들웨어에서 스토어에 저장된 로그인 유무값을 통해 판단한 후 로그인 하지 않았다면 redirect를 통해 로그인 페이지로 옮겨주고 로그인했다면 해당 페이지를 그냥 띄워줍니다.

2-2-6 scrollToTop

scrollToTop은 페이지의 스크롤 상단/하단 여부를 결정짓는 속성입니다.

```
1  <template>
2    <h1>hello world</h1>
3  </template>
4
5  <script>
6  export default {
7    scrollToTop: false
8  }
9  </script>
```

false라면 하단, true라면 상단으로 스크롤을 움직입니다.

2-3 style

우리는 기능뿐만 아니라 스타일링하여 아름다운 웹 애플리케이션을 만들 수 있습니다. style을 꾸미고 싶다면 아래에 〈style〉을 추가하여 CSS를 작성할 수 있습니다.

```
1  <template>
2      <h1>hello world</h1>
3      <h1>hello world</h1>
4  </template>
5
6  <script>
7  export default {
8  }
9  </script>
10
11  <style>
12  h1{
13    color: red;
14  }
15  </style>
```

CSS를 이용하여 스타일링을 할 수 있습니다. 하지만 여기서 중요한 점이 있습니다. 2개의 페이지가 있다고 가정해봅시다.

```
1  <!-- /pages/index.vue -->
2
3  <template>
4      <h1>메인 페이지</h1>
5  </template>
6
7  <script>
8  export default {
9  }
10  </script>
11
12  <style>
13  h1{
14    color: red;
15  }
16  </style>
```

```
 1  <!-- /pages/users -->
 2
 3  <template>
 4      <h1>유저 페이지</h1>
 5  </template>
 6
 7  <script>
 8  export default {
 9  }
10  </script>
11
12  <style>
13  h1{
14      font-size: 15px;
15  }
16  </style>
```

/로 접속하여 index.vue가 실행되면 h1 태그는 color와 font-size 둘 다 적용됩니다. /users
도 마찬가지입니다. CSS selector가 똑같으면 서로 다른 파일이어도 스타일이 겹쳐서 적용됩니
다. 하지만 각각의 파일을 독립적으로 스타일링을 하고 싶을 때가 많습니다. 이럴 때는 〈style
scoped〉 〈/style〉로 스타일 지정하면 됩니다.

```
 1  <style scoped>
 2
 3  </style>
```

간단한 웹 애플리케이션을 만들어 보았고 애플리케이션을 만들 때 vue 파일에서 필요한 기능
들을 배웠습니다. 여기서 배운 기능들만 가지고도 웹 애플리케이션을 만들 수 있습니다. 하지만
우리는 고급기능들로 멋진 웹 애플리케이션을 만들게 됩니다.

nuxt.config.js 파일을 이용하여 다양한 설정을 할 수 있습니다.

```javascript
 1  module.exports = {
 2
 3    head: {
 4      title: 'test',
 5      meta: [
 6        { charset: 'utf-8' },
 7        { name: 'viewport', content: 'width=device-width, initial-scale=1' },
 8        { hid: 'description', name: 'description', content: 'test' }
 9      ],
10      link: [
11        { rel: 'icon', type: 'image/x-icon', href: '/favicon.ico' }
12      ]
13    },
14
15    loading: { color: '#3B8070' },
16
17    build: {
18      extend (config, { isDev, isClient }) {
19        if (isDev && isClient) {
20          config.module.rules.push({
21            enforce: 'pre',
22            test: /\.(js|vue)$/,
23            loader: 'eslint-loader',
24            exclude: /(node_modules)/
25          })
26        }
27      }
28    }
29  }
```

이 코드는 nuxt 보일러 플레이트로 nuxt 프로젝트를 생성하여 만들어진 nuxt.config.js의 내용입니다. 설정 파일에서는 build, cache, css, dev, end, generate, head, loading, plugins, rootDir, router, srcDir, transition을 설정할 수 있습니다.

앞에 코드에서는 head와 loading, build가 설정되어 있습니다. nuxt.config.js는 해당 프로젝트
에 생성된 모든 파일에 전역으로 적용되는 내용을 포함합니다. head는 앞 pages에 있는 head
와 똑같습니다.

nuxt.js로 만든 웹 애플리케이션은 페이지 이동 시 상단에 프로그래스 바가 나오는데 프로그래
스 바의 색상을 바꿔줄 수 있습니다.

build는 좀 어려울 수 있는데 우리가 만든 웹 애플리케이션을 빌드하거나 웹팩을 이용하여 번들
링하는 부분을 설정합니다. 몇 가지 설정을 알아보겠습니다.

3-1 cache(캐시)

cache는 컴포넌트 캐시의 허용 유무입니다. 물론 캐시의 공간이 너무 커지면 메모리 공간을 많
이 사용하므로 적당히 사용하는 것이 좋습니다. 하지만 같은 컴포넌트를 자주 사용한다면 캐시
를 이용하는 것이 성능 향상이 좋아질 수 있습니다. 캐시 설정 방법은 간단합니다. 캐시되는 컴
포넌트의 수와 캐시되는 시간만 설정하면 됩니다.

```
1  module.exports = {
2    cache: {
3      max: 1000,
4      maxAge: 1000 * 60 * 60 // 기본값 15분
5    }
6  }
```

cache는 max와 maxAge를 설정할 수 있습니다. ms(1/1000초) 단위를 사용하기 때문에 1000을
곱하여 단위를 맞춰줍니다.

1000 * 60 * 60ms는 1시간입니다. 1000(1초) * 60 = 1분, 1분 * 60 = 1시간입니다.

3-2 loading(로딩)

loading은 페이지 이동 시 상단에 뜨는 프로그래스 바에 대한 설정입니다. 프로그래스 바를 사
용할지 여부, 색상, 에러가 발생했을 때 색상, 높이, 프로그래스 바 최대 진행시간을 설정할 수
있습니다.

```
1 module.exports = {
2   loading: {
3     color: 'blue',
4     height: '5px',
5     failedColor: 'red',
6     duration: 1000 * 10 // 기본값 5초
7   }
8 }
```

color는 프로그래스 바 색상입니다.

height는 프로그래스 바 높이입니다.

failedColor는 에러 발생 시 프로그래스 바 색상입니다.

duration은 프로그래스 바의 최대 진행시간입니다. 기본값은 5초입니다.

웹 애플리케이션을 만들기 위해 다양한 설정을 할 수 있습니다. nuxt.js에서 기본으로 설정된 것을 바꾸고 싶다면 nuxt.config.js를 수정하여 원하는 설정으로 바꿔서 사용하면 됩니다.

 라우트

pages의 디렉터리 구조에 따라 라우팅을 할 수 있습니다. pages 디렉터리 내부에 생성된 디렉터리와 파일에 따라 접속하는 주소가 만들어집니다.

우리는 정적인 라우트와 동적인 라우트를 만들 수 있습니다.

4-1 정적 라우트

정적 라우트는 고정된 URL을 이용하여 페이지를 요청하는 것을 의미합니다.

```
root_directory
├── package.json
├── pages
│   ├── users
│   │   └── index.vue
│   └── index.vue
└── nuxt.config.js
```

해당 형태로 구조가 되어 있으면 /, /users로 접속할 수 있습니다. 만약 /users 뒤에 url을 더 붙이고 싶다면 index.vue가 아닌 다른 이름의 디렉터리나 vue 파일을 만들면 됩니다.

```
root_directory
├── package.json
├── pages
│   ├── users
│   │   └── index.vue
│   │   └── profile.vue
│   └── index.vue
└── nuxt.config.js
```

- **/** : 메인 페이지

- **/users** : 유저 페이지

- **/users/profile** : 유저 정보 보는 페이지

```
root_directory
├── package.json
├── pages
│   ├── users
│   │   └── index.vue
│   │   └── profile.vue
│   ├── board
│   │   └── index.vue
│   │   └── modify.vue
│   │   └── post.vue
│   └── index.vue
└── nuxt.config.js
```

이 경우는 먼저 /로 접속할 수 있습니다.

- **/** : 메인 페이지

- **/users** : 유저 페이지
- **/users/profile** : 유저 정보 보는 페이지

- **/board** : 게시판 리스트 페이지
- **/board/post** : 게시글 쓰는 페이지
- **/board/modify** : 게시글 수정 페이지

이렇게 라우트를 하게 되면 문제가 발생합니다. 유저 정보를 보는 페이지와 게시글 수정 페이지는 유저에 따라 다른 정보를 띄워주어야 합니다. 이럴 때는 정적 라우트가 아니라 동적 라우트를 이용하여 URL에 필요한 정보를 동적으로 포함하여 전달할 수 있습니다.

4-2 동적 라우트

동적 라우트는 정적 라우트와 크게 다르지 않습니다. 이름을 붙일 때 앞에 언더바(_)를 붙여서 해당 부분은 파라미터(데이터)를 받는다고 선언만 해주면 됩니다.

```
root_directory
├── package.json
├── pages
│   ├── users
│   │   └── index.vue
│   │   └── profile
│   │       └── _id.vue
│   ├── board
│   │   └── index.vue
│   │   └── modify.vue
│   │   │   └── _id.vue
│   │   └── post.vue
│   └── index.vue
└── nuxt.config.js
```

정적 라우트에서 좀 더 알맞은 구조로 바꾸어 보았습니다. 먼저 유저의 프로필과 게시판 수정은 각각 대상이 있습니다.

그렇기 때문에 해당 페이지에 접속할 때 각 대상의 정보를 서버에 받아오기 위해 어떤 정보를 받아와야 하는지 유저의 id값, 게이판의 id 값을 전달할 수 있습니다. 이때 필요한 id 값을 동적인 URL로 전달하여 원하는 페이지를 받아올 수 있습니다.

- **/** : 메인 페이지

- **/users** : 유저 페이지
- **/users/profile/_id** : _id에 해당하는 유저의 정보 가져오기

- **/board** : 게시판 리스트 페이지
- **/board/post** : 게시글 쓰는 페이지
- **/board/modify/_id** : _id에 해당하는 게시글 수정 페이지

_id에 해당하는 부분은 어떤 값도 들어갈 수 있습니다. 물론 id가 아니라 원하는 이름으로 바꿔도 됩니다. _name, _age같이 앞에 **언더바(_)**만 붙여주면 됩니다.

동적으로 라우트를 생성하여 파라미터를 넘길 때 각 페이지는 validate 메소드를 이용하여 유효성 검사를 할 수 있습니다.

[코드 2-2-1] ./package.json　　　　　　　(파일명: ./codes/ch/ch2/2.2/package.json)

```json
{
  "name": "hello_world",
  "scripts": {
    "dev": "nuxt"
  },
  "dependencies": {
    "nuxt": "^1.1.1"
  }
}
```

[코드 2-2-2] ./pages/index.vue　　　　　　　(파일명: ./codes/ch/ch2/2.2/pages/index.vue)

```html
<template>
  <h1>메인 페이지</h1>
</template>
```

```
1  <template>
2    <h1>유저 리스트 페이지</h1>
3  </template>
```



```
1  <template>
2    <h1>유저 id: 프로필 </h1>
3  </template>
4
5  <script>
6
7  </script>
```

해당 웹 애플리케이션을 실행시키면 다음과 같이 접속할 수 있습니다.

- / : 메인 페이지
- /users : 유저 리스트 페이지
- /users/prifile/_id : 유저 프로필 페이지

유저 프로필 페이지 접속 시 _id 자리에 어떠한 값이라도 들어갈 수 있습니다. _id.vue 파일은
_id의 값을 가져와서 사용할 수 있습니다.

```
1  <template>
2    <h1>유저 id:{{userId}} 프로필 </h1>
3  </template>
4
5  <script>
6  export default {
7    data () {
8      return {
9        userId : this.$route.params.id
10     }
11   },
12 }
13 </script>
```

this.$route.params.[_이름]의 형태로 동적 라우터에서 파라미터를 가져올 수 있습니다. 여기서는 _id.vue로 만들었기 때문에 this.$route.params.id로 접근했지만 _name이라면 this.$route.params.name으로 가져오면 됩니다.

다시 /users/profile/1의 형태로 접속하면 _id 값에 따라 다른 결과를 출력합니다.

하지만 우리는 동적 라우트를 통해 가져온 값의 유효성 검사를 할 수 있습니다. 예를 들면 id값이 숫자로만 이루어졌다면 해당 자리에는 숫자만 와야 합니다. validate를 이용하여 검사할 수 있습니다.

```
1  <template>
2    <h1>유저 id:{{userId}} 프로필 </h1>
3  </template>
4
5  <script>
6  export default {
7      validate ({ params }) {
8          if(!isNaN(params.id)){
9              return true
10         }else{
11             return false
12         }
13     },
14     data () {
15         return {
16             userId : this.$route.params.id
17         }
18     },
19 }
20 </script>
```

validate에서 return true를 하면 해당 페이지를 정상적으로 띄워주고 false값을 반환하면 페이지가 없다고 뜹니다.

isNaN( )으로 넘어온 값이 숫자인지 검사한 후 숫자가 아니면 false 값을 반환합니다.

http://localhost:3000/users/profile/a는 없는 페이지를 접속했다고 나옵니다.

http://localhost:3000/users/profile/1는 정상적으로 화면에 유저 id:1 프로필이 출력됩니다.

nuxt.js에서는 페이지 이동 시 a 태그가 아니라 ⟨nuxt-link⟩ 컴포넌트를 사용합니다. 해당 컴포넌트는 바로 사용할 수 있습니다.

```
1  <template>
2    <div class="">
3        <nuxt-link to="/">메인 페이지</nuxt-link>
4        <nuxt-link to="/users/profile/1">1 유저</nuxt-link>
5        <nuxt-link to="/users/profile/2">2 유저</nuxt-link>
6        <nuxt-link to="/users/profile/잘못된유저">잘못된유저</nuxt-link>
7        <h1>메인 페이지</h1>
8    </div>
9  </template>
```

앞의 index.vue 파일을 수정하여 메인 페이지를 수정해 보았습니다. to에 어느 링크로 이동할지만 넣어주면 됩니다. 잘못된 유저를 클릭하면 잘못된 유저는 파라미터를 숫자가 아닌 값을 전달하기 때문에 페이지를 찾을 수 없다고 뜹니다.

그리고 vue 파일을 만들 때 렌더링될 HTML 코드는 ⟨template⟩ 안에 들어가게 되는데 안에 들어가는 HTML 코드가 두 줄 이상일 때는 앞의 코드처럼 전체 코드를 하나의 태그로 감싸주어야 합니다.

```
1  <template>
2        <nuxt-link to="/">메인 페이지</nuxt-link>
3        <nuxt-link to="/users/profile/1">1 유저</nuxt-link>
4        <nuxt-link to="/users/profile/2">2 유저</nuxt-link>
5        <nuxt-link to="/users/profile/잘못된유저">잘못된유저</nuxt-link>
6        <h1>메인 페이지</h1>
7  </template>
```

이런 형태로 코드를 작성하면 에러가 발생합니다.

```
Component template should contain exactly one root element. If you are
using v-if on multiple elements, use v-else-if to chain them instead.
```

상당히 복잡한 에러가 발생하지만, 해당 구문이 핵심입니다. 하나의 루트 요소로 포함하라고 메시지를 전달합니다.

정적 라우트, 동적 라우트를 만들어 〈nuxt-link〉 컴포넌트를 통해 페이지 간 이동하는 방법을 배웠습니다. 또한 컴포넌트에서 template를 만들 때 주의할 점에 대해 다뤄보았습니다.

페이지마다 같은 레이아웃을 사용하는 방법과 페이지에 사용하는 요소들인 컴포넌트를 사용하는 방법을 다룹니다.

5 레이아웃

이제 각각의 독립적인 페이지를 만들 수 있습니다. 또한, 페이지에서 다른 페이지를 이동할 수 있습니다. 웹 애플리케이션을 개발하다 보면 반복적인 요소가 계속 등장하게 됩니다.

화면을 구성하는 작은 요소가 될 수 있고 footer나 header같이 큰 요소가 될 수 있습니다.

footer나 header 같은 경우는 모든 페이지에 계속 등장하므로 layouts에 한 번만 정의해 두고 우리가 만든 페이지를 해당 레이아웃에 포함하는 형태로 개발을 진행합니다.

화면을 이루고 있는 요소는 컴포넌트라고 합니다. 컴포넌트는 components 디렉터리에 생성합니다. 컴포넌트는 마치 부품처럼 가져다가 사용할 수 있습니다.

우리는 레이아웃이라는 배경에 컴포넌트라고 하는 요소를 포함하여 하나의 완전체를 만듭니다.

5-1 default 레이아웃

레이아웃은 layouts 디렉터리에 생성합니다. 기본적으로 default.vue를 사용합니다.

```
<template>
  <nuxt/>
</template>
```

레이아웃을 만들 때는 반드시 〈nuxt〉 컴포넌트가 있어야 합니다. 〈nuxt〉는 해당 레이아웃을 호출한 컴포넌트 내용이 포함되는 곳이기 때문입니다.

[코드 2-3-1] ./package.json　　　　　　　　(파일명: ./codes/ch/ch2/2.3/package.json)

```json
1 {
2   "name": "hello_world",
3   "scripts": {
4     "dev": "nuxt"
5   },
6   "dependencies": {
7     "nuxt": "^1.1.1"
8   }
9 }
```

[코드 2-3-2] ./layouts/default.vue　　　　　(파일명: ./codes/ch/ch2/2.3/layouts/default.vue)

```html
1 <template>
2     <div class="">
3         <nuxt-link to="/">메인 페이지</nuxt-link>
4         <nuxt-link to="/users/profile/1">1 유저</nuxt-link>
5         <nuxt-link to="/users/profile/2">2 유저</nuxt-link>
6         <nuxt-link to="/users/profile/잘못된유저">잘못된유저</nuxt-link>
7         <nuxt/>
8     </div>
9 </template>
```

[코드 2-3-3] ./pages/index.vue　　　　　　(파일명: ./codes/ch/ch2/2.3/pages/index.vue)

```html
1 <template>
2   <div class="">
3       <h1>메인 페이지</h1>
4   </div>
5 </template>
```

[코드 2-3-4] ./pages/users/profile/_id.vue (파일명: ./codes/ch/ch2/2.3/pages/users/profile/_id.vue)

```html
1 <template>
2   <h1>유저 id:{{userId}} 프로필 </h1>
3 </template>
4
```

```
 5  <script>
 6  export default {
 7      validate ({ params }) {
 8          if(!isNaN(params.id)){
 9              return true
10          }else{
11              return false
12          }
13      },
14      data () {
15          return {
16              userId : this.$route.params.id
17          }
18      },
19  }
20  </script>
```

레이아웃에 〈nuxt-link〉를 넣어 해당 레이아웃을 사용하는 모든 페이지에서 페이지 이동을 할 수 있게 되었습니다. 이제 어느 페이지를 가든지 상단에 페이지 이동 탭을 포함합니다.

우리는 에러 페이지도 레이아웃을 만들 수 있습니다.

5-2 error 레이아웃

에러 페이지도 원하는 형태로 바꿀 수 있습니다. 이때는 layouts 디렉터리 안에 error.vue를 포함하면 됩니다. error.vue도 default.vue를 레이아웃으로 사용할 수 있습니다.

[코드 2-3-5] ./layouts/error.vue　　　　　　(파일명: ./codes/ch/ch2/2.3/users/layouts/error.vue)

```
1  <template>
2    <div>
3        <h1 v-if="error.statusCode === 404">페이지를 찾을 수 없습니다.</h1>
4        <h1 v-else> 에러가 발생했습니다.</h1>
5    </div>
6  </template>
7
8  <script>
9  export default {
```

```
10    props: ['error'] // 외부에서 error 인자를 받음. 해당 파일에서 데이터 바인딩할 수 있음
11  }
12  </script>
```

이제 잘못된 유저로 접속하면 페이지를 찾을 수 없다는 문구와 함께 메인 페이지로 이동할 수 있습니다. props는 컴포넌트에 데이터를 전달받는 부분입니다. nuxt.js는 에러가 발생하면 layouts에 생성된 error.vue를 호출합니다. 이때 error인자를 전달하는데 error.vue는 넘긴 인자를 props 받아서 사용할 수 있습니다.

error는 statusCode키로 에러코드를 확인할 수 있습니다. 404는 없는 페이지를 접속했다는 의미입니다. 또한, 500이 뜰 수도 있는데 이는 서버의 문제입니다. props는 컴포넌트에서 사용하는 방법인데 뒤에서 컴포넌트를 다루면서 어떤 식으로 만들 수 있는지 알아보겠습니다.

레이아웃도 마찬가지로 template 내부에 여러 줄이 있다면 하나의 태그로 묶어 주어야 합니다.

만약 default.vue나 error.vue로 만들지 않고 다른 이름으로 만들었다면 페이지에서 layouts 속성을 이용하여 설정할 수 있습니다.

```
1  <template>
2  </template>
3
4  export default {
5    layout: 'board' // layouts 디렉터리의 board.vue를 레이아웃으로 사용
6  }
```

pages 디렉터리에 있는 vue 파일은 layout 속성을 이용하여 레이아웃을 바꿀 수 있습니다. 따로 설정하지 않는다면 기본값으로 default.vue를 레이아웃 페이지로 사용합니다.

에러가 발생했을 때 보여줄 페이지와 각 페이지마다 사용될 레이아웃을 만들어서 적용하는 방법을 알아보았습니다. 에러 페이지도 띄워주고 벌써 전문가가 된 느낌을 받고 있을겁니다. 이제 아이디어만 있으면 nuxt.js를 이용하여 웹 애플리케이션을 만들 수 있습니다. 하지만 반복되는 배경을 layouts으로 통일하는 것처럼 반복되는 요소를 분리하여 가져다가 사용하면 보다 효율적인 웹 애플리케이션을 만들 수 있습니다.

6 컴포넌트

반복되는 요소를 다양한 형태로 만들 수 있습니다. 반복되는 요소를 분리하여 모듈로 만든 것을 컴포넌트라고 부릅니다. 우리가 웹 애플리케이션에서 보는 하나하나의 요소를 컴포넌트라고 할 수 있습니다. 반복되는 요소를 매번 작성하는 것이 아닌 컴포넌트로 만들어서 사용하는 형태로 프로젝트를 진행하게 됩니다. 컴포넌트는 components 디렉터리에 포함합니다.

6-1 컴포넌트 만들기

컴포넌트를 사용할 땐 components 디렉터리에 있는 요소를 가지고 와야 합니다. 그리고 가지고 온 요소를 태그처럼 사용합니다.

[코드 2-4-1] ./package.json (파일명: ./codes/ch/ch2/2.4/package.json)

```json
1 {
2   "name": "hello_world",
3   "scripts": {
4     "dev": "nuxt"
5   },
6   "dependencies": {
7     "nuxt": "^1.1.1"
8   }
9 }
```

[코드 2-4-2] ./pages/index.vue (파일명: ./codes/ch/ch2/2.4/pages/index.vue)

```html
1 <template>
2     <c1></c1>
3     <c2></c2>
4 </template>
5
6 <script>
7 import c1 from '../components/c1.vue'
8 import c2 from '../components/c2.vue'
9
```

```
10  export default {
11      components: {c1, c2}
12  }
13  </script>
```

import ~ from을 이용하여 컴포넌트로 만든 파일을 가져옵니다. components 속성에서 **중괄호** **({ })**로 선언한 컴포넌트를 나열하면 됩니다. 선언한 컴포넌트를 template에서 태그처럼 사용하면 됩니다.

| [코드 2-4-3] ./components/c1.vue | (파일명: ./codes/ch/ch2/2.4/components/c1.vue) |

```
1  <template>
2      <h1>c1 컴포넌트</h1>
3  </template>
```

| [코드 2-4-4] ./components/c2.vue | (파일명: ./codes/ch/ch2/2.4/components/c2.vue) |

```
1  <template>
2      <h1>c2 컴포넌트</h1>
3  </template>
```

해당 웹 애플리케이션을 실행한 후 localhost:3000/으로 접속하면 화면에 c1 컴포넌트와 c2 컴포넌트를 출력합니다.

pages에 포함된 vue 파일이 아니어도 레이아웃, 컴포넌트에 있는 모든 vue 파일은 다른 vue 파일에서 가져다가 사용할 수 있습니다.

6-2 컴포넌트로 데이터 넘기기

컴포넌트를 사용할 때 데이터를 넘겨줄 수 있습니다. 에러 레이아웃을 만들 때 사용한 props를 이용합니다.

| [코드 2-5-1] ./package.json | (파일명: ./codes/ch/ch2/2.5/package.json) |

```
1  {
2    "name": "hello_world",
3    "scripts": {
```

```
4        "dev": "nuxt"
5      },
6      "dependencies": {
7        "nuxt": "^1.1.1"
8      }
9    }
```



```
1    <template>
2        <div class="">
3            <c1 :text="message1"></c1>
4            <c1 :text="message2"></c1>
5        </div>
6    </template>
7
8    <script>
9    import c1 from '../components/c1.vue'
10
11   export default {
12       components: {c1},
13       data () {
14           return {
15               message1: 'hello world1',
16               message2: 'hello world2',
17           }
18       }
19   }
20   </script>
```

컴포넌트에 text라는 데이터를 전달합니다. 전달되는 데이터는 data 메소드로 정의한 message1
과 message2입니다.


```
1    <template>
2        <div>
3            <h1>c1 컴포넌트</h1>
```

```
 4            <p>{{text}}</p>
 5        </div>
 6  </template>
 7
 8  <script>
 9  export default {
10      props: ['text']
11  }
12  </script>
```

다른 vue 파일에서 호출되는 c1.vue는 **props**로 text를 받는다고 되어 있습니다. 외부 vue 파일에서 전달된 text 파일을 바인딩하여 렌더링을 할 수 있습니다. 만약 props: ['text']가 없으면 외부에서 전달한 데이터가 없다고 인식하기 때문에 외부에서 데이터를 넘긴다면 반드시 props를 이용하여 받아야 합니다.

6-3 컴포넌트로 함수 넘기기

컴포넌트에 데이터뿐만 아니라 methods에 정의된 함수도 넘길 수 있습니다.

[코드 2-6-1] ./package.json　　　　　　　　(파일명: ./codes/ch/ch2/2.6/package.json)

```json
1  {
2    "name": "hello_world",
3    "scripts": {
4      "dev": "nuxt"
5    },
6    "dependencies": {
7      "nuxt": "^1.1.1"
8    }
9  }
```

[코드 2-6-2] ./pages/index.vue　　　　　　　(파일명: ./codes/ch/ch2/2.6/pages/index.vue)

```
1  <template>
2      <div class="">
3          <c1 :touch="t1"></c1>
4          <c1 :touch="t2"></c1>
```

```
 5        </div>
 6    </template>
 7
 8    <script>
 9    import c1 from '../components/c1.vue'
10
11    export default {
12        components: {c1},
13        methods: {
14            t1 () {
15                alert('t1')
16            },
17            t2 () {
18                alert('t2')
19            }
20        }
21    }
22    </script>
```

touch라는 이름으로 methods에 정의된 함수를 넘겨줍니다.

[코드 2-6-3] ./components/c1.vue (파일명: ./codes/ch/ch2/2.6/components/c1.vue)

```
 1    <template>
 2        <div>
 3            <h1>c1 컴포넌트</h1>
 4            <button @click="touch">클릭</button>
 5        </div>
 6    </template>
 7
 8    <script>
 9    export default {
10        props: ['touch']
11    }
12    </script>
```

이번에도 마찬가지로 props로 전달한 함수를 받아서 사용합니다. @click=" "에서 받아온 touch
를 호출합니다. 클릭할 때마다 각각 다른 함수가 호출되어 다른 alert( ) 창이 뜹니다.

 props 검사하기

props로 데이터를 넘길 때 중요한 점이 있습니다. 데이터를 반드시 넣어주어야 되는지, 이벤트일 때는 함수를, 데이터일 때는 다양한 데이터를 받을 수 있습니다. 데이터도 리스트, 오브젝트, 숫자, 문자열 등 다양하게 검사할 수 있습니다.

vue.js에서는 props으로 전달되는 인자를 7가지 타입으로 정의합니다.

- String
- Number
- Boolean
- Function
- Object
- Array
- Symbol

props의 유효성 검사를 할 땐 리스트 형태가 아닌 json 형태로 정의합니다.

```
1  <script>
2  export default {
3      props: {}
4  }
5  </script>
```

props는 다양한 형태로 검사할 수 있습니다.

```
1  <script>
2  export default {
3      props: {
4          p1: [Number, String],
5          p2: {
6              type: String,
7              required: true
8          },
9          p3: {
10             type: Number,
11             default: 100
```

```
12              },
13          p4: {
14                  type: Object,
15                  default: function () {
16                          return { message: 'hello world' }
17                  }
18              },
19          p5: {
20                  validator: function (value) {
21                          return value > 0
22                  }
23              }
24          }
25  }
26  </script>
```

해당 컴포넌트를 호출하면 p1, p2, p3, p4, p5를 넘길 수 있습니다.

type은 넘어온 데이터의 타입을 검사합니다. 만약 리스트로 정의하면 여러 타입을 받을 수 있다는 의미입니다. 만약 타입에 null 값을 넣는다면 모든 타입을 다 받겠다는 의미입니다. 하지만 모든 타입을 다 받는 것은 좋은 방법이 아닙니다.

required는 필수 유무입니다. true라면 반드시 있어야 하고, false라면 해당 컴포넌트를 사용할 때 없어도 되는 값입니다.

default는 값을 넘기지 않았을 때 사용하는 기본값입니다. 하지만 type이 Object라면 p4처럼 메소드 형태로 선언해야 합니다.

validator는 넘어온 값을 검사하는 부분입니다.

6-5 props의 한계

props를 쓰다 보면 한가지 불편한 점이 있습니다. 컴포넌트의 데이터를 컴포넌트로 호출한 vue 파일에 동기화시키기 힘들다는 점입니다. 위 파일을 예로 들면 index.vue 파일이 c1.vue에게 데이터를 전달 시 index.vue에서 c1.vue로 단방향 바인딩 됩니다. 그러므로 index.vue에서 해당 데이터를 변경하면 c1.vue에서도 변경됩니다. 하지만 반대로 c1.vue에서 해당 데이터가 바뀌어도 index.vue에서는 바뀌지 않습니다.

[코드 2-7-1] ./package.json　　　　　　　(파일명: ./codes/ch/ch2/2.7/package.json)

```json
1  {
2    "name": "hello_world",
3    "scripts": {
4      "dev": "nuxt"
5    },
6    "dependencies": {
7      "nuxt": "^1.1.1"
8    }
9  }
```

[코드 2-7-2] ./pages/index.vue　　　　　　(파일명: ./codes/ch/ch2/2.7/pages/index.vue)

```vue
1  <template>
2      <div class="">
3          <c1 :message="n"></c1>
4          <h1>index 페이지 {{n}}</h1>
5          <button @click="increment">index 증가</button>
6      </div>
7  </template>
8
9  <script>
10 import c1 from '../components/c1.vue'
11
12 export default {
13     components: {c1},
14     data () {
15         return {
16             n: 1
17         }
18     },
19     methods: {
20         increment (){
21             this.n += 1
22         }
23     }
24 }
25 </script>
```

c1 컴포넌트에 1로 초기화한 n 값을 message로 전달합니다. c1은 props를 이용하여 message를 받습니다. 그리고 button으로 n 값을 증가시키는 함수를 만들어 button을 클릭할 때마다 1씩 증가합니다.

[코드 2-7-3] ./components/c1.vue   (파일명: ./codes/ch/ch2/2.7/components/c1.vue)

```
 1  <template>
 2     <div>
 3        <h1>c1 컴포넌트 {{message}}</h1>
 4        <button @click="increment">c1 증가</button>
 5     </div>
 6  </template>
 7
 8  <script>
 9  export default {
10     props: {
11        message: {
12           type: Number
13        }
14     },
15     methods: {
16        increment (){
17           this.message += 1
18        }
19     }
20  }
21  </script>
```

해당 웹 애플리케이션을 실행하여 조작해보면 상당히 재미난 결과를 볼 수 있습니다.

[코드 2-7] 실행 결과

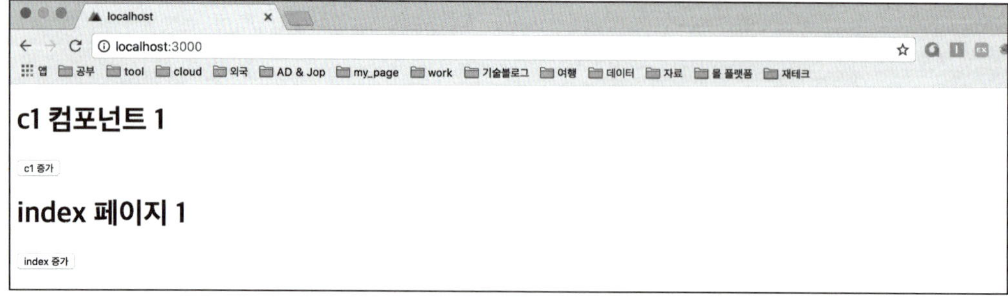

2개의 버튼이 생성됩니다.

하나는 c1 컴포넌트에서 index.vue에게 전달받은 데이터를 증가하는 버튼입니다.

아래에 있는 버튼은 index.vue에서 c1.vue에게 데이터 바인딩을 걸어 해당 데이터를 증가하는 버튼입니다. 여기서 c1 컴포넌트의 버튼을 누르면 해당 컴포넌트 부분의 데이터만 변경됩니다. 하지만 index.vue에 있는 버튼을 누르면 해당 index.vue에 있는 데이터로 컴포넌트와 본인 데이터가 증가합니다.

즉, index.vue에서만 c1으로 데이터 단방향 바인딩되어 있기 때문입니다. 이때는 v-model을 사용할 수 없습니다. 만약 c1에서 눌렀을 때 index에서도 바뀌길 원한다면 props로 한 가지 더 넘겨야 합니다.

[코드 2-8-1] ./package.json   (파일명: ./codes/ch/ch2/2.8/package.json)

```json
1  {
2    "name": "hello_world",
3    "scripts": {
4      "dev": "nuxt"
5    },
6    "dependencies": {
7      "nuxt": "^1.1.1"
8    }
9  }
```

[코드 2-8-2] ./pages/index.vue   (파일명: ./codes/ch/ch2/2.8/pages/index.vue)

```html
1  <template>
2      <div class="">
3          <c1 :message="n" :increment="increment"></c1>
4          <h1>index 페이지 {{n}}</h1>
5          <button @click="increment">index 증가</button>
6      </div>
7  </template>
8
9  <script>
10 import c1 from '../components/c1.vue'
11
12 export default {
13     components: {c1},
```

```
14        data () {
15            return {
16                n: 1
17            }
18        },
19        methods: {
20            increment (){
21                this.n += 1
22            }
23        }
24    }
25 </script>
```

이번에는 index.vue에 정의된 increment 함수를 전달합니다. increment에서 this.n으로 접근하기 때문에 this가 index.vue를 의미하고 전달받은 c1은 해당 함수를 사용하면 index.vue에 있는 데이터를 직접 변경하게 됩니다.


```
1 <template>
2     <div>
3         <h1>c1 컴포넌트 {{message}}</h1>
4         <button @click="increment">c1 증가</button>
5     </div>
6 </template>
7
8 <script>
9 export default {
10     props: {
11         message: {
12             type: Number
13         },
14         increment: {
15             type: Function
16         }
17     }
18 }
19 </script>
```

이번에 웹 애플리케이션을 실행하면, 어느 버튼을 눌러도 똑같이 증가합니다. c1.vue은 index.vue에게 실행함수를 전달받았고 실행함수는 index.vue에서 increment( )로 어느 데이터를 변경할지 명시되었기 때문에 같이 증가합니다. c1.vue에서 데이터를 바꾸는 것은 index.vue에 생성된 데이터를 직접 바꿉니다.

this를 this가 작성된 파일로 이해하면 편하게 학습할 수 있습니다.

6-6 컴포넌트 테스트

지금까지 컴포넌트마다 어떤 식으로 데이터가 동작하는지 어느 컴포넌트가 어떤 데이터를 가지고 있는지 추상적으로만 이해하고 있습니다. 하지만 이러한 추상적인 데이터들과 각 동작 과정을 프로그램을 통해서 확인할 수 있습니다.

nuxt.js로 만든 웹 애플리케이션을 테스트 하기 위해 크롬 웹 스토어에서 Vue.js devtools를 설치합니다.

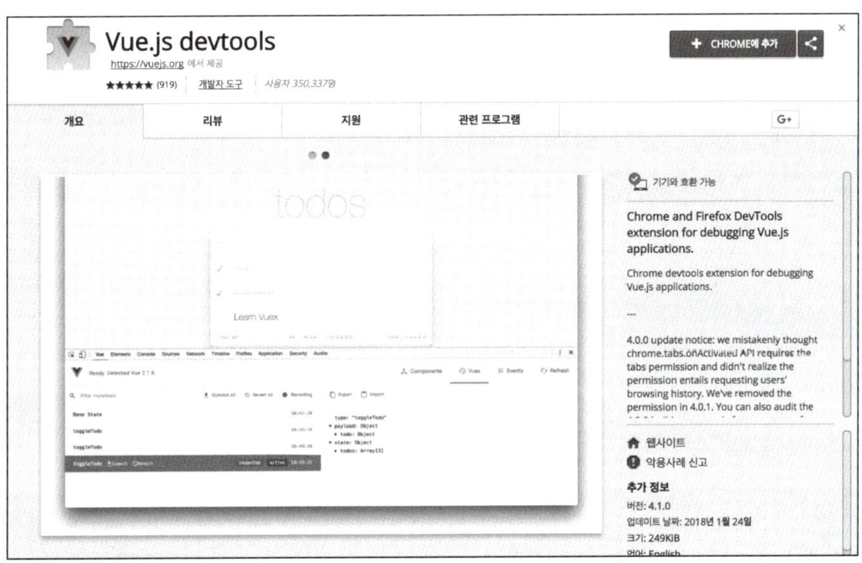

[그림 2.5] 크롬 웹 스토어에서 Vue.js devtools 설치

Vue.js devtools를 설치하여 크롬 탭에 추가합니다. 주소창 우측에 아이콘이 하나 추가됩니다. 추가된 아이콘은 nuxt.js로 만들어진 사이트로 가면 활성 상태가 됩니다. 활성 상태가 되면 개발자 도구 탭에 vue가 추가됩니다.

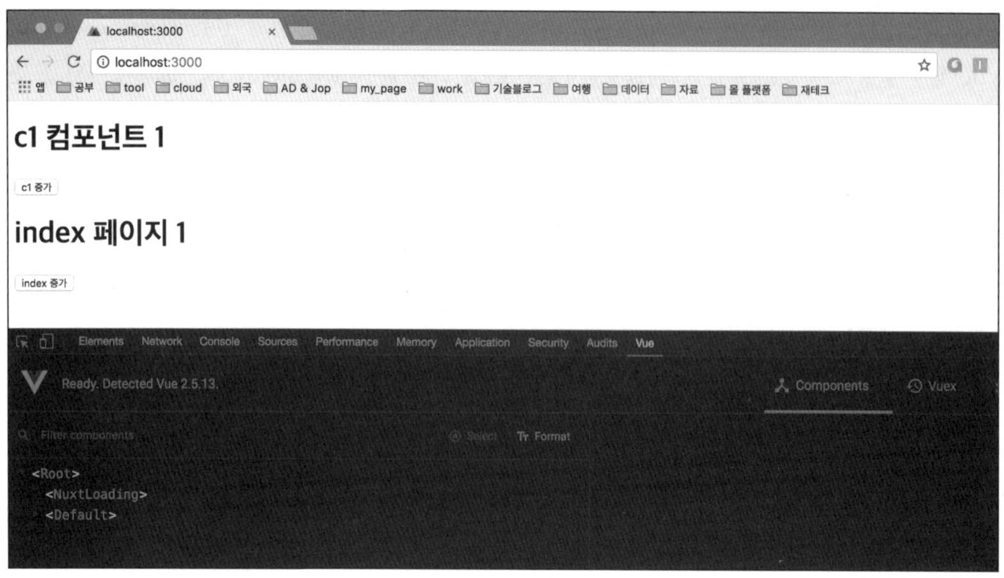

[그림 2.6] Vue.js devtools 활성화

개발자 도구에 들어가면 vue 탭이 보입니다. vue로 만들어진 웹 애플리케이션일 때만 해당 탭을 활성화합니다. 해당 프로그램을 이용하여 편리하게 디버깅을 할 수 있습니다. 컴포넌트마다 데이터의 상태나 뒤에서 다룰 vuex의 상태를 확인할 수 있습니다.

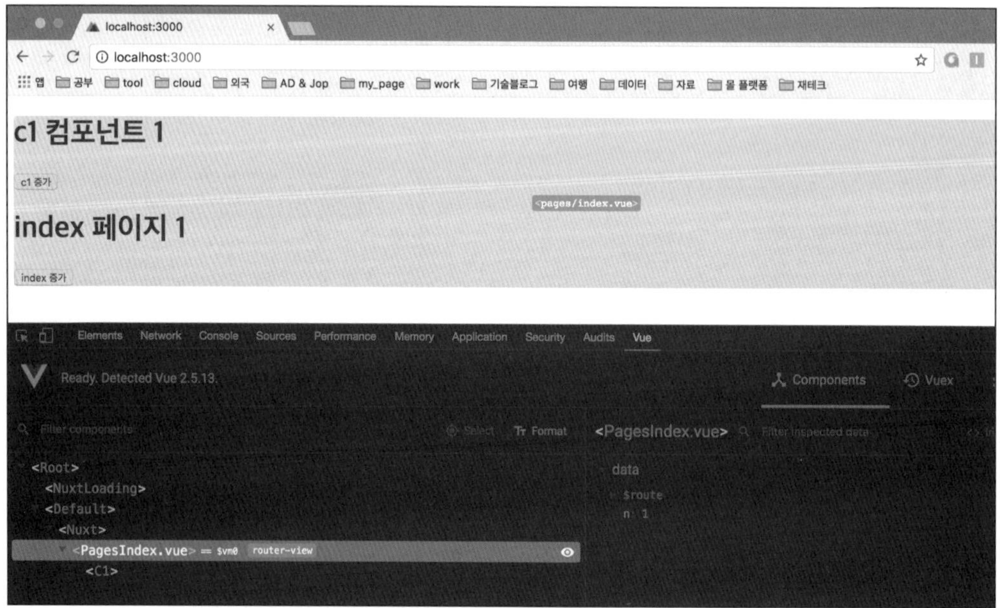

[그림 2.7] index.vue 선택

PagesIndex.vue라고 뜨는 부분을 선택하니 화면 전반이 선택되면서 우측에 데이터가 보입니다. 클릭 버튼을 누르면 해당 값이 바뀝니다. PagesIndex.vue는 우리가 pages 디렉터리에서 접속한 파일로 보면 됩니다. 만약 /pages/users/profile/_id.vue에 접속했다면, PagesUsersProfile_id.vue라고 됩니다. 앞에 디렉터리 경로가 쭉 이어 붙는다고 이해하면 됩니다.

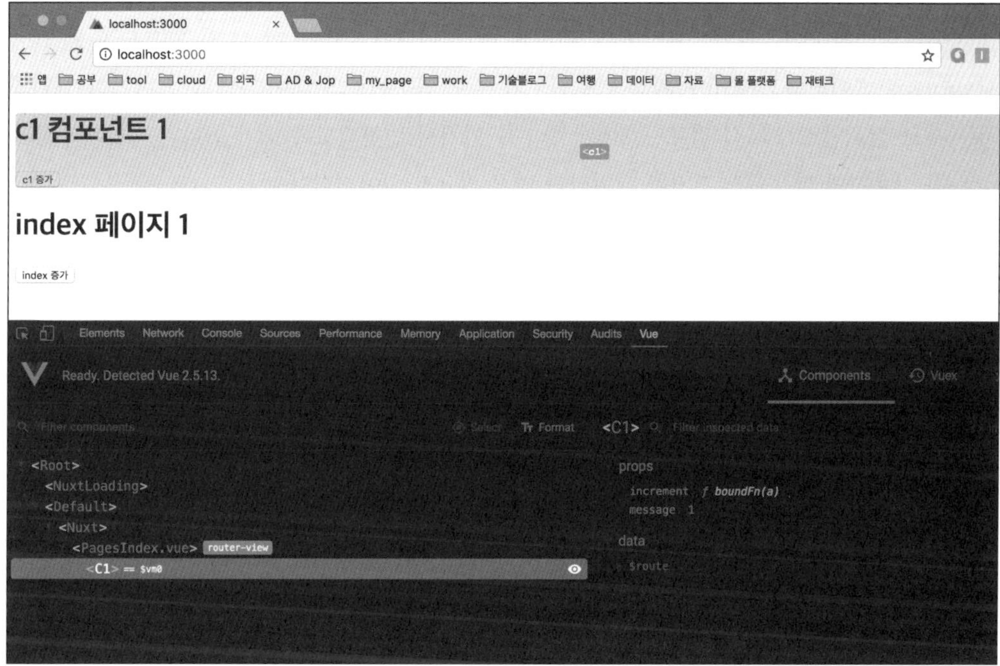

[그림 2.8] c1.vue 선택

컴포넌트는 컴포넌트 이름으로 표시됩니다. C1 부분을 선택하니 해당 컴포넌트가 해당하는 부분이 선택되면서 [그림 2.8]처럼 우측에 데이터 상태가 나타납니다. 대신 data가 아니라 props로 표시됩니다. props는 부모 컴포넌트가 자식 컴포넌트에게 주는 데이터를 의미합니다. C1 컴포넌트가 PagesIndex.vue의 자식 컴포넌트에 해당합니다.

props를 이용하여 부모와 자식 컴포넌트 간의 복잡한 형태로 데이터를 주고받았습니다. vuex를 이용하여 store를 사용한다면 이런 과정을 사용하지 않습니다. vuex는 데이터를 웹 애플리케이션 전역에서 관리하기 때문에 모든 vue 파일은 하나의 관리소에 있는 데이터를 사용할 수 있습니다. 뒤에서 vuex를 활용하여 store를 다루는 방법을 알아봅니다.

Vuex store를 이용한 데이터 관리

Vuex store를 이용하면 props를 이용해서 데이터를 넘겨줄 이유가 없습니다. 하나의 저장소를 사용하여 데이터의 상태를 관리하는 것이 좀 더 효율적인 관리를 할 수 있습니다. 또한 앞에서 props로 데이터를 전달하면 자식 컴포넌트가 부모 컴포넌트의 데이터를 직접 변경하기 위해서는 부모 컴포넌트가 자식 컴포넌트에게 함수를 넘겨서 변경되도록 해야 합니다. 하지만 vuex store를 사용하면 함수를 넘기거나 데이터를 넘길 필요가 없어집니다.

7-1 Vuex store 시작하기

Vuex store를 이용하기 위해서는 store 디렉터리를 이용합니다. 간단한 예제를 살펴보겠습니다.

[코드 2-9-1] ./package.json   (파일명: ./codes/ch/ch2/2.9/package.json)

```json
1  {
2    "name": "hello_world",
3    "scripts": {
4      "dev": "nuxt"
5    },
6    "dependencies": {
7      "nuxt": "^1.1.1"
8    }
9  }
```

항상 만들어주는 파일입니다. 지겹도록 봐 왔다는 건 그만큼 익숙해진 것이니 본인에게 칭찬의 한마디 날려줍시다. 만약 볼 때마다 새롭게 느껴진다면 또 보면 됩니다. 보다 보면 지겨워 지고, 지겨워 지면 익숙해집니다.

[코드 2-9-2] ./store/index.js   (파일명: ./codes/ch/ch2/2.9/store/index.js)

```javascript
1  import Vuex from 'vuex'
2
3  const store = function() {
4    new Vuex.Store({
5
```

```
 6        state: {
 7            count: 0
 8        },
 9        mutations: {
10            increment (state) {
11                state.count++
12            }
13        }
14    })
15  }
16
17  export default store
```

store 디렉터리에 index.vue를 만들어 준 후 Vuex를 이용해서 무엇인가 만들어 주었습니다. 바로 웹 애플리케이션에서 사용할 저장소입니다. 이제 this.$store를 통해 해당 저장소에 접근할 수 있고, 어느 곳에서나 접근할 수 있습니다.

state는 데이터를 나타내는 상태가 되고 mutations을 통해 상태를 바꿉니다.

<table>
<tr><td>[코드 2-9-3] ./pages/index.vue</td><td>(파일명: ./codes/ch/ch2/2.9/pages/index.vue)</td></tr>
</table>

```
1  <template>
2    <div class="">
3        <button @click="$store.commit('increment')">{{ $store.state.
4  count }}</button>
5    </div>
6  </template>
```

웹 애플리케이션을 실행하면 버튼이 하나 떠 있습니다. 해당 버튼을 누르면 버튼의 숫자가 하나씩 증가합니다.

[코드 2-9] 실행 결과

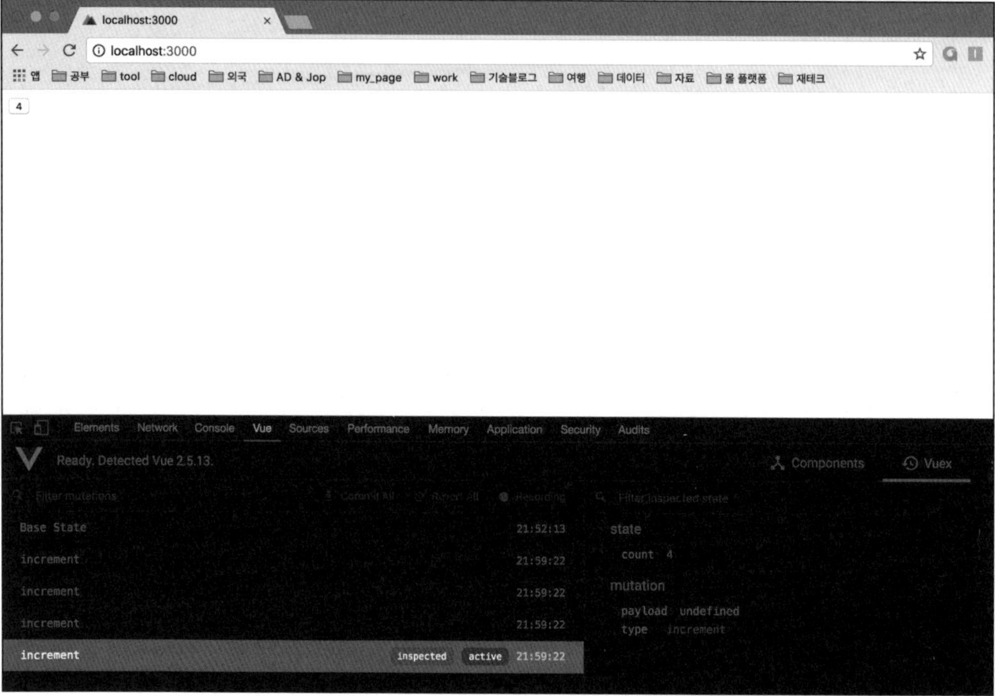

Vue.js devtools에서 Vuex를 누르면 state 상태를 확인할 수 있습니다. 좌측에 뜨는 건 mutations에서 호출된 메소드입니다.

$store.commit( )을 통해 mutations에 정의된 메소드를 호출할 수 있습니다. 첫 번째 인자로 어떤 메소드를 호출시킬지 메소드 명을 전달합니다. 두 번째 인자는 필요한 값을 넣을 수 있습니다. 앞의 코드에서는 1씩 증가하기 때문에 increment에서 state.count++만 했지만, 만약 2씩 증가된다고 한다면 다음과 같이 수정할 수 있습니다.

```
1 <button @click="$store.commit('increment', 2)">{{ $store.state.
2 count }}</button>
```

```
1 mutations: {
2   increment (state, value) {
3       state.count += value
4   }
5 }
```

commit은 mutations에 정의된 함수를 호출하기 위해 첫 번째 인자로 mutations에 정의된 함수 이름, 두 번째 인자로 상태 변경 값을 전달합니다. mutations에 정의된 함수는 첫 번째 인자로 state를 받습니다. 두 번째 인자는 commit에서 두 번째 인자로 전달한 값을 받습니다.

7-2 mapState 사용하기

저장소에 있는 상태에 접근하기 위해 this.$store를 사용합니다. 또한, mutations을 호출하여 상태를 변경할 수 있습니다. 우리는 상태에 접근할 때 $store.state를 통해 접근할 수 있지만, computed와 mapState를 이용하여 편리하게 접근할 수 있습니다.

```
1  <template>
2    <div class="">
3        <button @click="$store.commit('increment')">{{ count }}</button>
4    </div>
5  </template>
6
7  <script>
9  import {mapState} from 'vuex'
10
11 export default {
12   computed: mapState([
13       'count'
14   ])
15 }
16 </script>
```

vuex에서 가져온 데이터에서 mapState 인수를 computed에 넣어줍니다. mapState는 store에 선언된 state들을 리스트로 가집니다. state에 있는 count를 넣어주면 $store.state.count, this.$store.state.count가 아니라 this.count, count로 사용할 수 있습니다.

mapState를 사용하면 복잡한 형태가 아닌 간결한 형태로 사용이 가능해집니다.

7-3 fetch 메소드

앞에서 fetch 메소드를 통해서 vuex store를 초기화한다고 언급했습니다. fetch 메소드는 페이지가 렌더링 되기 전에 호출하는 메소드입니다. 여기서 중요한 점은 fetch에서는 this를 사용할 수 없습니다. 왜냐하면, 페이지가 아직 렌더링이 되지 않았기 때문입니다.

[코드 2-10-1] ./package.json   (파일명: ./codes/ch/ch2/2.10/package.json)

```json
1  {
2    "name": "hello_world",
3    "scripts": {
4      "dev": "nuxt"
5    },
6    "dependencies": {
7      "nuxt": "^1.1.1"
8    }
9  }
```

[코드 2-10-2] ./store/index.js   (파일명: ./codes/ch/ch2/2.10/store/index.js)

```javascript
1  import Vuex from 'vuex'
2
3  const store = () => new Vuex.Store({
4
5    state: {
6      count: 0
7    },
8    mutations: {
9      increment (state, value) {
10        state.count += value
11      },
12      init (state, value) {
13        value = value || 0 // value가 false면 0값을 넣음
14        state.count = value
15      }
16    }
17  })
18
19  export default store
```

mutations에서 init 함수를 만들었습니다. count를 초기화하는 함수입니다. init 함수는 두 번째 인자가 없으면 0으로 초기화 합니다.

[코드 2-10-3] ./pages/index.vue　　　　(파일명: ./codes/ch/ch2/2.10/pages/index.vue)

```
 1  <template>
 2    <div class="">
 3        <button @click="$store.commit('increment', 2)">{{ count }}</
 4  button>
 5    </div>
 6  </template>
 7
 8  <script>
 9  import {mapState} from 'vuex'
10
11  export default {
12    computed: mapState([
13        'count'
14    ]),
15    fetch ({store}) {
16        console.log('test')
17        store.commit('init', 2)
18    }
19  }
20  </script>
```

fetch 메소드는 첫 번째 인자에서 store 키를 사용합니다. store는 우리가 지금까지 접근했던 $store입니다. fetch는 페이지 렌더링 되기 전에 호출이 되는 함수이므로 store를 인자로 받아야 사용 가능합니다. fetch에서는 this를 사용하지 못합니다.

fetch 메소드에서 console.log( )로 출력하는 결과가 개발자 도구 콘솔 창에 뜨지 않고 npm run dev를 실행한 콘솔 창(터미널)에 출력합니다. 이유는 페이지 렌더링 전이기 때문에 웹 브라우저에서 출력이 안 되기 때문입니다.

7-4 Vuex store 모듈 형태 제작

상태를 만들다 보면 규모가 점점 커지게 됩니다. 이때는 각각 형태에 따라서 상태를 독립적으로 관리하는 것이 유지보수 하는 데 좋습니다.

[코드 2-11-1] ./package.json   (파일명: ./codes/ch/ch2/2.11/package.json)

```json
1  {
2    "name": "hello_world",
3    "scripts": {
4      "dev": "nuxt"
5    },
6    "dependencies": {
7      "nuxt": "^1.1.1"
8    }
9  }
```

[코드 2-11-2] ./store/users.js   (파일명: ./codes/ch/ch2/2.11/store/users.js)

```js
1  export const state = () => ({
2    userInfos : [
3      {name: 'pjt', id: 0, age: '26'}
4    ]
5  })
6
7  export const mutations = {
8    add(state, userInfo) {
9      state.userInfos.push(userInfo)
10   }
11 }
12
13 export const getters = {
14   userInfos(state) {
15     return state.userInfos
16   }
17 }
```

지금까지는 index.js의 형태로 만들었지만, 이제는 각 state의 종류에 따라 나누어서 파일을 만듭니다. users.js로 유저의 정보를 관리하는 스토어입니다. 유저 리스트를 보여주고 추가할 수 있는 형태입니다. 이제 vue 파일에서 해당 형태를 어떤 식으로 가져다가 사용하는지 알아보겠습니다.

mutations에 정의된 add 함수는 state에 있는 userInfos 리스트에 push하여 추가하는 부분입니다.


```html
<template>
  <div class="">
    <ul class='users'>
      <li v-for="user in users">id: {{user.id}}, name: {{user.name}},
age: {{user.age}}</li>
    </ul>

    <div class="add">
      <input type="text" name="" v-model:value="id">
      <input type="text" name="" v-model:value="name">
      <input type="text" name="" v-model:value="age">
      <button type="button" @click="userAdd">추가</button>
    </div>
  </div>
</template>

<script>
import {mapMutations, mapGetters} from 'vuex'

export default {
  computed: mapGetters({
    users: 'users/userInfos'
  }),
  data () {
    return {
      name: '',
      age: '',
      id: ''
    }
  },
  methods: {
    userAdd () {
      let userInfo = {name: this.name, age: this.age, id: this.id}
      this.add(userInfo)
      this.name = ''
      this.age = ''
      this.id = ''
```

```
38        },
39        ...mapMutations({
40          add: 'users/add'
41        })
42      }
43    }
44  </script>
```

앞에서는 mapState를 사용했습니다. 이제는 mapMutations와 mapGetters를 사용합니다. 각각 store 파일에서 mutations와 getters를 가져와서 사용할 수 있도록 설정하는 부분입니다. 앞에서 mapState는 상태를 가져와서 바로 사용할 수 있도록 했습니다. mapMutations와 mapGetters는 mutations와 getters를 가져와서 사용할 수 있도록 합니다.

```
21  computed: mapGetters({
22    users: 'users/userInfos'
23  })
```

store 파일에서 users.js 파일을 찾습니다. 그리고 getters에 정의된 userInfos를 사용할 수 있도록 합니다.

31~43라인은 mapMutations({ add : 'users/add'})를 보면 users.js 파일을 찾고, mutations에 정의된 add 함수를 add로 사용할 수 있도록 합니다. 그리고 …이 있는데 이 부분은 methos에 머지하는 부분입니다. add라는 메소드가 없는데 추가시켜 주는 부분입니다.

이제 add 메소드와 users 데이터에 접근할 수 있습니다.

```
3  <ul class='users'>
4      <li v-for="user in users">id: {{user.id}}, name: {{user.name}},
5  age: {{user.age}}</li>
6  </ul>
```

mapGetters를 이용하여 가져온 유저 정보를 v-for를 이용하여 화면에 뿌려줍니다.

```
8  <div class="add">
9      <input type="text" name="" v-model:value="id">
10      <input type="text" name="" v-model:value="name">
11      <input type="text" name="" v-model:value="age">
```

```
12        <button type="button" @click="userAdd">추가</button>
13   </div>
```

사용자에게 데이터를 입력받아 userAdd 메소드를 실행하는 부분입니다.

name, age, id는 해당 컴포넌트에서 data 메소드를 이용하여 생성한 후 v-model로 양방향 바인딩을 하여 돔에서 바뀐 데이터를 vue 인스턴스에서 사용할 수 있도록 했습니다. 양방향 바인딩을 했기 때문에 다음 코드에서 this로 해당 데이터를 접근할 때 input에 포함된 데이터를 가져올 수 있습니다. 만약 v-bind(:)를 했다면 빈값이 떴을겁니다. v-model을 사용하기 싫다면 watch를 이용하여 바뀐 값을 사용해도 됩니다.

32~43라인은 userAdd 메소드에 mapMutations에서 추가한 add 함수를 이용하여 userInfo를 추가합니다. 추가되면 추가된 유저 리스트를 바로 화면에서 확인할 수 있습니다.

1장과 2장에서 CSR인 vue.js와 SSR인 nuxt.js 대해 알아보았습니다. 다음 장부터는 서버를 구축하는데 필요한 기술을 다룹니다.

JavaScript

2단계

서버 만들기

서버를 만드는 데 필요한 node.js에 대해 다룹니다. express 프레임워크를 이용하여 편리하고 빠르게 서버를 구축합니다. 또한 DB 연동, 이메일 보내기, 유저 인증, 파일 업로드같은 다양한 기능을 구현하여 더욱 멋진 서버를 구축합니다.

PART
3

node.js

node.js는 크롬에서 JavaScript를 실행하는 V8 엔진을 기반으로 런타임에서 JavaScript 를 동작시켜주는 엔진입니다.

3장에서는 서버 만드는 데 필요한 node.js에 대해 다루고 node.js를 이용하여 간단히 웹 서버를 띄워봅니다. 또한, 요청 객체와 응답 객체를 통해 서버와 클라이언트가 어떻게 데이 터를 주고받는지 알아봅니다.

_ http 모듈과 서버 요청 테스트
_ 요청 객체, 응답 객체
_ GET, POST, 정적/ 동적 파일 제공
_ 서버 실행
_ npm과 package.json

① http 모듈과 서버 요청 테스트

http를 이용하여 빠르게 웹 서버를 만들어 봅니다. 서버는 웹 브라우저 이외에 postman 프로그램을 이용하여 테스트할 수 있습니다.

1-1 웹 서버 띄우기

node.js를 활용하면 간단하게 웹 서버를 띄울 수 있습니다. 웹 서버를 만들기 위해서는 **http** 모듈을 이용합니다.

node.js에서는 모듈을 사용할 때 **require**을 이용합니다.

[코드 3-1] http 모듈로 만든 웹 서버   (파일명: ./codes/ch/ch3/3.1.js)

```
1  const http = require('http');
2
3  http.createServer(function (req, res) {
4      res.writeHead(200);
5      res.end('hello world');
6  }).listen(3000, function(){
7      console.log('server on : 3000port')
8  });
```

[코드 3-1] 실행 결과(서버 측 - 터미널 창)

```
server on : 3000port
```

[코드 3-1]을 node 3.1.js로 실행합니다. 터미널 창에 server on : 3000port가 출력됩니다. 그리고 대기 상태가 됩니다. http 서버를 만든 것입니다. localhost:3000으로 접속하면 hello world를 볼 수 있습니다.

[코드 3-1]은 크게 3개로 나누어 볼 수 있습니다.

첫 번째 부분 : 모듈 호출

```
1  const http = require('http');
```

모듈을 가져와서 사용할 준비를 합니다.

두 번째 부분 : 서버 생성

```
3  createServer(function (req, res) {
4      res.writeHead(200);
5      res.end('hello world');
6  })
```

모듈을 가져와 사용할 준비를 했으면, 요청을 받아 응답하는 부분을 만듭니다. http에서 createServer( )를 호출합니다. createServer는 첫 번째 인자로 콜백함수를 받습니다. 이 함수는 사용자가 요청할 때 처리하는 함수입니다. 또한 사용자 요청을 처리하는 콜백함수는 2개의 인자를 받습니다. 첫 번째는 **요청 객체**, 두 번째는 **응답 객체**입니다. 두 객체에 대해서는 뒤에서 자세히 다룹니다.

res.writeHead( )는 헤더를 만드는 부분입니다. 해당 코드에서는 응답 코드를 200으로 설정하는 부분입니다.
res.end( )는 요청을 끝낸다는 의미입니다. 즉, 서버가 요청한 클라이언트에게 데이터를 주는 부분입니다.

세 번째 부분 : 서버 리스닝

```
6  listen(3000, function(){
7      console.log('server on : 3000port')
8  });
```

마지막으로 클라이언트의 요청에 응답하는 부분을 만들었으면 서버를 특정 포트로 열어주어 대기상태가 되어야 합니다. listen은 첫 번째 인자로 몇 번 포트로 열지 포트 번호를 설정합니다. 3000번 포트가 이미 열려있다면 다음과 같은 에러가 발생합니다.

```
$ node 3.1.js
events.js:182
      throw er; // Unhandled 'error' event
      ^

Error: listen EADDRINUSE :::3000
    at Object._errnoException (util.js:1024:11)
    at _exceptionWithHostPort (util.js:1046:20)
    at Server.setupListenHandle [as _listen2] (net.js:1354:14)
    at listenInCluster (net.js:1395:12)
    at Server.listen (net.js:1479:7)
    at Object.<anonymous> (/Users/bagjeongtae/Desktop/document/개인문서/
책쓰기/집필자료/javascript, nodejs, vuejs/codes/ch/ch 3/3.1.js:6:4)
    at Module._compile (module.js:612:30)
    at Object.Module._extensions..js (module.js:623:10)
    at Module.load (module.js:531:32)
    at tryModuleLoad (module.js:494:12)
```

뭔가 장황한 에러 메시지가 발생합니다. 여기서 중요한 점은 중간에 보이는 **Error: listen EADDRINUSE ::: 3000** 부분입니다. 3000번 포트가 이미 사용중이라는 의미입니다.

listen은 두 번째 인자로 또다시 콜백함수를 받습니다. 여기서 콜백함수는 서버가 정상적으로 3000번으로 실행됐을 때 실행되는 함수를 의미합니다. 서버코드를 실행시켰을 때 콜백함수에서 실행된 server on : 3000port라는 문구를 볼 수 있습니다.

http에서 createServer를 호출하여 응답을 처리하는 부분을 구현하고 listen을 호출하여 포트번호를 등록하여 하나의 서버를 만들었습니다. `http.createServer().listen()` 인자를 다 빼면 이러한 형태가 됩니다. 이러한 형태를 체이닝이라고 표현합니다.

es6 문법을 적용하면 앞의 코드는 다음과 같이 작성할 수 있습니다.

```
1  const http = require('http');
2
3  http.createServer( (req, res) => {
4      res.writeHead(200);
5      res.end('hello world');
6  }).listen(3000, () => {
7      console.log('server on : 3000port')
8  });
```

es6에서는 콜백함수를 만들 때 arrow function(화살표 함수)을 이용하여 만들 수 있습니다. 앞의 코드와 이 코드는 서로 같은 코드입니다. 둘 중 편한 방법으로 코드를 작성하면 됩니다.

1-2 서버 요청 테스트

서버를 만들면 상당히 많은 API를 만들게 됩니다. 또한 만들어진 API를 테스트 해야 하는데 웹 브라우저로 테스트 하기에는 어려움이 많습니다. 웹 브라우저는 특성상 GET 요청만 할 수 있습니다. POST, DELETE, PUT 요청을 하려면 코드를 작성하거나 curl 명령어를 사용해야 하는데 번거로움이 많습니다.

1-2-1 postman 설치

크롬 확장 프로그램인 postman을 이용하면 우리가 만든 서버 API를 간편하게 테스트 할 수 있습니다. postman을 이용하려면 크롬 웹 스토어에서 postman을 설치해야 합니다.

크롬 웹 스토어에 접속하여 Postman을 검색하면 다운로드 할 수 있습니다.

https://chrome.google.com/webstore/detail/postman/fhbjgbiflinjbdggehcddcbncdddomop 해당 링크로 접속하면 바로 다운로드 할 수 있습니다.

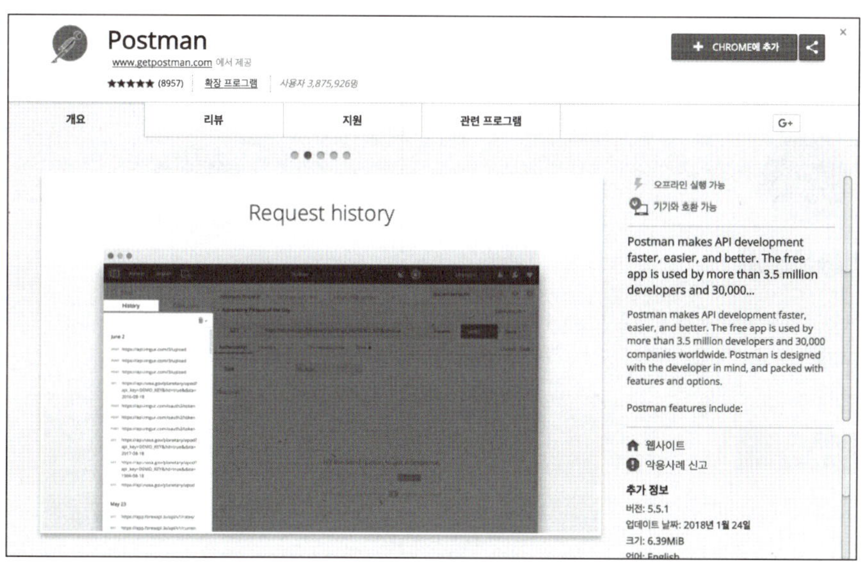

[그림 3.1] postman 설치

크롬에 추가 버튼을 누르고 앱 추가 버튼을 누르면 추가가 완료됩니다.

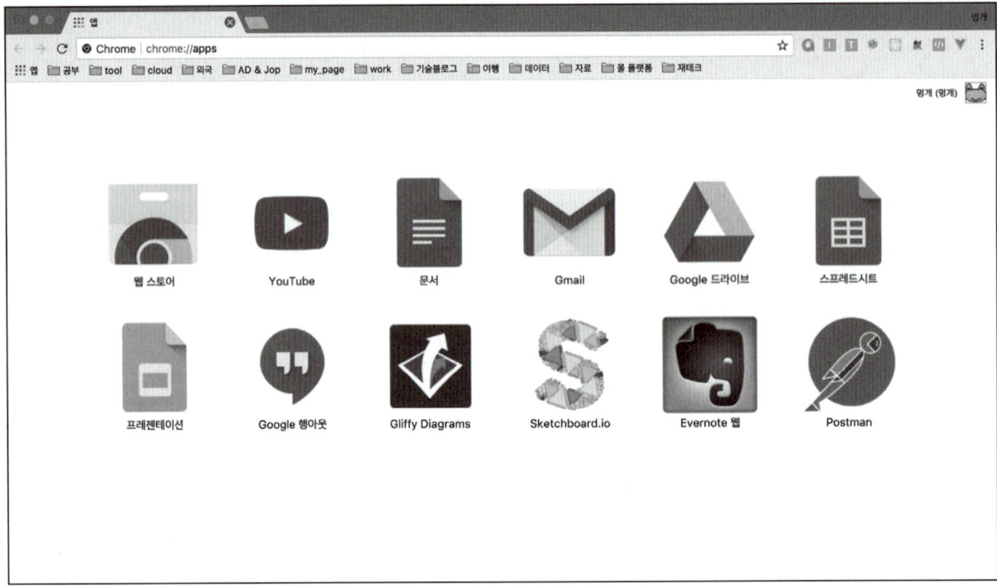

[그림 3.2] postman 추가 완료

1-2-2 postman 회원가입/로그인

Postman을 클릭하면 실행할 수 있습니다.

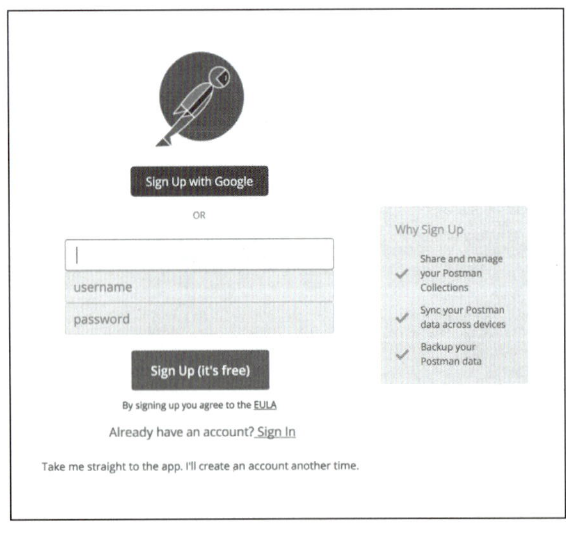

[그림 3.3] postman 실행

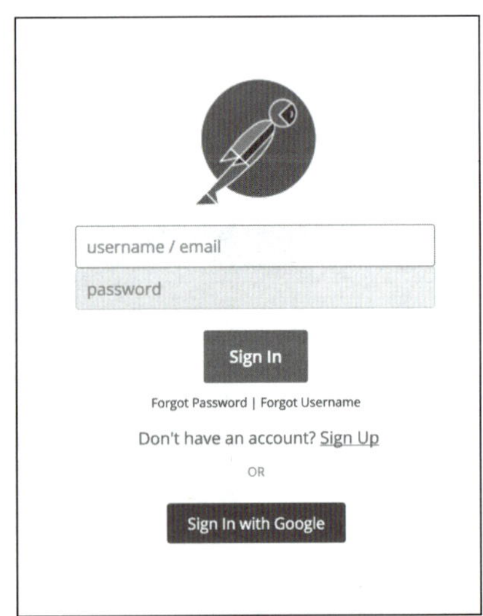

[그림 3.4] postman 로그인

postman 초기 실행 시 회원가입/로그인을 하라고 나옵니다. 아래에 Already have an account? Sing In을 누르면 구글 계정으로 로그인 할 수 있습니다.

계정은 만들어서 사용해도 되고 구글 계정으로 사용해도 됩니다.

1-2-3 postman 사용

앱 추가 → 회원가입/로그인을 했다면 이제 postman을 사용하여 서버 API를 테스트할 준비가 끝났습니다.

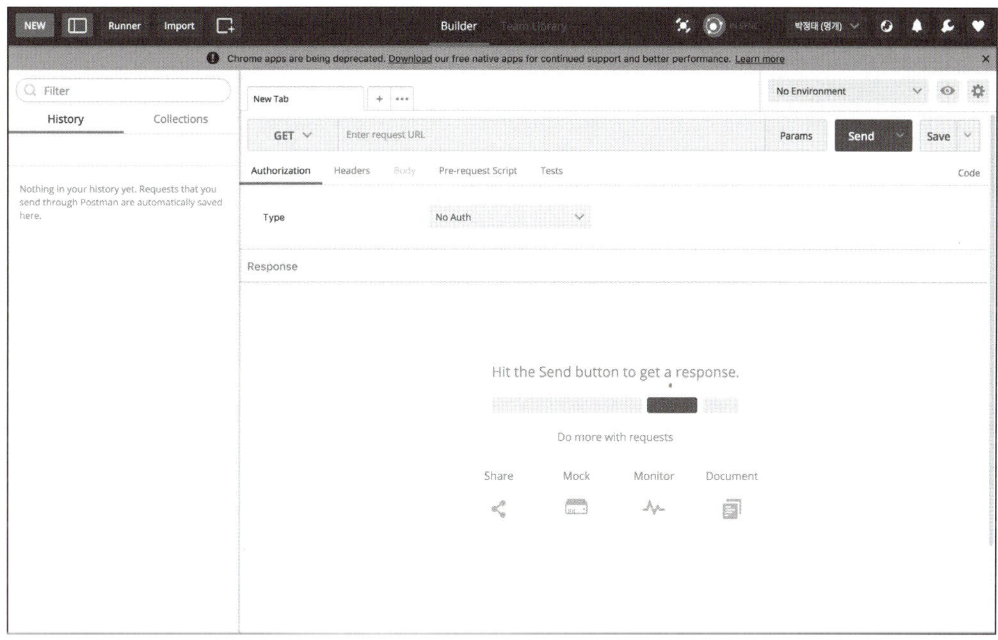

[그림 3.5] postman 프로그램 모습

postman은 좌측의 history가 있습니다. 이 부분은 우리가 어떤 요청들을 했는지 기록을 보여줍니다.

우리가 사용해야 할 부분은 우측에 있는 URL 입력 부분과 그 좌/우측에 있는 GET 선택 박스와 params입니다. 그리고 아래에 있는 body 부분을 주로 사용합니다.

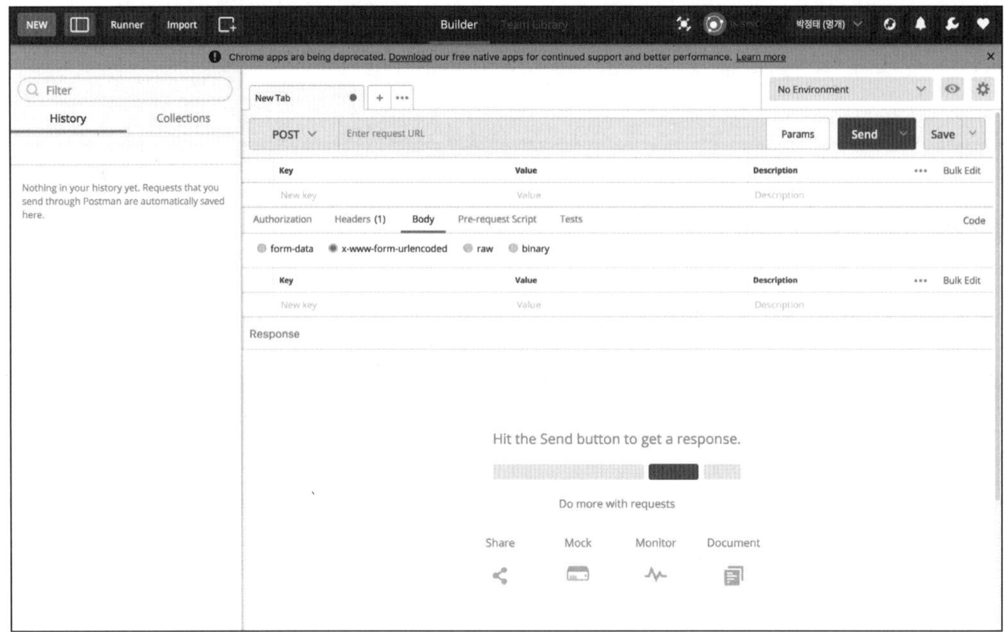

[그림 3.6] post 요청 선택

웹 서버에 요청할 때 다양한 형태로 요청할 수 있습니다.

- GET
- POST
- PUT
- DELETE

웹 브라우저는 GET 요청만 가능하지만 postman은 GET뿐만 아니라 POST, PUT, DELETE 요청을 할 수 있습니다. [그림 3.6]처럼 POST 요청을 선택하면 하단에 body가 활성화 됩니다. GET 요청은 body를 포함하지 않고 서버에게 데이터를 요청하지만 POST, PUT, DELETE는 body에 데이터를 포함하여 요청할 수 있습니다. 이 부분은 클라이언트가 서버에게 요청 시 헤더에 포함하는 부분입니다.

URL 입력창 우측에는 params가 있는데 해당 버튼을 누르면 아래에 key, value를 입력하라고 나옵니다. postman은 params에 입력된 key와 value를 key=value&key=value 형태로 만들어서 요청합니다.

[코드 3-1]을 실행하고 해당 서버에 요청을 보내보겠습니다.

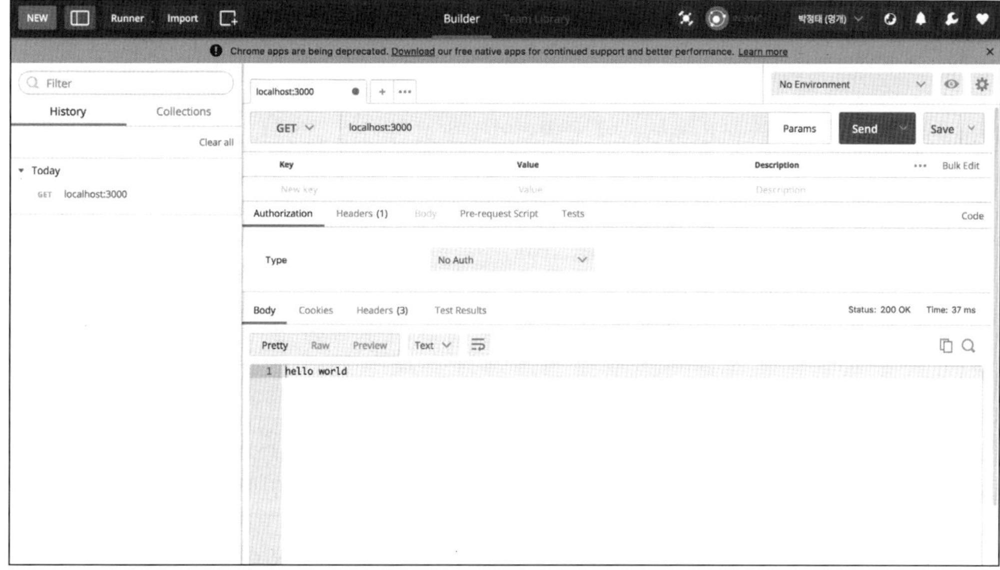

[그림 3.7] 서버에 요청 보내보기

하단 부분에 요청받은 결과가 표시됩니다. 중간 우측 부분에는 Status가 보이는데 이 부분은 서버에서 응답한 상태코드입니다.

```
1  createServer(function (req, res) {
2      res.writeHead(200);
3      res.end('hello world');
4  })
```

이 부분에서 200으로 설정했기 때문에 200 코드가 뜹니다. 이 부분의 코드값을 바꾸면 변경된 값으로 보입니다.

http로 서버를 만들 때 createServer에 클라이언트가 요청하면 실행되는 콜백함수를 만들었습니다. 콜백함수는 첫 번째 인자로 **요청 객체**, 두 번째 인자로 **응답 객체**를 받습니다.

```
1  createServer(function (req, res) {
2      res.writeHead(200);
3      res.end('hello world');
4  })
```

request, response를 줄여서 req, res로 표현했습니다. 이름은 상관없습니다. 첫 번째 인자가 요청 객체, 두 번째 인자가 응답 객체를 받는다는 점만 인지하고 있으면 됩니다.

요청 객체와 응답 객체를 통해서 클라이언트의 요청사항을 정확히 처리합니다.

2-1 요청 객체(request)

서버는 클라이언트의 요청에 따라 정확한 응답을 해야 합니다.

/test.png를 했다면 test.png라는 이미지 파일을 제공합니다. /users 한다면 user의 정보를 주거나 users 리스트 페이지를 만들어 주어야 합니다. 즉, URL의 형태와 method에 따라 기능을 제공하면 됩니다.

서버는 클라이언트의 요청사항을 해석하기 위해 **요청 객체**에 포함된 요청 메소드, **URL**, 헤더, 요청바디를 사용합니다.

[코드 3-2] http 모듈로 만든 웹 서버   (파일명: ./codes/ch/ch3/3.2.js)

```
1  const http = require('http');
2
3  http.createServer( (req, res) => {
4      console.log(req)
5      res.writeHead(200);
6      res.end('hello world');
7  }).listen(3000, () => {
8      console.log('server on : 3000port')
9  });
```

```
server on : 3000port

. . . 중 략 . . .
headers:
  { host: 'localhost:3000',
    connection: 'keep-alive',
    'cache-control': 'no-cache',
    'content-type': 'application/x-www-form-urlencoded',
     'user-agent': 'Mozilla/5.0 (Macintosh; Intel Mac OS X 10_12_6)
AppleWebKit/537.36 (KHTML, like Gecko) Chrome/63.0.3239.132
Safari/537.36',
    'postman-token': '9d452ea0-18bb-a699-5f51-c913e3c99430',
    accept: '*/*',
    'accept-encoding': 'gzip, deflate, br',
    'accept-language': 'ko-KR,ko;q=0.9,en-US;q=0.8,en;q=0.7' },

url: '/',
method: 'GET',
. . . 중 략 . . .
```

해당 서버로 요청하면 요청 객체를 출력합니다. 요청 객체는 상당히 다양한 정보를 가지고 있습니다. 우리가 필요한 건 headers와 url, method입니다.

```
1  let url = req.url
2  let method = req.method
3  let headers = req.headers
4
5  console.log(url, method, headers)
```

이러한 형태로 필요한 데이터를 가져올 수 있습니다. 하지만 해당 코드는 다음과 같이 표현할 수 있습니다.

```
1  let { url, headers, method } = req
2
3  console.log(url, method, headers)
```

간결한 코드로 사용 가능합니다. 서버에 다른 URL로 요청할 때 url과 method를 다르게 요청하면 다음과 같이 출력됩니다.

```
[코드 3-3] 클라이언트 요청 처리 - ①                    (파일명: ./codes/ch/ch3/3.3.js)
 1  const http = require('http');
 2
 3  http.createServer( (req, res) => {
 4
 5      let { url, headers, method } = req
 6      console.log(url, method)
 7
 8      res.writeHead(200);
 9      res.end('hello world');
10  }).listen(3000, () => {
11      console.log('server on : 3000port')
12  });
```

url과 method만 출력합니다. 이제 서버에 /users로 GET과 POST 요청을 해보겠습니다.

```
server on : 3000port
/users GET
/users POST
```

요청할 때마다 서버가 실행된 콘솔(터미널) 창에 한 줄씩 찍힙니다. 서버 코드에 console.log( ) 가 실행됐기 때문입니다.

이번에는 postman의 params를 이용하여 요청해 보겠습니다.

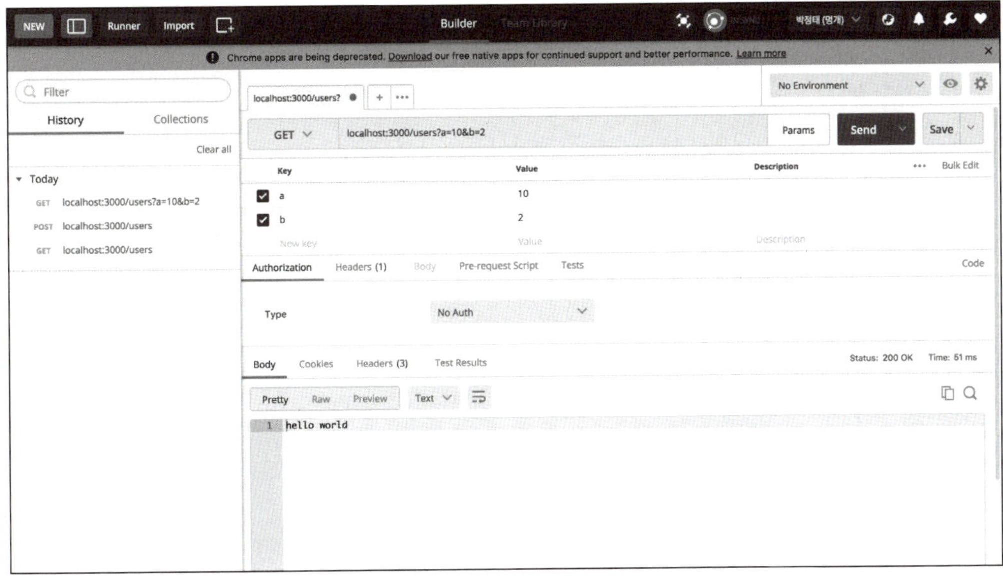

[그림 3.8] params 포함하여 요청

URL 부분의 우측 params 버튼을 눌러 아래에 key, value를 입력하면 key=value의 형태로 URL을 만들어 줍니다. 직접 URL을 작성해도 되고 params 버튼을 이용해도 됩니다. 그리고 다시 Send 버튼을 눌러 요청을 하면 서버는 다음과 같이 출력합니다.

```
/users?a=10&b=2 GET
```

요청 객체를 이용하면 클라이언트가 서버에 요청한 정보를 가져올 수 있습니다.

body 데이터의 경우 요청 객체에서 바로 가져올 수 없고 데이터가 포함되면 이벤트를 발생해서 데이터를 받아와야 합니다. 클라이언트가 데이터를 보내면 서버는 데이터 이벤트를 감지하여 데이터를 받아야 합니다.

[코드 3-4] 클라이언트 요청 처리 – ②   (파일명: ./codes/ch/ch3/3.4.js)

```
1  const http = require('http');
2
3  http.createServer( (req, res) => {
4      let {url, method, headers} = req
5      let body = {};
6      console.log(url, method)
```

```javascript
 7
 8    req.on('data', (data) => {
 9      console.log(data)
10      console.log(data.toString())
11      data.toString().split('&').map(item => {
12          let s = item.split('=')
13          let key = s[0]
14          let value = s[1]
15          body[key] = value
16      })
17    }).on('end', () => {
18      console.log(body)
19    });
20
21    res.writeHead(200);
22    res.end('hello world');
23 }).listen(3000, () => {
24    console.log('server on : 3000port')
25 });
```

req.on(‘data’)를 통해 body를 파싱합니다. 파싱이 끝나면 req.on(‘end’)을 실행합니다.

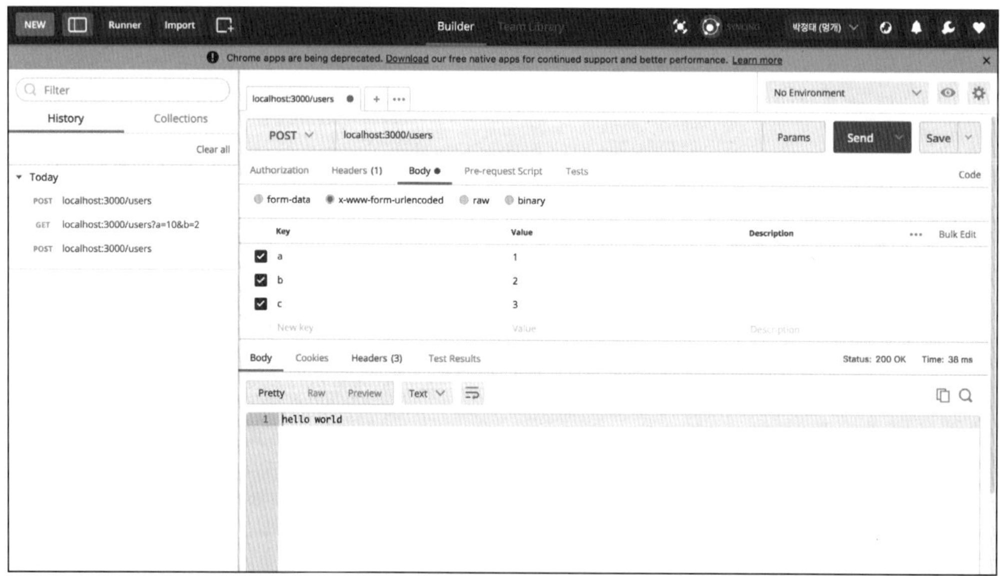

[그림 3.8] params 포함하여 요청

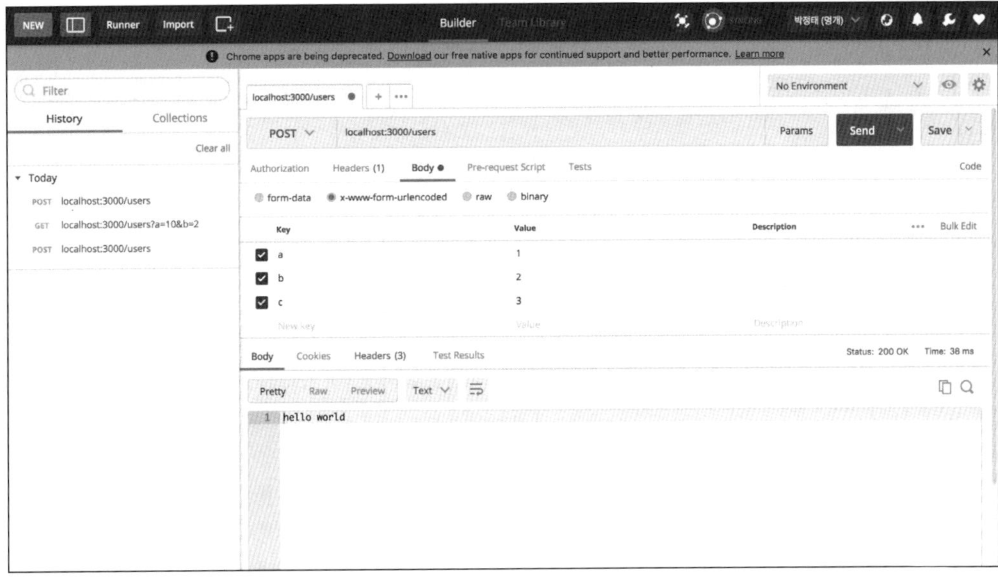

[그림 3.9] POST 요청

body에 key=value를 3개의 쌍을 포함하여 요청합니다.

```
/users POST
<Buffer 61 3d 31 26 62 3d 32 26 63 3d 33>
a=1&b=2&c=3
{ a: '1', b: '2', c: '3' }
```

req.on('data')의 콜백은 클라이언트가 포함한 body 데이터를 인자로 받는데 해당 데이터는 버퍼 형태로 되어 있기 때문에 toString( )으로 문자열로 변환해 주어아 합니다. 클라이언트가 전송한 body는 key=value 형태로 있기 때문에 우리가 사용하기 편하도록 JSON 형태로 변형하여 사용합니다.

만약 데이터를 처리하는 중 에러가 발생할 수 있습니다. 이때는 on('error')을 호출하면 됩니다.

```
 8  req.on('data', (data) => {
 9    console.log(data)
10    console.log(data.toString())
11    data.toString().split('&').map(item => {
12      let s = item.split('=')
13      let key = s[0]
```

```
14      let value = s[1]
15      body[key] = value
16    })
17  }).on('end', () => {
18    console.log(body)
19  }).on('error', (err) => {
20    console.log(err)
21  });
```

error 이벤트도 추가하면 됩니다. error 이벤트는 에러 정보를 첫 번째 인자로 포함한 콜백함수를 실행합니다.

지금까지 요청 객체를 통해 클라이언트가 요청한 정보(URL, 헤더, 데이터, method)를 정확히 파악해 보았습니다.

2-2 응답 객체

요청 객체를 이용하여 사용자의 요청을 파악했다면, 응답 객체를 이용하여 사용자에게 원하는 형태로 응답해야 합니다. 이때는 두 번째로 받은 인자를 활용합니다.

사용자에게 응답 시 가장 먼저 응답 코드를 설정해야 합니다. 가장 많이 사용하는 응답 코드는 200, 201, 404, 500입니다.

- **200** : 성공적으로 요청 처리
- **201** : 성공적으로 데이터를 추가함
- **404** : 요청한 리소스가 없음
- **500** : 서버의 문제로 에러 발생

2-2-1 응답 코드 설정

응답 코드를 설정하는 방법은 앞에서도 잠깐 다뤘습니다. 다시 한번 코드를 확인해 보겠습니다.

[코드 3-5] 응답 객체 - 응답 코드 설정   (파일명: ./codes/ch/ch3/3.5.js)

```
1  const http = require('http');
2
```

```
3  http.createServer( (req, res) => {
4      res.writeHead(200);
5      res.end('hello world');
6  }).listen(3000, () => {
7      console.log('server on : 3000port')
8  });
```

요청 객체 res에서 writeHead를 호출하여 헤더를 설정할 수 있습니다. writeHead는 첫 번째 인자로 전달된 숫자로 응답 코드를 설정합니다.

다음과 같은 방법으로도 응답 코드를 설정할 수 있습니다.

```
res.statusCode = 200;
```

응답 코드만 간단하게 설정할 땐 statusCode를 바꿔주면 됩니다.

2-2-2 응답 헤더 설정

응답 헤더를 설정할 땐 응답 코드를 설정할 때처럼 writeHead를 호출하거나 setHeader를 호출합니다.

[코드 3-6] 응답 객체 – 응답 헤더 설정 (파일명: ./codes/ch/ch3/3.6.js)

```
 1  const http = require('http');
 2
 3  http.createServer( (req, res) => {
 4
 5      res.writeHead(200, {'Content-Type': 'text/plain'});
 6      res.end('hello world');
 7
 8  }).listen(3000, () => {
 9      console.log('server on : 3000port')
10  });
```

writeHead는 두 번째 인자로 헤더를 설정할 수 있습니다. 제공되는 데이터 형태에 따라 Content-Type은 바뀔 수 있습니다.

응답 코드처럼 헤더도 setHeader를 이용하여 간단하게 바꿀 수 있습니다.

```
req.setHeader('Content-type': 'text/plain')
```

2-2-3 데이터 전송

헤더와 응답 코드 설정이 끝났으면 최종적으로 데이터를 전달해줘야 합니다. 이때는 end( )를
이용합니다.

전달해 줄 때 html이나 파일 같은 것들을 응답하는데, 이때는 헤더에서 content-type을 달리하
면서 보냅니다. 여기서 헤더 설정의 중요성을 알 수 있습니다.

[코드 3-7] 응답 객체 – 데이터 전송   (파일명: ./codes/ch/ch3/3.7.js)

```
 1  const http = require('http');
 2
 3  http.createServer( (req, res) => {
 4      let resData = '<html><body><h1>!!!!!hello world!!!!!</h1></
 5  body></html>'
 6      res.writeHead(200, {'Content-Type': 'text/plain'});
 7      res.end(resData);
 8
 9  }).listen(3000, () => {
10      console.log('server on : 3000port')
11  });
```

서버로 요청하면 resData로 된 HTML 코드를 화면에 렌더링하기를 바랍니다. 하지만 [코드
3-7]로 실행한 서버는 HTML 코드가 렌더링되지 않고 텍스트 형태 그대로 출력합니다.

[코드 3-7] 실행 결과-①

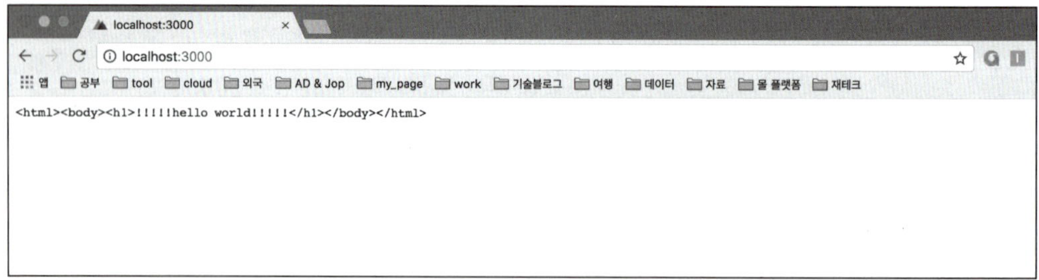

만약 해당 코드가 렌더링 되어야 한다면 헤더에서 Content-Type을 text/html로 바꿔야 합니다. text/html로 바꾸면 우리가 원하는 형태로 볼 수 있습니다.

```
res.writeHead(200, {'Content-Type': 'text/html'});
```

[코드 3-7] 실행 결과-②

헤더를 바꾸면 해당 타입으로 출력합니다. 클라이언트에게 데이터를 응답하는 방법과 헤더의 중요성을 알아보았습니다.

3 GET, POST, 정적/동적 파일 제공

앞에서 배운 것들을 이용하여 클라이인드 요청에 따라 다양하게 처리해보는 방법을 알아봅니다. 또한, fs 모듈을 이용하여 이미지, html과 같은 파일 전송하는 방법을 다룹니다.

사용자의 요청에 따라 처리할 땐 두 가지만 기억하면 됩니다.

- URL
- methods

URL로 어떤 메소드로 요청했는지만 파악하고 해당 요청에 맞추어 코드를 실행하여 응답하면 됩니다.

예를 들어 /users로 요청하는 것과 /boards로 요청하는 건 다른 처리를 해주어야 합니다. 그리고 /users에서 GET과 POST 요청도 다르게 처리를 해야 합니다.

3-1 GET 요청 처리

요청 객체에서 method가 GET이 맞는지 검사 후 GET 요청을 처리할 수 있습니다.
요청 객체에서 확인한 URL과 mathod를 이용하여 조건 분기를 해줍니다.

[코드 3-8] GET 요청 처리 - ①   (파일명: ./codes/ch/ch3/3.8.js)

```javascript
const http = require('http');

http.createServer( (req, res) => {
  let { url, headers, method } = req

  if(method === 'GET') {
     if(url === '/users'){
          res.writeHead(200);
          res.end('hello world');
     }
  }

  res.writeHead(404);
  res.end('Not Found Page!');

}).listen(3000, () => {
  console.log('server on : 3000port')
});
```

[코드 3-8]은 /users로 GET 요청일 때만 200 코드를 응답하고 hello world를 응답합니다. 만약 다른 URL과 method로 접속했다면 404 코드와 Not Found Page!를 출력합니다.

조건을 더 추가하여 GET 요청 처리를 늘릴 수 있습니다.

[코드 3-9] GET 요청 처리 - ②   (파일명: ./codes/ch/ch3/3.9.js)

```javascript
const http = require('http');

http.createServer( (req, res) => {
  let { url, headers, method } = req

  if(method === 'GET') {
       res.writeHead(200);
```

```
 8        if(url === '/users'){
 9            res.end('/users 접속');
10        }else if(url === '/boards'){
11            res.end('/boards 접속');
12        }else if(url === '/clothes'){
13            res.end('/clothes 접속');
14        }
15    }
16
17    res.writeHead(404);
18    res.end('Not Found Page!');
19
20 }).listen(3000, () => {
21    console.log('server on : 3000port')
22 });
```

method가 GET이 맞는지 검사한 후, GET 요청이 맞으면 URL에 따라 분기를 합니다.

/users로 접속하면 화면에 /users 접속이 표시되고, /boards로 접속하면 /boards를 출력합니다. /clothes를 접속하면 /clothes를 출력합니다.

요청 객체에 따라 각각 다른 처리를 수행할 수 있습니다.

3-2 POST 요청 처리

POST 요청도 GET과 똑같이 처리할 수 있습니다. mcthod가 POST인지 검시 후 해당 로직을 실행하면 됩니다.

[코드 3-10] POST 요청 처리 – ① (파일명: ./codes/ch/ch3/3.10.js)

```
1 const http = require('http');
2
3 http.createServer( (req, res) => {
4    let { url, headers, method } = req
5
6    if(method === 'POST') {
7        res.writeHead(200);
8        if(url === '/user'){
```

```
 9              res.end('/user 정보추가');
10          }else if(url === '/board'){
11              res.end('/board 게시글추가');
12          }else if(url === '/cloth'){
13              res.end('/cloth 옷 추가');
14          }
15      }
16
17      res.writeHead(404);
18      res.end('Not Found Page!');
19
20  }).listen(3000, () => {
21      console.log('server on : 3000port')
22  });
```

GET 요청에서 처리하는 것과 다를 건 없습니다. 하지만 GET을 제외한 method는 body 데이터를 받을 수 있습니다.

데이터를 받을 수 있도록 해줍니다.

<table><tr><td>[코드 3-11] POST 요청 처리 – ②</td><td>(파일명: ./codes/ch/ch3/3.11.js)</td></tr></table>

```
 1  var http = require('http');
 2
 3  http.createServer( (req, res) => {
 4    let { url, headers, method } = req
 5    let body = {};
 6
 7    req.on('data', (data) => {
 8      data.toString().split('&').map(item => {
 9          let s = item.split('=')
10          let key = s[0]
11          let value = s[1]
12          body[key] = value
13      })
14    }).on('end', () => {
15      console.log(body)
16    }).on('error', (err) => {
17      console.log(err)
```

```
18     });
19
20     if(method === 'POST') {
21         res.writeHead(200);
22         if(url === '/user'){
23             res.end('/user 정보추가');
24         }else if(url === '/board'){
25             res.end('/board 게시글추가');
26         }else if(url === '/cloth'){
27             res.end('/cloth 옷 추가');
28         }
29     }
30
31     res.writeHead(404);
32     res.end('Not Found Page!');
33
34 }).listen(3000, () => {
35     console.log('server on : 3000port')
36 });
```

우리가 원하는 형태로 코드 작성이 완료됐습니다. 하지만 위 코드는 완벽한 코드가 아닙니다. 데이터 파싱이 되는 부분과 응답하는 부분이 따로 엉뚱하게 실행합니다.

```
 7 req.on('data', (data) => {
 8   data.toString().split('&').map(item => {
 9       let s = item.split('=')
10       let key = s[0]
11       let value = s[1]
12       body[key] = value
13   })
14 }).on('end', () => {
15     for(let i = 0 ; i < 10; i ++){
16         console.log(i)
17     }
18 }).on('error', (err) => {
19   console.log(err)
20 });
21
```

```
22  if(method === 'POST') {
23      res.writeHead(200);
24      if(url === '/user'){
25          console.log('tt')
26          res.end('/user 정보추가');
27      }
28  }
```

이러한 형태로 코드를 바꾸고 실행한 후 서버에 요청하면 결과가 이상하게 발생합니다.

```
tt
0
1
2
3
4
5
6
7
8
9
```

body 데이터를 다 만들고 method와 URL 검사를 하고 클라이언트에 응답해야 하는데 데이터 파싱이 끝나기 전에 응답해 버립니다. JavaScript의 비동기적인 특성 때문에 생기는 일입니다. 이 부분은 뒤에서 좀 더 자세히 다루겠습니다.

이런 문제를 해결하기 위해 요청을 처리하는 부분을 on('data') 안에 다 넣어줍니다.

[코드 3-12] POST 요청 처리 – ③ (파일명: ./codes/ch/ch3/3.12.js)

```
1  const http = require('http');
2
3  http.createServer( (req, res) => {
4    let { url, headers, method } = req
5    let body = {};
6
7    req.on('data', (data) => {
8      data.toString().split('&').map(item => {
```

```javascript
 9        let s = item.split('=')
10        let key = s[0]
11        let value = s[1]
12        body[key] = value
13      })
14    }).on('end', () => {
15      for(let i = 0 ; i < 10; i ++){
16        console.log(i)
17      }
18
19      if(method === 'POST') {
20        res.writeHead(200);
21        if(url === '/user'){
22          console.log('tt')
23          res.end('/user 정보추가');
24        }
25      }
26
27      res.writeHead(404);
28      res.end('Not Found Page!');
29
30    }).on('error', (err) => {
31      res.writeHead(500);
32      res.end('Server Error!');
33    });
34
35  }).listen(3000, () => {
36    console.log('server on : 3000port')
37  });
```

URL과 method 검사하는 부분을 on('end') 안에 넣어 데이터 파싱이 완료되면 응답을 하도록 합니다. 이제 우리가 원하는 형태로 처리가 됩니다. 해당 서버를 실행하고 /user로 POST 요청을 날리면 우리가 원하는 형태로 순차적으로 실행합니다.

```
0
1
2
3
```

```
4
5
6
7
8
9
tt
```

3-3 파일 제공

지금까지 단순히 텍스트 형태의 데이터만 제공했습니다. 하지만 서버는 이미지, HTML같이 다양한 타입의 리소스를 제공할 수 있어야 합니다. node.js에서는 파일을 다루기 위해 fs 모듈을 제공합니다. fs 모듈을 이용하면 파일을 읽고 쓸 수 있습니다.

fs는 file system의 약자입니다. fs 모듈의 사용법부터 알아보겠습니다.

[코드 3-13-1] fs 파일 읽기   (파일명: ./codes/ch/ch3/3.13/3.13.js)

```
 1  const fs = require('fs')
 2
 3  fs.readFile('./test.html', function(err, data){
 4    if(!err) {
 5      console.log('test.html 파일 읽기 성공')
 6      console.log(data)
 7      console.log(data.toString())
 8      return
 9    }
10    console.log(err)
11  })
12
13  fs.readFile('./test.txt', function(err, data){
14    if(!err) {
15      console.log('test.txt 파일 읽기 성공')
16      console.log(data)
17      console.log(data.toString())
18      return
19    }
20    console.log(err)
21  })
```

<table>
<tr><td>[코드 3-13-2] txt 파일</td><td>(파일명: ./codes/ch/ch3/3.13/test.txt)</td></tr>
</table>

```
1  vue.js
2  nuxt.js
3  node.js
4  JavaScript 삼형제!!
```

<table>
<tr><td>[코드 3-13-3] html 파일</td><td>(파일명: ./codes/ch/ch3/3.13/test.html)</td></tr>
</table>

```
1  <!DOCTYPE html>
2  <html>
3    <head>
4        <meta charset="utf-8">
5        <title>야호</title>
6    </head>
7    <body>
8        <h1>node.js가 너무 재밌다.!!</h1>
9    </body>
10 </html>
```

[코드 3-13-1] 실행 결과

```
test.html 파일 읽기 성공
<Buffer 3c 21 44 4f 43 54 59 50 45 20 68 74 6d 6c 3e 0a 3c 68 74 6d 6c
3e 0a 20 20 20 20 3c 68 65 61 64 3e 0a 20 20 20 20 20 20 20 20 3c 6d
65 74 61 20 63 68 ... >
<!DOCTYPE html>
<html>
    <head>
        <meta charset="utf-8">
        <title>야호</title>
    </head>
    <body>
        <h1>node.js가 너무 재밌다.!!</h1>
    </body>
</html>

test.txt 파일 읽기 성공
<Buffer 76 75 65 2e 6a 73 0a 6e 75 78 74 2e 6a 73 0a 6e 6f 64 65 2e 6a
```

```
73 0a 4a 61 76 61 53 63 72 69 70 74 20 ec 82 bc ed 98 95 ec a0 9c 21
21 0a>
vue.js
nuxt.js
node.js
JavaScript 삼형제!!
```

[코드 3-13-1]은 파일을 읽어서 화면에 출력하는 코드입니다. fs는 readFile을 이용하여 파일을 읽을 수 있습니다. 첫 번째 인자로 읽을 파일을 전달합니다. 그리고 결과를 콜백함수로 전달합니다. 콜백함수는 첫 번째 인자로 에러를, 두 번째 인자로 결과를 줍니다.

만약, 파일을 정상적으로 읽었다면 첫 번째 인자인 **에러**는 값이 없습니다. 하지만 없는 파일을 읽으려고 시도한다면 다음과 같은 에러가 발생할 수 있습니다.

```
{ Error: ENOENT: no such file or directory, open './test1.html'
  errno: -2,
  code: 'ENOENT',
  syscall: 'open',
  path: './test1.html' }
```

readFile로 파일을 읽으면 Buffer형으로 데이터를 읽습니다. toString( )을 이용하여 일반적인 문자열로 바꿔줄 수 있습니다. 읽은 데이터를 이용하여 파일을 제공하는 서버를 만들 수 있습니다. 여기서 한 가지 중요한 점은 앞에서도 잠깐 언급했지만 readFile도 비동기 형태로 동작합니다. 비동기를 처리하는 기법은 뒤에서 다룹니다.


```
 1  const fs = require('fs')
 2  const http = require('http')
 3
 4  http.createServer( (req, res) => {
 5    fs.readFile('./test.html', (err, data) => {
 6      if(!err){
 7        res.writeHead(200, {'Content-Type': 'text/html'})
 8        res.end(data)
 9        return
10      }
```

```
11        res.writeHead(500)
12        res.end('server error')
13      })
14  }).listen(3000, () => {
15    console.log('server on : 3000port')
16  })
```



```
1  <!DOCTYPE html>
2  <html>
3    <head>
4        <meta charset="utf-8">
5      <title>야호</title>
6    </head>
7    <body>
8      <h1>node.js가 너무 재밌다.!!</h1>
9    </body>
10  </html>
```

test.html 파일을 읽어서 클라이언트에게 제공하는 서버입니다. HTML 파일 형식이기 때문에 Content-Type을 text/html로 설정했습니다. 만약 파일을 읽는 도중 에러가 발생했다면 '500 코드와 함께 서버에 문제가 발생했습니다.' 라는 문구를 같이 응답합니다.

Content-Type을 text/plain으로 한다면 HTML 코드 그대로 출력합니다. 만약 읽은 파일이 이미지라면 image/png, image/jpeg같은 형태로 바꿀 수 있습니다.

고정 파일뿐만 아니라 사용자가 요청한 파일을 응답할 수 있습니다.


```
1  const fs = require('fs')
2  const http = require('http')
3
4  http.createServer( (req, res) => {
5    let {url} = req
6    fs.readFile('.' + url, (err, data) => {
7      if(!err){
```

```
 8        res.writeHead(200, {'Content-Type': 'text/html'})
 9        res.end(data)
10        return
11      }
12    res.writeHead(500)
13    res.end('server error')
14  })
15 }).listen(3000, () => {
16   console.log('server on : 3000port')
17 })
```

사용자가 요청한 URL을 읽어서 제공합니다. 하지만 /경로의 형태로 되어 있기 때문에 앞에 .을
붙여줍니다.


```
 1 <!DOCTYPE html>
 2 <html>
 3   <head>
 4     <meta charset="utf-8">
 5     <title>야호</title>
 6   </head>
 7   <body>
 8     <h1>node.js가 너무 재밌다.!!</h1>
 9   </body>
10 </html>
```



```
 1 <!DOCTYPE html>
 2 <html>
 3   <head>
 4       <meta charset="utf-8">
 5       <title>야호</title>
 6   </head>
 7   <body>
 8       <h1>node.js가 너무 재밌다.!!</h1>
 9   </body>
10 </html>
```

localhost:3000/test.html과 localhost:3000/test1.html로 접속하면 해당 파일을 사용할 수 있습니다. 하지만 다른 경로로 접속하면 server error가 발생합니다. 만약, localhost:3000/users로 접속한다면 readFile('/users')가 됩니다. 하지만 users라는 파일은 없으므로 readFile은 콜백함수에서 첫 번째 인자인 에러가 파일이 없다는 내용이 포함됩니다.

```
 8  if(!err){
 9      res.writeHead(200, {'Content-Type': 'text/html'})
10      res.end(data)
11      return
12  }
13  res.writeHead(500)
14  res.end('server error')
```

콜백함수에서 첫 번째 인자로 받은 err는 파일이 없다는 문구가 포함되어 500 코드가 설정되어 server error를 출력합니다.

```
 8  if(!err){
 9      res.writeHead(200, {'Content-Type': 'text/html'})
10      res.end(data)
11      return
12  }else if (err && err['errno'] === -2){
13      res.writeHead(404, {'Content-Type': 'text/plain'})
14      res.end('Not Found File')
15      return
16  }
17  res.writeHead(500)
18  res.end('server error')
```

에러가 있을 때 errno이 −2가 나오면 파일을 찾을 수 없다고 응답하고 404 코드를 줄 수 있습니다.

4 서버 실행

지금까지 [node 파일명]의 형태로 서버를 실행했습니다. 하지만 이렇게 실행하면 두 가지 불편함이 있습니다.

- **개발하면서 코드 변경 시**
- **서버를 실행하고 터미널 종료 시 서버도 같이 종료**

개발 중에는 코드의 변경이 감지되면 변경된 코드로 최신화시키길 원합니다. 또한, 서버를 배포할 땐 터미널 창을 항상 띄우지 않습니다. 터미널 창을 종료하더라도 서버가 항상 동작하기를 원합니다.

supervisor, forever, pm2 도구를 이용하여 우리가 원하는 형태로 서버를 동작시킬 수 있습니다.

4-1 supervisor

supervisor는 감독자라는 뜻을 가집니다. supervisor는 우리가 실행시킨 서버의 코드를 감시합니다. 그리고 코드가 변경되면 자동으로 재시작을 해줍니다. node로 서버를 실행하면 코드가 변경될 때마다 Ctrl + C 를 이용하여 서버를 재시작합니다. 하지만 supervisor로 서버를 실행하면 코드가 바뀌면 알아서 재시작합니다.

supervisor를 사용하기 위해서는 npm을 이용하여 설치해야 합니다.

```
$ npm install -g supervisor
```

-g 옵션을 추가하면 supervisor를 디렉터리 위치에 상관없이 어느 위치에서나 사용할 수 있습니다. -g를 이용하여 글로벌 설치 시 중요한 점은 유닉스 계열인 리눅스 환경이나 맥 환경에서는 관리자 권한으로 설치를 해야 정상적인 설치가 가능합니다.

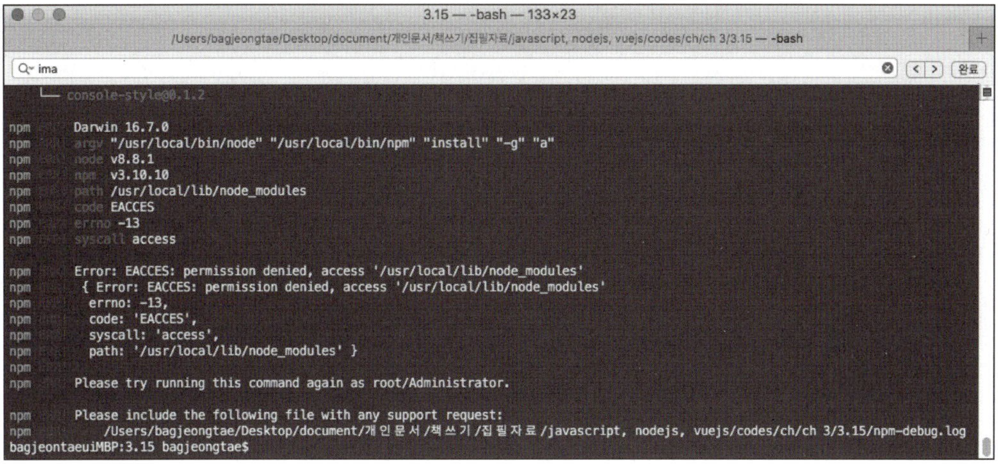

[그림 3.10] global 모드로 설치 시 에러

중간에 Error: EACCES: permission denied, access라는 문구가 있습니다. 이때는 sudo su를 이용하여 관리자로 로그인한 후 실행하면 정상적으로 설치를 진행합니다.

supervisor의 사용법은 다음과 같습니다.

```
$ supervisor [파일명]
```

node와 사용법이 똑같습니다. 파일명만 적어주면 해당 서버에 관련된 파일이 수정되며 알아서 수정됩니다. 주의할 점은 재시작되는 동안은 서버가 꺼져 있는 상태이기 때문에 일시적으로 요청을 응답하지 못할 수 있습니다. 또한, JavaScript 파일의 변경만 감지합니다. 하지만 HTML이나 CSS같은 경우는 파일 자체적으로 제공되는 경우가 많으므로 크게 문제가 생기지는 않습니다.

4-2 forever

forever는 서버를 백그라운드로 실행시켜 주는 도구입니다. 백그라운드에서 실행한다는 의미는 서버를 실행시킨 터미널을 종료해도 서버가 종료되지 않고 계속 실행하는 것을 의미합니다.

forever도 사용하기 위해서는 npm을 이용하여 설치해야 합니다. -g 옵션을 이용하여 글로벌모드로 설치합니다.

```
$ npm install -g forever
```

forever는 크게 세 가지로 실행할 수 있습니다.

```
$ forever start  [파일명]      # 서버 백그라운드로 시작
$ forever stop   [숫자]        # 백그라운드에서 돌고있는 서버 종료
$ forever restart [숫자]       # 백그라운드에서 돌고있는 서버 재시작
```

이러한 형태로 forever를 사용합니다.

[코드 3-16] app.js (파일명: ./codes/ch/ch3/app.js)

```javascript
1  const http = require('http');
2
3  http.createServer( (req, res) => {
4      res.writeHead(200);
5      res.end('hello world');
6  }).listen(3000, () => {
7      console.log('server on : 3000port')
8  });
```

```
$ forever start app.js    # app.js를 백그라운드에 등록
```

```
warn:     --minUptime not set. Defaulting to: 1000ms
warn:     --spinSleepTime not set. Your script will exit if it does not
stay up for at least 1000ms
info:     Forever processing file: app.js
```

[코드 3-16]을 forever로 시작했습니다. forever로 서버를 백그라운드에 등록이 완료되면 앞의 결과처럼 메시지가 출력되면서 백그라운드 등록을 완료합니다.

이제 터미널을 종료해도 해당 서버로 접속할 수 있습니다. localhost:3000으로 접속해도 정상적으로 접속 가능합니다.

forever list를 이용하면 forever로 백그라운드에 등록한 서버를 확인할 수 있습니다.

```
$ forever list
```

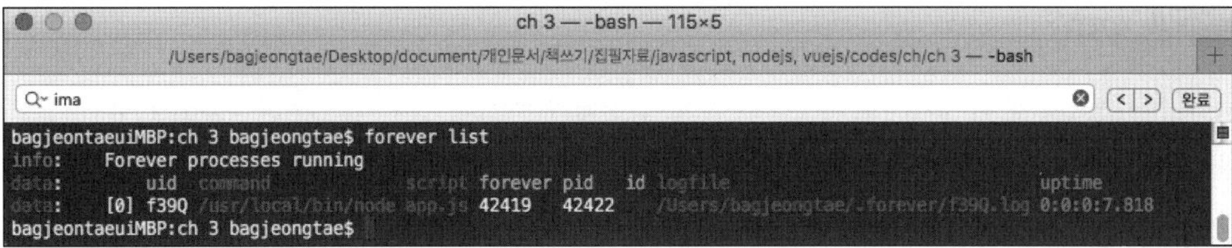

[그림 3.11] forever list 결과

forever로 등록한 서버를 확인할 수 있습니다. uptime은 해당 서버의 동작 시간입니다. 만약 특정 문제가 발생했다면 STOPPED가 표시될 수 있습니다. 해당 표시는 서버가 죽어 있다는 것을 의미합니다. logfile은 해당 서버코드에 console.log나 에러문구가 출력되는 위치입니다. 해당 파일을 확인하면 로그를 확인할 수 있습니다. 그리고 가장 좌측에 [0]이 있는데 해당 번호를 가지고 서버를 종료하거나 재시작합니다.

```
$ forever restart 0
```

서버의 코드가 변경되었을 때 서버를 종료시켰다가 다시 시작할 필요 없이 restart로 재시작할 수 있습니다. stop은 서버를 종료시킵니다.

```
$ forever stop 0
```

forever를 등록할 때도 마찬가지로 이미 사용 중인 포트가 있다면 해당 서버는 등록은 되지만 죽은 상태로 표시됩니다.

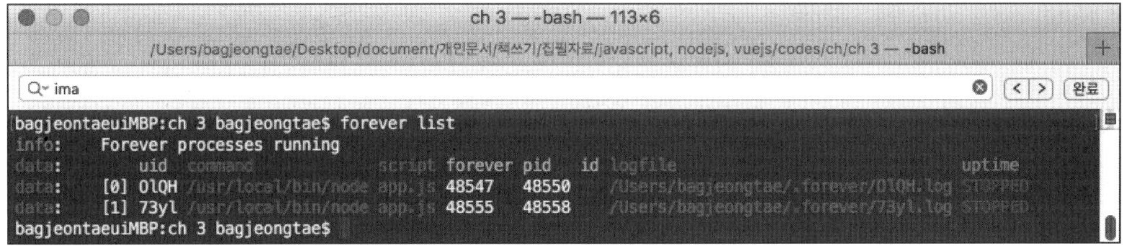

[그림 3.12] forever list 죽어 있는 서버 표시

3000번 포트가 이미 등록되어 있는데 3000번 포트를 계속 등록시키면 [그림 3.12]와 같이 uptime에 STOPPED로 표시됩니다.

pm2는 forever와 마찬가지로 백그라운드로 등록해주는 도구입니다. pm2는 forever와 다르게 forever보다 더 많은 기능을 지원합니다.

- 클러스터링
- 모니터링

pm2도 forever처럼 start, stop을 사용하고 delete, show가 있습니다.

pm2에서는 stop을 하면 해당 서버는 종료가 아니라 멈춰있는 상태로 있습니다. 그리고 start를 이용하여 다시 시작할 수 있습니다.

show는 해당 서버의 상세 정보를 확인할 수 있습니다.

4-3-1 서버 등록(start)

```
$ pm2 start app.js
```

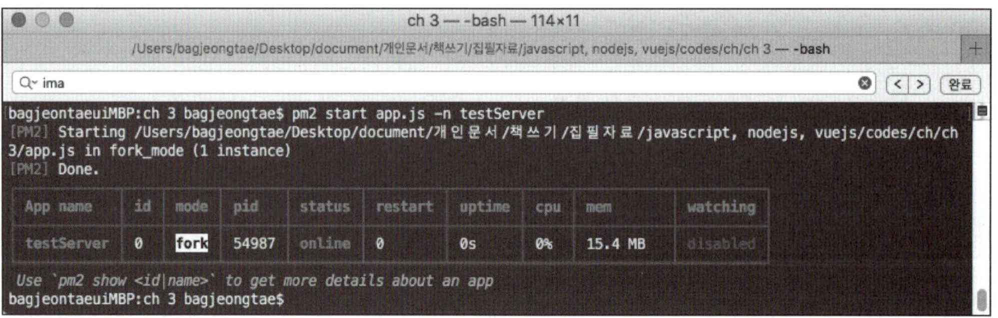

[그림 3.13] pm2 서버 등록

4-3-2 서버 종료(stop)

pm2는 forever와 다르게 서버 리스트를 좀 더 친절히 보여줍니다. 그리고 start를 할 때 -n 옵션을 이용하여 서버 이름을 추가할 수 있습니다. id 값을 사용하거나 App name을 이용하여 **stop, show, delete**를 할 수 있습니다.

```
$ pm2 stop 0   # pm2 stop [App name]으로도 가능
```

forever에서 stop은 서버를 종료하여 프로세스를 죽이지만, pm2에서는 서버만 종료하고 프로세스는 죽이지 않습니다.

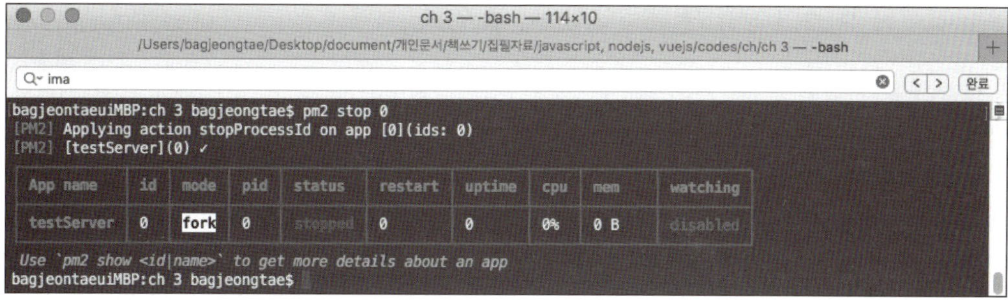

[그림 3.14] pm2 서버 stop

status가 stopped로 바뀌었습니다. 다시 시작하고 싶으면 pm2 start 0으로 하면 됩니다.

4-3-3 서버 정보 보기(show)

```
$ pm2 show 0    # pm2 stop [App name]으로도 가능
```

show를 이용하여 해당 서버의 정보를 볼 수 있습니다.

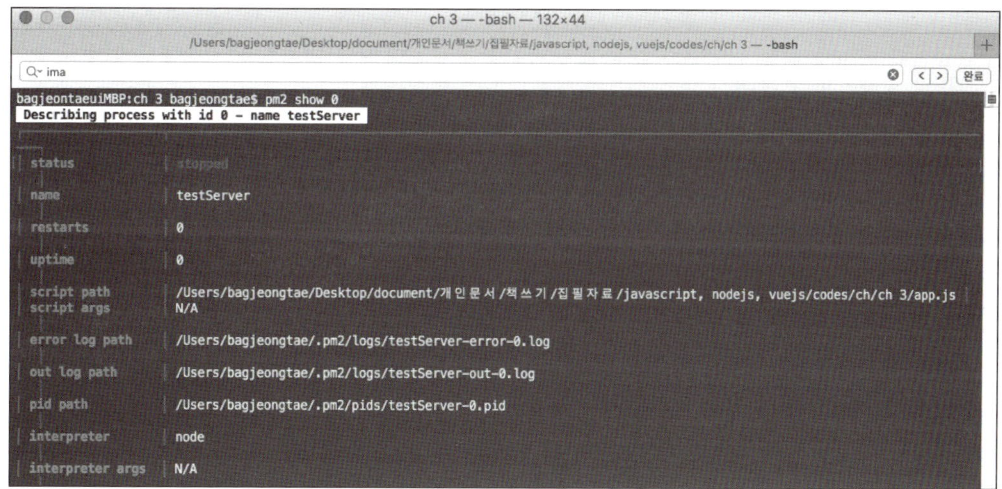

[그림 3.15] pm2 show로 서버 정보 보기

show를 이용하면 list보다 더 자세한 정보를 볼 수 있습니다. 하단에 Use pm2 logs testServer, Use pm2 monit 문구가 보입니다. logs는 해당 서버의 로그를 보여주는 명령어입니다. monit 은 pm2로 관리하는 프로세스(서버)들의 상태를 볼 수 있습니다.

4-3-4 모니터링(monit)

app.js의 포트 번호를 3000번, 3001번으로 바꿔서 pm2로 등록하고 pm2 monit을 실행하면 다음과 같이 뜹니다.

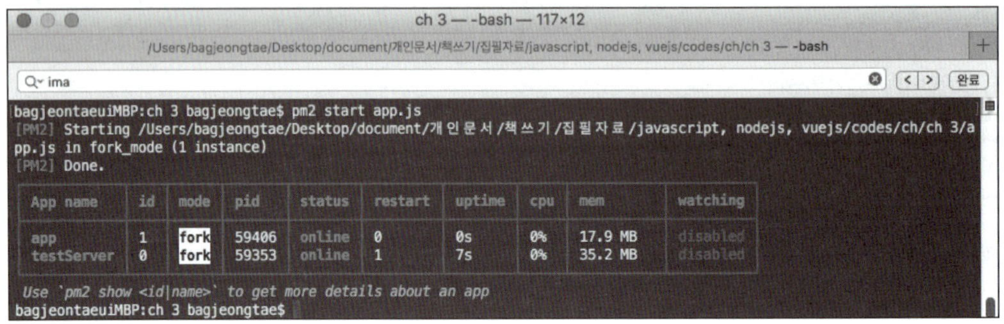

[그림 3.16] pm2 여러 개의 서버 등록

```
$ pm2 monit
```

[그림 3.17] pm2 서버 모니터링

pm2 monit을 이용하면 pm2로 등록된 서버들을 모니터링 할 수 있습니다. 키보드 방향키를 통해 서버를 선택할 수 있습니다. Global Logs에서는 서버에서 출력되는 각종 로그를 확인할 수 있습니다.

4-3-5 클러스터링

클러스터링이란 분산을 의미합니다. 서버가 하나만 떠 있는 상태에서 해당 서버가 죽으면 서비스는 동작할 수 없습니다. 하지만 클러스터링을 이용하면 하나의 서버를 여러 대 띄워 서버 한쪽이 죽더라도 다른 서버가 살아있기 때문에 서비스는 유지할 수 있습니다.

```
$ pm2 start app.js -i 4
```

```
● ● ●                          ch 3 — -bash — 94×14
/Users/bagjeongtae/Desktop/document/개인문서/책쓰기/집필자료/javascript, nodejs, vuejs/codes/ch/ch 3 — -bash    +

Q~ ima                                                    ⊗  < >  완료

bagjeontaeuiMBP:ch 3 bagjeongtae$ pm2 start app.js -i 4
[PM2] Starting /Users/bagjeongtae/Desktop/document/개인문서/책쓰기/집필자료/javascript, nodejs
, vuejs/codes/ch/ch 3/app.js in cluster_mode (4 instances)
[PM2] Done.

 App name | id | mode    | pid   | status | restart | uptime | cpu | mem     | watching
 app      | 0  | cluster | 67642 | online | 0       | 0s     | 23% | 24.8 MB | disabled
 app      | 1  | cluster | 67643 | online | 0       | 0s     | 23% | 25.0 MB | disabled
 app      | 2  | cluster | 67644 | online | 0       | 0s     | 22% | 24.9 MB | disabled
 app      | 3  | cluster | 67645 | online | 0       | 0s     | 22% | 25.0 MB | disabled

 Use `pm2 show <id|name>` to get more details about an app
bagjeontaeuiMBP:ch 3 bagjeongtae$
```

[그림 3.18] pm2 서버 클러스터링

클러스터링하기 위해서는 -i 옵션을 주고 숫자를 입력합니다. 해당 서버를 몇 개를 띄울지 정해주는 숫자인데 일반적으로 CPU 코어 개수만큼 넣어줍니다(0을 입력하면 자동으로 코어 개수에 맞춰서 띄워줍니다). 클러스터링으로 동작 중인 서버는 mode가 fork가 아니라 **cluster**로 표시합니다.

해당 서버를 전체 종료하거나 프로세스를 죽이고 싶다면 stop, delete 할 때 id가 아니라 App name으로 실행하면 됩니다.

만약 개수를 바꾸고 싶다면 scale을 이용하여 재조정할 수 있습니다.

```
$ pm2 scale app 3 # App name을 넣어줍니다.
```

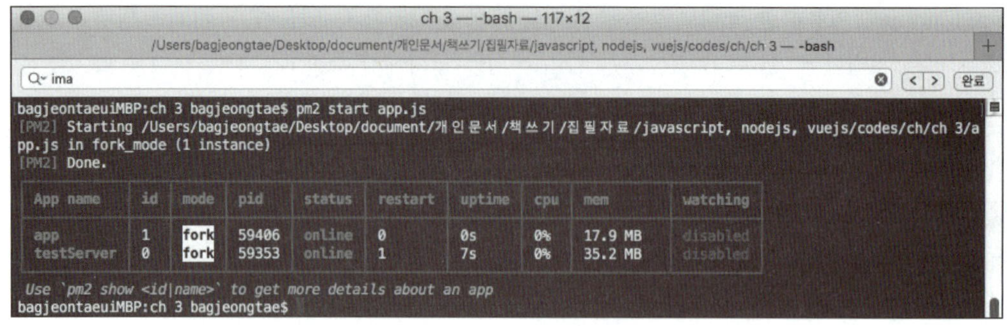

[그림 3.19] 클러스터링 숫자 재조정

scale을 사용하면 클러스터링 숫자를 재조정할 수 있습니다. 또한, App name으로 실행해야 합니다.

supervisor와 forever, pm2를 이용하여 효율적으로 서버를 실행하는 방법을 배웠습니다.

5 npm과 package.json

지금까지 npm과 package.json을 사용했습니다. 과연 이들이 무엇인데 그렇게 열심히 사용했던 것일까요? 지금부터 npm과 package.json에 대해 자세히 파헤쳐 보겠습니다.

npm은 **Node Package Manager**의 약자입니다. 노드로 생성한 패키지/프로젝트를 관리하는 도구입니다. 그리고 이러한 패키지/프로젝트 정보를 가지고 있는 것이 package.json입니다.

npm과 package.json은 독립된 존재가 아닙니다. 이 둘을 독립적인 존재로 보면 안 되고, 연관 지어서 생각해야 합니다.

npm과 package.json을 이용하면 우리는 다양한 명령어를 간단하게 실행할 수 있고, 효율적인 패키지 관리를 할 수 있습니다.

5-1 package.json 생성

package.json은 노드로 생성한 프로젝트의 정보를 가지고 있습니다. 그리고 npm을 이용하여 생성할 수 있습니다.

우리가 만드는 프로젝트는 실제 서버를 만들 수도 있지만 모듈을 만들어 npm 사이트를 통해 배포할 수 있기 때문에 package.json은 매우 중요한 요소입니다.

```
$ npm init
```

npm init을 입력하면 다음과 같이 나타납니다.

```
bagjeongtaeui-MacBook-Pro:ch 3 bagjeongtae$ npm init
This utility will walk you through creating a package.json file.
It only covers the most common items, and tries to guess sensible defaults.

See `npm help json` for definitive documentation on these fields
and exactly what they do.

Use `npm install <pkg> --save` afterwards to install a package and
save it as a dependency in the package.json file.

Press ^C at any time to quit.
name: (ch 3) test
version: (1.0.0) 1.0.0
description: test package.
entry point: (3.1.js)
test command:
git repository:
keywords:
author:
license: (ISC)
About to write to /Users/bagjeongtae/Desktop/document/개인문서/책쓰기/집필자료/javascript, nodejs, vuejs/codes/ch/ch 3/package.json:

{
  "name": "test",
  "version": "1.0.0",
  "description": "test package.",
  "main": "3.1.js",
  "scripts": {
    "test": "echo \"Error: no test specified\" && exit 1"
  },
  "author": "",
  "license": "ISC"
}


Is this ok? (yes)
bagjeongtaeui-MacBook-Pro:ch 3 bagjeongtae$ more package.json
{
  "name": "test",
  "version": "1.0.0",
  "description": "test package.",
  "main": "3.1.js",
  "scripts": {
    "test": "echo \"Error: no test specified\" && exit 1"
  },
  "author": "",
  "license": "ISC"
}
bagjeongtaeui-MacBook-Pro:ch 3 bagjeongtae$
```

[그림 3.20] npm init

```
 1  {
 2    "name": "test",
 3    "version": "1.0.0",
 4    "description": "test package.",
 5    "main": "3.1.js",
 6    "scripts": {
 7      "test": "echo \"Error: no test specified\" && exit 1"
 8    },
 9    "author": "",
10    "license": "ISC"
11  }
```

npm init을 실행하면 name, version, description, entry point, test command, git repository, keywords, author, license를 입력하라고 나옵니다. 이 외에도 dependencies, private, bugs, engines, os, cpu가 있습니다.

5-2 package.json 구성 요소

5-2-1 name

package.json에서 name은 매우 중요한 요소입니다. 프로젝트의 이름입니다.

5-2-2 version

version은 name과 같이 가장 중요한 요소입니다. 프로젝트의 버전입니다.

5-2-3 description

description은 프로젝트의 설명입니다. 우리는 npm search를 통해 패키지, 프로젝트를 검색할 수 있는데 이때 보이는 설명입니다.

5-2-4 main

main은 해당 패키지의 진입점인 모듈입니다. 예를 들어 프로젝트의 이름이 test.js인데 require('test')를 했을 때 실행되는 파일을 main에 명시합니다.

 scripts

scripts는 복잡한 명령을 npm을 이용하여 단순화합니다. scripts에 정의하는 방법은 매우 단순합니다.

```
1  {
2    "name": "test",
3    "version": "1.0.0",
4    "description": "test package.",
5    "main": "3.1.js",
6    "scripts": {
7      "test": "echo 1"
8    },
9    "author": "",
10   "license": "ISC"
11 }
```

scripts에서 test 부분을 단순하게 바꿔보겠습니다. 이제 npm run test를 실행하면 echo 1을 실행합니다.

```
    $ npm run test
```

```
> test@1.0.0 test /Users/bagjeongtae/Desktop/document/개인문서/책쓰기/집필자
료/javascript, nodejs, vuejs/codes/ch/ch 3
> echo 1


1
```

echo는 터미널 창에 출력하는 명령어입니다. 만약 더 추가하고 싶다면 다음과 같이 합니다.

```
1  {
2    "name": "test",
3    "version": "1.0.0",
4    "description": "test package.",
5    "main": "3.1.js",
6    "scripts": {
7      "test": "echo 1",
8      "test2": "echo 2",
9      "test3": "echo 3"
```

```
10    },
11    "author": "",
12    "license": "ISC"
13  }
```

json 형태이기 때문에 json 형식에 맞추어 추가하면 됩니다. 그리고 npm run test, npm run test2, npm run test3을 실행하면 각각 echo1, echo 2, echo 3을 실행합니다.

서버 혹은 클라이언트 영역을 관리하거나 혹은 개발을 진행하다 보면 복잡한 명령어를 구성할 때가 있습니다. 이럴 때는 scripts를 이용하여 간결하게 명령어를 관리할 수 있습니다. 우리는 서버를 시작하거나 실행할 때 다음과 같이 scripts를 구성할 수 있습니다.

```
1  "scripts": {
2    "start": "pm2 start app.js -n testServer",
3    "stop": "pm2 stop testServer",
4    "delete": "pm2 delete testServer"
5  }
```

start, stop, delete를 pm2를 이용하여 서버를 다루는 데 사용할 수 있습니다.

5-2-6 author

author는 제작자 정보입니다.

5-2-7 license

license는 라이선스이며 **ISC**는 **Internet Systems Consortium**의 약자로 오픈소스를 알립니다. 주요 내용은 다음과 같습니다.

- 복제, 배포 수정의 권한을 허용합니다.
- 배포 시 라이선스 사본 첨부를 허용합니다.
- 저작권 고지사항 또는 속성 고지사항을 유지해야 합니다.

ISC 라이선스의 추가적인 정보가 더 있지만 주요 내용입니다.

 ## keywords

keywords는 npm에서 패키지를 찾을 때 사용하는 키워드입니다.

5-2-9 ## bugs

bugs는 사용 중 에러/버그 발생 시 알려줄 담당자 정보입니다.

5-2-10 ## dependencies, devDependencies

dependencies와 devDependencies는 의존성 모듈을 관리합니다.

- **dependencies** : 일반적인 배포환경에서 필요한 의존성 모듈
- **devDependencies** : 개발환경에서 필요한 의존성 모듈(주로 테스팅 모듈을 포함할 수 있음)

의존성 모듈은 JSON 형태로 기록되며, {모듈 : 버전} 형태로 기록됩니다.

npm을 이용하면 모듈을 설치할 때 의존성 모듈을 자동으로 추가할 수 있습니다. 지금까지 앞에서 계속 사용했습니다. npm install 시 --save 옵션을 붙이는 방법입니다.

```
$ npm install --save express
```

--save 옵션을 주어 설치하면 package.json은 다음과 같이 바뀝니다.

```
1  {
2    "name": "test",
3    "version": "1.0.0",
4    "description": "test package.",
5    "main": "3.1.js",
6    "scripts": {
7      "start": "pm2 start app.js -n testServer",
8      "stop": "pm2 stop testServer",
9      "delete": "pm2 delete testServer"
10   },
11   "author": "",
12   "license": "ISC",
13   "dependencies": {
14     "express": "^4.16.2"
15   }
16 }
```

만약 devDependencies에 추가하고 싶다면, npm install --save-dev [패키지] 형태로 설치하면 됩니다.

```
$ npm install --save-dev jade
```

--save-dev의 형태로 설치하면 다음과 같이 package.json이 수정됩니다.

```
 1  {
 2    "name": "test",
 3    "version": "1.0.0",
 4    "description": "test package.",
 5    "main": "3.1.js",
 6    "scripts": {
 7      "start": "pm2 start app.js -n testServer",
 8      "stop": "pm2 stop testServer",
 9      "delete": "pm2 delete testServer"
10    },
11    "author": "",
12    "license": "ISC",
13    "dependencies": {
14      "express": "^4.16.2"
15    },
16    "devDependencies": {
17      "jade": "^1.11.0"
18    }
19  }
```

패키지, 서버를 배포할 때 package.json만 있으면 npm으로 설치한 모든 패키지와 함께 배포할 필요가 없습니다. dependencies에만 기록되어 있으면 npm install로 한 번에 설치할 수 있습니다. 물론 다운로드되는 데 일정 시간이 필요합니다.

npm install은 dependencies와 devDependencies에 기록된 모든 패키지를 설치합니다. 하지만 devDependencies는 배포환경에서는 설치할 필요가 없습니다. 이때는 npm install --production을 이용하여 dependencies만 설치할 수 있습니다.

```
$ npm install --save-dev jade
```

node.js를 이용하여 서버를 만드는 방법과 패키지 관리하는 방법, 프로젝트의 정보를 관리하는 방법, npm 사용 방법에 대해 알아보았습니다. node.js에서 http 모듈만 가지고 서버를 만들기에는 많은 어려움이 있습니다. 서버를 만들다 보면 각종 설정, 라우팅 등 해주어야 할 것이 많은데 http 모듈만 가지고는 매우 불편합니다. 다음 장에서 express 프레임워크를 이용하여 빠르고 간결하게 서버를 구축할 준비를 합니다.

express

http 모듈을 이용하여 간단한 웹 서버를 만들어 보았습니다. 하지만 http로 서버를 만들기 위해서는 고려해야 할 부분이 너무 많습니다. express를 이용하면 API를 만드는 것에 집중하여 개발할 수 있습니다.

_ 라우팅
_ 미들웨어
_ express-generator
_ express와 nuxt.js 같이 사용하기

http를 사용했을 때 웹 서버의 요청에 따라 다른 로직을 처리하기 위해 다음과 같이 코드를 작성했습니다.

```javascript
1  const http = require('http');
2
3  http.createServer( (req, res) => {
4    let { url, headers, method } = req
5
6    if(method === 'GET') {
7        res.writeHead(200);
8        if(url === '/users'){
9            res.end('/users 접속');
10       }else if(url === '/boards'){
11           res.end('/boards 접속');
12       }else if(url === '/clothes'){
13           res.end('/clothes 접속');
14       }
15   }
16
17   res.writeHead(404);
18   res.end('Not Found Page!');
19
20 }).listen(3000, () => {
21   console.log('server on : 3000port')
22 });
```

코드가 간결하면 보기 어렵진 않습니다. 하지만 각 요청당 처리 로직이 복잡하다면 앞의 코드는 복잡한 로직을 포함합니다. 그래서 각 처리 로직을 따로 관리합니다. 이렇게 사용자가 접속한 URL과 method에 따라 해당 로직을 실행하는 것을 라우팅이라고 합니다.

express에서는 라우팅을 직관적으로 표현합니다.

우선 express를 사용하기 위해서는 npm을 이용하여 express를 설치해야 합니다. npm install –s express를 이용하여 express를 설치합니다.

```
$ npm install -s express
```

[코드 4–1] express 사용해보기 (파일명: ./codes/ch/ch4/4.1.js)

```
1  const express = require('express');
2  let app = express();
3
4  const http = require('http')
5
6  app.get('/', (req, res, next) => {
7    res.send('hello world!!');
8  });
9
10 http.createServer(app).listen(3000, () => {
11     console.log('server on: 3000 PORT')
12 })
```

[코드 4–1]을 실행한 후 localhost:3000으로 접속하면 hello world!!가 출력됩니다. 만약, 없는 URL로 요청했다면 Cannot GET [URL] 형태를 제공합니다. 이 부분은 뒤에서 미들웨어를 이용하여 처리를 할 수 있습니다.

코드를 한 줄씩 해석해 보겠습니다.

```
1  const express = require('express');
2  let app = express();
```

express를 사용하기 위해 express를 require를 이용하여 가져옵니다. 그리고 express로 만들 서버를 세팅하기 위해 app 변수를 만듭니다. app에는 우리가 필요한 각종 서버의 **라우팅, 미들웨어, 에러 처리 로직**을 설정합니다.

cluster 모듈을 이용하면 클러스터링도 설정할 수 있지만 pm2를 이용하면 cluster 모듈 없이 클러스터링을 할 수 있으므로 클러스터링은 굳이 코드로 구현할 필요 없습니다.

```
4  const http = require('http')
```

http 서버를 만들기 때문에 http 모듈을 가져옵니다.

```
6  app.get('/', (req, res, next) => {
7    res.send('hello world!!');
8  });
```

이 부분이 http 모듈에서 method와 URL을 이용하여 라우팅을 한 부분입니다. http 모듈에서는 GET 메소드를 이용해서 /로 접속했는지 조건검사를 했지만 express에서는 이렇게 표현합니다. **app.[메소드]('[URL]', 처리 로직)** 형태로 이루어져 있습니다. 사용자가 GET 요청에 /로 접속했다면 해당 콜백함수를 실행합니다. 만약 라우팅을 추가하고 싶다면 해당 형태로 늘려주기만 하면 됩니다.

```
app.get('/', (req, res, next) => {
  res.send('hello world!!');
});


app.post('/', (req, res, next) => {
  res.send('/ POST 요청');
});

app.get('/users', (req, res, next) => {
  res.send('/users GET요청');
});

app.post('/user', (req, res, next) => {
  res.send('/user POST 요청');
});
```

이런 형태로 추가하면 됩니다. if 문을 이용하여 조건 분기한 것보다 훨씬 직관적으로 관리할 수 있습니다.

사용자가 GET 요청으로 /로 접속하면 hello world!!가 출력됩니다. POST 요청으로 /을 요청하면 /POST 요청이 출력됩니다. express는 라우팅 설정에 따라 등록된 콜백함수를 실행합니다.

이 부분은 **모듈 패턴**을 이용하면 효율적인 API 관리를 할 수 있습니다.

```
10  http.createServer(app).listen(3000, () => {
11      console.log('server on: 3000 PORT')
12  })
```

라우팅을 등록한 app을 http 서버에 등록합니다. 이제 서버를 실행하면 등록된 라우팅에 따라 API를 사용할 수 있습니다.

1-2 라우팅 콜백함수 인자

사용자가 요청하는 API를 정의하고 실행될 콜백함수를 구현합니다. 사용자 요청에 따라 실행하는 콜백함수는 3개의 인자를 받습니다. 첫 번째 **요청 객체**, 두 번째 **응답 객체**, 세 번째 **next 객체**입니다. 여기서 요청 객체와 응답 객체는 http에서 사용할 때와 크게 다르지 않습니다. 대신 데이터를 사용하기 조금 편해집니다.

1-2-1 요청 객체

http 통신 요청 객체에서 클라이언트가 포함한 데이터를 사용하기 위해서는 URL을 직접 파싱해서 사용해야만 했습니다. 하지만 express에서는 이러한 것들을 미리 파싱해 주기 때문에 편리하게 사용 가능합니다.

- params
- query
- body

[코드 4–2] 요청 객체　　　　　　　　　　　　　　　**(파일명: ./codes/ch/ch4/4.2.js)**

```
1  const express = require('express');
2  let app = express();
3
4  const http = require('http')
5
6  app.get('/user/:id', (req, res, next) => {
```

```
 7    let params = req.params;
 8    let querys = req.query;
 9    console.log(params, querys)
10    res.send('hello world!!');
11  });
12
13  app.post('/', (req, res, next) => {
14    let body = req.body
15    console.log(body)
16    res.send('/ POST 요청');
17  });
18
19  http.createServer(app).listen(3000, () => {
20      console.log('server on: 3000 PORT')
21  })
```

[코드 4-2]를 실행하여 서버를 실행합니다.

GET 요청 /users/:id

POST 요청 /

형태로 라우팅을 추가했습니다. 그리고 요청 객체에서 params와 query, body를 출력하고 있습니다.

다양한 형태로 요청했을 때 서버에 찍히는 값은 다음과 같습니다.

localhost:3000/user/1 – GET 요청

```
{ id: '1' } {}
```

localhost:3000/user/10 – GET 요청

```
{ id: '10' } {}
```

localhost:3000/user/1?a=10&b=20 – GET 요청

```
{ id: '1' } { a: '10', b: '20' }
```

요청 객체에는 URL에 포함된 데이터와 쿼리스트링을 json 형태로 사용할 수 있게 제공합니다.

/user/:id는 /user/1로 접속할 때 params에서 id를 1로 받습니다. 만약 /user/2로 요청했다면 req.parms에서 id는 2가 됩니다.

쿼리스트링에서 key=value를 JSON 형태로 바꿔서 query로 제공합니다.

POST로 localhost:3000/을 요청했다면 undefined가 출력됩니다. body를 사용하기 위해서는 사전작업을 해야 합니다. body-parser를 미들웨어로 등록해야 합니다.

```
const bodyParser  = require('body-parser'); // 모듈 호출
app.use(bodyParser()) // 미들웨어 등록
```

[코드 4-2] 코드에 해당 부분을 추가하면 됩니다. 이제 body에 포함된 데이터를 사용할 수 있습니다.

```
 1  const express = require('express');
 2  let app = express();
 3
 4  vconstar bodyParser  = require('body-parser');
 5  const http = require('http')
 6
 7  app.use(bodyParser())
 8
 9  app.get('/user/:id', (req, res, next) => {
10    let params = req.params;
11    let querys = req.query;
12    console.log(params, querys)
13    res.send('hello world!!');
14  });
15
16  app.post('/', (req, res, next) => {
17    let body = req.body
18    console.log(body)
19    res.send('/ POST 요청');
20  });
21
22  http.createServer(app).listen(3000, () => {
23      console.log('server on: 3000 PORT')
24  })
```

수정된 서버 측 코드입니다. 재시작하고 POST 요청으로 body를 포함하면 데이터를 사용할 수 있습니다.

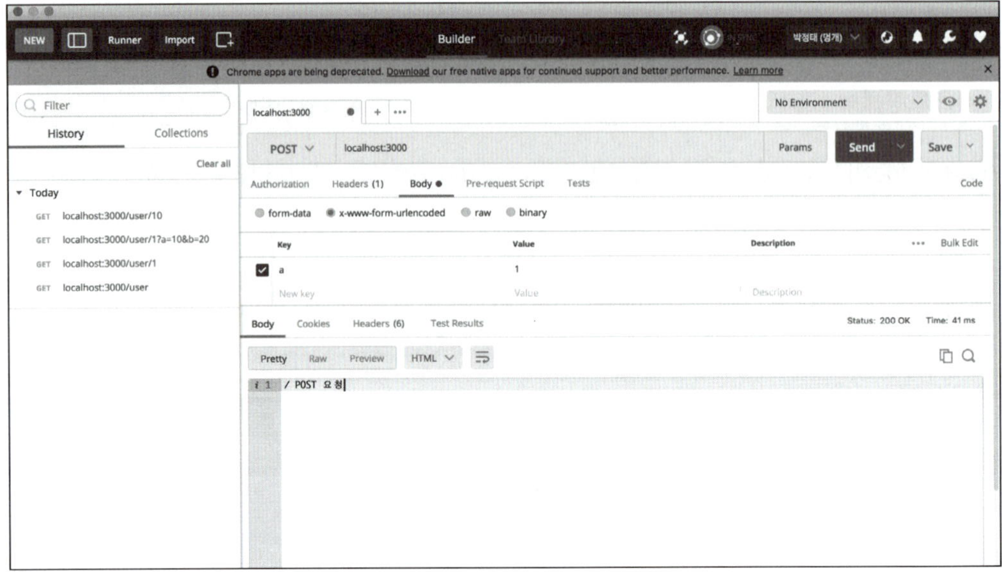

[그림 4.1] localhost:3000/ POST 요청

[그림 4.1]처럼 POST 요청하면 서버는 다음과 같이 출력됩니다.

```
{ a: '1' }
```

http에서 body 데이터를 파싱하기 위해 on('data')로 파싱하고 on('end')로 사용했지만, 미들웨어에 등록한 body-parser가 이 작업을 대신해주기 때문에 우리는 요청 객체에서 body를 가져와서 사용만 하면 됩니다.

1-2-2 응답 객체

등록된 라우터의 콜백함수 두 번째 인자로 응답 객체를 받습니다. express에서는 클라이언트에게 다양한 형태로 응답할 수 있습니다.

- download( )

- json( )

- redirect( )

- render( )

- send( )

- status( )


```javascript
1  const express = require('express');
2  let app = express();
3  const http = require('http')
4
5  app.get('/send', (req, res, next) => {
6    res.send('hello world!!');
7  });
8
9  app.get('/download', (req, res, next) => {
10   res.download('./test.txt');
11 });
12
13 app.get('/redirect', (req, res, next) => {
14     res.redirect('/send')
15 });
16
17 app.get('/json', (req, res, next) => {
18     res.json({message: 'succes', code: 0})
19 })
20
21 http.createServer(app).listen(3000, () => {
22     console.log('server on: 3000 PORT')
23 })
```

send( )로 응답할 경우 전송된 데이터에 따라 알맞은 형식으로 바뀌어서 전송합니다.
send('hello world')로 전송하면 text 형태로 전송하고 send('<h1>hello world</h1>')로 전송하면
HTML 형식으로 전송합니다.

download( )는 해당 파일을 다운로드 합니다.

redirect( )는 해당 경로로 강제 이동합니다.

json( )은 JSON 형태로 데이터를 응답합니다.

render( )는 express에서 제공하는 pug와 ejs라고 하는 템플릿 엔진을 HTML로 렌더링할 때 사용합니다.

status( )는 상태코드를 바꿔줄 때 사용합니다. status( )는 체이닝 형태로 작성할 수 있습니다.

```
res.status(201).json({message: 'success'})
```

상태코드를 201로 설정한 후 JSON 형태의 데이터를 응답합니다.

1-3 router

API를 만들다 보면 많은 API를 관리하게 됩니다. API에서 같은 end point끼리 API를 묶어서 관리할 수 있습니다. 예를 들어 다음과 같은 기능의 API가 있다고 가정해 봅시다.

유저 API

- /users/:id GET 요청 : 유저 정보 가져오기
- /users POST 요청 : 회원가입
- /users/:id PUT 요청 : 유저 정보 수정
- /users/:id DELETE 요청 : 회원탈퇴

게시판 API

- /boards GET 요청 : 게시글 리스트 가져오기
- /boards POST 요청 : 게시글 쓰기
- /boards/:id PUT 요청 : 게시글 수정
- /boards/:id DELETE 요청 : 게시글 삭제

간단한 API 문서를 만들었습니다.

해당 API를 처리하는 코드는 다음과 같습니다.

```javascript
1  const express = require('express');
2  let app = express();
3
4  const http = require('http')
5
6  app.get('/users/:id', (req, res, next) => {
7    res.send('유저 정보 가져오기')
8  });
9
10 app.post('/users', (req, res, next) => {
11   res.send('회원가입')
12 });
13
14 app.put('/users/:id', (req, res, next) => {
15   res.send('유저 정보 수정')
16 });
17
18 app.delete('/users/:id', (req, res, next) => {
19   res.send('회원탈퇴')
20 });
21
22 app.get('/boards', (req, res, next) => {
23   res.send('게시글 가져오기')
24 });
25
26 app.post('/boards', (req, res, next) => {
27   res.send('게시글 쓰기')
28 });
29
30 app.put('/boards/:id', (req, res, next) => {
31   res.send('게시글 수정')
32 });
33
34 app.delete('/boards/:id', (req, res, next) => {
35   res.send('게시글 삭제')
36 });
37
38 http.createServer(app).listen(3000, () => {
39     console.log('server on: 3000 PORT')
40 })
```

유저에 대한 API와 게시글에 대한 API로 나눠서 효율적인 API 관리를 할 수 있습니다. 이때는 express에서 Router( )를 호출하여 라우터를 등록할 수 있습니다.

```
1  const express = require('express');
2  let router = express.Router();
```

Router( )는 같은 end point들을 관리할 수 있게 도와줍니다. Router( )를 이용하면 end point 단위로 API를 관리하기 용이합니다.

[코드 4-5-1] 복잡한 API – Router 이용   (파일명: ./codes/ch/ch4/4.5/4.5.js)

```
1  const express = require('express');
2  let app = express();
3
4  const http = require('http')
5
6  const users = require('./users.js')
7  const boards = require('./boards.js')
8
9  app.use('/users', users)          // endpoint가 /users면 users 모듈 호출
10 app.use('/boards', boards)        // endpoint가 /boards면 boards 모듈 호출
11
12 http.createServer(app).listen(3000, () => {
13     console.log('server on: 3000 PORT')
14 })
```

users.js와 boards.js 모듈을 가져와서 사용합니다. app.use('/', 모듈)은 /요청이 들어오면 모듈을 호출하라는 의미입니다.

```
9  app.use('/users', users)          // endpoint가 /users면 users 모듈 호출
10 app.use('/boards', boards)        // endpoint가 /boards면 boards 모듈 호출
```

users.js와 boards.js는 다음과 같습니다.

[코드 4-5-2] 복잡한 API – Router 이용   (파일명: ./codes/ch/ch4/4.5/users.js)

```
1  const express = require('express');
2  let router = express.Router();
```

```javascript
3
4  router.get('/:id', (req, res, next) => {
5    res.send('유저 정보 가져오기')
6  });
7
8  router.post('/', (req, res, next) => {
9    res.send('회원가입')
10 });
11
12 router.put('/:id', (req, res, next) => {
13   res.send('유저 정보 수정')
14 });
15
16 router.delete('/:id', (req, res, next) => {
17   res.send('회원탈퇴')
18 });
19
20 module.exports = router;
```

[코드 4-5-3] 복잡한 API – Router 이용   (파일명: ./codes/ch/ch4/4.5/boards.js)

```javascript
1  const express = require('express');
2  let router = express.Router();
3
4  router.get('/', (req, res, next) => {
5    res.send('게시글 가져오기')
6  });
7
8  router.post('/', (req, res, next) => {
9    res.send('게시글 쓰기')
10 });
11
12 router.put('/:id', (req, res, next) => {
13   res.send('게시글 수정')
14 });
15
16 router.delete('/:id', (req, res, next) => {
17   res.send('게시글 삭제')
18 });
19
20 module.exports = router;
```

Router( )를 이용하여 라우터를 모듈로 만듭니다. 해당 모듈은 1차적으로 걸러진 라우터에서 일치하는 URL과 method에 따라 실행합니다. Router를 이용하면 라우터를 모듈 형태로 만들 수 있습니다.

URL, method에 따라 로직을 처리하는 API를 만들 수 있게 됐습니다. app.use로 등록한 end point에 따라 실행되는 라우터를 만들었습니다.

2 미들웨어

앞에서 Router( )를 이용하여 모듈 형태로 만들어진 라우터를 app.use 등록하여 사용했습니다. app.use가 미들웨어를 등록하는 부분입니다. 또한 app.use(bodyParse( ))를 이용하여 클라이언트가 body에 포함한 데이터를 사용 가능하도록 파싱합니다. app.use로 등록한 미들웨어는 모든 요청에 대해 동작합니다.

하지만 우리가 사용자 요청을 처리하기 위해 사용한 app.get, app.post, app.put, app.delete 미들웨어는 요청 URL과 method에 따라 동작하는 미들웨어입니다. 우리가 사용자 요청을 처리하기 위해 라우팅을 한 부분 모두가 미들웨어를 등록한 과정입니다.

우리는 사용자 요청을 라우팅하기 위해 콜백함수를 등록하는데 app.use에 등록하는 미들웨어 또한 같은 형태로 콜백함수를 받습니다. 첫 번째 인자는 **요청 객체**, 두 번째 인자는 **응답 객체**, 세 번째 인자는 next입니다. 미들웨어에서는 next가 상당히 중요합니다.

2-1 미들웨어 등록

app.use를 이용하여 모든 요청에 대해 처리하는 미들웨어를 등록할 수 있습니다.

[코드 4-6] 미들웨어 등록   (파일명: ./codes/ch/ch4/4.6.js)

```
1  const express = require('express');
2  let app = express();
```

```
 3
 4  const http = require('http')
 5
 6  app.use((req, res, next) => { // 미들웨어 등록
 7      console.log('첫 번째 미들웨어')
 8      next()
 9  })
10
11  app.get('/', (req, res, next) => { // 미들웨어 등록
12      res.send('hello world')
13  })
14
15  http.createServer(app).listen(3000, () => {
16      console.log('server on: 3000 PORT')
17  })
```

[코드 4-6]을 실행시킨 서버에 localhost:3000으로 접속하면 다음과 같이 서버의 콘솔(터미널) 창에 출력됩니다. 그리고 클라이언트는 hello world를 응답받게 됩니다.

```
첫 번째 미들웨어
```

[코드 4-6]에는 두 개의 미들웨어가 있습니다.

첫 번째 미들웨어

```
 6  app.use((req, res, next) => { // 미들웨어 등록
 7      console.log('첫 번째 미들웨어')
 8      next()
 9  })
```

첫 번째 미들웨어는 app.use로 등록했기 때문에 모든 요청에 대해 실행합니다. console.log( )를 실행 후 next( )로 다음 미들웨어를 호출합니다. 만약 next( )가 없다면 서버 측에만 첫 번째 미들웨어가 출력되고 클라이언트는 아무런 응답을 받지 못합니다. 만약 해당 미들웨어가 실행 중 문제가 발생하여 다음 미들웨어를 실행하지 못한다면 해당 부분에서 두 번째 인자인 응답 객체를 이용하여 클라이언트에게 응답을 해주어야 합니다.

미들웨어에서는 반드시 next( )를 호출하여 다음 미들웨어를 호출해야 합니다. 만약 문제가 생겼다면 클라이언트에게 문제가 생겼다고 알려야 합니다.

두 번째 미들웨어

```javascript
11  app.get('/', (req, res, next) => { // 미들웨어 등록
12      res.send('hello world')
13  })
```

우리가 앞에서 배웠던 부분도 미들웨어입니다. 하지만 이 부분은 모든 요청에 따라 실행하지 않고 요청된 method와 URL에 따라 실행되는 부분입니다. 여기서는 굳이 next( )를 이용하여 다음 미들웨어를 호출할 필요가 없습니다. 우리가 원하는 최종 로직의 코드를 다 실행했기 때문입니다.

미들웨어도 복잡한 로직을 가질 수 있습니다. 이럴 때는 함수 형태로 분리하여 등록할 수 있습니다. 우리가 앞에서 bodyParse( )를 등록했던 것처럼 함수 형태로 등록 가능합니다.

[코드 4-7] 미들웨어 함수 형태로 등록　　　　　　　　**(파일명: ./codes/ch/ch4/4.7.js)**

```javascript
1  const express = require('express');
2  let app = express();
3
4  const http = require('http')
5
6  var firstMiddleware = (req, res, next) => {
7      console.log('첫 번째 미들웨어')
8      next()
9  }
10
11  app.use(firstMiddleware)
12
13  app.get('/', (req, res, next) => {
14      res.send('hello world')
15  })
16
17  http.createServer(app).listen(3000, () => {
18      console.log('server on: 3000 PORT')
19  })
```

익명 함수를 저장한 firstMiddleware를 app.use에 등록합니다. 변수명은 원하는 이름으로 하면 됩니다. [코드 4-7]은 [코드 4-6]과 똑같은 코드입니다. 이렇게 모듈 형태로 구성을 해야 미들웨어가 어떤 미들웨어인지 한눈에 보기 좋습니다.

미들웨어를 사용하면서 항상 조심해야 할 건 next의 사용입니다. 이 부분을 명심하면서 사용하세요!

2-2 라우터에서 미들웨어 등록

라우터에서도 미들웨어를 추가로 만들어 줄 수 있습니다. 다수의 API가 있을 때 특정 API만 실행하고 싶은 미들웨어가 있다면 다음과 같은 방법으로 미들웨어를 추가하면 됩니다. next( )가 다음 미들웨어를 호출한다는 개념만 알고 있으면 어렵지 않게 구현할 수 있습니다.

[코드 4-8] 라우터에 미들웨어 등록　　　　　　　　　　　　**(파일명: ./codes/ch/ch4/4.8.js)**

```javascript
1  const express = require('express');
2  let app = express();
3
4  const http = require('http')
5
6  var firstMiddleware = (req, res, next) => {
7      console.log('첫 번째 미들웨어')
8      next()
9  }
10
11 app.get('/', firstMiddleware, (req, res, next) => {
12     res.send('hello world 1')
13 })
14
15 app.get('/user', (req, res, next) => {
16     res.send('hello world 2')
17 })
18
19 http.createServer(app).listen(3000, () => {
20     console.log('server on: 3000 PORT')
21 })
```

2개의 API가 있습니다. / GET 요청에만 미들웨어가 추가되었습니다. **app.get('/', 미들웨어, 미들웨어, 미들웨어 . . .**) 형태로 계속 등록할 수 있습니다. 물론 get 이외의 post, put, delete, use 모두 사용 가능합니다. 단, next를 통해서 다음 미들웨어를 잘 호출해야 합니다. 문제가 발생했다면 문제가 발생한 시점에서 응답을 해줘야 합니다. 만약 next와 응답이 없다면 클라이언트는 응답을 받지 못하게 됩니다.

```
app.get('/', firstMiddleware,firstMiddleware,(req, res, next) => {
    res.send('hello world 1')
})
```

예를 들어 관리자 페이지로 접속하는 라우터와 일반 사이트로 접속하는 라우터가 있으면 [코드 4-8]처럼 미들웨어를 등록하면 됩니다.

```
app.use('/admin', adminCheck, adminRouter)
app.use('/', normalUserRouter)
```

이러한 형태로 라우터를 디자인할 수 있습니다. 로그인 상태를 확인하여 로그인 페이지로 유도할 수 있습니다.

2-3 미들웨어를 활용한 에러 처리

미들웨어를 에러 처리를 위해 사용할 수 있습니다. 이때 중요한 점은 에러를 처리하는 미들웨어는 약간 특수한 형태로 이루어져 있습니다. 지금까지 미들웨어 첫 번째 인자는 요청 객체, 두 번째 인자는 응답 객체, 세 번째 인자는 next 객체를 받았습니다. 하지만 에러를 처리하는 미들웨어는 첫 번째 에러체를 받습니다. 그리고 두 번째 객체부터 네 번째 객체까지 요청, 응답, next 객체 순서로 받습니다.

```
app.use((err, req, res, next) => {
    console.log(err)
})
```

에러 처리를 위한 미들웨어는 단순하게 next를 호출하면 됩니다. next( )를 실행할 때 인자를 넘겨 주어야 합니다.

```javascript
1  const express = require('express');
2  let app = express();
3
4  const http = require('http')
5
6  app.get('/:id', (req, res, next) => {
7      let id = req.params.id
8      if(id == 1){
9          next('error 발생')
10      }else{
11          res.send('hello world')
12      }
13  })
14
15  app.use((err, req, res, next) => {
16      console.log(err)
17      res.status(500).send(err)
18  })
19
20  http.createServer(app).listen(3000, () => {
21      console.log('server on: 3000 PORT')
22  })
```

id 값이 1일 때 next('error 발생')가 실행되면 app.use((err, req, res, next))를 실행합니다. 에러 미들웨어의 첫 번째 인자인 에러 객체는 next( )로 전달한 첫 번째 인자를 받습니다.

에러 미들웨어를 이용하면 라우터에서 발생한 에러를 하나의 미들웨어에서 응답할 수 있습니다.

에러를 처리하는 것도 중요하지만 404에 대해서도 처리하는 것이 중요합니다. 404 처리는 매우 간단합니다. 가장 마지막에 있는 에러 처리 미들웨어 바로 위에 미들웨어를 추가하면 됩니다.

```javascript
1  const express = require('express');
2  let app = express();
3
4  const http = require('http')
```

```javascript
 5
 6    // 각종 미들웨어 등록
 7
 8    app.get('/:id', (req, res, next) => {
 9        let id = req.params.id
10        if(id == 1){
11            next('error 발생')
12        }else{
13            res.send('hello world')
14        }
15    })
16
17    // 각종 라우터 등록
18
19    app.use((req, res, next) => { // 404 처리 미들웨어
20        console.log('404')
21        res.status(404).send('<h1>Not Found Page</h1>')
22    })
23
24    app.use((err, req, res, next) => {
25        console.log(err)
26        res.status(500).send(err)
27    })
28
29    http.createServer(app).listen(3000, () => {
30        console.log('server on: 3000 PORT')
31    })
```

등록한 라우터에서 일치하는 method와 URL이 있었다면 next가 없으므로 404를 처리하는 미들웨어가 실행되지 않습니다. 하지만 일치하는 라우터가 없다면 계속 미들웨어가 호출하면서 404를 처리하는 미들웨어가 실행됩니다. 여기서 잘못된 요청을 했다고 하면 사용자는 잘못된 요청을 인지할 수 있습니다.

미들웨어에서 중요한 건 등록한 순서로 미들웨어를 실행한다는 것입니다. 대신, 다음 미들웨어를 실행하기 위해서는 next( )를 호출해야 합니다. 그리고 에러 미들웨어는 특수하게 4개의 인자를 받으며 해당 미들웨어를 실행하기 위해서는 next( )에 첫 번째 인자를 넣어서 호출하면 됩니다. 이 규칙만 알면 우리는 어떠한 미들웨어도 만들 수 있습니다.

2-4 express에서 제공하는 미들웨어

모든 미들웨어를 직접 만들어 사용하지 않습니다. 필요에 따라 만들 수 있지만, 필요한 대부분의 미들웨어는 express에서 제공합니다. 만약 사용 중 모듈이 없다는 문구가 나오면 **npm install -s [모듈명]**으로 설치하면 됩니다.

2-4-1 morgan

morgan은 클라이언트의 요청 로그를 확인하는 미들웨어입니다. 또한 200은 녹색, 404는 황색, 500은 적색으로 표시되어 로그를 한 눈에 보기 쉽습니다.

```
const logger = require('morgan');
app.use(logger('dev'));
```

2-4-2 body-parser

body-parser는 앞에서도 봤습니다. 클라이언트가 body에 포함한 데이터를 파싱하기 위해 필요한 미들웨어입니다.

```
const bodyParser = require('body-parser');
app.use(bodyParser.urlencoded({ extended: false }));
app.use(bodyParser.json());
```

bodyParser를 제대로 사용하기 위해서는 bodyParser.json( )의 형태로 호출해야 합니다. body에는 데이터의 제한이 없지만 node.js에서는 100Kb로 제한이 걸려 있습니다. 하지만 json( )에 옵션을 추가하여 제한을 변경할 수 있습니다.

```
app.use(bodyParser.json({limit: 5000000})); // 5Mb까지 제한 해제
```

2-4-3 cookie-parser

cookie-parser는 헤더에 포함한 쿠키를 JSON 형태로 파싱하는 미들웨어입니다.

```
const cookieParser = require('cookie-parser');
app.use(cookieParser());
```

multer는 파일 업로드를 위한 미들웨어입니다.

express.static은 정적파일 제공을 위한 미들웨어입니다. express는 CSS, JavaScript, images
파일같은 정적파일을 하나의 디렉터리에서 관리합니다.

사용자 인증을 위한 미들웨어입니다. passport를 이용하면 페북, 네이버에서 제공하는 인증시
스템을 이용할 수 있습니다. 또한 인증시스템을 직접 만들 수 있습니다.

[코드 4-10] 미들웨어 등록　　　　　　　　　　　　(파일명: ./codes/ch/ch4/4.10.js)

```
1  const express = require('express');
2  let app = express();
3
4  const logger = require('morgan');
5  const bodyParser = require('body-parser');
6  const cookieParser = require('cookie-parser');
7
8  const http = require('http')
9
10 app.use(logger('dev'));
11 app.use(bodyParser.urlencoded({ extended: false }));
12 app.use(bodyParser.json({limit: 5000000}));
13 app.use(cookieParser());
14
15 app.get('/', (req, res, next) => {
16     res.send('hello world')
17 })
18
19 app.use((req, res, next) => {
20     console.log('404')
21     res.status(404).send('<h1>Not Found Page</h1>')
22 })
23
24 app.use((err, req, res, next) => {
```

```
25        console.log(err)
26        res.status(500).send(err)
27  })
28
29  http.createServer(app).listen(3000, () => {
30        console.log('server on: 3000 PORT')
31  })
```

2-5 미들웨어(라우터)에서 중요한 점

우리는 다양한 미들웨어와 라우터를 등록하고 사용합니다. express에서 제공하는 미들웨어, npm에서 설치한 미들웨어, 직접 만든 미들웨어를 사용합니다. 또한 각종 라우터를 등록합니다. 라우터를 통해 사용자에게 응답하는 코드가 반드시 들어갑니다. 하지만 여기서 중요한 점이 있습니다. 하나의 미들웨어(라우터)에서 응답이 여러 번 등장하면 안됩니다.

```
app.get('/', (req, res, next) => {
    res.send('hello world1')
    res.send('hello world2')
})
```

이런 형태로 만들어진 API를 만들면 다음과 같은 **에러**가 발생합니다.

```
Error: Can't set headers after they are sent.
```

응답뿐만 아니라 next와 응답을 같이 사용하는 경우도 마찬가지입니다. 이 경우도 똑같은 에러가 발생합니다.

```
app.get('/', (req, res, next) => {
    next()
    res.send('hello world2')
})
```

하나의 API에서 조건분기를 이용하여 next와 응답할 수 있습니다.
next와 응답하는 부분은 여러 번 호출되는 현상을 피해야 합니다.

```
app.get('/', (req, res, next) => {
    if(조건 1){
        next()
    } else {
        res.send('hello world2')
    }
})
```

express의 모든 것을 배웠습니다. 이제 배운 내용을 활용하여 멋진 서버를 만드는 일만 남았습니다. 하지만 express 보일러 플레이트를 이용하여 완성된 프로젝트 구조를 가지고 시작할 수 있습니다. 보일러 플레이트를 활용하면 express 서버의 **뼈대**가 되는 코드를 바로 생성할 수 있습니다.

❸ express-generator

express 모듈을 호출하여 직접 서버구조를 만들 수 있습니다. 하지만 **라우터, 모델, 뷰, 필수 미들웨어, 에러 미들웨어**를 만드는 일은 서버를 만들 때마다 반복적으로 하게 될 것입니다. 반복적으로 수행되는 일은 express-generator를 이용하여 한 번에 만들 수 있습니다. express-generator를 통해 생성된 프로젝트는 개인의 스타일에 맞춰서 수정하는 것도 가능합니다.

3-1 express-generator 프로젝트 생성

express-generator를 사용하기 위해 먼저 설치를 해야 합니다. npm을 이용하여 설치합니다.

```
$ npm install -g express-generator
```

-g 옵션을 이용하여 express-generator를 설치합니다. 이제 터미널에서 express 명령어를 이용하여 프로젝트를 생성할 수 있습니다.

express-generator를 이용하여 프로젝트를 생성할 땐 **express [프로젝트 명]** 형태로 입력합니다.

```
$ express myApp

  warning: the default view engine will not be jade in future
releases
  warning: use `--view=jade' or `--help' for additional options

   create : myApp
   create : myApp/package.json
   create : myApp/app.js
   create : myApp/public
   create : myApp/routes
   create : myApp/routes/index.js
   create : myApp/routes/users.js
   create : myApp/views
   create : myApp/views/index.jade
   create : myApp/views/layout.jade
   create : myApp/views/error.jade
   create : myApp/bin
   create : myApp/bin/www
   create : myApp/public/javascripts
   create : myApp/public/images
   create : myApp/public/stylesheets
   create : myApp/public/stylesheets/style.css

   install dependencies:
     $ cd myApp && npm install

   run the app:
     $ DEBUG=myapp:* npm start
```

express 프로젝트가 생성되면 생성된 파일들을 보여줍니다. 그다음 의존성 모듈을 설치하는 방법과 앱을 실행하는 방법을 알려줍니다. 이렇게 생성된 프로젝트는 package.json 파일에 기록된 dependencies를 설치하기 위해 npm install을 반드시 해야 합니다. cd myApp은 myApp 디렉터리로 이동하는 명령어입니다.

express-generator로 생성된 프로젝트는 같은 구조로 생성합니다. 어떤 구조로 생성하는지 하나씩 알아보겠습니다. 앞에서 myApp이라는 express 프로젝트를 생성했습니다. myApp 프로젝트는 다음과 같은 구조로 되어 있습니다.

```
myApp
|
├── app.js
├── package.json
├── bin
|   └── www
├── public
|   ├── images
|   ├── javascripts
|   └── stylesheets
├── routes
|   ├── index.js
|   └── users.js
└── views
    ├── error.jade
    ├── index.jade
    └── layout.jade
```

3-2-1 **package.json 파일**

package.json 파일은 해당 프로젝트 정보와 의존성 모듈을 기록하는 곳입니다. 프로젝트가 생성되면 **npm install**을 하여 의존성 모듈을 설치합니다. express-generator로 생성된 프로젝트의 package.json은 다음과 같습니다.

```
1  {
2    "name": "myapp",
3    "version": "0.0.0",
4    "private": true,
5    "scripts": {
6      "start": "node ./bin/www"
7    },
8    "dependencies": {
```

```
 9        "body-parser": "~1.17.1",
10        "cookie-parser": "~1.4.3",
11        "debug": "~2.6.3",
12        "express": "~4.15.2",
13        "jade": "~1.11.0",
14        "morgan": "~1.8.1",
15        "serve-favicon": "~2.4.2"
16    }
17 }
```

script에는 start를 이용하여 ./bin/www 하도록 설정되어 있습니다. 또한 다양하게 scripts를 정의할 수 있습니다.

body-parser, cookie-parser, debug, express, jade, morgan, server-favicon 모듈을 사용합니다.

debug 설정을 통해 라우트가 일치 여부, 사용하고 있는 미들웨어, 현재 동작 중인 애플리케이션모드, 요청-응답시간을 알 수 있습니다.

server-favicon을 미들웨어는 클라이언트에게 favicon[1] 파일을 제공합니다. favicon 파일은 ico 확장자를 가집니다.

jade는 express에서 사용하는 html 렌더링 템플링 엔진입니다. express에서는 2개의 템플릿 엔진을 사용합니다. 첫 번째는 jade(pug), 두 번째는 ejs입니다. jade 미들웨어를 등록하면 express에게 jade 템플릿 엔진을 사용하겠다고 알리는 역할을 합니다.

2개의 템플릿 엔진 중 선택적으로 express 프로젝트를 생성할 수 있습니다.

```
$ express --ejs myApp
$ express --jade myApp
```

--ejs, --ejade 옵션을 통해서 프로젝트 생성 시 설정할 수 있습니다.

body-parser 미들웨어는 클라이언트가 요청한 body 데이터를 파싱하는 미들웨어입니다.

cookie-parser 미들웨어는 클라이언트가 요청한 헤더에 있는 쿠키를 파싱하는 미들웨어입니다.

morgan 미들웨어는 서버 콘솔(터미널) 창에 클라이언트의 요청 로그를 찍는 미들웨어입니다.

npm install을 하게 되면 dependencies에 기록된 모듈들을 내려받습니다.

---

1 favicon : favicon은 주소창에 표시되는 아이콘으로 웹 사이트의 대표적인 이미지

app.js는 서버에 필요한 미들웨어를 등록한 가장 중요한 파일입니다.

```javascript
1  var express = require('express');
2  var path = require('path');
3  var favicon = require('serve-favicon');
4  var logger = require('morgan');
5  var cookieParser = require('cookie-parser');
6  var bodyParser = require('body-parser');
7
8  var index = require('./routes/index');
9  var users = require('./routes/users');
10
11 var app = express();
12
13 // view engine setup
14 app.set('views', path.join(__dirname, 'views'));
15 app.set('view engine', 'jade');
16
17 // uncomment after placing your favicon in /public
18 //app.use(favicon(path.join(__dirname, 'public', 'favicon.ico')));
19 app.use(logger('dev'));
20 app.use(bodyParser.json());
21 app.use(bodyParser.urlencoded({ extended: false }));
22 app.use(cookieParser());
23 app.use(express.static(path.join(__dirname, 'public')));
24
25 app.use('/', index);
26 app.use('/users', users);
27
28 // catch 404 and forward to error handler
29 app.use(function(req, res, next) {
30   var err = new Error('Not Found');
31   err.status = 404;
32   next(err);
33 });
34
35 // error handler
36 app.use(function(err, req, res, next) {
```

```
37    // set locals, only providing error in development
38    res.locals.message = err.message;
39     res.locals.error = req.app.get('env') === 'development' ? err :
40  {};
41
42    // render the error page
43    res.status(err.status || 500);
44    res.render('error');
45  });
46
47  module.exports = app;
```

코드가 길어서 복잡해 보일 수 있지만 모두 앞에서 배운 내용입니다.

1~6라인은 우리가 사용할 express와 미들웨어들을 가져옵니다. path는 경로를 편리하게 만들어주는 모듈입니다.

8~9라인은 routes 디렉터리에 있는 index.js와 users.js를 가져옵니다. routes는 express.Router( )로 등록한 라우터 파일을 가지고 있는 디렉터리입니다. 라우터 파일은 routes에서 관리합니다.

11라인은 express 미들웨어를 등록할 app 변수를 선언합니다.

13~23라인은 app.set을 설정하는 부분입니다. views는 템플릿 엔진이 있는 디렉터리를 알려줍니다. view engine은 어떤 템플릿 엔진을 사용할지 알려주는 부분입니다. jade(pug)와 ejs를 사용할 수 있습니다.

17~23라인은 미들웨어를 등록하는 부분입니다.

25~26라인은 ./routes 디렉터리에 만들어진 라우터를 /와 /users 엔드 포인트로 분리합니다. 엔드 포인트를 /로 요청하면 ./routes/index.js를 호출하고 /users로 요청하면 ./routes/users.js를 호출합니다. index와 users는 다시 method와 URL로 라우팅되어 처리합니다.

28~45라인은 에러를 처리하는 부분입니다. **404 처리와 에러 핸들러**를 이용하여 각종 에러를 처리합니다.

47라인은 각종 미들웨어가 설정된 app 변수를 외부에서 사용 가능하도록 모듈화합니다. app.js 는 미들웨어만 포함하고 서버를 직접 생성하지 않습니다. 서버를 생성하는 일은 bin/www가 하 게 됩니다.

bin 디렉터리

bin 디렉터리는 app.js 파일을 가져와 서버를 실행하는 www 파일을 가지고 있습니다.

```
 1  #!/usr/bin/env node
 2
 3  var app = require('../app');
 4  var debug = require('debug')('myapp:server');
 5  var http = require('http');
 6
 7  var port = normalizePort(process.env.PORT || '3000');
 8  app.set('port', port);
 9
10  var server = http.createServer(app);
11
12  server.listen(port);
13  server.on('error', onError);
14  server.on('listening', onListening);
15
16  function normalizePort(val) {
17    var port = parseInt(val, 10);
18
19    if (isNaN(port)) {
20      return val;
21    }
22
23    if (port >= 0) {
24      return port;
25    }
26
27    return false;
28  }
29
30  function onError(error) {
```

```javascript
31   if (error.syscall !== 'listen') {
32     throw error;
33   }
34   var bind = typeof port === 'string'
35     ? 'Pipe ' + port
36     : 'Port ' + port;
37
38   switch (error.code) {
39     case 'EACCES':
40       console.error(bind + ' requires elevated privileges');
41       process.exit(1);
42       break;
43     case 'EADDRINUSE':
44       console.error(bind + ' is already in use');
45       process.exit(1);
46       break;
47     default:
48       throw error;
49   }
50 }
51
52 function onListening() {
53   var addr = server.address();
54   var bind = typeof addr === 'string'
55     ? 'pipe ' + addr
56     : 'port ' + addr.port;
57   debug('Listening on ' + bind);
58 }
```

코드는 상당히 깁니다. 이 파일의 목적은 app.js 파일을 가져와 http 모듈을 이용해서 서버를 등록하고 서버 등록 중 문제에 대해 처리하는 역할을 합니다. 서버가 잘 등록됐는지, 서버 등록 중 문제가 발생하지 않았는지 설정합니다. 또한, 서버를 몇 번 포트로 열지 설정합니다.

7~8라인은 서버의 포트를 설정하는 부분입니다. app.set을 이용해서 포트를 설정할 수 있습니다. normalizaPort는 하단에 정의된 함수입니다.

10라인은 완성된 app을 http를 이용하여 서버를 생성합니다. 생성된 인스턴스는 server로 저장합니다. server를 이용하여 리스닝과 에러 처리를 합니다. 여기서 에러는 서버 실행 중 포트의 중첩으로 서버가 실행되지 못하는 형태의 에러입니다.

12~14라인은 서버를 실행합니다. 서버 실행 중 문제가 발생하거나 정상적으로 실행됐을 때 호출되는 함수를 등록합니다. onError와 onListening은 하단에 정의되어 있습니다.

16~28라인은 normalizePort 함수는 포트 번호를 검사하는 함수입니다.

30~50라인은 서버 리스닝(실행) 중 발생된 에러를 핸들링하는 함수입니다.

52~58라인은 서버 리스닝(실행) 완료 후 핸들링하는 함수입니다.

3-2-4 routes 디렉터리

routes 디렉터리는 라우터 설정한 파일을 정의합니다. 여기서 설정된 파일을 app.js가 호출하여 미들웨어를 등록합니다.

초기에 생성된 index.js와 users.js는 다음과 같이 정의되어 있습니다.

```
1  // index.js
2  var express = require('express');
3  var router = express.Router();
4
5  /* GET home page. */
6  router.get('/', function(req, res, next) {
7    res.render('index', { title: 'Express' });
8  });
9
10 module.exports = router;
```

```
1  // users.js
2  var express = require('express');
3  var router = express.Router();
4
5  /* GET users listing. */
6  router.get('/', function(req, res, next) {
7    res.send('respond with a resource');
```

```
 8   });
 9
10   module.exports = router;
```

각각 엔드 포인트를 제외하고 / 요청으로 접속한 GET 요청을 처리하는 형태로 만들어져 있습니다. 이 routes 디렉터리는 우리가 원하는 형태의 라우터를 만들면 됩니다.

3-2-5 public 디렉터리

public은 필요한 정적파일을 관리하는 디렉터리입니다. images, javascripts, styles 디렉터리로 나뉘어져 있으며 이미지, JavaScript, CSS 파일을 독립적으로 관리합니다.

3-2-6 views 디렉터리

views 디렉터리는 HTML으로 렌더링되는 템플릿 엔진 파일을 관리합니다. 초기에 express 프로젝트 생성 시 ejs, jade 옵션에 따라 다른 파일을 생성합니다.

이 외에 DB 연결을 위한 디비 모델, 유틸성 함수를 모아놓는 디렉터리를 생성하여 관리할 수 있습니다. 뒤에 데이터베이스를 다루면서 models 디렉터리를 추가하게 됩니다. 또한, 코드를 작성하다 보면 유틸성 함수가 필요할 수 있습니다. 이러한 파일을 관리하는 utils(lib)를 추가할 수도 있습니다.

3-3 express 실행

이렇게 만들어신 파일을 npm run start를 이용하거나 bin 디렉디리의 www 파일을 실행하면 서버를 실행할 수 있습니다.

```
$ npm run start
```

```
$ node ./bin/www
```

node 이외의 supervisor나 forever, pm2를 사용하여 서버를 실행할 수 있습니다. bin/www에 설정한 포트 번호를 이용하여 접속하면 express−generator로 생성한 서버에 접속할 수 있습니다.

express와 nuxt.js 같이 사용하기

앞에서 express와 nuxt.js 모두 배웠습니다. express에서 nuxt.js로 만들어진 웹 애플리케이션을 제공하도록 만들어 보겠습니다. express에서 nuxt.js로 만들어진 웹 애플리케이션을 제공하는 건 어렵지 않습니다.

먼저, nuxt.js 보일러 플레이트를 이용하여 nuxt.js 프로젝트를 생성합니다. 생성된 프로젝트에 express로 만들 서버 코드들이 작성될 디렉터리를 하나 추가합니다. 그리고 express에서 app을 정의할 때 nuxt에서 생성된 nuxt.config.js를 가져와서 빌드한 후 미들웨어에 추가하면 됩니다.

4-1 nuxt.js 프로젝트 생성

nuxt.js 프로젝트를 생성할 땐 앞에서 배운 보일러 플레이트를 이용하여 빠르게 생성합니다.

```
$ vue init nuxt-community/starter-template nuxt_with_express
```

nuxt_with_express 이름으로 프로젝트를 생성합니다.

```
$ npm install
$ npm install -s express
```

4-2 express 앱 추가

앞에 만들어진 프로젝트에서 express로 구성된 서버 앱을 만들 디렉터리를 추가합니다. server 디렉터리에 app.js를 만듭니다.

```
1  var express = require('express')
2  var { Nuxt, Builder } =require('nuxt')
3
4  var config = require('../nuxt.config.js')
5
6  const app = express()
7
```

```
 8  const nuxt = new Nuxt(config)
 9
10  const builder = new Builder(nuxt)
11  builder.build()
12
13  app.use(nuxt.render)
14
15  var port = 3000
16
17  app.listen(port, () => {
18      console.log('Server listening on '+ ':' + port)
19  })
```

이제 nuxt 프로젝트에서 해당 서버를 실행한 후 localhost:3000으로 접속하면 nuxt.js로 만들어
진 웹 애플리케이션에 접속할 수 있습니다.

1~4라인은 express와 nuxt 모듈을 가져옵니다. 그리고 nuxt.js로 만들어진 웹 애플리케이션을
렌더링하기 위해 필요한 nuxt.config.js를 가져옵니다.

6~11라인은 express 앱을 추가한 후 nuxt.config.fs를 빌드합니다.

13라인은 빌드된 nuxt 웹 애플리케이션을 미들웨어로 등록합니다. API 라우터를 추가하고 싶다
면 nuxt.render를 등록한 이전이나 이후에 API 라우터를 추가할 수 있습니다.

15~19라인은 포트를 등록하여 서버를 실행합니다.

4-3   nuxt with express 보일러 플레이트

앞의 코드 또한 보일러 플레이트가 존재합니다.

```
$ vue init nuxt-community/starter-template [프로젝트 명]
```

해당 명령어는 nuxt로만 이루어진 웹 애플리케이션 프로젝트를 생성합니다.

```
$ vue init nuxt-community/express-template [프로젝트 명]
```

해당 명령어는 nuxt.js 프로젝트에서 server 디렉터리를 생성하고 express 앱을 직접 추가한 작업을 자동화합니다.

명령어가 정상적으로 실행이 완료되면 nuxt.js 프로젝트 구조에서 server 디렉터리가 추가된 형태로 이루어져 있습니다. 한 가지 다른 점은 app.js가 아닌 index.js로 되어 있습니다.

```
$ npm install
```

프로젝트가 생성되었으니 npm install을 하여 의존성 모듈을 설치합니다. 그리고 nuxt.js가 생성된 프로젝트에서 node ./server/index.js를 하여 실행해 줍니다. 해당 서버를 실행하면 정상적으로 실행이 되지 않습니다.

server/index.js에서 모듈을 호출하는 부분에서 에러가 발생합니다.

```
1  import express from 'express'
2  import { Nuxt, Builder } from 'nuxt'
3
4  import api from './api'
```

import ~ from ~은 모듈을 가져오는 부분입니다. 이 부분은 ES6 문법이 적용되어서 실행이 잘되지 않습니다.

```
1  var express = require('express')
2  var { Nuxt, Builder } = require('nuxt')
3
4  var api = require('./api')
```

이러한 형태로 바꿔주면 정상 실행이 됩니다. 하지만 굳이 코드를 바꿀 필요 없습니다. package.json에서 script를 이용하면 코드를 직접 바꾸지 않고 해결할 수 있습니다.

```
"scripts": {
  "dev": "backpack dev",
  "build": "nuxt build && backpack build",
  "start": "cross-env NODE_ENV=production node build/main.js",
  "precommit": "npm run lint",
  "lint": "eslint --ext .js,.vue --ignore-path .gitignore ."
  }
```

package.json에는 dev, build, start, precommit, lint가 정의되어 있습니다.

```
$ npm run build
```

프로젝트를 실행하기 위해서는 **build**를 이용하여 빌드를 합니다. ES6를 해석할 수 있는 코드로 변형하는 역할을 합니다. build를 하면 build 디렉터리가 생성됩니다.

```
$ npm run start
```

start는 build로 생성한 디렉터리에 있는 main.js를 실행하는 역할을 합니다. node build/main.js 부분을 forever build/main.js, pm2 start build/main.js와 같이 수정하여 배포할 수 있습니다.

```
$ npm run dev
```

프로젝트를 개발하면서 코드가 바뀔 때마다 build와 start를 하는건 매우 비효율적입니다. dev는 코드가 바뀌면 자동으로 재시작하여 반영해 줍니다.

precommit과 **lint**는 개발자가 호출하는 부분이 아닙니다. 바로 해당 프로젝트가 빌드될 때 자동으로 코드를 검사하는 부분입니다. 문법적인 요소를 검사하는 것이 아니라 코드의 스타일, 통일성을 맞추기 위해 사용합니다.

해당 프로젝트는 탭을 넣는 것보다 2 `Space Bar`를 사용하도록 권장됩니다. 또한 마지막에 세미콜론(;)은 넣지 않도록 합니다. JavaScript의 자율적인 코드 규칙을 지켜서 작성하도록 도와줍니다. 만약 2 `Space Bar` 대신 그 이상의 `Space Bar`를 넣거나 줄 마지막에 세미콜론을 넣는다면 빌드 시 다음과 같은 에러가 발생합니다.

만약 pages에서 index.vue 코드를 다음과 같이 수정해 보겠습니다.

```
. . . 중 략 . . .

<script>
import axios from '~/plugins/axios'

export default {
  async asyncData () {
    let { data } = await axios.get('/api/users')
```

```
      return { users: data };
    },
    head () {
      return {
        title: 'Users'
      }
    }
  }
</script>
. . . 중략 . . .
```

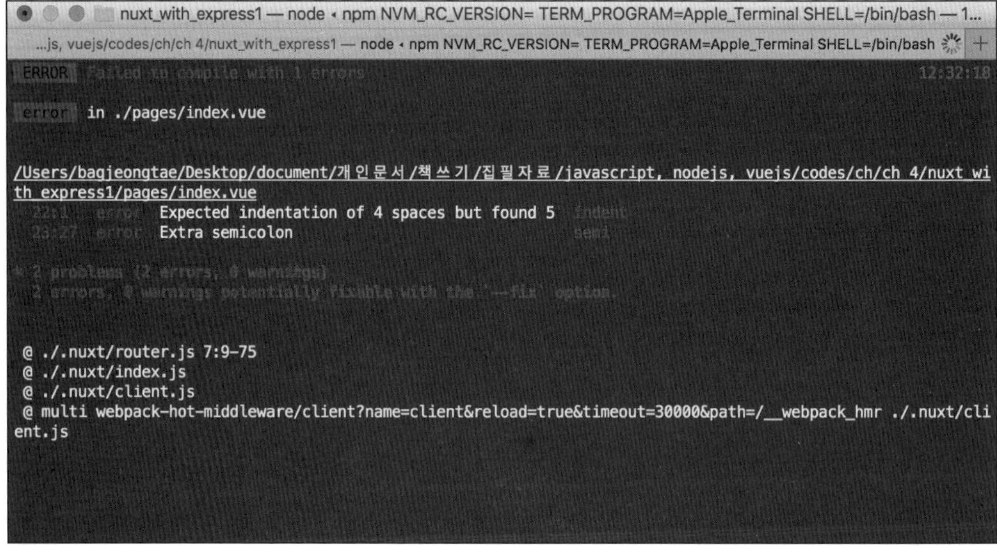

[그림 4.2] lint 검사

build를 실행하거나 dev 중으로 실행 중이었을 때 [그림 4.2]와 같이 에러가 발생했다고 합니다.
22라인에서 Space Bar 가 5개가 되어 에러를 표시합니다. 그리고 23라인에서는 세미콜론(;)을 넣
었기 때문에 에러로 표시해줍니다. 이렇게 에러가 발생했다면 에러 발생 지점을 수정하면 됩니
다. 5 Space Bar 는 4 Space Bar 로 고쳐주고 세미콜론은 지워주면 정상적으로 실행이 됩니다.

express를 이용하여 서버를 생성하는 방법에 대해 다뤘습니다. 또한, express와 함께 nuxt.js를
사용하는 방법을 배웠습니다. 그리고 통일성 있는 서버 구조를 위한 보일러 플레이트 사용 방법
과 lint를 사용하여 코드의 일관성을 유지하여 코드를 작성할 수 있습니다.

이제 서버와 클라이언트를 만드는데 필요한 기본 지식은 다 습득했습니다.

하지만 JavaScript의 특성인 **비동기 방식**의 특성을 이해해야 합니다. 또한 서버는 디비와 연동하여 유저가 필요한 정보를 제공할 수 있습니다. 이제 비동기 방식의 특성과 디비 연동에 대해 알아보겠습니다.

PART
5

node.js의 특징
– 비동기 패턴

node.js의 가장 큰 특징인 비동기 패턴에 대해 알아봅니다. node.js를 처음 다룬다면 비동기로 처리되는게 매우 이상하게 느껴질 겁니다. 이번 장에서는 비동기 형태로 동작하는 코드를 다양한 방법을 사용하여 처리하는 기법을 배우게 됩니다.

_ 비동기 패턴
_ 비동기 패턴 해결 – 콜백
_ 비동기 패턴 해결 – Promise
_ 비동기 패턴 해결 – async/await

1 비동기(asynchronous) 패턴

node.js의 가장 큰 특징은 **단일 쓰레드(싱글 쓰레드) 방식**과 **논 블록킹 방식**입니다. 논 블록킹 방식이란 우리가 앞서 봤던 콜백 형태로 작성된 코드 방식입니다.

원래 함수는 종료가 되면 값을 반환합니다. 하지만 논 블록킹 방식에서는 값을 반환하는 것이 아닌 함수를 반환합니다. 바로 **콜백함수**로 매우 중요한 개념입니다.

비동기 방식은 메인 쓰레드가 존재하고 메인 쓰레드는 실제 코드를 실행합니다. 메인 쓰레드는 실행시간이 오래 걸린다고 판단하면 내부에 처리하는 다른 쓰레드로 해당 작업을 넘깁니다. 하지만 메인 쓰레드에게 작업을 받은 쓰레드는 해당 작업이 끝나면 콜백함수를 메인 쓰레드에게 돌려줍니다. 메인 쓰레드는 전달받은 콜백함수를 실행합니다. 하지만 이 콜백함수를 실행할 때는 이미 다른 코드가 처리된 이후입니다. 그리고 또 다른 작업을 쓰레드에게 전달하게 됩니다.

음식점을 예를 들면 쉽게 이해를 할 수 있습니다. 손님이 음식점을 찾아가서 음식을 주문합니다. 그럼 종업원은 주문받은 음식을 주방장에게 전달합니다. 주방장은 전달받은 음식을 만들면 다시 종업원에게 전달합니다. 하지만 종업원은 손님들의 주문을 계속 받아서 주방장에게 전달합니다. 주방장은 종업원에게 전달받은 주문을 차례로 처리하여 음식을 전달하게 됩니다. node.js에서 비동기로 처리되는 원리가 이 상황과 매우 흡사한 형태입니다. 종업원이 메인 쓰레드이고 주방장이 메인 쓰레드가 처리를 넘기는 쓰레드로 이해하면 됩니다.

그리고 여기서 중요한 점 하나! 앞에서 node.js는 싱글 쓰레드라고 했습니다. 하지만 설명을 보면 메인 쓰레드와 메인 쓰레드로부터 작업을 전달받은 쓰레드를 언급했습니다. 또한, 작업을 전달받는 쓰레드는 멀티 쓰레드 풀을 사용하긴 합니다. 싱글 쓰레드인 이유는 실제 사용자의 요청을 받는 쓰레드가 하나라는 의미입니다. 클라이언트의 요청을 받고 오래 걸리는 처리는 다른 쓰레드로 넘겨 지속해서 요청받을 수 있는 상태를 유지합니다.

이렇게 논 블록킹 형태로 동작되는 방식을 **비동기**asynchronous **방식**이라고 말합니다.

예시 코드를 통해 실제 어떻게 동작하는지 확인해 보겠습니다.

[코드 5-1-1] 비동기 처리 – ①　　　　　　　　　　　　　　　(파일명: ./codes/ch/ch5/5.1.js)

```
1  const fs = require('fs')
2
3  fs.readFile('./test.txt', (err, data) => {
4      console.log(data.toString())
5  })
6
7  console.log('test')
```

[코드 5-1-2] 비동기 처리 – ②　　　　　　　　　　　　　　(파일명: ./codes/ch/ch5/test.txt)

```
1  asynchronous 테스트1
2  asynchronous 테스트2
3  asynchronous 테스트3
4  asynchronous 테스트4
```

[코드 5-1-1] 실행 결과

```
test
asynchronous 테스트1
asynchronous 테스트2
asynchronous 테스트3
asynchronous 테스트4
```

fs를 이용하여 파일을 읽고 결과를 출력합니다. 그리고 아래에는 console.log( )을 이용하여 콘솔 창에 문자열을 출력합니다. 하지만 console.log( )로 출력하는 부분을 먼저 출력합니다. 그리고 파일에서 읽은 데이터를 출력합니다.

왜 이렇게 출력이 될까요?

바로 앞에서 설명한 메인 쓰레드가 오래 걸리는 작업을 다른 쓰레드에게 넘기기 때문입니다. fs와 같이 파일을 읽는 처리는 상당한 시간이 소요됩니다. 그러므로 메인 쓰레드는 이 작업을 직접 하지 않고 다른 쓰레드에게 넘기고 바로 다음 코드를 실행하게 됩니다. 그리고 메인 쓰레드에게 작업을 받은 쓰레드는 해당 작업이 끝나면 콜백함수를 메인 쓰레드에게 돌려주게 됩니다. 그럼 메인 쓰레드는 콜백함수를 실행하는데 이미 이때는 아래에 있는 코드가 실행이 끝난 상태입니다.

비동기 처리가 나열되어 있다면 어떻게 처리할까요?

```
 1  const fs = require('fs')
 2
 3  fs.readFile('./test.txt', (err, data) => {
 4      console.log(1)
 5      console.log(data.toString())
 6  })
 7
 8  fs.readFile('./test.txt', (err, data) => {
 9      console.log(2)
10      console.log(data.toString())
11  })
12
13  fs.readFile('./test.txt', (err, data) => {
14      console.log(3)
15      console.log(data.toString())
16  })
17
18  console.log('test')
```

첫 번째 readFile부터 차례로 처리되기를 원합니다. 하지만 차례로 처리될 수 있고 아닐 수 있습니다.

```
test
2
asynchronous 테스트1
asynchronous 테스트2
asynchronous 테스트3
asynchronous 테스트4

1
asynchronous 테스트1
asynchronous 테스트2
asynchronous 테스트3
asynchronous 테스트4

3
asynchronous 테스트1
```

```
asynchronous 테스트2
asynchronous 테스트3
asynchronous 테스트4
```

마지막에 있는 console.log( )이 가장 먼저 출력됐습니다. 그리고 두 번째 fs.readFile, 첫 번째 fs.readFile, 세 번째 fs.readFile순으로 출력되었습니다.

하지만 이 순서는 실행할 때마다 다른 순서로 출력됩니다. 이러한 형태로 코드를 작성하면 순서를 보장받지 못한 코드를 작성하는 꼴이 됩니다. 이러한 형태로 코드를 작성하면 안 됩니다.

앞으로 다음과 같은 순서로 코드를 작성하게 됩니다.

1. db 데이터 조회
2. 조회된 데이터에서 값 확인
3. 값에 따라 조건 분기

만약 로그인을 가정한다면 클라이언트는 서버에게 id와 password를 전달하여 로그인을 시도할 겁니다. 서버는 요청한 클라이언트의 정보를 DB에서 가져옵니다. 가져온 정보에서 클라이언트가 요청한 id와 password 일치 여부를 확인합니다. 일치 여부에 따라 클라이언트에게 다른 응답 코드를 줄 수 있습니다. 그런데 이 순서에서 하나라도 순서가 바뀌면 정상적으로 실행되지않습니다.

우리는 다양한 형태로 비동기 방식에 대해 처리할 수 있습니다. 이번 장에서는 다양하게 비동기 방식을 처리하는 방법을 다루게 됩니다.

비동기 방식으로 처리되는 형태가 어떤 문제가 있는지 확인했습니다. 비동기 형태로 작성된 코드는 순서를 보장받지 못합니다. 이 부분은 프로그램에서 엄청난 문제로 이어지는 부분입니다. 우리는 프로그램을 특정 순서대로 동작하라고 만들었는데, 처리속도, 상황에 따라 다르게 실행하면 프로그램의 가치는 0입니다.

콜백함수를 이용하여 비동기 패턴을 해결할 수 있습니다.

[코드 5–2] 콜백 구조를 이용한 비동기 처리　　　　　　　　(파일명: ./codes/ch/ch5/5.2.js)

```javascript
const fs = require('fs')

fs.readFile('./test.txt', (err, data) => {
    console.log(1)
    console.log(data.toString())

    fs.readFile('./test.txt', (err, data) => {
        console.log(2)
        console.log(data.toString())

        fs.readFile('./test.txt', (err, data) => {
            console.log(3)
            console.log(data.toString())
            console.log('test')
        })
    })
})
```

[코드 5–2] 실행 결과

```
1
asynchronous 테스트1
asynchronous 테스트2
asynchronous 테스트3
asynchronous 테스트4
```

```
2
asynchronous 테스트1
asynchronous 테스트2
asynchronous 테스트3
asynchronous 테스트4

3
asynchronous 테스트1
asynchronous 테스트2
asynchronous 테스트3
asynchronous 테스트4

test
```

원하는 형태로 출력합니다. 첫 번째 fs.readFile을 실행하면 메인 쓰레드는 해당 코드를 다른 쓰레드에게 넘깁니다. 여기서 해당 코드를 전달받은 쓰레드를 **워커 쓰레드**라고 표현합니다. 워커 쓰레드는 첫 번째 fs.readFile을 실행합니다. 실행이 끝나면 결과를 반환하여 콜백함수를 **메인 쓰레드**에게 전달합니다. 메인 쓰레드는 콜백함수를 실행하는데 다시 fs.readFile을 만나고 해당 코드를 워커 쓰레드에게 전달합니다. 이러한 흐름을 반복합니다.

[코드 5-2]는 코드가 길어지면 상당히 추상적이지 못하게 됩니다. 각 fs.readFile을 함수로 분리하여 사용하면 다음과 같은 코드를 작성할 수 있습니다.

[코드 5-3] 콜백 구조를 이용한 비동기 처리 함수 형태로 분리 (파일명: ./codes/ch/ch5/5.3.js)

```
 1  const fs = require('fs')
 2
 3
 4  const thirdFs = () => {
 5      fs.readFile('./test.txt', (err, data) => {
 6          console.log(3)
 7          console.log(data.toString())
 8          console.log('test')
 9      })
10  }
11
```

```
12  const secondFs = () => {
13      fs.readFile('./test.txt', (err, data) => {
14          console.log(2)
15          console.log(data.toString())
16          thirdFs()
17      })
18  }
19
20  const firstFs = () => {
21      fs.readFile('./test.txt', (err, data) => {
22          console.log(1)
23          console.log(data.toString())
24          secondFs()
25      })
26  }
27
28  firstFs()
```

[코드 5-3] 실행 결과

```
1
asynchronous 테스트1
asynchronous 테스트2
asynchronous 테스트3
asynchronous 테스트4

2
asynchronous 테스트1
asynchronous 테스트2
asynchronous 테스트3
asynchronous 테스트4

3
asynchronous 테스트1
asynchronous 테스트2
asynchronous 테스트3
asynchronous 테스트4

test
```

[코드 5-2]보다 보기 좋지만, 코드를 작성하기 까다로워졌습니다. 보기 힘들어지고 작성하기는 까다로워져도 비동기 형태로 동작하는 코드의 순서를 보장받을 수 있습니다. 하지만 콜백 구조로 [코드 5-2]처럼 작성하다 보면 코드가 점점 안쪽으로 들어가서 화살표 형태가 됩니다. 이러한 형태를 **콜백 헬(지옥)**이라고 표현합니다. 이러한 문제점을 해결하고자 Promise 패턴을 사용합니다.

③ 비동기 패턴 해결 – Promise

콜백 형태로 비동기 처리하는 방법을 보았습니다. 하지만 콜백 형태를 이용하여 비동기를 처리하면 처리는 가능하지만, 상당히 비효율적으로 코드가 작성됩니다. 코드의 indent가 너무 들어가서 화살표 형태로 되던가 함수를 계속 쪼개서 타고 들어가는 형태가 되어 코드의 가독성이 떨어지게 됩니다.

```
fn(() => {
    fn(() => {
        fn(() => {
            fn(() => {
                . . . code . .
            })
        })
    })
})
```

많은 자바스크립트 개발자들은 비동기 형태의 코드를 동기 형태처럼 구현하기 위해 많은 노력을 했습니다. 여기서 사용되는 패턴이 Promise 패턴입니다. Promise 패턴은 본래에 응답을 지연시켜 동시에 실행하는 것을 제어하기 위해 사용됐던 패턴인데 이것을 활용하여 비동기를 처리합니다. 비동기 형태가 애플리케이션의 성능은 올려줄지 몰라도 개발자들은 머리가 참 아픈 구조이기 때문입니다.

Promise 패턴을 이용하면 비동기 형태의 코드를 마치 순서대로 동작하는 것처럼 구현할 수 있습니다. 매우 강력한 기능 중 하나입니다.

Promise 패턴의 습득 유무에 따라 실제 node.js에서 작성되는 코드의 품질 차이는 엄청나게 발생합니다.

3-1 promise 객체

Promise 패턴을 사용하기 위해서는 promise 객체를 사용합니다. promise에서 가장 많이 보는 키워드가 then입니다. then을 통해 체이닝하여 비동기로 동작하는 함수들을 연결하여 마치 동기 형태로 표현합니다.

[코드 5-4] promise 기본 구조   (파일명: ./codes/ch/ch5/5.4.js)

```
1  const fs = require('fs')
2
3  const _p = () => {
4      return new Promise((resolve, reject) => {
5          fs.readFile('./test.txt', (err, data) => {
6              if(err) reject(err)
7              resolve(data.toString())
8
9          })
10     })
11 }
12
13 _p().then((result) =>{
14     console.log(1)
15     console.log(result)
16     return _p()
17 }).then((result) => {
18     console.log(2)
19     console.log(result)
20     return _p()
21 }).then((result) => {
22     console.log(3)
23     console.log(result)
24 }).catch(err => {
25     console.log(err)
26 })
```

[코드 5-4] 실행 결과

```
1
asynchronous 테스트1
asynchronous 테스트2
asynchronous 테스트3
asynchronous 테스트4

2
asynchronous 테스트1
asynchronous 테스트2
asynchronous 테스트3
asynchronous 테스트4

3
asynchronous 테스트1
asynchronous 테스트2
asynchronous 테스트3
asynchronous 테스트4
```

Promise 패턴을 사용하기 위해서는 promise 객체가 필요합니다. 그러므로 promise 객체를 만드는 부분이 필요합니다. 요즘 나오는 모듈들은 promise 객체로 반환하여 바로 사용할 수 있지만, 과거에 나온 패키지같은 경우는 promise 객체를 반환하지 않기 때문에 직접 promise 객체 형태로 만들어 줘야 합니다.

promise 객체를 이용하여 then으로 체이닝을 하게 됩니다.

먼저, promise 객체를 만드는 부분을 알아보겠습니다.

```
1  const fs = require('fs')
2
3  const _p = () => {
4      return new Promise((resolve, reject) => {
5          fs.readFile('./test.txt', (err, data) => {
6              if(err) reject(err)
7              resolve(data.toString())
8
9          })
```

```
10        })
11   }
12
13   console.log(_p())
```

```
Promise { <pending> }
```

[코드 5-4]에서 _p( )를 출력하면 Promise {⟨pending⟩}이라고 출력합니다. pending은 현재 promise 객체의 상태를 나타냅니다. pending은 promise가 아직 완료한 상태가 아니라는 것을 의미합니다. 정확하게는 resolve와 reject가 아직 호출 전을 의미합니다.

Promise를 이용하여 객체를 생성하는 함수를 만듭니다. promise 객체를 생성할 땐 콜백함수를 하나 넘깁니다. 첫 번째 인자는 resolve, 두 번째 인자는 reject를 받습니다. 앞에서 pending 상태가 나타난 이유는 여기서 resolve나 reject가 아직 호출되지 않았기 때문입니다. 여기서 resolve와 reject는 매우 중요한 개념입니다. 그리고 promise 객체에는 비동기로 코드를 작성해줍니다.

3-2 resolve

promise 객체에 등록한 비동기 함수가 정상적으로 실행이 완료됐다면 **resolve**를 호출합니다. 만약 에러가 발생되어 문제가 생겼다면 **reject**를 호출합니다.

이렇게 만들어진 promise 객체는 간단하게 사용할 수 있습니다.

```
13   _p().then((result) =>{
14       console.log(1)
15       console.log(result)
16       return _p()
17   }).then((result) => {
18       console.log(2)
19       console.log(result)
20       return _p()
21   }).then((result) => {
22       console.log(3)
23       console.log(result)
24   }).catch(err => {
25       console.log(err)
26   })
```

비동기를 처리하도록 정의된 promise 객체를 사용할 땐 then을 이용합니다. _p는 Promise로 정의한 객체입니다. promise 객체를 실행하면 .then을 이용하여 resolve로 반환한 값을 콜백함수의 첫 번째 인자로 받습니다.

_p( )는 fs.readFiled로 파일을 정상적으로 읽었다면 resolve로 결과를 반환합니다. 그러면 then으로 해당 값을 받을 수 있습니다.

then에서는 return을 사용하여 다음 then을 호출할 수 있습니다. 이때 promise 객체를 return 하게 되면 똑같은 형태로 동작합니다. 즉, 위에 있는 then부터 차례로 해당 결과를 받아서 처리한 후 다음 then을 호출할 수 있는 구조입니다. 마치 코드가 위에서부터 아래로 차례로 실행되는 것처럼 보입니다. 다양한 비동기 처리를 하는 promise 객체를 return하면 우리는 모든 처리를 차례로 동작하는 것처럼 구현할 수 있습니다. 콜백 형태로 코드를 작성하는 것보다 훨씬 직관적으로 작성할 수 있습니다. promise는 하나의 프로그래밍 구조이기 때문에 콜백 형태로 작성하는 것보다 좀 더 까다로울 수 있지만, 반드시 완벽하게 숙지하고 넘어가는 것이 좋습니다.

3-3 reject

promise 객체를 사용하다 보면 에러가 발생할 수 있습니다. promise에서는 에러도 매우 훌륭하게 처리할 수 있습니다. 이때는 두 가지 방법이 있는데 첫 번째는 앞에서 사용한 catch를 이용하는 방법입니다. resolve를 호출하면 then을 실행하지만 reject를 호출하면 가장 가깝게 체이닝된 catch를 실행합니다.

[코드 5–5] promise 에러 처리   (파일명: ./codes/ch/ch5/5.5.js)

```
 1  const fs = require('fs')
 2
 3  const _p = () => {
 4      return new Promise((resolve, reject) => {
 5          fs.readFile('./test.txt', (err, data) => {
 6              if(err) reject(err)
 7              reject(data.toString())
 8          })
 9      })
10  }
11
12  _p().then((result) =>{
```

```
13      console.log(1)
14      console.log(result)
15      return _p()
16  }).then((result) => {
17      console.log(2)
18      console.log(result)
19      return _p()
20  }).then((result) => {
21      console.log(3)
22      console.log(result)
23  }).catch(err => {
24      console.log('err 발생')
25      console.log(err)
26  })
```

[코드 5-5] 실행 결과

```
err 발생
asynchronous 테스트1
asynchronous 테스트2
asynchronous 테스트3
asynchronous 테스트4
```

resolve를 호출하면 체이닝된 then을 호출합니다. reject를 호출하면 catch를 호출합니다. [코드 5-5]에서는 promise 객체에서 reject가 호출되어 바로 catch로 체이닝된 부분을 실행합니다. 그리고 해당 부분부터 코드가 이어지게 됩니다.

```
12  _p().then((result) =>{
13      console.log(1)
14      console.log(result)
15      return _p()
16  }).then((result) => {
17      console.log(2)
18      console.log(result)
19      return _p()
20  }).then((result) => {
21      console.log(3)
22      console.log(result)
```

```
23   }).catch((err) => {
24     console.log('err 발생')  // 에러 발생 첫 번째 지점
25     console.log(err)
26     return Promise 객체
27   }).then((result) => {
28     console.log(result)
29   });
```

이러한 형태로 체이닝이 유지됩니다. 만약 reject가 호출됐다면 에러 발생 첫 번째 지점부터 코드가 계속 실행을 유지합니다. 체이닝으로 연결된 부분은 끊어지지 않고 유지할 수 있습니다.

하지만 각 promise 객체에서 reject를 감지하기 위해 catch를 체이닝 하기에는 코드가 너무 복잡해집니다.

[코드 5-6] promise 각 체인마다 reject 검사 (파일명: ./codes/ch/ch5/5.6.js)

```
 1  const fs = require('fs')
 2
 3  const _p = () => {
 4      return new Promise((resolve, reject) => {
 5          fs.readFile('./test.txt', (err, data) => {
 6              if(err) reject(err)
 7              resolve(data.toString())
 8          })
 9      })
10  }
11
12  _p().then((result) =>{
13      console.log(1)
14      console.log(result)
15      return _p()
16  }).catch((err) => {
17      console.log('err 발생')
18      console.log(err)
19      return _p()
20  }).then((result) => {
21      console.log(2)
22      console.log(result)
23      return _p()
```

```
24 }).catch((err) => {
25     console.log('err 발생')
26     console.log(err)
27     return _p()
28 }).then((result) => {
29     console.log(3)
30     console.log(result)
31 }).catch((err) => {
32     console.log('err 발생')
33     console.log(err)
34 })
```

코드 자체의 가시성은 좋아졌으나 then과 catch가 반복적으로 나오기 때문에 보기 더 안 좋아진 것 같습니다. 이럴 때는 then의 두 번째 인자를 이용합니다. then은 이전에 체이닝된 promise 객체에서 resolve가 호출되면 첫 번째 인자가 호출되고, reject가 호출되면 두 번째 인자가 호출됩니다. [코드 5-6]은 다음과 같이 바꿀 수 있습니다.

```
12 _p().then((result) =>{
13     console.log(1)
14     console.log(result)
15     return _p()
16 }, (err) => {
17     console.log('err 발생')
18     console.log(err)
19     return _p()
20 }).then((result) => {
21     console.log(2)
22     console.log(result)
23     return _p()
24 }, (err) => {
25     console.log('err 발생')
26     console.log(err)
27     return _p()
28 }).then((result) => {
29     console.log(3)
30     console.log(result)
31 }, (err) => {
```

```
32      console.log('err 발생')
33      console.log(err)
34      return _p()
35  })
```

두 번째 콜백함수로 reject 호출 시 실행하는 콜백함수를 정의하면 됩니다. 이렇게 하면 이전 promise 객체가 resolve를 호출할 때와 reject를 호출할 때 처리가 가능합니다.

여기서 catch로 reject를 처리하는 것과 then의 두 번째 인자로 reject를 처리하는 것의 차이를 잘 알아야 합니다. then에 두 번째 인자로 에러 처리를 할 경우에는 바로 이전 체인의 promise 객체가 reject를 호출할 때만 실행됩니다. 하지만 catch는 promise 객체가 실행되다가 reject가 호출되면 다음 체인 중 catch로 이동하여 실행하게 됩니다. 그리고 해당 지점부터 코드 실행을 지속합니다. 각 promise의 reject를 확인한다면 then의 두 번째 인자를 활용하고, promise 객체를 단위로 reject를 검사해야 한다면 catch를 사용하는 것이 효과적입니다.
이 부분은 상황에 맞춰서 사용하면 됩니다.

3-4 Promise.all( )

Promise 패턴의 강력한 기능 중 하나인 Promise.all( )이 있습니다. Promise.all( )은 promise 객체로 된 것이 순서에 상관없이 실행된다면 동시에 실행시켜줄 때 사용합니다. 앞에서 파일을 읽는 promise 객체를 만들었습니다. 사실 파일을 읽는 부분은 순서와는 크게 상관없습니다. 이럴 땐 Promise.all( )을 이용하면 편리하게 실행할 수 있습니다.

[코드 5-7] Promise.all() (파일명: ./codes/ch/ch5/5.7.js)

```
12  const fs = require('fs')
13
14  const _p = (val) => {
15      return new Promise((resolve, reject) => {
16          fs.readFile('./test.txt', (err, data) => {
17              if(err) reject(err)
18              resolve(`${val} : ${data.toString()}`)
19          })
20      })
21  }
```

```
22
23  Promise.all([_p('1'), _p('2'), _p('3')]).then((result) => {
24      console.log(result)
25  })
```

[코드 5-7] 실행 결과

```
[ '1 : asynchronous 테스트1\nasynchronous 테스트2\nasynchronous 테스트3\
nasynchronous 테스트4\n',
   '2 : asynchronous 테스트1\nasynchronous 테스트2\nasynchronous 테스트3\
nasynchronous 테스트4\n',
   '3 : asynchronous 테스트1\nasynchronous 테스트2\nasynchronous 테스트3\
nasynchronous 테스트4\n' ]
```

Promise.all은 then으로 처리된 결과를 리스트 형태로 받습니다. 물론 리스트의 길이는 Promise.all( )로 넘긴 Promise로 이루어진 배열의 길이와 똑같습니다.

우리는 Promise 패턴을 이용하여 더욱 효율적으로 코드를 작성할 수 있습니다.

4 비동기 패턴 해결 – async/await

Promise 패턴을 이용하여 비동기 처리를 동기 처리처럼 처리하는 방법을 다뤘습니다. 하지만 async/await를 이용하면 더 보기 좋은 형태로 비동기를 처리할 수 있습니다.

4-1 async/await 구조

async와 await는 세트로 사용합니다. async와 await를 이용하면 얼마나 간단하게 코드를 작성할 수 있는지 확인해보겠습니다.

```javascript
1  const fs = require('fs')
2
3  const _p = (val) => {
4      return new Promise((resolve, reject) => {
5          fs.readFile('./test.txt', (err, data) => {
6              if(err) reject(err)
7              resolve(`${val} : ${data.toString()}`)
8          })
9      })
10 }
11
12 async function p() {
13     var data1 = await _p(1)
14     var data2 = await _p(2)
15     var data3 = await _p(3)
16     console.log(data1, data2, data3)
17 }
18
19 p()
```

p 함수는 async 키워드를 사용한 함수입니다. p 함수에서는 await 키워드를 이용하여 Promise 객체인 _p를 호출합니다. async와 await는 Promise 객체를 기다립니다. 즉, _p(1)에서 호출이 끝날 때(resolve나 reject 호출)까지 기다립니다. 값을 반환하면 그 다음 줄을 실행합니다. 원하는 한 줄씩 치리되는 형태로 코드를 동작합니다.

4-2 예외처리

async/await는 예외처리를 매우 간단한 형태로 할 수 있습니다. try ~ catch로 에러를 처리할 수 있습니다.

[코드 5-9] 예외처리　　　　　　　　　　　　　　　(파일명: ./codes/ch/ch5/5.9.js)

```javascript
1  const fs = require('fs')
2
3  const _p = (val) => {
```

```
 4      return new Promise((resolve, reject) => {
 5          fs.readFile('./test.txt', (err, data) => {
 6              if(err) reject(err)
 7              reject(`${val} : ${data.toString()}`)
 8          })
 9      })
10  }
11
12  async function p() {
13      try{
14          let data1 = await _p(1)
15          let data2 = await _p(2)
16          let data3 = await _p(3)
17          console.log(data1, data2, data3)
18      }catch(err){
19          console.log('err')
20          console.log(err)
21      }
22  }
23
24  p()
```

[코드 5-9] 실행 결과

```
err
1 : asynchronous 테스트1
asynchronous 테스트2
asynchronous 테스트3
asynchronous 테스트4
```

promise 객체에서 reject가 호출되면 에러로 간주하고 catch를 실행합니다. async/await를 이용하면 완전히 동기 처리의 흐름으로 실행할 수 있습니다. 단, await는 async와 함께 사용해야 합니다. 그리고 await를 이용하여 호출하는 대상은 promise 객체여야 합니다.

4-3 async를 이용하여 promise 객체 만들기

async는 Promise 패턴과 매우 연관된 키워드입니다.

```
1  const newMetaPromise = async () => {
2    return 'new meta';
3  };
4
5  newMetaPromise().then( res => {
6    console.log(res); // 'new meta'
7  });
```

```
new meta
```

해당 코드를 실행하면 new meta를 출력합니다. 마치 Promise에서 resolve를 호출한 것처럼 실행합니다. 물론 await를 이용해서도 출력할 수 있습니다.

```
1  const newMetaPromise = async () => {
2    return 'new meta';
3  };
4
5  async function another() {
6    try {
7      let result = await newMetaPromise();
8      console.log(result);
9    } catch (err) {
10      console.error(err);
11    }
12  }
13
14  another()
```

해당 코드도 똑같이 동작합니다.

```
1  const newMetaPromise = async (v) => {
2    return v;
3  };
4
5  async function another() {
6    try {
7      let result = await newMetaPromise(12);
```

```
 8        let result1 = await newMetaPromise(11);
 9        let result2 = await newMetaPromise(13);
10        console.log(result);
11        console.log(result1);
12        console.log(result2);
13    } catch (err) {
14        console.error(err);
15    }
16  }
17
18  another()
```

우리는 async와 await로 만들어진 코드를 확인할 때 순차적으로 한 줄씩 해석하면 됩니다. 그리고 Promise의 체이닝을 통해서 구현된 코드를 보면 async와 await의 강력함을 알 수 있습니다.

```
 1  const newMetaPromise =(v) => {
 2      return new Promise( (resolve, reject) => {
 3          resolve(v);
 4      })
 5  };
 6
 7  newMetaPromise(12).then( result => {
 8      console.log(result);
 9      return newMetaPromise(11)
10  }).then( result => {
11      console.log(result);
12      return newMetaPromise(13)
13  }).then( result => {
14      console.log(result);
15  });
```

하지만 비동기 처리를 할 땐 promise 객체를 만들어서 await를 붙이면 됩니다(단, async 키워드가 있어야 함).

async/await에서도 Promise.all( )을 처리할 수 있습니다.

[코드 5-10] 동시성 처리 – ①   (파일명: ./codes/ch/ch5/5.10.js)

```javascript
1  function getTime(){
2      return new Date().getTime();
3  }
4  const a = (t)=> {
5      return new Promise((resolve, reject) => {
6          setInterval(function(){
7              resolve(`${t}초 end`)
8          }, t*1000 );
9      })
10 }
11
12 async function p() {
13     let t1 = getTime();
14     let d1 = await a(1)
15     let t2 = getTime()
16     console.log( (t2 - t1) / 1000)
17     let d2 = await a(2)
18     let t3 = getTime()
19     console.log( (t3 - t2) / 1000)
20     let d3 = await a(3)
21     let t4 = getTime()
22     console.log( (t4 - t3) / 1000)
23     console.log(d1, d2, d3)
24 }
25
26 p()
```

[코드 5-10] 실행 결과

```
1.007
2.008
3.004
1초 end 2초 end 3초 end
```

원하는 형태로 1초 기다리고 2초 기다리고 3초 기다리면서 실행합니다. 동시에 처리를 하고 싶을 때는 앞에서 다뤘던 Promise.all을 이용하면 됩니다.

[코드 5-11] 동시성 처리 – ②   (파일명: ./codes/ch/ch5/5.11.js)

```javascript
function getTime(){
    return new Date().getTime();
}
const a = (t)=> {
    return new Promise((resolve, reject) => {
        setInterval(function(){
            resolve(`${t}초 end`)
        }, t*1000 );
    })
}

async function p() {
    let t1 = getTime();
    let d1 = await Promise.all([a(1), a(2)])
    let t2 = getTime()
    console.log( (t2 - t1) / 1000)
    let d3 = await a(3)
    let t3 = getTime()
    console.log( (t3 - t2) / 1000)

    console.log(d1, d3)
}

p()
```

[코드 5-11] 실행 결과

```
2.002
3.008
[ '1초 end', '2초 end' ] '3초 end'
```

이번에는 1초 처리와 2초 처리를 동시에 실행한 후 3초 처리를 실행했습니다. 동시에 처리할 땐 Promise.all을 활용하면 간단하게 처리할 수 있습니다.

Promise와 async/await를 이용하여 비동기 처리를 하는 방법을 배웠습니다. 하지만 async/await가 만능이 아니며, Promise도 만능은 아닙니다. 이 둘을 잘 조합해서 사용하면 보다 좋은 구조로 코드를 작성할 수 있습니다.

Promise는 정말 잘 만든 패턴입니다. 하지만 사용하기 전에 사전작업이 번거로울 수 있습니다. 그러므로 async/await와 Promise를 잘 조합하여 사용해야 합니다.

이번 장에서는 node.js의 특징과 callback(콜백), Promise 패턴, async/await를 이용하여 비동기 방식을 효율적으로 처리하는 방법을 알아봤습니다.

PART
6

데이터베이스MySQL

서버에서 가장 중요한 것 중 하나는 데이터베이스입니다. 클라이언트가 요청한 데이터는 데이터베이스에서 가져온 값을 가져다 줄 것이고, 클라이언트가 회원가입을 시도하면 유저 정보를 데이터베이스에 저장합니다. 그래서 데이터베이스를 조작하는 것은 서버를 만드는 데 있어 매우 중요한 부분입니다.

데이터베이스를 조작하는 방법과 node.js에서 데이터베이스를 연동하여 사용하는 방법을 알아봅니다. 데이터베이스는 크게 세 가지의 과정을 사용합니다.

_ database의 이해
_ database 연동

다양한 데이터베이스 중에서 MySQL에 대해 다룹니다.

1 database의 이해 - ①

데이터베이스를 조작하기 위해 가장 먼저 데이터를 저장할 테이블을 만들어야 합니다. 테이블을 만들기 전에 데이터베이스를 먼저 생성하고 선택된 데이터베이스에 데이터를 저장할 테이블을 생성합니다.

데이터베이스를 실행하면 콘솔(터미널) 창에서 **mysql>**이 나타납니다. 정상적으로 mysql이 실행된 상태고 여기서부터는 데이터베이스를 조작하는 쿼리문을 사용할 수 있습니다.

1-1 데이터베이스 생성

데이터베이스를 생성하기 위해서는 **CREATE DATABASE [데이터베이스 이름];** 형태로 쿼리문을 사용합니다.

```
mysql> CREATE DATABASE users;
Query OK, 1 row affected (0.00 sec)
```

users라는 데이터베이스를 생성했습니다. 정상적으로 실행됐다면 Query OK 문구를 출력합니다. 간단한 명령어를 통해 데이터베이스를 생성할 수 있습니다.

데이터베이스를 생성할 때 한 가지 주의할 점은 이미 존재하는 데이터베이스 이름으로 생성할 수 없습니다. 이미 존재하는 이름으로 데이터베이스 생성을 시도하면 다음과 같은 에러가 발생합니다.

```
mysql> CREATE DATABASE users;
ERROR 1007 (HY000): Can't create database 'users'; database exists
```

users 이름의 데이터베이스를 생성할 수 없다는 문구와 이미 존재하는 데이터베이스라고 알려줍니다. 에러 코드는 **1007**입니다.

또 한 가지 중요한 점은 데이터베이스를 조작하는 명령어를 **쿼리문(질의문), SQL**이라고 합니다. 쿼리문은 항상 세미콜론(;)을 마지막에 붙여 해당 명령어의 끝을 알려줘야 합니다. 만약 세미콜론을 입력하지 않으면 세미콜론을 입력할 때까지 쿼리문을 실행하지 않습니다.

```
mysql> CREATE DATABASE users
    ->
    -> ;
ERROR 1007 (HY000): Can't create database 'users'; database exists
```

첫 번째 쿼리문에서 세미콜론(;)을 입력하지 않았기 때문에 데이터베이스는 세미콜론을 입력받기까지 계속 기다립니다. 세미콜론이 입력됐을 때 쿼리문을 정상적으로 실행합니다.

1-2 데이터베이스 조회

데이터베이스를 만들었다면 만들어진 데이터베이스를 확인해야 합니다. SHOW DATABASES;를 이용하면 만들어진 데이터베이스들을 볼 수 있습니다.

```
mysql > SHOW DATABASES;
+--------------------+
| Database           |
+--------------------+
| information_schema |
| mysql              |
| performance_schema |
| users              |
| sys                |
+--------------------+
5 rows in set (0.01 sec)
```

SHOW를 이용하여 데이터베이스를 확인하면 데이터베이스 리스트를 출력합니다.
information_schema, mysql, performance_schema, sys는 추가하지 않아도 처음에 만들어져 있는 데이터베이스입니다. 앞에서 추가한 users를 확인할 수 있습니다. 5 rows는 5개의 데이터베이스가 있다는 의미입니다.

물론 이때도 세미콜론(;)을 잘 입력해야 합니다.

```
mysql> SHOW DATABASES
    ->
    -> ;
+--------------------+
```

```
| Database            |
+---------------------+
| information_schema  |
| mysql               |
| performance_schema  |
| users               |
| sys                 |
+---------------------+
5 rows in set (0.01 sec)
```

이러한 방법으로 쿼리문을 작성하는 경우가 있습니다. SELECT 문을 사용하다 보면 쿼리문이 길어질 수 있습니다. 길어진 쿼리문을 좀 더 보기 편하게 입력할 땐 다수의 엔터 입력 후 마지막에 세미콜론(;)으로 해당 쿼리문의 끝을 알려줍니다.

1-3 데이터베이스 선택

데이터베이스를 생성했다면 데이터베이스를 선택하고 테이블을 만들어야 합니다. 데이터베이스를 선택할 땐 USE를 사용합니다. USE [데이터베이스 이름]; 형태로 쿼리문을 작성하면 됩니다.

```
mysql> USE users;
Database changed
```

정상적으로 데이터베이스 선택이 완료되면 Database changed 문구를 출력합니다.

```
mysql> USE users
Database changed
```

USE는 세미콜론(;)을 안 붙여도 정상적으로 실행합니다. 하지만 항상 세미콜론을 붙여주는 습관을 지니도록 합니다.

이제부터 발생하는 테이블 생성, 테이블 조작 등의 쿼리문들은 USE로 선택한 데이터베이스에서 조작됩니다.

1-4 데이터베이스 삭제

데이터베이스를 삭제할 땐 DROP을 사용합니다. DROP DATABASE [데이터베이스 이름] 형태로
쿼리문을 작성합니다.

```
mysql> DROP DATABASE users;
Query OK, 0 rows affected (0.00 sec)
```

정상적으로 실행됐다면 Query OK 문구를 출력합니다.

```
mysql > SHOW DATABASES;
+--------------------+
| Database           |
+--------------------+
| information_schema |
| mysql              |
| performance_schema |
| sys                |
+--------------------+
4 rows in set (0.01 sec)
```

데이터베이스를 삭제한 후 다시 리스트를 보면 삭제된 것을 확인할 수 있습니다.

2 database의 이해 – ②

데이터베이스를 생성하여 선택했다면, 데이터를 저장할 공간을 만들어야 합니다. 데이터베이스
에서는 이 공간을 테이블이라고 합니다.

2-1 테이블 조회

만들어진 테이블을 확인하는 방법은 매우 간단합니다. 앞에서 데이터베이스를 확인하는 방법과
매우 유사합니다. 데이터베이스처럼 SHOW를 사용하여 SHOW TABLES; 형태로 작성합니다.

```
mysql> SHOW TABLES;
ERROR 1046 (3D000): No database selected
```

테이블 조작을 시도할 때 주의할 점은 USE를 이용하여 데이터베이스를 선택해야 합니다. 선택된 데이터베이스에서 테이블을 확인하거나 조작하기 때문에 데이터베이스를 반드시 선택하고 테이블을 조작해야 합니다.

```
mysql> SHOW TABLES;
Empty set (0.00 sec)
```

데이터베이스를 선택하고 SHOW TABLES;를 하면 해당 데이터베이스에 생성된 테이블을 보여줍니다. 데이터베이스를 생성하면 초기에는 테이블이 없습니다.

2-2 테이블 생성

테이블에서 가장 중요한 건 테이블을 생성하는 부분입니다. 테이블을 한번 생성하여 서비스에 적용시키면 테이블을 수정하기가 쉽지 않습니다. 테이블을 생성할 때도 데이터베이스를 생성한 것처럼 **CREATE**를 이용합니다. 하지만 테이블을 생성할 때 컬럼 정보도 같이 **CREATE TABLE info( );** 형태로 입력합니다.

```
mysql> CREATE TABLE info(
    -> name VARCHAR(255) NOT NULL,
    -> age INT(4)
    -> );
Query OK, 0 rows affected (0.04 sec)
```

info라는 테이블을 생성하고 name과 age 컬럼을 생성합니다.

VARCHAR, INT, NOT NULL들은 컬럼의 타입과 옵션을 부여하는 부분입니다.

컬럼은 다음과 같이 정의하여 테이블을 생성할 수 있습니다. 컬럼은 다양한 형태의 타입을 저장할 수 있습니다.

컬럼 이름 컬럼 타입 (길이) 옵션 정보

MySQL에서 제공하는 컬럼 타입은 다음과 같습니다.

- **CHAR** : CHAR은 문자열을 저장하는 타입입니다. CHAR(10)으로 하면 10바이트(길이)를 사용하여 문자열을 저장합니다. CHAR은 길이가 고정되어 있으므로 10바이트가 안 되는 문자열을 저장하더라도 10바이트로 채워서 저장합니다.

- **VARCHAR** : VARCHAR은 CHAR과 마찬가지로 문자열을 저장하는 타입입니다. 하지만 VARCHAR은 **가변적**으로 텍스트를 채웁니다. VARCHAR(10)으로 10개의 길이까지 저장한다고 했을 때 만약 5길이를 가진 문자열을 저장한다면 10바이트를 다 채우지 않고 저장합니다.

- **TEXT** : TEXT 타입은 CHAR, VARCHAR처럼 문자열을 저장합니다. 하지만 TEXT는 길이를 따로 설정하지 않습니다. 최대 **65535(2^15 −1)**바이트까지 저장합니다.

- **INT** : INT는 정수 타입의 데이터를 저장합니다.

- **FLOAT** : FLOAT는 실수 타입의 데이터를 저장합니다.

- **DATETIME** : DATETIME 타입은 날짜 + 시간 형태로 데이터를 저장합니다. 기본적으로 YYYY−MM−DD HH:MM:SS 형태로 저장합니다.

- **DATE** : DATE 타입은 날짜를 저장합니다. 기본적으로 YYYY−MM−DD 형태로 저장합니다.

MySQL은 이 외에도 상당히 많은 타입을 제공하지만, 문자, 숫자, 날짜에서 대표적인 타입을 알아보았습니다. 이 정도 컬럼 타입만 알아도 사용하는데는 크게 어려움이 없습니다.

- **NOT NULL** : NOT NULL은 해당 컬럼의 값이 반드시 있어야 하는 것을 의미합니다.

- **PRIMARY KEY** : PRIMARY KEY로 설정된 컬럼은 해당 테이블의 키입니다. PRIMARY KEY는 하나의 테이블에서 2개를 가질 수 없습니다.

- **DEFAULT** : DEFAULT는 해당 컬럼에 데이터가 없다면 기본값을 설정할 때 사용합니다. DEFAULT 10으로 설정하고 해당 컬럼에 값이 없다면 10을 기본값으로 사용하는 것을 의미합니다.

- **AUTO_INCREMENT** : AUTO_INCREMENT는 해당 컬럼이 INT 타입일 때만 사용 가능합니다. 주로 유니크한 값을 만들 때 사용되며 해당 컬럼에 데이터를 넣지 않아도 데이터베이스가 행이 늘어날 때마다 +1 값을 넣어줍니다. 첫 번째 데이터 1, 두 번째 데이터 2를 넣어줍니다.

```
mysql> CREATE TABLE info(
    -> id INT(11) NOT NULL PRIMARY KEY AUTO_INCREMENT,
    -> name VARCHAR(10) NOT NULL,
    -> age INT(11) DEFAULT 26
    -> );
Query OK, 0 rows affected (0.02 sec)
```

info라는 테이블을 만듭니다. 테이블을 만들었기 때문에 SHOW TABLES;로 조회하면 info 테이블을 출력합니다.

```
mysql> SHOW TABLES;
+-----------------+
| Tables_in_users |
+-----------------+
| info            |
+-----------------+
1 row in set (0.00 sec)
```

1개의 테이블이 있다고 알려줍니다.

info 테이블은 3개의 컬럼으로 이루어져 있습니다.

- **첫 번째 컬럼 – id** : 해당 컬럼은 데이터의 고유성을 나타내는 컬럼으로 INT 타입을 가지고 있습니다. 그리고 NOT NULL을 했기 때문에 빈 값을 허용하지 않습니다. PRIMARY KEY를 했기 때문에 해당 테이블에서 키가 됩니다. AUTO_INCREMENT 옵션으로 데이터가 추가될 때마다 해당 값이 자동으로 증가합니다. 즉, 첫 번째 유저 정보를 입력하면 id 값을 넣지 않아도 자동으로 값이 채워집니다.

- **두 번째 컬럼 – name** : 해당 컬럼은 VARCHAR(10)으로 가변성 있는 문자열 형태를 저장합니다. NOT NULL 옵션으로 해당 컬럼은 반드시 데이터가 있어야 합니다.

- **세 번째 컬럼 – age** : 해당 컬럼은 INT(11) 타입으로 값이 없다면 26을 기본값으로 저장합니다.

테이블 생성 시에도 주의할 점은 이미 존재하는 테이블 이름으로는 생성할 수 없습니다.

```
mysql> CREATE TABLE info(
    -> id INT(11) NOT NULL PRIMARY KEY AUTO_INCREMENT,
    -> name VARCHAR(10) NOT NULL,
    -> age INT(11) DEFAULT 26
    -> );
ERROR 1050 (42S01): Table 'info' already exists
```

데이터베이스와 마찬가지로 테이블이 이미 존재한다고 뜹니다. 이때는 **에러코드 1050**을 표시합니다.

2-3　테이블 정보 확인

테이블을 만들었으면 DESC를 이용하여 테이블의 정보를 알 수 있습니다. DESC [테이블 명]; 형태로 사용합니다.

```
mysql> DESC info;
+-------+-------------+------+-----+---------+----------------+
| Field | Type        | Null | Key | Default | Extra          |
+-------+-------------+------+-----+---------+----------------+
| id    | int(11)     | NO   | PRI | NULL    | auto_increment |
| name  | varchar(10) | NO   |     | NULL    |                |
| age   | int(11)     | YES  |     | 26      |                |
+-------+-------------+------+-----+---------+----------------+
3 rows in set (0.01 sec)
```

DESC로 테이블 정보를 조회한 결과입니다. 앞에서 테이블을 만들 때 설정한 정보를 한눈에 보기 쉽게 보여줍니다.

컬럼(필드) 이름, 데이터 타입, 널값 허용 유무, 키 여부, 기본값 설정, 기타 설정값을 볼 수 있습니다. 3 row는 3개의 컬럼을 의미합니다.

2-4　테이블 정보 수정

만들어진 테이블의 정보를 수정할 수 있습니다. 새로운 컬럼 추가, 기존 컬럼 타입 변경, 컬럼 이름 변경, 컬럼 삭제하기를 할 수 있습니다. 테이블 정보를 수정할 땐 ALTER TABLE을 사용합니다. ALTER TABLE은 컬럼 추가, 컬럼 이름 변경 등 동작 형태에 따라 뒤에 명령어가 추가됩니다.

 새로운 컬럼 추가

새로운 컬럼을 추가할 땐 ALTER TABLE [테이블 이름] ADD COLUMN [컬럼 이름] [컬럼 타입] [컬럼 옵션]; 형태로 사용합니다.

```
mysql> ALTER TABLE info ADD COLUMN address VARCHAR(255);
Query OK, 0 rows affected (0.06 sec)
Records: 0  Duplicates: 0  Warnings: 0
```

info 테이블에 VARCHAR(255) 타입의 address 컬럼을 추가합니다.

```
mysql> DESC info;
+---------+--------------+------+-----+---------+----------------+
| Field   | Type         | Null | Key | Default | Extra          |
+---------+--------------+------+-----+---------+----------------+
| id      | int(11)      | NO   | PRI | NULL    | auto_increment |
| name    | varchar(10)  | NO   |     | NULL    |                |
| age     | int(11)      | YES  |     | 26      |                |
| address | varchar(255) | YES  |     | NULL    |                |
+---------+--------------+------+-----+---------+----------------+
4 rows in set (0.00 sec)
```

DESC로 테이블 정보를 확인하면 ALTER TABLE로 추가한 컬럼을 확인할 수 있습니다.

 컬럼 타입 변경

컬럼 타입을 변경할 땐 ALTER TABLE [테이블 이름] MODIFY COLUMN [컬럼 이름] [변경할 컬럼 타입] 형태로 사용합니다.

```
mysql> ALTER TABLE info MODIFY COLUMN address VARCHAR(155);
Query OK, 0 rows affected (0.04 sec)
Records: 0  Duplicates: 0  Warnings: 0
```

address의 컬럼을 VARCHAR(155)로 바꿔봤습니다.

```
mysql> DESC info;
+---------+--------------+------+-----+---------+----------------+
| Field   | Type         | Null | Key | Default | Extra          |
+---------+--------------+------+-----+---------+----------------+
| id      | int(11)      | NO   | PRI | NULL    | auto_increment |
| name    | varchar(10)  | NO   |     | NULL    |                |
| age     | int(11)      | YES  |     | 26      |                |
| address | varchar(155) | YES  |     | NULL    |                |
+---------+--------------+------+-----+---------+----------------+
4 rows in set (0.00 sec)
```

address의 컬럼 타입이 VARCHAR(255)에서 VARCHAR(155)로 바뀌었습니다.

2-4-3 컬럼 삭제

컬럼 이름을 변경할 땐 ALTER TABLE [테이블 이름] DROP COLUMN [컬럼 이름] 형태로 사용합니다.

```
mysql> ALTER TABLE info DROP COLUMN address;
Query OK, 0 rows affected (0.04 sec)
Records: 0  Duplicates: 0  Warnings: 0
```

필요 없는 컬럼이 생겼으면 DROP COLUMN을 이용하여 삭제할 수 있습니다. 하지만 삭제된 컬럼의 데이터는 복구가 안 되니 신중해야 합니다.

```
mysql> DESC info;
+-------+-------------+------+-----+---------+----------------+
| Field | Type        | Null | Key | Default | Extra          |
+-------+-------------+------+-----+---------+----------------+
| id    | int(11)     | NO   | PRI | NULL    | auto_increment |
| name  | varchar(10) | NO   |     | NULL    |                |
| age   | int(11)     | YES  |     | 26      |                |
+-------+-------------+------+-----+---------+----------------+
3 rows in set (0.00 sec)
```

address 컬럼이 삭제됐습니다.

필요 없어진 테이블은 삭제할 수 있습니다. 테이블을 삭제할 땐 DROP을 이용합니다. **DROP TABLE [테이블 이름]** 형태로 사용합니다.

```
mysql> DROP TABLE info;
Query OK, 0 rows affected (0.00 sec)
```

정상적으로 삭제되었다는 메시지를 띄워줍니다.

```
mysql> SHOW TABLES;
Empty set (0.00 sec)
```

SHOW를 이용하여 테이블을 조회하면 삭제했기 때문에 비었다고 나옵니다.

3 database의 이해 - ③

생성된 테이블을 기반으로 데이터를 **조회, 삽입, 수정, 삭제**를 할 수 있습니다.

테이블 조작하는 쿼리를 알아보기 전에 boards라는 데이터베이스를 생성한 후 users와 boards 테이블을 만듭니다.

```
mysql> CREATE DATABASE boards;
Query OK, 1 row affected (0.00 sec)
```

데이터베이스를 생성합니다.

```
mysql> SHOW DATABASES;
+--------------------+
| Database           |
+--------------------+
| information_schema |
```

```
| mysql              |
| performance_schema |
| boards             |
| sys                |
+--------------------+
5 rows in set (0.01 sec)
```

boards를 선택한 후 users와 boards 테이블을 만들어 줍니다.

```
mysql> USE boards;
Database changed
```

```
mysql> CREATE TABLE users(
    -> id INT(11) NOT NULL PRIMARY KEY AUTO_INCREMENT,
    -> name VARCHAR(255),
    -> age INT(11) DEFAULT 25
    -> );
Query OK, 0 rows affected (0.02 sec)

mysql> CREATE TABLE boards(
    -> id INT(11) NOT NULL PRIMARY KEY AUTO_INCREMENT,
    -> title VARCHAR(255),
    -> content TEXT,
    -> userId INT(11) NOT NULL
    -> );
Query OK, 0 rows affected (0.02 sec)
```

2개의 테이블을 생성했습니다.

```
mysql> DESC users;
+-------+--------------+------+-----+---------+----------------+
| Field | Type         | Null | Key | Default | Extra          |
+-------+--------------+------+-----+---------+----------------+
| id    | int(11)      | NO   | PRI | NULL    | auto_increment |
| name  | varchar(255) | YES  |     | NULL    |                |
| age   | int(11)      | YES  |     | 25      |                |
+-------+--------------+------+-----+---------+----------------+
3 rows in set (0.01 sec)
```

```
mysql> DESC boards;
+---------+--------------+------+-----+---------+----------------+
| Field   | Type         | Null | Key | Default | Extra          |
+---------+--------------+------+-----+---------+----------------+
| id      | int(11)      | NO   | PRI | NULL    | auto_increment |
| title   | varchar(255) | YES  |     | NULL    |                |
| content | text         | YES  |     | NULL    |                |
| userId  | int(11)      | NO   |     | NULL    |                |
+---------+--------------+------+-----+---------+----------------+
4 rows in set (0.00 sec)
```

users 테이블은 유저의 정보를 가지고 있습니다. boards는 게시글 하나하나에 대한 정보를 가지고 있는 테이블입니다. userId 컬럼은 누가 게시글을 작성했는지에 대한 컬럼입니다. boards에서 userId 값은 users 테이블에서 id와 연결하면 게시글 테이블에서 게시글마다 누가 올린 글인지 알 수 있습니다.

3-1 INSERT 문을 이용한 데이터 삽입

INSERT를 이용하면 테이블에 데이터를 넣을 수 있습니다. INSERT 문은 INSERT INTO [테이블 이름] (컬럼, 컬럼) VALUES(", "); 형태로 사용할 수 있습니다.

```
mysql> INSERT INTO users (name, age) VALUES('박정태', 25);
Query OK, 1 row affected (0.00 sec)
```

쿼리가 정상적으로 실행됐다는 메시지와 1개의 로우가 추가됐다고 알려줍니다.

데이터를 추가하기 위해 컬럼을 나열하게 되는데 굳이 컬럼의 순서를 지킬 필요는 없습니다.

```
mysql> INSERT INTO users (age, name) VALUES(25, '철수');
Query OK, 1 row affected (0.00 sec)
```

컬럼의 나열과 데이터의 순서만 일치시키면 컬럼 순서는 큰 의미 없습니다.

그리고 id 값이 AUTO_INCREMENT로 되어 있기 때문에 굳이 안 넣어도 MySQL 시스템에서 알아서 1씩 증가해서 들어가게 됩니다. 데이터를 넣을 때는 데이터의 타입을 신경써야 합니다.

```
mysql> INSERT INTO users (age, name) VALUES('a', '철수');
ERROR 1366 (HY000): Incorrect integer value: 'a' for column 'age' at row 1
```

age 컬럼은 숫자를 넣어야 하는데 문자가 들어가서 에러가 발생합니다. MySQL은 최대한 타입을 바꿔서 넣어줍니다.

```
mysql> INSERT INTO users (age, name) VALUES('1', '철수');
Query OK, 1 row affected (0.00 sec)
```

숫자로 이루어진 문자열이면 숫자로 바꿔서 데이터를 넣어줍니다. 컬럼에 NOT NULL로 설정되어 있는 컬럼이 있다면 해당 컬럼에는 반드시 데이터를 넣어줘야 합니다.

```
mysql> INSERT INTO boards(title) VALUES('test');
ERROR 1364 (HY000): Field 'userId' doesn't have a default value
```

NOT NULL을 설정한 컬럼은 값을 넣어주지 않으면 에러가 발생합니다. 대신, DEFAULT를 이용하여 기본값을 설정해주면 DEFAULT로 설정한 값이 들어가고 **에러**가 발생하지 않습니다.

하지만 boards 테이블에서 userId 컬럼처럼 다른 테이블을 연결하는 컬럼의 경우는 DEFAULT를 이용하여 기본값을 설정할 수 없습니다.

```
mysql> INSERT INTO boards(title, content, userId) VALUES('test', 't', 1);
Query OK, 1 row affected (0.01 sec)
```

INSERT INTO를 이용하면 간단하게 테이블에 데이터를 삽입할 수 있습니다.

3-2 SELECT 문을 이용한 데이터 조회

SELECT 문을 이용하면 INSERT로 데이터를 넣은 것들을 조회할 수 있습니다. SELECT 문을 다양한 형태로 변형하여 조회할 수 있습니다.

3-2-1 SELECT 구조

데이터베이스를 다루면서 가장 많이 사용하는 구문 중 하나가 SELECT 문입니다. SELECT 문은 데이터를 조회할 때 사용합니다. SELECT 문은 SELECT [컬럼] FROM [테이블 이름] 형태로 사용합니다.

```
mysql> SELECT id, name, age FROM users;
+----+----------+------+
| id | name     | age  |
+----+----------+------+
|  1 | 박정태   |   25 |
|  2 | 철수     |   25 |
|  4 | 철수     |    1 |
+----+----------+------+
3 rows in set (0.00 sec)
```

```
mysql> SELECT id, title, content, userId FROM boards;
+----+-------+---------+--------+
| id | title | content | userId |
+----+-------+---------+--------+
|  1 | test  | t       |      1 |
+----+-------+---------+--------+
1 row in set (0.00 sec)
```

앞에서 INSERT문을 이용하여 넣은 데이터를 SELECT 문으로 확인(조회)할 수 있습니다.

보고싶은 컬럼만 선택적으로 조회할 수 있습니다.

```
mysql> SELECT userId, title FROM boards;
+--------+-------+
| userId | title |
+--------+-------+
|      1 | test  |
+--------+-------+
1 row in set (0.00 sec)
```

전체 컬럼을 조회하고 싶다면 모든 컬럼을 입력하지 않고 *을 사용합니다.

```
mysql> SELECT *FROM boards;
+----+-------+---------+--------+
| id | title | content | userId |
+----+-------+---------+--------+
|  1 | test  | t       |      1 |
+----+-------+---------+--------+
1 row in set (0.00 sec)
```

컬럼 자리에 *을 넣으면 모든 컬럼을 조회한다는 의미입니다.

3-2-2 데이터 정렬

SELECT 문은 데이터를 자동으로 정렬하지 않고, 데이터를 넣은 순서대로 저장합니다. 하지만 정렬된 데이터를 사용할 때가 있습니다. 데이터를 정렬할 땐 **ORDER BY**를 사용합니다. **ORDER BY [컬럼 이름] DESC, ORDER BY [컬럼 이름] ASC** 형태로 사용합니다. 특정 컬럼 이름을 기준으로 오름차순/내림차순을 하겠다는 의미입니다. **DESC**는 내림차순, **ASC**는 오름차순입니다.

```
mysql> SELECT *FROM users ORDER BY id DESC;
+----+-----------+------+
| id | name      | age  |
+----+-----------+------+
|  4 | 철수      |    1 |
|  2 | 철수      |   25 |
|  1 | 박정태    |   25 |
+----+-----------+------+
3 rows in set (0.01 sec)
```

```
mysql> SELECT *FROM users ORDER BY id ASC;
+----+-----------+------+
| id | name      | age  |
+----+-----------+------+
|  1 | 박정태    |   25 |
|  2 | 철수      |   25 |
|  4 | 철수      |    1 |
+----+-----------+------+
3 rows in set (0.00 sec)
```

id값을 기준으로 오름차순/내림차순을 했습니다.

3-2-3 데이터 제한

SELECT 문으로 조회되는 결과의 데이터 개수를 제한하거나 특정 위치부터 조회할 수 있습니다. 이때는 **OFFSET**과 **LIMIT**을 사용합니다. 이 둘을 이용하면 데이터가 많을 때 페이지네이션 기능을 활용하여 나누어 제공할 수 있습니다.

```
mysql> SELECT *FROM users LIMIT 1;
+----+-----------+------+
| id | name      | age  |
+----+-----------+------+
|  1 | 박정태    |   25 |
+----+-----------+------+
1 row in set (0.00 sec)
```

LIMIT은 데이터를 몇 개 출력할지 결정하는 옵션입니다. LIMIT 1은 하나의 데이터만 출력하겠다는 것을 의미합니다.

LIMIT은 숫자 2개를 사용할 수 있습니다. LIMIT 0, 10과 같은 형태로 사용 가능합니다. 이 부분이 의미하는 건 0번째부터 10개까지만 데이터를 가져온다는 의미입니다. 만약 10, 10이라면 10번째에서 10개의 데이터를 가져온다는 의미입니다.

```
mysql> SELECT *FROM users LIMIT 1, 2;
+----+---------+------+
| id | name    | age  |
+----+---------+------+
|  2 | 철수    |   25 |
|  4 | 철수    |    1 |
+----+---------+------+
2 rows in set (0.00 sec)
```

LIMIT 1, 2는 1부터 2개의 데이터를 가져온다는 의미입니다. 가장 처음에 나오는 값은 0이기 때문에 1부터 시작할 땐 두 번째 데이터가 나옵니다.

하지만 LIMIT으로 1, 2; 형태로 작성하다 보면 1이 시작이고 2가 출력 개수인지, 2가 시작이고 1이 출력 개수인지 햇갈릴 수 있습니다. 이럴 땐 OFFSET을 이용하면 됩니다. OFFSET은 몇 번째 떨어져 있는 데이터인지 나타내는 옵션입니다.

OFFSET 2 LIMIT 2;라고 하면 2번째 떨어진 데이터에서 2개의 데이터를 조회하라는 의미입니다. 훨씬 더 직관적으로 쿼리문을 만들 수 있습니다.

```
mysql> SELECT *FROM users LIMIT 2 OFFSET 1;
+----+--------+------+
| id | name   | age  |
+----+--------+------+
|  2 | 철수   |   25 |
|  4 | 철수   |    1 |
+----+--------+------+
2 rows in set (0.00 sec)
```

만약 여기서 age에 따라 오름차순을 하고 싶다면 ORDER BY age ASC를 추가하면 됩니다.

```
mysql> SELECT *FROM users ORDER BY age ASC LIMIT 2 OFFSET 1 ;
+----+-----------+------+
| id | name      | age  |
+----+-----------+------+
|  1 | 박정태    |   25 |
|  2 | 철수      |   25 |
+----+-----------+------+
2 rows in set (0.00 sec)
```

만약 ORDER BY age ASC가 마지막으로 간다면 에러가 발생합니다.

```
mysql> SELECT *FROM users LIMIT 2 OFFSET 1 ORDER BY age ASC;
ERROR 1064 (42000): You have an error in your SQL syntax; check the
manual that corresponds to your MySQL server version for the right
syntax to use near 'ORDER BY age ASC' at line 1
```

1064 코드가 발생하는데, 이것은 문법적인 문제가 발생했다는 의미입니다. LIMIT과 OFFSET은 항상 마지막에 나와야 합니다.

 WHERE 문을 이용한 필터

WHERE 문을 이용하면 필터링된 결과를 조회할 수 있습니다.

```
mysql> SELECT *FROM users WHERE id =2;
+----+--------+------+
| id | name   | age  |
+----+--------+------+
|  2 | 철수   |   25 |
+----+--------+------+
1 row in set (0.00 sec)
```

id가 2인 값을 조회합니다. 2개 이상의 조건을 검색하거나 여러 관계를 필터링할 땐 AND와 OR을 사용합니다.

- **AND** : AND로 연산하는 관계는 양쪽 모두 참일 때 참값이 됩니다. 즉, id 값과 age 값이 일치하는 값을 찾는 겁니다.

```
mysql> SELECT *FROM users WHERE id =2 AND age = 25;
+----+--------+------+
| id | name   | age  |
+----+--------+------+
|  2 | 철수   |   25 |
+----+--------+------+
1 row in set (0.00 sec)

mysql> SELECT *FROM users WHERE id =2 AND age = 20;
Empty set (0.00 sec)
```

- **OR** : OR 연산은 하나라도 참인 데이터를 찾습니다.

```
mysql> SELECT *FROM users WHERE id =2 OR age = 25;
+----+-----------+------+
| id | name      | age  |
+----+-----------+------+
|  1 | 박정태    |   25 |
|  2 | 철수      |   25 |
+----+-----------+------+
2 rows in set (0.00 sec)
```

```
mysql> SELECT *FROM users WHERE id =2 OR age = 20;
+----+--------+------+
| id | name   | age  |
+----+--------+------+
|  2 | 철수   |   25 |
+----+--------+------+
1 row in set (0.00 sec)
```

- **LIKE** : 문자열을 검색할 때 특정 문자열의 일치 여부는 =을 사용하면 됩니다. 하지만 문자열 포함 여부에 따라 조회하고 싶을 때도 있습니다. 이럴 때는 like **'문자'** 형태로 사용합니다. 기본적으로는 해당 문자와 일치하는 데이터를 조회합니다. 하지만 **%문자**는 문자로 끝나는 모든 문자열을 검색합니다. **문자%**의 경우는 문자로 시작하는 모든 문자열을 검색합니다. **%문자%**는 문자가 포함된 모든 문자열을 검색합니다. 하지만 like 문을 너무 남용하면 성능 저하가 일어날 수 있으므로 되도록 =을 이용하여 검사를 하는 게 좋습니다. like는 정말 어쩔 수 없는 경우에만 사용해야 합니다.

```
mysql> SELECT *FROM users WHERE name like '%수';
+----+--------+------+
| id | name   | age  |
+----+--------+------+
|  2 | 철수   |   25 |
|  4 | 철수   |    1 |
+----+--------+------+
2 rows in set (0.00 sec)

mysql> SELECT *FROM users WHERE name like '철%';
+----+--------+------+
| id | name   | age  |
+----+--------+------+
|  2 | 철수   |   25 |
|  4 | 철수   |    1 |
+----+--------+------+
2 rows in set (0.00 sec)

mysql> mysql> SELECT *FROM users WHERE name like ' %철';
```

```
+----+--------+------+
| id | name   | age  |
+----+--------+------+
|  2 | 철수   |   25 |
|  4 | 철수   |    1 |
+----+--------+------+
2 rows in set (0.00 sec)
```


3-3 UPDATE 문을 이용한 데이터 수정

UPDATE 문을 이용하면 데이터를 수정할 수 있습니다. UPDATE 문은 **UPDATE [테이블 명]** SET **[수정값]** WHERE **[조건]**; 형태로 사용합니다. UPDATE 문에서 가장 중요한 점은 WHERE가 꼭 있어야 한다는 점입니다.

```
mysql> UPDATE users SET name ="맹구" WHERE id = 2;
Query OK, 1 row affected (0.01 sec)
Rows matched: 1  Changed: 1  Warnings: 0

mysql> SELECT *FROM users;
+----+-----------+------+
| id | name      | age  |
+----+-----------+------+
|  1 | 박정태    |   25 |
|  2 | 맹구      |   25 |
|  4 | 철수      |    1 |
+----+-----------+------+
3 rows in set (0.00 sec)
```

WHERE로 어떤 데이터를 수정할지 선택하고, SET으로 데이터를 수정합니다. name을 맹구로 바꾸는 쿼리문입니다. 그런데 WHERE가 없다면 대참사가 일어납니다.

```
mysql> UPDATE users SET name ="짱구";
Query OK, 3 rows affected (0.01 sec)
Rows matched: 3  Changed: 3  Warnings: 0
```

3개가 바뀌었다고 메시지가 뜹니다.

```
mysql> SELECT *FROM users;
+----+--------+------+
| id | name   | age  |
+----+--------+------+
|  1 | 짱구   |   25 |
|  2 | 짱구   |   25 |
|  4 | 짱구   |    1 |
+----+--------+------+
3 rows in set (0.00 sec)
```

모든 데이터의 name이 바뀌었습니다. UPDATE를 사용할 땐 어느 데이터를 바꿀지 반드시 WHERE로 필터링해야 합니다.

다수의 컬럼을 수정하고 싶을 땐 **SET 컬럼 = 값, 컬럼 = 값** 형태로 나열하면 됩니다.

```
mysql> UPDATE users SET name ="맹구", age=5 WHERE id = 2;
Query OK, 1 row affected (0.00 sec)
Rows matched: 1  Changed: 1  Warnings: 0

mysql> SELECT *FROM users;
+----+--------+------+
| id | name   | age  |
+----+--------+------+
|  1 | 짱구   |   25 |
|  2 | 맹구   |    5 |
|  4 | 짱구   |    1 |
+----+--------+------+
3 rows in set (0.00 sec)
```

3-4 DELETE 문을 이용한 데이터 삭제

DELETE 문을 이용하면 데이터를 삭제할 수 있습니다. DELETE 문은 **DELETE FROM [테이블 명] WHERE [조건];** 형태로 사용합니다. DELETE도 마찬가지로 WHERE이 없으면 모든 데이터를 삭제합니다.

```
mysql> DELETE FROM users WHERE id = 2;
Query OK, 1 row affected (0.00 sec)

mysql> SELECT *FROM users;
+----+--------+------+
| id | name   | age  |
+----+--------+------+
|  1 | 짱구   |   25 |
|  4 | 짱구   |    1 |
+----+--------+------+
2 rows in set (0.00 sec)
```

id가 2인 데이터를 찾아서 제거합니다. 만약 WHERE이 없다면 모든 데이터를 삭제합니다.

```
mysql> DELETE FROM users;
Query OK, 2 rows affected (0.00 sec)

mysql> SELECT *FROM users;
Empty set (0.00 sec)
```

UPDATE와 DELETE는 조건이 없으면 모든 데이터를 수정/삭제하기 때문에 반드시 WHERE를
잘 넣어야 합니다.

4 database의 이해 - ④

데이터베이스를 조작하기 위해 SELECT, INSERT, UPDATE, DELETE를 배웠습니다. 서비스를
만들다 보면 데이터베이스는 점점 거대해질 것입니다. 4개의 기본 쿼리를 이용하여 수많은 데이
터들을 관리합니다. 데이터들은 하나의 테이블이나 여러 개의 테이블로 나누어 저장할 수 있습
니다.

앞에서 2개의 테이블을 만들어 SELECT, INSERT, UPDATE, DELETE를 이용하여 데이터베이
스를 조작해보았습니다. 2개의 테이블은 다음과 같은 구조로 되어 있습니다.

```
mysql> DESC users;
+-------+--------------+------+-----+---------+----------------+
| Field | Type         | Null | Key | Default | Extra          |
+-------+--------------+------+-----+---------+----------------+
| id    | int(11)      | NO   | PRI | NULL    | auto_increment |
| name  | varchar(255) | YES  |     | NULL    |                |
| age   | int(11)      | YES  |     | 25      |                |
+-------+--------------+------+-----+---------+----------------+
3 rows in set (0.00 sec)

mysql> DESC boards;
+---------+--------------+------+-----+---------+----------------+
| Field   | Type         | Null | Key | Default | Extra          |
+---------+--------------+------+-----+---------+----------------+
| id      | int(11)      | NO   | PRI | NULL    | auto_increment |
| title   | varchar(255) | YES  |     | NULL    |                |
| content | text         | YES  |     | NULL    |                |
| userId  | int(11)      | NO   |     | NULL    |                |
+---------+--------------+------+-----+---------+----------------+
4 rows in set (0.00 sec)
```

boards 테이블은 게시글 정보를 저장하는 테이블입니다. 하지만 해당 게시글이 누가 게시했는지 알아야 하므로 userId 컬럼으로 users 테이블의 id 값을 참조하도록 합니다. 앞서 만들어진 테이블을 기반으로 게시글 리스트 정보를 제공하는 서버가 있다고 가정을 해봅시다. 그럼 서버는 다음과 같은 쿼리문을 만들어 데이터베이스에서 조회할 것입니다.

1. boards 테이블 전체 조회
2. boards 테이블 조회 결과에서 users 테이블 조회하여 게시자 조회
3. boards 조회 결과와 users 조회 결과를 조합하여 응답

테이블을 2개로 나누어 정보를 저장하기 때문에 완성된 데이터를 사용하기 위해 여러 테이블로 조회를 해야 합니다. 하지만 MySQL에서 JOIN을 사용하면 여러 테이블을 한 번에 조회할 수 있습니다.

join을 이용하면 다수의 테이블을 하나의 검색 결과로 조회할 수 있습니다.

```
mysql> SELECT *FROM users;
+----+-----------+------+
| id | name      | age  |
+----+-----------+------+
|  5 | 박정태     |   26 |
|  6 | 철수       |    5 |
|  7 | 짱구       |   15 |
|  8 | 유리       |   35 |
+----+-----------+------+
4 rows in set (0.00 sec)
```

users 테이블에는 유저 정보가 저장되어 있습니다.

```
mysql> SELECT *FROM boards;
+----+-----------+---------+--------+
| id | title     | content | userId |
+----+-----------+---------+--------+
|  7 | 게시글1    | 내용1    |      5 |
|  8 | 게시글2    | 내용2    |      5 |
|  9 | 게시글3    | 내용3    |      5 |
| 10 | 게시글4    | 내용4    |      6 |
| 11 | 게시글5    | 내용5    |      6 |
+----+-----------+---------+--------+
5 rows in set (0.00 sec)
```

boards 테이블에는 게시글 정보를 저장하고 있습니다. userId는 users 테이블의 id 값으로 저장
이 되어 있습니다. join을 이용하면 userId로 2개의 테이블을 연결하여 조회할 수 있습니다.

```
mysql> SELECT *FROM boards INNER JOIN users ON users.id = boards.
userId;
+----+-----------+---------+--------+----+-----------+------+
| id | title     | content | userId | id | name      | age  |
+----+-----------+---------+--------+----+-----------+------+
|  7 | 게시글1    | 내용1    |      5 |  5 | 박정태     |   26 |
```

```
|  8 | 게시글2     | 내용2    |      5 | 5 | 박정태      |   26 |
|  9 | 게시글3     | 내용3    |      5 | 5 | 박정태      |   26 |
| 10 | 게시글4     | 내용4    |      6 | 6 | 철수        |    5 |
| 11 | 게시글5     | 내용5    |      6 | 6 | 철수        |    5 |
+----+------------+---------+--------+---+-----------+------+
5 rows in set (0.00 sec)
```

JOIN 부분을 보면 ON을 이용하여 users.id와 boards.userId를 검사하고 있습니다. 이 부분이
없다면 다음과 같은 결과가 나옵니다.

```
mysql> SELECT *FROM boards INNER JOIN users ;
+----+------------+---------+--------+----+-----------+------+
| id | title      | content | userId | id | name      | age  |
+----+------------+---------+--------+----+-----------+------+
|  7 | 게시글1     | 내용1    |      5 |  5 | 박정태     |   26 |
|  7 | 게시글1     | 내용1    |      5 |  6 | 철수       |    5 |
|  7 | 게시글1     | 내용1    |      5 |  7 | 짱구       |   15 |
|  7 | 게시글1     | 내용1    |      5 |  8 | 유리       |   35 |
|  8 | 게시글2     | 내용2    |      5 |  5 | 박정태     |   26 |
|  8 | 게시글2     | 내용2    |      5 |  6 | 철수       |    5 |
|  8 | 게시글2     | 내용2    |      5 |  7 | 짱구       |   15 |
|  8 | 게시글2     | 내용2    |      5 |  8 | 유리       |   35 |
|  9 | 게시글3     | 내용3    |      5 |  5 | 박정태     |   26 |
|  9 | 게시글3     | 내용3    |      5 |  6 | 철수       |    5 |
|  9 | 게시글3     | 내용3    |      5 |  7 | 짱구       |   15 |
|  9 | 게시글3     | 내용3    |      5 |  8 | 유리       |   35 |
| 10 | 게시글4     | 내용4    |      6 |  5 | 박정태     |   26 |
| 10 | 게시글4     | 내용4    |      6 |  6 | 철수       |    5 |
| 10 | 게시글4     | 내용4    |      6 |  7 | 짱구       |   15 |
| 10 | 게시글4     | 내용4    |      6 |  8 | 유리       |   35 |
| 11 | 게시글5     | 내용5    |      6 |  5 | 박정태     |   26 |
| 11 | 게시글5     | 내용5    |      6 |  6 | 철수       |    5 |
| 11 | 게시글5     | 내용5    |      6 |  7 | 짱구       |   15 |
| 11 | 게시글5     | 내용5    |      6 |  8 | 유리       |   35 |
+----+------------+---------+--------+----+-----------+------+
20 rows in set (0.00 sec)
```

join은 기본적으로 다수의 테이블 모두 결합하여 출력합니다. users의 4개의 데이터와 boards의 5개의 데이터가 결합하여 5 * 4개만큼의 결과를 출력하는데, 여기서 boards 테이블의 userId와 users 테이블의 id가 같은 것만 출력합니다.

join을 이용할 때 다수의 테이블을 명시하게 됩니다. 그러므로 컬럼명만 적으면 어느 테이블의 컬럼인지 알 수 없으므로 **테이블.컬럼**의 형태로 작성합니다.

join을 할 때도 특정 컬럼만 조회할 수 있습니다.

```
mysql> SELECT boards.id, boards.title, boards.content, users.name
FROM boards INNER JOIN users ON users.id = boards.userId;
+----+-----------+----------+-----------+
| id | title     | content  | name      |
+----+-----------+----------+-----------+
|  7 | 게시글1    | 내용1    | 박정태     |
|  8 | 게시글2    | 내용2    | 박정태     |
|  9 | 게시글3    | 내용3    | 박정태     |
| 10 | 게시글4    | 내용4    | 철수       |
| 11 | 게시글5    | 내용5    | 철수       |
+----+-----------+----------+-----------+
5 rows in set (0.00 sec)
```

전체 컬럼에서 boards와 users 테이블에서 필요한 컬럼만 조회할 수 있습니다. 데이터의 양이 많아지면 전체 컬럼을 조회하는 것보다 필요한 컬럼만 조회하면 성능상 유리하므로 *보다는 필요한 컬럼만 명시해서 조회하는 것이 좋습니다.

굳이 하나의 테이블을 사용하지 않고 다수의 테이블로 나누어 저장하고 테이블을 엮어서 사용하는 이유는 데이터의 중복을 없애기 위함입니다.

```
+----+-----------+----------+--------+----+-----------+------+
| id | title     | content  | userId | id | name      | age  |
+----+-----------+----------+--------+----+-----------+------+
|  7 | 게시글1    | 내용1    |      5 |  5 | 박정태     |   26 |
|  7 | 게시글1    | 내용1    |      5 |  6 | 철수       |    5 |
|  7 | 게시글1    | 내용1    |      5 |  7 | 짱구       |   15 |
|  7 | 게시글1    | 내용1    |      5 |  8 | 유리       |   35 |
|  8 | 게시글2    | 내용2    |      5 |  5 | 박정태     |   26 |
|  8 | 게시글2    | 내용2    |      5 |  6 | 철수       |    5 |
+----+-----------+----------+--------+----+-----------+------+
```

애초에 데이터를 이러한 형태로 저장한다고 가정을 해봅시다. 여기서 철수의 나이가 바뀌면 name이 철수인 데이터를 모두 찾아서 age를 바꿔야 합니다. 조회되는 데이터도 많고 바꿔야 할 대상도 많아집니다. 하지만 boards 테이블에서 누가 올렸는지만 알려주고 누구의 정보를 다른 테이블에서 가지고 있으면 유저 테이블에서는 유저의 정보 하나만 관리할 수 있습니다.

데이터베이스를 설계하면서 가장 중요한 건 중복된 데이터를 만들지 않는 것입니다. 이러한 형태로 데이터베이스를 설계하는 방식을 정규화라고 합니다. 서비스가 커질수록 구조를 잘 설계하고 중복되는 데이터를 만들지 않아야 유지보수 비용을 최소화할 수 있습니다. 만약 데이터 하나를 바꾸는데 1개의 테이블에서만 바꾸는 것과 2개 이상의 테이블에서 데이터를 바꾸는 것에서 무엇이 성능이 좋을지는 굳이 말을 안 해도 알 것입니다.

그렇지만 정규화를 하면 할수록 테이블이 쪼개지기 때문에 쿼리문을 작성하는 데 어려움이 있습니다. 또한, 다른 테이블을 조회하기 때문에 성능상 이슈가 발생할 수 있습니다. 그러므로 적절한 정규화를 하는 것이 가장 중요합니다. 그리고 데이터베이스의 성격에 따라 정규화를 하는 방법이 어느 정도 정해져 있습니다. 모든 데이터베이스가 이런 식으로 정규화하여 저장하지 않습니다.

지금까지 쿼리를 만들어 데이터베이스를 조작하는 방법을 다뤄봤습니다. 이렇게 생성한 쿼리문을 데이터베이스에 직접 실행하는 것이 아니라 node.js로 만든 서버에서 데이터베이스에 접속한 후 서버를 통해 데이터베이스를 조작하는 방법을 다뤄봅니다. node.js에서는 MySQL에 접속하는 모듈을 지원하며 해당 모듈을 통해 간단하게 데이터베이스 조작을 할 수 있습니다.

5 database 연동

앞에서 배운 내용은 단순히 데이터베이스를 조작하는 방법입니다. 데이터베이스 조작법을 배웠으니 node.js에서 데이터베이스를 연결하여 쿼리문을 사용하는 방법을 알아보겠습니다.

node.js에서는 MySQL에 연결하기 위해 mysql이라는 패키지를 사용합니다. mysql 패키지를 사용하기 위해 npm install을 이용하여 설치합니다.

package.json이 없다면, npm init을 이용하여 package.json을 생성한 후 설치합니다.

```
$ npm init                    # package.json을 생성할 때
$ npm install -s mysql
```

```
1  {
2    "name": "database",
3    "version": "1.0.0",
4    "description": "",
5    "main": "app.js",
6    "scripts": {
7      "test": "echo \"Error: no test specified\" && exit 1"
8    },
9    "author": "",
10   "license": "ISC",
11   "dependencies": {
12     "mysql": "^2.15.0"
13   }
14 }
```

package.json 파일에 의존성 모듈을 추가했습니다.

설치가 완료됐으면 해당 패키지를 불러와 사용합니다.

```
1  const mysql = require('mysql')
2
3  let db = mysql.createConnection({
4      host:'127.0.0.1',
5      port: '3306',
6      user: 'root',
7      password: '',
8      database: 'boards'
9  })
```

mysql 패키지를 require을 이용하여 가져옵니다. createConnection을 호출하여 디비 연결 객체를 만들어 줍니다.

- **host** : 서버 주소, 여기서 서버란 디비서버를 의미함(127.0.0.1은 로컬로 접속한다는 의미)
- **port** : 해당 서버의 포트 번호(MySQL의 기본 포트 번호는 3306번 임)
- **user** : 유저 이름
- **password** : 비밀번호
- **database** : 데이터베이스 이름(데이터베이스에서 CREATE DATABASE로 생성한 이름)

createConnection으로 디비 연결 객체를 저장한 db 변수와 앞에서 배운 디비 조작법을 이용하여 데이터베이스를 조작할 수 있습니다.

5-2 디비 조작

이제 연결된 DB 객체를 이용하여 데이터베이스를 조작할 수 있습니다. 디비를 조작하는 방법은 매우 간단합니다. query 함수를 호출하여 앞에서 배운 쿼리문을 넣어주면 끝입니다. 그리고 콜백으로 결과 값을 전달받습니다. 콜백으로 전달받을 땐 fs와 마찬가지로 첫 번째 인자는 에러값, 두 번째 인자로 데이터를 받습니다.

```
1  db.query('SELECT *FROM users', (err, data) => {
2      if(err) console.log('err 발생 : ' + err)
3      else  console.log(data);
4  })
```

fs 모듈 사용 방법에 익숙했다면 어렵지 않습니다. query는 첫 번째 인자로 디비를 조작하는 쿼리문을 넣습니다. 이때는 세미콜론(;)을 안 넣어도 됩니다. 두 번째 인자로 해당 쿼리문이 완료되면 실행될 콜백함수를 정의합니다. 콜백함수는 첫 번째 인자로 에러값, 두 번째 인자로 쿼리 결과를 받습니다.

[코드 6-1] 디비 연동하여 디비 조작 - 조회　　　　　(파일명: ./codes/ch/ch6/6.1.js)

```
1  const mysql = require('mysql')
2
3  let db = mysql.createConnection({
4      host:'127.0.0.1',
```

```
 5        port: '3306',
 6        user: 'root',
 7        password: '',
 8        database: 'boards'
 9    })
10
11  db.query('SELECT *FROM users', (err, data) => {
12       if(err) console.log('err 발생 : ' + err)
13       else  console.log(data);
14    })
```

[코드 6-1] 실행 결과

```
[ RowDataPacket { id: 5, name: '박정태', age: 26 },
  RowDataPacket { id: 6, name: '철수', age: 5 },
  RowDataPacket { id: 7, name: '짱구', age: 15 },
  RowDataPacket { id: 8, name: '유리', age: 35 } ]
```

디비에 있는 데이터 조회를 하면 리스트 형태로 반환합니다. RowDataPacket {. . .}의 형태로 리스트에 담겨 있는데 JSON처럼 처리하면 됩니다.

콜백함수에서 첫 번째 인자로 전달받은 에러는 데이터베이스에서 실행 중 에러가 발생했을 때 메시지입니다.

```
db.query('SELECT *FROM users', (err, data) => {
   if(err) console.log('err 발생 : ' + err)
   else {
       data.map(item => {
               console.log(`유저 아이디: ${item.id}, 유저 이름: ${item.
name}, 유저 나이: ${item.age}`)
       })
   }
})
```

데이터베이스를 연동하여 나온 결과를 리스트와 JSON처럼 다룰 수 있습니다.

이제 express를 이용하여 데이터베이스에서 조회한 결과를 응답하는 API를 만들어 보겠습니다.

```javascript
1  const http = require('http')
2  const express = require('express')
3  let app = express()
4
5  const mysql = require('mysql')
6  let db = mysql.createConnection({
7      host: '127.0.0.1',
8      port: 3306,
9      user: 'root',
10     password: '',
11     database: 'boards'
12 })
13
14 app.get('/users', (req, res) => {
15     let sql = 'SELECT *FROM users'
16     db.query(sql, (err, data) => {
17         res.json(data)
18     })
19 })
20
21 app.get('/boards', (req, res) => {
22     let sql ='SELECT *FROM boards'
23     db.query(sql, (err, data) => {
24         res.json(data)
25     })
26 })
27
28 http.createServer(app).listen(3000, () => {
29     console.log('server on : 3000Port')
30 })
```

[코드 6-2]를 이용하여 서버를 실행한 후 localhost:3000/users와 localhost:3000/boards로
접속하면 users 테이블과 boards 테이블 조회 결과를 볼 수 있습니다.

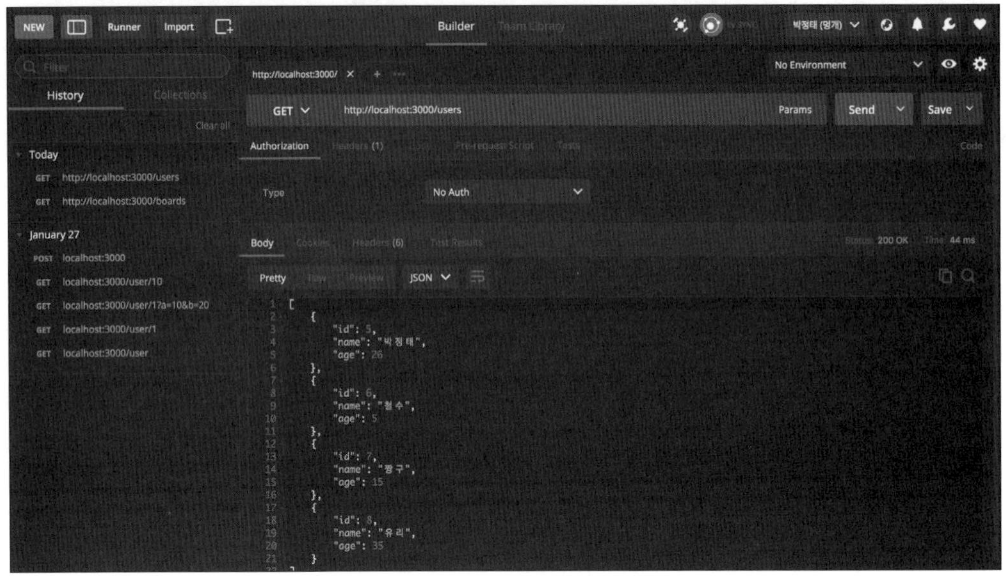

[그림 6.1] localhost:/users 조회 결과

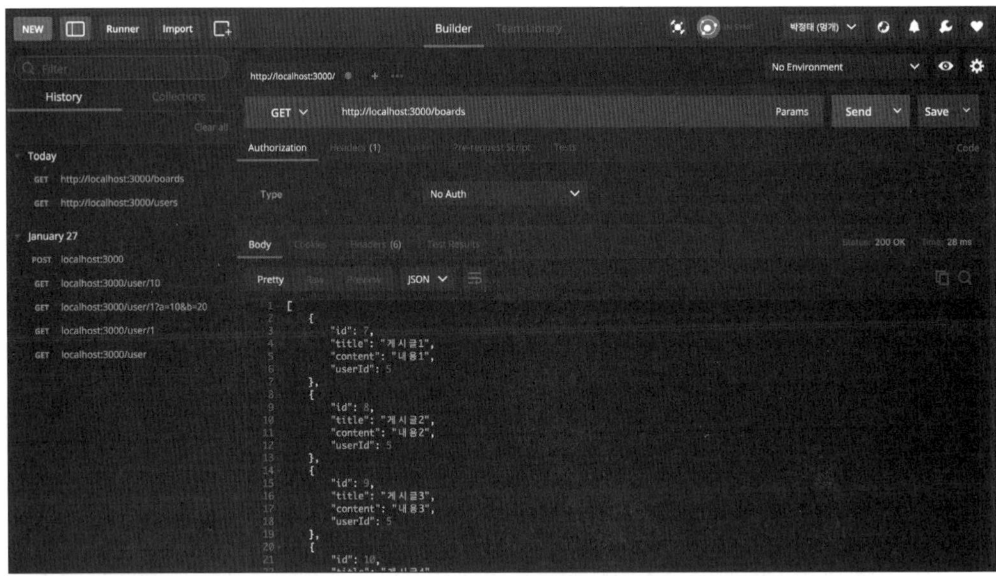

[그림 6.2] localhost:3000/boards 조회 결과

postman을 이용하면 JSON 타입의 결과를 보기 쉽게 확인할 수 있습니다. 해당 요청을 웹 브라우저를 이용하여 볼 수도 있습니다.

 replace

WHERE를 이용하면 서버에 요청한 id를 통해 해당 데이터만 조회할 수 있습니다.

```javascript
app.get('/users', (req, res) => {
    let userId = req.query.id
    let sql = `SELECT *FROM users WHERE id=${userId}`
    db.query(sql, (err, data) => {
        res.json(data)
    })
})
```

클라이언트에게 전달받은 query에서 id 값을 뽑아 WHERE 문을 만들어 줍니다. 클라이언트는 /users?id=5와 같은 형태로 요청하면 해당 API는 users 테이블에서 id가 5인 데이터를 뽑아서 응답합니다. 그런데 쿼리문을 만들 때 usersId를 이용하여 직접 문자열을 만들 수 있지만, query는 우리에게 간단한 형태를 제공합니다.

```javascript
app.get('/users', (req, res) => {
    let userId = req.query.id
    let sql = `SELECT *FROM users WHERE id=?`
    db.query(sql, [userId], (err, data) => {
        res.json(data)
    })
})
```

동적으로 바뀌는 위치를 물음표(?)로 넣어줍니다. 그리고 query에서 두 번째 인자로 물음표에 들어갈 값을 리스트 형태로 넣어주면 됩니다. 쿼리가 동작할 땐 물음표가 누 번째 인자로 선날한 리스트에서 순서대로 대체됩니다.

```javascript
let sql = `SELECT *FROM users WHERE id=? AND name=? AND age=?`
db.query(sql, [1, '박정태', 25], (err, data) => {
    res.json(data)
})
```

이러한 형태로 작성되면 SELECT *FROM users WHERE id = 1 AND name='박정태' AND age = 25로 바뀐 쿼리문을 사용합니다.

직접 쿼리문을 만드는 것 보다 ?를 사용하여 대체하는 방법을 사용하는 것이 좋습니다.

디비 연동은 잘 되지만 코드 유지를 위해서는 콜백 형태를 그냥 사용하는 것은 좋지 않습니다. 앞에서 배운 Promise 패턴이나 async/await를 사용하는 것이 유지보수 하는데 수월합니다.

[코드 6-3] Promise 패턴을 이용한 디비 결과 응답　　　　　　(파일명: ./codes/ch/ch6/6.3.js)

```
1  const http = require('http')
2  const express = require('express')
3  let app = express()
4
5  const mysql = require('mysql')
6  let db = mysql.createConnection({
7      host: '127.0.0.1',
8      port: 3306,
9      user: 'root',
10     password: '',
11     database: 'boards'
12  })
13
14  function userFindById(id){
15      return new Promise ((resolve, reject) => {
16          let sql = `SELECT *FROM users WHERE id=?`
17          db.query(sql, [id], (err, data) => {
18              if(err) reject(err)
19              resolve(data)
20          })
21      })
22  }
23
24  app.get('/users', (req, res) => {
25      let userId = req.query.id
26      userFindById(userId).then((result) => {
27          res.json(result);
28      }).catch(err => {
29          console.log(err)
30          res.status(500).json({message: 'error 발생'})
31      })
32  })
```

```
33
34  http.createServer(app).listen(3000, () => {
35      console.log('server on : 3000Port')
36  })
```

promise 객체를 만들어주는 userFindById를 이용하여 응답하는 API를 만들었습니다. async/await를 이용하면 직관적으로 구성할 수 있습니다.

```
24  app.get('/users', async (req, res) => {
25      let userId = req.query.id
26      try{
27          let result = await userFindById(userId)
28          res.json(result);
29      }catch(err){
30          console.log(err);
31          res.status(500).json({message: 'error 발생'})
32      }
33  })
```

async/await를 이용하여 구성했습니다. **콜백 형태, Promise 패턴, async/await** 중에서 편한 방법을 사용하면 됩니다. 또한, 모듈을 사용할 때 이런 식으로 바꿔가면서 구현하다 보면 세 가지를 자유롭게 다룰 수 있습니다.

코드를 외우는 것이 아니라 자전거를 아무 생각 없이 타듯이 익숙하게 훈련하는 것이 중요합니다.

ORM을 이용한 데이터베이스 연동

서버와 클라이언트의 모든 것을 배웠습니다. 앞으로 7장과 8장을 통해 node.js에서 자주 사용하는 모듈(패키지)을 다룹니다. 이번 장에서는 6장에서 다뤘던 디비를 좀 더 편리하게 사용하는 방법 중 ORM을 다룹니다.

_ ORM
_ 모델
_ 데이터 생성
_ 데이터 수정/삭제
_ 데이터 조회

1 ORM

ORM이란 Object Relational Mapping의 약자입니다. 데이터베이스와 애플리케이션의 관계를 나타내는 오브젝트입니다. express로 만들어진 서버와 데이터베이스의 관계를 오브젝트로 만들어 쿼리문을 직접 만들지 않고 메소드를 사용하여 데이터베이스를 조작합니다. 여기서 sequelize라는 모듈을 사용하게 됩니다.

1-1 ORM의 이점

ORM을 사용하는 건 쉽지 않습니다. ORM을 사용하기 위해서는 데이터베이스에 정의된 테이블을 객체로 만들어야 합니다. 이것을 **모델**이라고 합니다. 테이블 하나당 하나의 객체를 사용합니다. 또한, 데이터베이스의 정의가 바뀌었을 경우 모델 파일도 같이 바꿔야 합니다.

하지만 초기 불편함이 있어도 ORM을 사용하면 이점이 있습니다.

첫 번째, 데이터베이스 조작법을 모르고도 데이터베이스를 조작할 수 있습니다. 즉, 테이블 생성부터 조회, 삽입, 수정, 삭제할 수 있습니다.

두 번째, 코드의 가독성이 올라갑니다. 우리는 SELECT, INSERT, UPDATE, DELETE를 이용하여 테이블을 조작합니다. 그리고 WHERE, ORDER BY, LIMIT, OFFSET, JOIN 등과 같은 옵션을 이용하여 세부 조작을 합니다. ORM에서는 find, create, update, destory 메소드를 사용하며 쿼리문에서 사용하는 옵션들을 JSON 형태로 메소드에 전달합니다. 메소드는 호출된 메소드와 JSON 옵션을 가지고 쿼리문을 만들어 데이터베이스를 조작합니다. ORM은 쿼리문 형태가 아니라 메소드를 호출하는 형태로 호출하기 때문에 코드를 유지보수 하는데 이점이 있습니다.

세 번째, ORM을 모듈이 제공하는 디비에 대해서는 모델 파일만 있다면 디비 종류에 상관없이 사용할 수 있습니다.

초기에 모델 파일을 정의하고, 데이터베이스에 수정이 일어나면 수정된 것에 맞춰서 모델 파일에 반영해야 합니다. 복잡한 쿼리문을 사용할 경우 모듈 자체적으로 쿼리문을 생성해주기 때문에 최적화가 적절하게 일어나지 않는 경우가 있습니다. 쿼리문 최적화가 필요하다면 ORM을 사용하는 것보다는 직접 쿼리문을 사용하는 것이 좋습니다.

node.js에는 sequelize 모듈을 통해 ORM을 사용할 수 있습니다. sequelize를 사용하기 위해 npm install을 이용해서 설치합니다. ORM 모듈 같은 경우는 내부적으로 디비와 연결하는 부분이 있으므로 사용하는 디비에 맞춰서 의존성 모듈을 설치해야 합니다. sequelize는 mysql2라는 모듈을 사용하기 때문에 mysql2를 먼저 설치합니다.

```
$ npm install -s mysql2
$ npm install -s sequelize
```

-s 옵션으로 package.json에 기록해줍니다.

sequelize의 가장 큰 장점은 mysql과 다르게 Promise 형태를 사용합니다. 그렇기 때문에 앞에서 Promise 객체로 만드는 번거로운 과정 없이 Promise 패턴 형태로 다룰 수 있습니다. 물론 async/await도 바로 사용할 수 있습니다.

sequelize를 사용할 때도 먼저 디비와 연결하는 부분이 있어야 합니다.

[코드 7-1] sequelize 데이터베이스 연결 – ①   (파일명: ./codes/ch/ch7/7.1.js)

```
 1  const Sequelize = require('sequelize')
 2
 3  const db = 'boards'
 4  const user = 'root'
 5  const password = ''
 6  const options = {
 7      host: '127.0.0.1',
 8      dialect: 'mysql'
 9  }
10
11  let sequelize = new Sequelize(db, user, password, options)
```

mysql을 사용했을 때와 크게 다르지 않습니다. 하나 다른 점은 어떤 디비를 사용하는지 옵션에서 dialect로 알려줘야 합니다. 우리는 mysql을 사용하기 때문에 mysql이라고 넣어줍니다.

new Sequelize로 만든 연결 객체를 이용하여 모델을 만들고 만들어진 모델을 이용하여 디비를 조작할 수 있습니다.

2 모델

sequelize를 이용하여 생성한 디비 객체를 이용하여 모델을 만듭니다.

2-1 모델 생성

데이터베이스 테이블을 모델로 만들어야 합니다.

```
mysql> DESC users;
+--------+--------------+------+-----+---------+----------------+
| Field  | Type         | Null | Key | Default | Extra          |
+--------+--------------+------+-----+---------+----------------+
| id     | int(11)      | NO   | PRI | NULL    | auto_increment |
| name   | varchar(255) | YES  |     | NULL    |                |
| age    | int(11)      | YES  |     | 25      |                |
+--------+--------------+------+-----+---------+----------------+
3 rows in set (0.01 sec)
```

앞에서 만든 users 테이블을 모델 파일로 만들어 보겠습니다.

```
sql.define('users', {
    id: {
        type: Sequelize.DataTypes.INTEGER(11),
        primaryKey: true,
        autoIncrement: true,
        allowNull: false
    },
    name: {
        type: Sequelize.DataTypes.STRING(255),
        allowNull: false
    },
    age: {
        type: Sequelize.DataTypes.INTEGER(11),
        defaultValue: 25
    }
}, {
```

```
        tableName: 'users',
        freezeTableName: false,
        timestamps: false
    });
```

데이터베이스에서 만든 테이블을 모델로 만들었습니다. new Sequelize( )를 이용하여 데이터베이스 연결 객체에서 define을 통해 모델을 만들 수 있습니다.

첫 번째 인자로는 모델의 이름입니다.

두 번째 인자는 해당 테이블의 컬럼 정보입니다. id, name, age 컬럼을 생성하고 각 컬럼의 정보는 type, primaryKey, autoIncrement, allowNull, defaultValue를 이용하여 옵션을 설정할 수 있습니다. autoIncrement, primaryKey는 기본값이 false입니다. allowNull은 기본값이 true이며, true이면 빈 값을 허용한다는 의미입니다. 그리고 STRING, TEXT, INTEGER, DATE의 타입을 사용할 수 있습니다. STRING(11)은 VARCHAR(11)을 의미합니다. INTEGER(11)은 INT(11)을 의미합니다.

세 번째 인자로는 모델(테이블)의 옵션입니다.

timestamp의 경우는 Sequelize가 자동으로 createdAt, updatedAt를 생성할지에 대한 유무입니다. 모델을 이용하여 데이터를 생성하거나 수정하면 createdAt와 updatedAt의 값을 자동으로 추가/수정합니다.

freezeTableName은 define에 전달된 첫 번째 인자를 자동으로 tableName으로 바꾸는 유무를 설정합니다. false이면 첫 번째 인자로 tableName을 변경합니다.

tableName은 데이터베이스에 있는 테이블의 실제 이름입니다.

[코드 7-2] sequelize 데이터베이스 연결 – ②　　　　　　　　**(파일명: ./codes/ch/ch7/7.2.js)**

```
1  const Sequelize = require('sequelize')
2
3  const db = 'boards'
4  const user = 'root'
5  const password = ''
6  const options = {
7      host: '127.0.0.1',
8      dialect: 'mysql'
9  }
```

```
10
11 let sql = new Sequelize(db, user, password, options)
12
13 let users = sql.define('users', {
14     id: {
15         type: Sequelize.DataTypes.INTEGER(11),
16         primaryKey: true,
17         autoIncrement: true,
18         allowNull: false
19     },
20     name: {
21         type: Sequelize.DataTypes.STRING(255),
22         allowNull: false
23     },
24     age: {
25         type: Sequelize.DataTypes.INTEGER(11),
26         defaultValue: 25
27     }
28 }, {
29     tableName: 'users',
30     freezeTableName: false,
31     timestamps: false
32 });
33
34 users.findAll({raw: true}).then(result => {
35     console.log(result)
36 })
```

2-2 효율적인 모델 관리

하나의 서비스를 사용하기 위해 적게는 몇 개 많게는 수십 가지의 테이블(모델)을 사용합니다. 이러한 모델을 하나의 파일로 관리한다면 매우 복잡해질 것입니다. 그래서 모델을 models 디렉터리에서 파일 단위로 관리합니다. 또한, 이 파일들을 읽어서 하나의 객체로 만들어 줍니다. 만들어진 모델을 다양한 라우터에서 가져다가 사용하는데 가져다 사용할 때마다 계속 디비 연결을 하면 매우 비효율적이고 많은 자원을 낭비합니다.

```javascript
 1 module.exports = function(sequelize, DataTypes) {
 2     let users = sequelize.define('users', {
 3         id: {
 4             type: DataTypes.INTEGER(11),
 5             primaryKey: true,
 6             autoIncrement: true,
 7             allowNull: false
 8         },
 9         name: {
10             type: DataTypes.STRING(255),
11             allowNull: false
12         },
13         age: {
14             type: DataTypes.INTEGER(11),
15             defaultValue: 25
16         }
17     }, {
18         tableName: 'users',
19         freezeTableName: false,
20         timestamps: false
21     });
22 
23     return users
24 };
```



```javascript
 1 module.exports = function(sequelize, DataTypes) {
 2     let boards = sequelize.define('boards', {
 3         id: {
 4             type: DataTypes.INTEGER(11),
 5             primaryKey: true,
 6             autoIncrement: true,
 7             allowNull: false
 8         },
 9         title: {
10             type: DataTypes.STRING(255),
```

```
11            },
12         content: {
13             type: DataTypes.TEXT,
14         },
15         userId: {
16             type: DataTypes.INTEGER(11),
17             allowNull: false
18         }
19     }, {
20         tableName: 'boards',
21         freezeTableName: false,
22         timestamps: false
23     });
24
25     return boards
26 };
```

2개의 모델 파일을 만들었습니다. 이 모델 파일을 직접 가져다 사용하지 않습니다. 이 파일들을
하나의 객체로 묶어주는 index.js 파일을 만들 것입니다.


```
 1 const Sequelize = require('sequelize')
 2 const fs = require('fs')
 3 const path = require('path')
 4
 5 const databaseName = 'boards'
 6 const user = 'root'
 7 const password = ''
 8 const options = {
 9     host: '127.0.0.1',
10     dialect: 'mysql',
11     logging: false
12 }
13
14 let sequelize = new Sequelize(databaseName, user, password,
15 options)
16 let db       = {};
```

```
17
18 fs.readdirSync(__dirname)
19     .filter(function(file) {
20         return (file.indexOf('.') !== 0) && (file !== 'index.js');
21     })
22     .forEach(function(file) {
23         let model = sequelize['import'](path.join(__dirname,
24 file));
25         db[model.name] = model;
26     });
27
28 db.sql = sequelize;
29 db.S = Sequelize;
30
31 sequelize.sync();
32
33 module.exports = db;
```

앞에 디비를 설정하는 부분은 똑같습니다. 한 가지 추가된 점은 해당 디렉터리를 읽어서 파일들을 조회합니다. sync( )는 객체로 생성된 모델과 데이터베이스의 싱크를 맞춥니다. 여기서 모델 파일로 데이터베이스에 테이블을 생성할 수 있습니다.

```
22     .forEach(function(file) {
23         var model = sequelize['import'](path.join(__dirname,
24 file));
25         console.log(model)
26         db[model.name] = model;
27     });
```

하나의 객체로 만들어 주는 부분입니다. model.name은 model을 읽으면서 define으로 생성할 때 전달한 첫 번째 인자입니다. 이제 각 모델 파일을 가져오지 않고 index.js만 가져다가 사용할 수 있습니다.

[코드 7-3-4] 모델 가져와서 사용　　　　　　　　　　　　　　　　(파일명: ./codes/ch/ch7/7.3.js)

```
1 let {users, boards} = require('./models')
2
```

```
3  users.findAll({raw: true}).then((result) => {
4      console.log(result)
5      return boards.findAll({raw:true})
6  }).then((result) => {
7      console.log(result)
8  })
```

[코드 7-3-4] 실행 결과

```
boards
users
Executing (default): CREATE TABLE IF NOT EXISTS `boards` (`id`
INTEGER(11) NOT NULL auto_increment , `title` VARCHAR(255), `content`
TEXT, `userId` INTEGER(11) NOT NULL, PRIMARY KEY (`id`)) ENGINE=InnoDB;
Executing (default): SELECT `id`, `name`, `age` FROM `users` AS
`users`;
[ { id: 5, name: '박정태', age: 26 },
  { id: 6, name: '철수', age: 5 },
  { id: 7, name: '짱구', age: 15 },
  { id: 8, name: '유리', age: 35 } ]
Executing (default): SELECT `id`, `title`, `content`, `userId` FROM
`boards` AS `boards`;
Executing (default): SHOW INDEX FROM `boards`
[ { id: 7, title: '게시글1', content: '내용1', userId: 5 },
  { id: 8, title: '게시글2', content: '내용2', userId: 5 },
  { id: 9, title: '게시글3', content: '내용3', userId: 5 },
  { id: 10, title: '게시글4', content: '내용4', userId: 6 },
  { id: 11, title: '게시글5', content: '내용5', userId: 6 } ]
Executing (default): CREATE TABLE IF NOT EXISTS `users` (`id`
INTEGER(11) NOT NULL auto_increment , `name` VARCHAR(255) NOT NULL,
`age` INTEGER(11) DEFAULT 25, PRIMARY KEY (`id`)) ENGINE=InnoDB;
Executing (default): SHOW INDEX FROM `users`
```

모델을 가져다 사용할 때는 매우 간단한 형태로 사용합니다. API가 생성될 라우터에서 이러한 형태로 모델 파일을 가져다가 디비를 조작합니다.

데이터베이스에서 테이블을 지우고 [코드 7-3-4]를 실행하면 해당 테이블을 생성할 것입니다.

모델을 만들 때 중요한 것 중 하나가 모델 간 관계를 설정해주는 겁니다. 디비 조작 시 SELECT
를 할 때 join을 사용했었는데 sequelize에서는 join을 위해 include를 사용합니다. 이때 미리
어떤 테이블과 관계가 있는지 알려줘야 합니다.

users 테이블의 id 컬럼과 boards 테이블의 userId를 연결해 보겠습니다.

[코드 7–4–1] users 모델 정의 – 관계 추가   (파일명: ./codes/ch/ch7/models/users.js)

```
 1  module.exports = function(sequelize, DataTypes) {
 2      let users = sequelize.define('users', {
 3          id: {
 4              type: DataTypes.INTEGER(11),
 5              primaryKey: true,
 6              autoIncrement: true,
 7              allowNull: false
 8          },
 9          name: {
10              type: DataTypes.STRING(255),
11              allowNull: false
12          },
13          age: {
14              type: DataTypes.INTEGER(11),
15              defaultValue: 25
16          }
17      }, {
18      })
19      ;
20      users.associate = function (models) {
21          users.hasMany(models.boards);
22      };
23      return users
24  };
```

users 모델을 정의한 후 associate를 추가합니다.

```
 1  module.exports = function(sequelize, DataTypes) {
 2      let boards = sequelize.define('boards', {
 3          id: {
 4              type: DataTypes.INTEGER(11),
 5              primaryKey: true,
 6              autoIncrement: true,
 7              allowNull: false
 8          },
 9          title: {
10              type: DataTypes.STRING(255),
11          },
12          content: {
13              type: DataTypes.TEXT,
14          }
15      }, {
16      });
17
18      boards.associate = function (models) {
19          boards.belongsTo(models.users);
20      };
21
22      return boards
23  };
```

users.hasMany(models.boards);와 boards.belongsTo(models.users);는 테이블 관계가 1:n이라는 의미입니다. 1:n은 하나의 유저는 여러 개의 게시글을 쓸 수 있다는 의미입니다. 그리고 boards 테이블에서 userId를 따로 정의하지 않았습니다. 이 부분은 굳이 정의하지 않아도 됩니다.

마지막으로 index.js에서 관계를 설정한 부분만 해줘야 합니다.

```
Object.keys(db).forEach(function(modelName) {
    if ("associate" in db[modelName]) {
        db[modelName].associate(db);
    }
});
```

해당 코드를 추가해 주면 됩니다. 해당 모델 파일에 정의된 associate= function( ) 부분의 관계를 등록하는 부분으로 이해하면 됩니다.

[코드 7-4-3] 모델 파일 결합   (파일명: ./codes/ch/ch7/models/index.js)

```
1  const Sequelize = require('sequelize')
2  const fs = require('fs')
3  const path = require('path')
4
5  const databaseName = 'boards'
6  const user = 'root'
7  const password = ''
8  const options = {
9      host: '127.0.0.1',
10     dialect: 'mysql'
11 }
12
13 let sequelize = new Sequelize(databaseName, user, password,
14 options)
15 let db          = {};
16
17 fs.readdirSync(__dirname)
18     .filter(function(file) {
19         return (file.indexOf('.') !== 0) && (file !== 'index.js');
20     })
21     .forEach(function(file) {
22         let model = sequelize['import'](path.join(__dirname,
23 file));
24         db[model.name] = model;
25     });
26
27 Object.keys(db).forEach(function(modelName) {
28     if ("associate" in db[modelName]) {
29         db[modelName].associate(db);
30     }
31 });
32
33 db.sql = sequelize;
34 db.S = Sequelize;
```

```
35  sequelize.sync();
36
37  module.exports = db;
```

해당 파일을 호출하면 관계를 가지고 있는 모델을 사용할 수 있습니다.


```
1  let {users, boards} = require('./models')
2
3  console.log(users, boards);
```

디비에 생성된 테이블을 모두 지우고 해당 코드를 실행하면 sequelize가 테이블을 생성합니다.

```
mysql> DESC users;
+-----------+--------------+------+-----+---------+----------------+
| Field     | Type         | Null | Key | Default | Extra          |
+-----------+--------------+------+-----+---------+----------------+
| id        | int(11)      | NO   | PRI | NULL    | auto_increment |
| name      | varchar(255) | NO   |     | NULL    |                |
| age       | int(11)      | YES  |     | 25      |                |
| createdAt | datetime     | NO   |     | NULL    |                |
| updatedAt | datetime     | NO   |     | NULL    |                |
+-----------+--------------+------+-----+---------+----------------+
5 rows in set (0.00 sec)

mysql> DESC boards;
+-----------+--------------+------+-----+---------+----------------+
| Field     | Type         | Null | Key | Default | Extra          |
+-----------+--------------+------+-----+---------+----------------+
| id        | int(11)      | NO   | PRI | NULL    | auto_increment |
| title     | varchar(255) | YES  |     | NULL    |                |
| content   | text         | YES  |     | NULL    |                |
| userId    | int(11)      | NO   |     | NULL    |                |
| createdAt | datetime     | NO   |     | NULL    |                |
| updatedAt | datetime     | NO   |     | NULL    |                |
+-----------+--------------+------+-----+---------+----------------+
6 rows in set (0.00 sec)
```

[그림 7.1] users, boards 테이블 정보 확인

boards 테이블에 userId를 따로 정의하지 않았지만, 자동으로 생성되었습니다. 그리고 sequelize 는 모델 정의할 때 **timestamp**를 false로 설정하면 createdAt와 updatedAt를 생성하지 않습니다. 테이블이 없을 때만 테이블을 생성하고 테이블이 존재하면 기존 테이블을 그대로 사용합니다.

그런데 지금 같은 경우는 관계를 맺을 때 컬럼명이 특정 규칙을 따르기 때문에 문제없이 동작합니다. 또한, 프로젝트를 새로 시작한다면 디비를 처음부터 만들기 때문에 sequelize가 정한 규칙을 그대로 따라서 사용하면 됩니다. 규칙이 어긋난다면 관계 시 추가적인 옵션이 필요합니다. 이미 존재하는 데이터베이스를 이용하여 모델을 만든다면 다음과 같이 추가하면 됩니다.

```
    users.associate = function (models) {
      users.hasMany(models.boards, {foreignKey: 'uId'});
    };
```

```
    boards.associate = function (models) {
      boards.belongsTo(models.users, {foreignKey: 'uId', targetKey: 'id'});
    };
```

관계를 줄 때 두 번째 인자만 넣어주면 컬럼을 설정할 수 있습니다. 이 방법은 이미 존재하는 데이터베이스를 사용할 때 사용하면 됩니다.

users와 boards가 1:n의 관계를 가질 때 foreignKey는 n에 해당하는 boards의 컬럼을 의미합니다. targetKey는 foreignKey가 users의 어떤 키를 가리키는지 알려주는 키입니다. 앞에서 이 부분을 생략한 이유는 굳이 안 넣어도 sequelize 내부적으로 다음과 같이 생성하여 호출합니다.

```
    users.associate = function (models) {
      users.hasMany(models.boards, {foreignKey: 'userId'});
    };
```

```
    boards.associate = function (models) {
      boards.belongsTo(models.users, {foreignKey: 'userId', targetKey: 'id'});
    };
```

모델(테이블)이 많아지면 관계가 복잡해질 것입니다. 하나의 테이블이 2개 이상의 테이블과 관계를 맺을 수 있습니다. 이때는 관계를 더 추가하면 됩니다.

```
    users.associate = function (models) {
      users.hasMany(models.boards, {foreignKey: 'userId'});
      users.hasMany(models.otherModel);
      users.belongsTo(models.otherMode2);
    };
```

지금까지 sequelize를 이용하여 모델을 생성하는 방법을 알아보았습니다. 이렇게 생성한 모델을 이용하여 디비를 조작하는 방법을 다뤄보겠습니다.

ORM을 사용하기 위해서는 모델을 방법에 익숙해지는 것이 중요합니다. 반복적으로 연습하여 익숙해지도록 합시다!!!

데이터베이스에서 INSERT를 이용하여 데이터를 생성했습니다. sequelize에서는 create 메소드를 이용하여 데이터를 생성할 수 있습니다. create 메소드를 다뤄보기 전에 sequelize에서 사용한 쿼리를 콘솔(터미널) 창에 띄워줍니다. 쿼리를 직접 확인할 땐 도움이 되지만 평소에는 오히려 방해됩니다. 이때는 new Sequelize( )에서 디비를 연결할 때 옵션에서 logging을 false를 넣어주면 됩니다.

```
const databaseName = 'boards'
const user = 'root'
const password = ''
const options = {
    host: '127.0.0.1',
    dialect: 'mysql',
    logging: false
}

let sequelize = new Sequelize(databaseName, user, password,
options)
```

실제 동작한 쿼리문을 보고 싶다면 logging을 true로 바꿔주면 됩니다.

데이터를 생성할 땐 create, findOrCreate, bulkCreate가 있습니다.

3-1 create

create를 이용하면 매우 간단하게 데이터를 생성할 수 있습니다.

[코드 7-5] create를 이용하여 데이터 생성 (파일명: ./codes/ch/ch7/7.5.js)

```
1  let {users, boards} = require('./models')
2
3  users.create({
4      name: '박정태',
5      age: '26'
```

```
6   }).then((result) => {
7       console.log(result)
8   })
```

[코드 7-5] 실행 결과

```
users {
  dataValues:
   { id: 2,
     name: '박정태',
     age: '26',
     updatedAt: 2018-01-30T05:35:47.610Z,
     createdAt: 2018-01-30T05:35:47.610Z },
. . . 중 략 . . .
```

create는 **컬럼 : 값**을 넣어주면 해당 컬럼과 값을 데이터베이스에 추가합니다.

```
mysql> SELECT *FROM users;
+----+--------+------+---------------------+---------------------+
| id | name   | age  | createdAt           | updatedAt           |
+----+--------+------+---------------------+---------------------+
|  1 | 박정태 |   26 | 2018-01-30 05:35:17 | 2018-01-30 05:35:17 |
|  2 | 박정태 |   26 | 2018-01-30 05:35:47 | 2018-01-30 05:35:47 |
+----+--------+------+---------------------+---------------------+
2 rows in set (0.00 sec)
```

[그림 7.2] create 결과

[코드 7-5]를 실행한 만큼 users라는 테이블에 name과 age를 추가합니다. createdAt와 updatedAt는 sequelize 내부에서 알아서 넣어주는 값입니다. 굳이 건들 필요 없습니다. create가 정상적으로 실행됐으면 then으로 생성된 결과를 받습니다.

3-2 findOrCreate

create는 반드시 데이터가 생성됩니다. 만약 특정 컬럼에서 값을 검사하고 존재하지 않을 때만 데이터를 생성하고 싶으면 findOrCreate를 사용하면 됩니다. findOrCreate는 내부적으로 데이터 조회를 하므로 조회된 데이터와 데이터의 유무를 알려줍니다.

[코드 7-6] findOrCreate를 이용한 데이터 검사 후 추가　　　　　(파일명: ./codes/ch/ch7/7.6.js)

```
1  let {users, boards} = require('./models')
2
```

```
 3  let name = '박정태'
 4  let age = 26
 5
 6  users.findOrCreate({
 7      where: {name: name},
 8      defaults: {
 9          name: name,
10          age: age
11      }
12  }).spread((user, created) => {
13      console.log(user)
14      console.log(created)
15  })
```

[코드 7-6] 실행 결과

```
users {
  dataValues:
   { id: 1,
     name: '박정태',
     age: 26,
     createdAt: 2018-01-30T05:35:17.000Z,
     updatedAt: 2018-01-30T05:35:17.000Z },
. . . 중 략 . . .
false
```

findOrCreate는 where를 이용하여 해당 컬럼을 찾습니다. 만약 존재하지 않는다면 defaults로 전달한 값을 생성하고 존재한다면 아무것도 생성하지 않습니다.

findOrCreate는 then 대신 spread를 사용하고 결과를 받는 콜백함수는 첫 번째 인자로 find한 결과 또는 생성된 데이터를 가져옵니다. 두 번째 인자는 데이터 생성 유무입니다. false는 where로 검사한 데이터가 이미 존재하여 생성하지 않았다는 의미이고, true는 데이터가 생성되었음을 알려줍니다.

```
users {
  dataValues:
   { id: 3,
     name: '철수',
```

```
    age: 26,
    updatedAt: 2018-01-30T05:55:05.693Z,
    createdAt: 2018-01-30T05:55:05.693Z },
. . . 중 략 . . .
true
```

name을 철수로 바꾸고 실행하면 name이 철수가 없으므로 생성되고, 생성되었기 때문에 두 번째 인자는 true 값을 출력합니다.

3-3 bulkCreate

한 번에 여러 개의 데이터를 삽입하고 싶다면 bulkCreate를 이용하면 됩니다.

[코드 7–7] bulkCreate를 이용한 여러 개의 데이터 생성   (파일명: ./codes/ch/ch7/7.7.js)

```
 1  let {users, boards} = require('./models')
 2
 3  let datas = [
 4      {
 5          name: '정태',
 6          age: '26'
 7      },{
 8          name: '정보문화사',
 9          age: '26'
10      }
11  ]
12
13  users.bulkCreate(datas).then((result) => {
14      console.log(result)
15  })
```

[코드 7–7] 실행 결과

```
[
 users {
   dataValues:
    { id: 4,
      name: '정태',
      age: '26',
```

```
        createdAt: 2018-01-30T06:03:04.314Z,
        updatedAt: 2018-01-30T06:03:04.314Z },
        . . . 중략 . . .        ,
  users {
    dataValues:
     { id: 5,
       name: '정보문화사',
       age: '26',
       createdAt: 2018-01-30T06:03:04.314Z,
       updatedAt: 2018-01-30T06:03:04.314Z },
       . . . 중략 . . .
  ]
```

bulkCreate에 JSON으로 이루어진 데이터를 리스트 형태로 만들어서 넘겨주면 됩니다. bulkCreate도 마찬가지로 생성된 데이터를 넘겨줍니다. 리스트 형태이기 때문에 결과도 리스트로 넘겨줍니다.

필요에 따라 create, findOrCreate, bulkCreate를 선택적으로 사용하면 됩니다.

4 데이터 수정/삭제

데이터를 수정/삭제할 땐 update와 destroy를 사용합니다.

4-1 수정 - update

update를 이용하여 데이터를 조회할 수 있습니다. 쿼리를 작성할 때 WHERE를 이용하여 특정 조건에 맞는 데이터만 수정했는데 sequelize에서도 where를 이용하여 필터링을 한 후 수정을 해야 합니다.

update는 첫 번째 인자로 수정할 데이터를 넣습니다. 두 번째 인자로 where를 이용하여 수정될 데이터를 찾습니다.

```javascript
1  let {users, boards} = require('./models')
2
3  users.update({
4      name: 'pjt'
5  }, {
6      where: { id: 2 }
7  }).then(( ) => {
8      console.log('end')
9  })
```

[코드 7-8] 실행 결과

```
end
```

[코드 7-8]은 id가 2인 로우를 찾고 name을 pjt로 바꿉니다.

update 메소드는 두 번째 인자로 where를 넣지 않으면 에러가 발생합니다.

```javascript
3  users.update({
4      name: 'pjt'
5  }).then(( ) => {
6      console.log('end')
7  })
```

```
throw new errors.AssertionError({
^


AssertionError [ERR_ASSERTION]: Missing where attribute in the options
parameter
```

where가 빠지면 에러가 발생하니 where를 넣지 않아서 모든 데이터가 수정되는 일은 없습니다.

4-2   삭제 – destroy

destroy를 이용하면 데이터를 삭제할 수 있습니다. update와 마찬가지로 where로 삭제할 값을
필터링한 후 삭제합니다. destroy도 where가 없으면 **에러**가 발생합니다.

[코드 7-9] destroy를 이용한 데이터 삭제   **(파일명: ./codes/ch/ch7/7.9.js)**

```
1  let {users, boards} = require('./models')
2
3  users.destroy({
4      where: { id: 2 }
5  }).then(() => {
6      console.log('end')
7  })
```

[코드 7-9] 실행 결과

```
end
```

id가 2인 값을 찾아서 데이터를 삭제합니다.

```
var {users, boards} = require('./models')

users.destroy().then((r) => {
    console.log(r)
})
```

```
throw new Error('Missing where or truncate attribute in the options
parameter of model.destroy.');
      ^


Error: Missing where or truncate attribute in the options parameter of
model.destroy.
```

destroy도 where이 없으면 에러가 발생합니다.

5 데이터 조회

sequelize에서 데이터 조회하는 방법은 다양합니다. findAll, find, findById, findAndCountAll
의 형태로 데이터를 조회할 수 있습니다.

5-1 findAll

findAll은 모든 데이터를 다 가져옵니다.

[코드 7-10] findAll – 모든 데이터 조회   (파일명: ./codes/ch/ch7/7.10.js)

```
1  let {users, boards} = require('./models')
2
3  users.findAll({}).then((result) => {
4      console.log(result)
5  })
```

[코드 7-10] 실행 결과

```
[ users {
    dataValues:
     { id: 1,
       name: '박정태',
       age: 26,
       createdAt: 2018-01-30T05:35:17.000Z,
       updatedAt: 2018-01-30T05:35:17.000Z },
  . . . 중 략 . . . ,
   users {
     dataValues:
      { id: 3,
        name: '철수',
        age: 26,
        createdAt: 2018-01-30T05:55:05.000Z,
        updatedAt: 2018-01-30T05:55:05.000Z },

     . . . 중 략 . . . ,
   ]
```

findAll을 사용할 때 where가 없으면 모든 값을 다 출력합니다. 그리고 raw: true를 이용하면 간결하게 결과를 확인할 수 있습니다.

```
1  let {users, boards} = require('./models')
2
3  users.findAll({raw: true}).then((result) => {
4      console.log(result)
5  })
```

```
[ { id: 1,
    name: '박정태',
    age: 26,
    createdAt: 2018-01-30T05:35:17.000Z,
    updatedAt: 2018-01-30T05:35:17.000Z },
  { id: 3,
    name: '철수',
    age: 26,
    createdAt: 2018-01-30T05:55:05.000Z,
    updatedAt: 2018-01-30T05:55:05.000Z },
  { id: 4,
    name: '정태',
    age: 26,
    createdAt: 2018-01-30T06:03:04.000Z,
    updatedAt: 2018-01-30T06:03:04.000Z },
  { id: 5,
    name: '정보문화사',
    age: 26,
    createdAt: 2018-01-30T06:03:04.000Z,
    updatedAt: 2018-01-30T06:03:04.000Z } ]
```

raw: true를 이용하면 쓸데없는 정보는 제외하고 필요한 데이터만 넘겨줍니다.

5-2 find

find는 가장 먼저 등장하는 하나의 데이터만 가져옵니다.

[코드 7-11] find – 가장 먼저 등장하는 데이터 조회   (파일명: ./codes/ch/ch7/7.11.js)

```
1  let {users, boards} = require('./models')
2
3  users.find({raw: true}).then((result) => {
4      console.log(result)
5  })
```

[코드 7-11] 실행 결과

```
{ id: 1,
  name: '박정태',
  age: 26,
  createdAt: 2018-01-30T05:35:17.000Z,
  updatedAt: 2018-01-30T05:35:17.000Z }
```

findAll은 여러 개의 데이터를 표현하기 때문에 리스트 형태로 반환하지만, find는 하나의 데이터이기 때문에 리스트가 아닌 하나의 JSON 형태로 가져옵니다.

5-3 findById

findById는 아이디 값을 이용하여 조회하는 메소드입니다.

[코드 7-12] findById – 아이디 값을 이용한 데이터 조회   (파일명: ./codes/ch/ch7/7.12.js)

```
1  let {users, boards} = require('./models')
2
3  users.findById(1).then((result) => {
4      console.log(result)
5  })
```

[코드 7-12] 실행 결과

```
users {
  dataValues:
   { id: 1,
     name: '박정태',
     age: 26,
     createdAt: 2018-01-30T05:35:17.000Z,
     updatedAt: 2018-01-30T05:35:17.000Z },
. . . 중 략 . .
```

id가 1인 데이터를 찾아서 가져옵니다. findById는 첫 번째 인자로 id 값을 받고, 두 번째 인자로 옵션을 설정합니다.

```
1  let {users, boards} = require('./models')
2
3  users.findById(1, {raw: true}).then((result) => {
4      console.log(result)
5  })
```

```
{ id: 1,
  name: '박정태',
  age: 26,
  createdAt: 2018-01-30T05:35:17.000Z,
  updatedAt: 2018-01-30T05:35:17.000Z }
```

5-4 findAndCountAll

findAndCountAll은 데이터를 조회하고 데이터와 전체 데이터의 개수를 받아올 수 있습니다.

[코드 7-13] findAndCountAll · (파일명: ./codes/ch/ch7/7.13.js)

```
1  let {users, boards} = require('./models')
2
3  users.findAndCountAll({raw: true}).then((result) => {
4      console.log(result)
5  })
```

[코드 7-13] 실행 결과

```
{ count: 4,
  rows:
   [ { id: 1,
       name: '박정태',
       age: 26,
       createdAt: 2018-01-30T05:35:17.000Z,
       updatedAt: 2018-01-30T05:35:17.000Z },
     { id: 3,
       name: '철수',
```

```
      age: 26,
      createdAt: 2018-01-30T05:55:05.000Z,
      updatedAt: 2018-01-30T05:55:05.000Z },
    { id: 4,
      name: '정태',
      age: 26,
      createdAt: 2018-01-30T06:03:04.000Z,
      updatedAt: 2018-01-30T06:03:04.000Z },
    { id: 5,
      name: '정보문화사',
      age: 26,
      createdAt: 2018-01-30T06:03:04.000Z,
      updatedAt: 2018-01-30T06:03:04.000Z } ] }
```

count와 rows로 전체 데이터의 개수와 데이터를 사용할 수 있습니다.

```
1  let {users, boards} = require('./models')
2
3  users.findAndCountAll({raw: true}).then((result) => {
4      console.log(result.count)
5      console.log(result.rows)
6  })
```

```
4
[ { id: 1,
    name: '박정태',
    age: 26,
    createdAt: 2018-01-30T05:35:17.000Z,
    updatedAt: 2018-01-30T05:35:17.000Z },
  { id: 3,
    name: '철수',
    age: 26,
    createdAt: 2018-01-30T05:55:05.000Z,
    updatedAt: 2018-01-30T05:55:05.000Z },
  { id: 4,
    name: '정태',
    age: 26,
    createdAt: 2018-01-30T06:03:04.000Z,
```

```
    updatedAt: 2018-01-30T06:03:04.000Z },
  { id: 5,
    name: '정보문화사',
    age: 26,
    createdAt: 2018-01-30T06:03:04.000Z,
    updatedAt: 2018-01-30T06:03:04.000Z } ]
```

5-5 데이터 조회 시 옵션 설정

데이터를 조회할 때 다양한 옵션을 넣어줄 수 있습니다.

ORDER BY, LIMIT, OFFSET, 컬럼 선택, WHERE를 할 수 있습니다.

• **컬럼 선택** : 특정 컬럼만 가져오고 싶을 땐 **attributes**를 사용합니다. attribute는 사용할 컬럼을
리스트로 전달합니다.

```
1  let {users, boards} = require('./models')
2
3  users.findAll({
4      attributes: ['id', 'name'],
5      raw: true
6  }).then((result) => {
7      console.log(result)
8  })
```

```
[ { id: 1, name: '박정태' },
  { id: 3, name: '철수' },
  { id: 4, name: '정태' },
  { id: 5, name: '정보문화사' } ]
```

• **LIMIT, OFFSET** : 쿼리문을 만들 때와 똑같은 기능을 합니다. 개수와 몇 번째 데이터부터 사용
할지 정해주는 키워드입니다. offset이 3이기 때문에 네 번째 데이터부터 1개만 출력합니다.

```
1  let {users, boards} = require('./models')
2
3  users.findAll({
4      attributes: ['id', 'name'],
5      raw: true,
```

```
 6        limit: 1,
 7        offset: 3
 8  }).then((result) => {
 9        console.log(result)
10  })
```

```
[ { id: 5, name: '정보문화사' } ]
```

- **ORDER BY** : 정렬을 할 땐 **order** 키워드를 사용합니다. id 값을 내림차순으로 정렬합니다. 만약 ASC를 전달하면 오름차순으로 출력합니다. 또한, order는 리스트 형태로 데이터를 받기 때문에 여러 개의 컬럼으로 정렬할 수 있습니다.

```
 1  let {users, boards} = require('./models')
 2
 3  users.findAll({
 4        attributes: ['id', 'name'],
 5        raw: true,
 6        // limit: 1,
 7        // offset: 3,
 8        order: [
 9            ['id', 'DESC']
10        ]
11  }).then((result) => {
12        console.log(result)
13  })
```

```
[ { id: 5, name: '정보문화사' },
  { id: 4, name: '정태' },
  { id: 3, name: '철수' },
  { id: 1, name: '박정태' } ]
```

- **WHERE** : 쿼리문을 조작할 때 WHERE를 사용한 것처럼 where를 사용할 수 있습니다. where를 이용하여 id가 1데이터를 찾아서 반환합니다.

```
 1  let {users, boards} = require('./models')
 2
 3  users.findAll({
```

```
 4        attributes: ['id', 'name'],
 5        raw: true,
 6        // limit: 1,
 7        // offset: 3,
 8        order: [
 9            ['id', 'DESC']
10        ],
11        where: {
12            id: 1
13        }
14 }).then((result) => {
15        console.log(result)
16 })
```

```
[ { id: 1, name: '박정태' } ]
```

쿼리문을 만들 때 AND, OR, LIKE같은 옵션을 줄 수 있었는데 sequelize에서도 똑같이 만들 수 있습니다.

```
$and:[{a: 10}, {a: 11}]    // (a = 10 AND a = 11)
$or: [{a: 10}, {a: 11}]    // (a = 10 OR a = 11)
$gt: 10,                   // > 10
$gte: 10,                  // >= 10
$lt: 10,                   // < 10
$lte: 10,                  // <= 10
$ne: 20,                   // != 20
$eq: 10,                   // = 10
$not: true,                // IS NOT TRUE
$between: [10, 20],        // BETWEEN 6 AND 10
$notBetween: [11, 15],     // NOT BETWEEN 11 AND 15
$in: [1, 2],               // IN [1, 2]
$notIn: [1, 2],            // NOT IN [1, 2]
$like: '%hat',             // LIKE '%hat'
$notLike: '%hat'           // NOT LIKE '%hat'
```

이러한 형태로 작성하면 됩니다. 해당 옵션들은 where에서 다음과 같이 사용하면 됩니다.

```javascript
1  let {users, boards} = require('./models')
2
3  users.findAll({
4      attributes: ['id', 'name'],
5      raw: true,
6      // limit: 1,
7      // offset: 3,
8      order: [
9          ['id', 'DESC']
10     ],
11     where: {
12         id: {
13             $between: [1,3]
14         }
15     }
16 }).then((result) => {
17     console.log(result)
18 })
```

id가 1, 2, 3인 데이터를 찾습니다. **where : { 컬럼 : {$연산자 : 값} }** 형태로 작성하면 됩니다.

• **join** : sequelize에서 join을 하기 위해서는 **include**를 사용합니다.

```javascript
1  let {users, boards} = require('./models')
2
3  users.findAll({
4      include: [
5          {
6              model: boards
7          }
8      ]
9  }).then((result) => {
10     console.log(result)
11 })
```

```
[ users {
    dataValues:
     { id: 1,
       name: '박정태',
       age: 26,
       createdAt: 2018-01-30T05:35:17.000Z,
       updatedAt: 2018-01-30T05:35:17.000Z,
       boards: [] },

 . . . 중 략 . . .

users {
    dataValues:
     { id: 5,
       name: '정보문화사',
       age: 26,
       createdAt: 2018-01-30T06:03:04.000Z,
       updatedAt: 2018-01-30T06:03:04.000Z,
       boards: [] }
]
```

기존에는 리스트 형태로 include에 넣어줄 수 있습니다. boards 컬럼이 [ ]가 되어 있습니다.
boards 테이블 userId에 user 테이블에 있는 id와 일치하는 게 없기 때문입니다. Users 테이블
에서 include를 하면 각 데이터에 있는 id에 따라 include에 등록한 boards 테이블에서 userId
가 일치하는 것들을 리스트로 가져옵니다.

그런데 여기서 raw: true를 하면 약간 다른 형태로 뜨게 됩니다.

```
[ { id: 1,
    name: '박정태',
    age: 26,
    createdAt: 2018-01-30T05:35:17.000Z,
    updatedAt: 2018-01-30T05:35:17.000Z,
    'boards.id': null,
    'boards.title': null,
    'boards.content': null,
    'boards.userId': null,
    'boards.createdAt': null,
    'boards.updatedAt': null },
. . . 중 략 . . .
  { id: 5,
    name: '정보문화사',
    age: 26,
    createdAt: 2018-01-30T06:03:04.000Z,
    updatedAt: 2018-01-30T06:03:04.000Z,
    'boards.id': null,
    'boards.title': null,
    'boards.content': null,
    'boards.userId': null,
    'boards.createdAt': null,
    'boards.updatedAt': null } ]
```

이러한 형태로 출력합니다. raw: true는 모든 결과를 루프 힌 번만 시용히여 출력할 수 있지만 raw: false일 때는 루프를 두 번 사용해야 합니다.

대신 raw: false는 유저당 어떤 게시물을 들고 있는지 바로 확인할 수 있습니다. 모든 결과가 필요할 땐 raw: true로 설정하면 되고 각 유저당 어떤 게시물을 작성했는지 알고 싶다면 raw: false로 설정하면 됩니다.

PART
8

알아두면 유용한 라이브러리

지금까지 클라이언트, 서버, 데이터베이스에 대해 다뤄봤습니다. 지금까지의 내용으로 멋진 서버 – 클라이언트를 만들 수 있습니다. 하지만 서비스를 만들다 보면 이메일 보내기, 파일 업로드, 다른 서버로 데이터 요청 등 다양한 것들을 해야 할 때가 많습니다. 이번 장에서는 서버를 만들면서 자주 사용하는 라이브러리들을 다룹니다.

_ 이메일 보내기
_ 요청 모듈
_ 파일 업로드
_ 사용자 인증
_ 노드 버전 관리

nodemailer 모듈을 이용하면 간편하게 메일을 보낼 수 있습니다. 단순히 텍스트 형태와 첨부파일을 포함하여 보낼 수 있습니다. node.js에서 사용하는 템플릿 엔진 라이브러리를 설치하여 미리 생성한 레이아웃에서 특정 데이터만 바꿔 전송할 수 있습니다.

1-1 nodemailer 설치

모듈을 사용하기 위해서는 제일 먼저 모듈을 설치해야 합니다.

```
$ npm install -s nodemailer
```

```
1  {
2    "name": "nodemailer",
3    "version": "1.0.0",
4    "description": "",
5    "scripts": {
6      "test": "echo \"Error: no test specified\" && exit 1"
7    },
8    "author": "",
9    "license": "ISC",
10   "dependencies": {
11     "nodemailer": "^4.4.2"
12   }
13 }
```

메일을 사용하기 위해 두 가지만 설정하면 됩니다. **메일 서버 설정, 메일 전송 옵션 설정**을 하면 메일을 보낼 수 있습니다.

```
const nodemailer = require('nodemailer');
```

설치한 nodemailer를 가져옵니다. 다음으로는 메일 서버 설정이 필요합니다.

```
let transporter = nodemailer.createTransport({
    service:'Gmail',
    auth: {
        user: email,
        pass: password
    },
    host: 'smtp.gmail.com',
    port: "465"
});
```

Gmail 서버로 설정합니다. auth의 user와 pass는 gmail 계정을 넣어주면 됩니다.

service는 어느 서비스인지 적어줍니다.

auth는 해당 서버의 계정입니다.

host는 메일 서버 주소입니다.

port는 메일 서버 포트 번호입니다.

다음으로 가장 중요한 메일 전송 옵션을 설정합니다.

```
let mailOptions = {
    from :'sender <' + email + '>',
    to: toEmail,
    subject: 'email 테스팅중',
    t.ext: '안녕하세요'
};
```

from은 보내는 사람입니다.

to는 받는 사람입니다.

subject는 메일 제목입니다.

text는 메일 텍스트 내용입니다.

이 옵션을 설정하기에 따라 HTML 레이아웃을 사용할 수도 있고, 파일첨부도 할 수 있습니다.

이제 설정한 메일 서버에 전송 옵션을 넘겨 메일만 보내주면 됩니다.

```
transporter.sendMail(mailOptions,  (err, info) => {
    transporter.close();
    if (err) {
        console.log(err);
    }
    console.log(info)
});
```

메일 서버를 설정한 객체에서 sendMail에 메일 전송 옵션을 넘겨주면 됩니다.

1-3 텍스트 형태 메일 보내기

[코드 8–1] 텍스트 형태 메일 보내기 (파일명: ./codes/ch/ch8/email/message.js)

```javascript
1  const nodemailer = require('nodemailer');
2
3  let transporter = nodemailer.createTransport({
4      service:'Gmail',
5      auth: {
6          user: 'Gmail 계정',
7          pass: 'Gmail 계정'
8      },
9      host: 'smtp.gmail.com',
10     port: "465"
11 });
12
13 let mailOptions = {
14     from :'sender <보내는 사람 mail 계정>',
15     to: '받는사람 메일',
16     subject: 'email 테스팅중',
17     text: '안녕하세요'
18 };
19
20 transporter.sendMail(mailOptions,  (err, info) => {
21     transporter.close();
22     if (err) {
23         console.log(err);
24     }
25     console.log(info)
26 });
```

코드는 복잡하지만, 부분씩 나눠서 보면 어렵지 않은 코드입니다. 해당 코드를 실행시키면 다음
과 같은 결과가 나옵니다.

```
{ accepted: [ 'pjt3591oo@naver.com' ],
  rejected: [],
  envelopeTime: 1024,
  messageTime: 995,
  messageSize: 349,
  response: '250 2.0.0 OK 1517115583 f7sm16916752pgq.66 - gsmtp',
  envelope: { from: 'pjt3591oo@gmail.com', to: [ 'pjt3591oo@naver.com' ] },
  messageId: '<5baf148e-6dfe-33a6-5712-ebcc5590e98b@gmail.com>' }
```

메일 보낸 응답 결과를 출력합니다. 메일에 들어가면 메일이 하나 와 있습니다.

[그림 8.1] 텍스트 형태 메일 보내기

[코드 8-2] 첨부파일 포함 메일 보내기   (파일명: ./codes/ch/ch8/email/file.js)

```javascript
1  const fs = require('fs')
2  const nodemailer = require('nodemailer')
3
4  let transporter = nodemailer.createTransport({
5      service:'Gmail',
6      auth: {
7          user: 'Gmail 계정',
8          pass: 'Gmail 계정'
9      },
10     host: 'smtp.gmail.com',
11     port: "465"
12 });
13
14 fs.readFile('./test.txt', (err, data)=>{
15     let mailOptions = {
16         from :'sender <보내는 사람 mail 계정>',
17         to: '받는사람 메일',
18         subject: 'email 테스팅중 – 첨부파일 테스트',
19         text: '안녕하세요',
20         attachments: [{'filename': 'test.txt', 'content': data}]
21     };
22
23     transporter.sendMail(mailOptions,  (err, info) => {
24         transporter.close();
25         if (err) {
26             console.log(err);
27         }
28         console.log(info)
29     });
30 })
```

첨부파일을 포함할 땐 메인 전송 옵션 중 **attachments**에 추가해주면 됩니다. 이때 fs로 파일을
읽은 데이터(바이너리 형태)와 파일 이름만 포함하면 됩니다.

```
{ accepted: [ 'pjt3591oo@naver.com' ],
  rejected: [],
  envelopeTime: 917,
  messageTime: 1229,
  messageSize: 752,
  response: '250 2.0.0 OK 1517316395 z71sm39425134pfg.115 - gsmtp',
  envelope: { from: 'pjt3591oo@gmail.com', to: [ 'pjt3591oo@naver.com'
] },
  messageId: '<6f431d84-f0c6-be12-ec5d-f771605eecc6@gmail.com>' }
```

메일에 들어가서 확인하면 첨부파일이 포함된 메일이 하나 옵니다. 여러 개의 파일을 한 번에 보내고 싶다면 attachments에 리스트를 더 추가하면 됩니다.

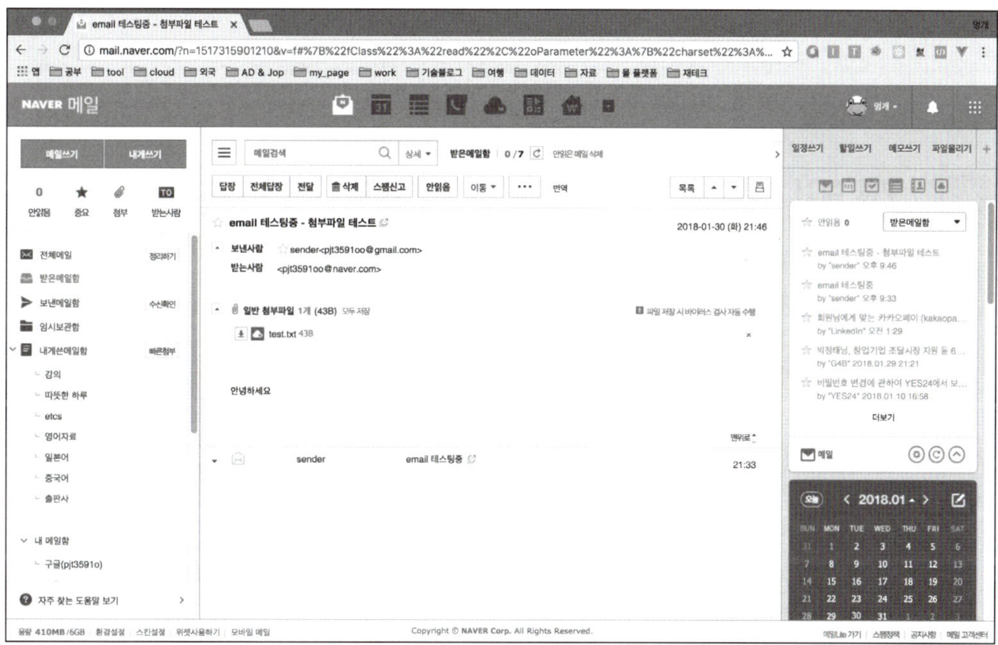

[그림 8.2] 첨부파일 메일 보내기

1-5 HTML 형태 메일 보내기

HTML의 형태로 메일을 보내고 싶을 때는 메일 옵션에서 text 대신 html을 사용하면 됩니다. html 옵션에 HTML 태그를 이용하여 꾸미면 됩니다.

```javascript
let mailOptions = {
    from :'sender <보내는 사람 mail 계정>',
    to: '받는사람 메일',
    subject: 'email 테스팅중 - html',
    html: '<h1>hello world</h1>'
};
```

2 요청 모듈

node에서 request 모듈을 사용하면 다른 서버로 요청을 보낼 수 있습니다.

2-1 모듈 설치

npm을 이용하여 모듈을 설치합니다.

```
$ npm install -s request
$ npm install -s cheerio
```

cheerio 모듈도 추가적으로 같이 설치합니다. cheerio는 node.js에서 크롤링할 때 주로 사용하는 모듈입니다.

```
1  {
2    "name": "crawler",
3    "version": "1.0.0",
4    "description": "",
5    "scripts": {
6      "test": "echo \"Error: no test specified\" && exit 1"
7    },
8    "author": "",
9    "license": "ISC",
10   "dependencies": {
```

```
11        "nodemailer": "^4.4.2"
12    }
13 }
```

2-2 request와 cherrio로 크롤러 만들기

request 모듈 사용법은 간단합니다.

```
1  const request = require('request');
2  const cheerio = require("cheerio");
3
4  let url = "https://pjt3591oo.github.io/";
5
6  request(url, (err, res, body) => {
7      console.log(res)
8      console.log(body)
9  });
```

request는 첫 번째 인자로 요청 주소, 두 번째 인자로 콜백함수를 전달합니다.

```
1  const request = require('request');
2  const cheerio = require("cheerio");
3
4  let url = "https://pjt3591oo.github.io/";
5
6  request(url, (err, res, body) => {
7      console.log(res)
8  });
```

cheerio를 이용하여 응답받은 body를 jquery 형태로 사용할 수 있습니다.

```
1  let $ = cheerio.load(body);
```

```
1  let posts = $('.wrapper .home .p')
2
3  posts.each((index,item) => {
4      let title= $(item).find('a').text()
```

```
5        let desc = $(item).find('h4').text()
6
7        console.log(title, desc)
8  });
```

jquery 형태로 돔에 접근하여 데이터를 가져올 수 있습니다.

[코드 8-3] cherrio를 이용한 크롤러   (파일명: ./codes/ch/ch8/crawler/crawler.js)

```
1  const request = require('request');
2  const cheerio = require("cheerio");
3
4  let url = "https://pjt3591oo.github.io/";
5
6  request(url, (err, res, body) => {
7      let $ = cheerio.load(body);
8      let posts = $('.wrapper .home .p')
9
10     posts.each( (index,item) => {
11         let title= $(item).find('a').text()
12         let desc = $(item).find('h4').text()
13
14         console.log(title, desc)
15     });
16 });
```

[코드 8-3] 실행 결과

```
[programming]  [react]  react 작업환경 설정
        react를 시작하기 전에 환경세팅을 해보자


[programming]  drag and drop을 이용하여 파일 업로드를 해보자
        query의 외부 라이브러리가 아닌 drag, drop 이벤트를 활용하여 기능 구현해보기


[database]  mysqldump를 이용하여 데이터 백업, 복원하기
        mysqldump를 이용하여 디비 백업과 source를 이용하여 데이터 복원을 해보자


[database]  mysql 원격접속하는 방법
        mysql 디비설정, 유저설정을 통해 원격접속
```

cherrio를 이용하면 사이트에 있는 정보를 파싱할 수 있습니다. 이 책은 크롤러를 위한 책이 아니기 때문에 크롤러에 대해 깊게 다루지 않습니다.

2-3 request 다양한 옵션

request는 요청 메소드 기본값 GET 요청입니다. request 호출시 첫 번째 인자에 다양한 정보를 포함할 수 있습니다.

```
 1  const request = require("request");
 2
 3  let url = 'https://pjt3591oo.github.io/'
 4
 5  request({
 6      uri: url,
 7      method: "GET",
 8      timeout: 10000,
 9      followRedirect: true
10  }, (err, res, body) => {
```

```
11        console.log(res);
12  } );
```

URI는 요청 주소입니다.

method는 요청 메소드입니다.

timeout은 타임아웃 설정입니다. 타임아웃은 설정된 시간 동안 응답이 없으면 에러로 간주합니다.

followRedirect는 페이지 새로고침 시 따라갈지 말지 선택하는 옵션입니다. true를 하면 페이지 새로고침 시 따라갑니다.

```
1  request({
2    form: {
3        data: "value"
4    },
5    method: 'POST'
6  }, (err, res, body) => {
7    console.log(res);
8  } );
```

POST, PUT, DELETE일 때는 form을 이용하여 데이터를 포함할 수 있습니다.

request 모듈을 분리된 서버 혹은 타 API 서버에 데이터를 요청하여 받아올 때 자주 사용하는 모듈입니다. cheerio를 활용하여 request로 받아온 HTML 코드를 파싱하는 방법까지 알아봤습니다.

3 파일 업로드

node.js에서는 multer 모듈을 사용하여 업로드를 간편하게 구현할 수 있습니다. multer는 이미지같은 파일을 업로드하는 것을 도와주는 모듈입니다. 게시판에서 첨부파일을 등록하거나, 쇼핑몰에서 제품 이미지를 업로드할 때 사용하는 모듈입니다.

multer는 미들웨어 형태로 사용합니다. multer를 이용하면 다수의 파일, 파일 개수 제한 등 여러 가지 설정을 통해 원하는 형태로 업로드할 수 있습니다.

3-1 모듈 설치

npm을 이용하여 모듈을 설치합니다.

```
$ npm install -s multer
```

```
1  {
2    "name": "fileupload",
3    "version": "1.0.0",
4    "description": "",
5    "scripts": {
6      "test": "echo \"Error: no test specified\" && exit 1"
7    },
8    "author": "",
9    "license": "ISC",
10   "dependencies": {
11     "multer": "^1.3.0"
12   }
13 }
```

3-2 단일 파일 업로드

file 하나만 업로드 할 땐 **multer.single** 형태로 미들웨어를 생성합니다.

3-2-1 업로드 페이지

업로드를 할 수 있는 페이지를 만들어 보겠습니다. 페이지는 간단하게 form 태그를 활용하여 html 파일을 제공합니다. JavaScript 없이 form 태그와 input 태그를 이용하면 간단하게 데이터 전송 기능을 구현할 수 있습니다.

[코드 8-3-1] 업로드 페이지　　　　　　　　　(파일명: ./codes/ch/ch8/file_upload/single.html)

```
1  <!DOCTYPE html>
2  <html>
```

```html
3 <head>
4     <title></title>
5 </head>
6 <body>
7     <form action="/singleupload" enctype="multipart/form-data"
8 method="post">
9         <!-- post 데이터 전송시 가장 중요한 속성은 name입니다. -->
10         title : <input type="text" name="title" />
11         <!-- file 전송의 type은 file입니다. -->
12         file : <input type="file" name="file" />
13         <button type="submit">upload</button>
14     </form>
15 </body>
16 </html>
```

submit 타입 버튼을 누르면 해당 버튼이 있는 form에 있는 데이터를 action과 method로 데이터를 전송합니다. 전송되는 데이터가 만들어지는 input 태그의 name 속성은 매우 중요합니다.

3-2-2 업로드 서버

[코드 8-3-2] 업로드 서버　　　　(파일명: ./codes/ch/ch8/file_upload/singleserver.js)

```js
1 const fs = require('fs');
2 const express = require('express')
3 const multer = require('multer')
4 let upload = multer({ dest: './uploads/' });
5 let app = express()
6
7 app.get('/single', (req, res) => {
8     fs.readFile('single.html', 'utf8', (err, data) => {
9         res.writeHead(200, { 'Content-Type': 'text/html' });
10        res.end(data);
11    });
12 });
13
14 app.post('/singleupload', upload.single('file'), (req, res) => {
15    console.log(req.body)
16    console.log(req.file)
```

```
17        res.status(204).end()
18    });
19
20    app.listen(3000, () => {
21        console.log('server on 3000 port')
22    });
```

multer를 가져온 후 파일이 어디에 저장될지 정할 수 있습니다. 그리고 미들웨어 형태로 사용합니다.

3~4라인은 multer를 가져온 후 어디에 저장될지 위치를 설정합니다. 위치가 설정된 upload 변수를 이용하여 미들웨어에 등록하면 끝입니다.

14~18라인은 /singleupload로 POST 요청을 한 데이터에서 file로 포함된 데이터를 다운받는다는 의미입니다. 다운받은 파일은 앞에서 dest로 설정한 위치로 다운로드 됩니다. upload.sing('file')에서 file인 이유는 index.html의 input 태그에서 name 속성값을 적어주면 됩니다. name 속성은 서버에서 해당 데이터에 접근하는 방법을 의미합니다. 타입이 text인 input 태그는 method가 POST이기 때문에 body에 포함되어 전송됩니다. **req.body.[name 속성값]** 형태로 접근할 수 있습니다.

서버를 가동하고 localhost:3000으로 접속한 후 파일을 선택하고 업로드 버튼을 누르면 dest에 설정한 위치로 업로드가 됩니다. 업로드가 되면 multer는 자체적으로 파일 이름을 바꾸어 저장합니다.

multer.single( )이 정상적으로 수행되면 요청 객체에 file을 추가합니다.

```
{ title: 'fie test' }
{ fieldname: 'file',
  originalname: 'phone.py',
  encoding: '7bit',
  mimetype: 'text/x-python-script',
  destination: './uploads/',
  filename: 'c456b3ea9af0f855def6fdab393b5037',
  path: 'uploads/c456b3ea9af0f855def6fdab393b5037',
  size: 2891 }
```

요청 객체에 추가된 file을 확인하면 파일 정보를 볼 수 있습니다.

3-3 다수의 파일 업로드

다수의 파일을 업로드 할 땐 **multer.array** 형태로 미들웨어를 등록합니다.

3-3-1 업로드 페이지

name을 똑같이 하여 type이 file인 input을 여러 개 만들어 다수의 파일을 전송합니다.

[코드 8-4-1] 업로드 페이지　　　　　　　　(파일명: ./codes/ch/ch8/file_upload/multi.html)

```html
1  <!DOCTYPE html>
2  <html>
3  <head>
4      <title></title>
5  </head>
6  <body>
7      <form action="/multiupload" enctype="multipart/form-data"
8  method="post">
9          title : <input type="text" name="title" />
10         file : <input type="file" name="file" />
11         file : <input type="file" name="file" />
12         file : <input type="file" name="file" />
13         <button type="submit">upload</button>
14     </form>
15 </body>
16 </html>
```

3-3-2 업로드 서버

[코드 8-4-2] 업로드 페이지　　　　　　　　(파일명: ./codes/ch/ch8/file_upload/multiserver.js)

```javascript
1  const fs = require('fs');
2  const express = require('express')
3  const multer = require('multer')
4  let upload = multer({ dest: './uploads/' });
5  let app = express()
6
7  app.get('/multi', (req, res) => {
8      fs.readFile('multi.html', 'utf8', (err, data) => {
```

```
 9            res.writeHead(200, { 'Content-Type': 'text/html' });
10            res.end(data);
11        });
12    });
13
14    app.post('/multiupload', upload.array('file'), (req, res) => {
15        console.log(req.body)
16        console.log(req.files)
17        res.status(204).end()
18    });
19
20    app.listen(3000, () => {
21        console.log('server on 3000 port')
22    });
```

다수의 파일을 전송할 땐 array를 사용합니다.

14~18라인은 single이랑 사용법은 똑같습니다.

15~16라인은 요청 객체에서 file이 아닌 files로 업로드한 파일을 확인할 수 있습니다.

```
{ title: 'test' }
[ { fieldname: 'file',
    originalname: '?????????? 2018-01-30 ???? 6.19.27.png',
    encoding: '7bit',
    mimetype: 'image/png',
    destination: './uploads/',
    filename: 'ab9e6310b24040b6fde453e28e5c5562',
    path: 'uploads/ab9e6310b24040b6fde453e28e5c5562',
    size: 52482 },
  { fieldname: 'file',
    originalname: '?????????? 2018-01-30 ???? 6.19.27.png',
    encoding: '7bit',
    mimetype: 'image/png',
    destination: './uploads/',
    filename: 'c7f3e4a3aee9474f7bf102444813be9b',
    path: 'uploads/c7f3e4a3aee9474f7bf102444813be9b',
    size: 52482 } ]
```

각 정보는 file과 똑같습니다. 단지 여러 개의 파일을 받았기 때문에 리스트로 파일들을 표현합니다.

array는 파일 업로드 개수 제한을 할 수 있습니다.

```
14  app.post('/multiupload', upload.array('file', 3), (req, res) => {
         . . .
18  });
```

두 번째 인자로 넘긴 숫자만큼 파일을 업로드 한다는 의미입니다. 즉, 3개의 파일만 업로드 받는다는 의미입니다.

array 대신 fields를 사용할 수 있는데 array나 single은 input 태그에서 name 속성을 한 가지로만 정의해서 사용하지만, fields를 이용하면 여러 개의 name을 사용할 수 있습니다.

```
var op = upload.fields([{ name: 'file1' }, { name: 'file2' }])
app.post('/', op, (req, res) => {

});
```

file1과 file2에 해당하는 파일을 업로드 받습니다. 각 필드의 업로드 파일 개수 설정도 가능합니다.

```
let op = upload.fields([
    { name: 'file1', maxCount: 1 },
    { name: 'file2', maxCount: 4 }
])
```

file1은 1개, file2는 4개의 파일까지 업로드가 가능합니다.

3-4 파일 업로드 속성

multer를 이용하여 저장 경로를 설정했습니다.

```
Const multer = require('multer')
let upload = multer({
  storage: multer.diskStorage({
```

```javascript
    destination: (req, file, cb) => {
      // 파일 업로드 경로 설정
      cb(null, 'uploads/');
    },

    filename: (req, file, cb) => {
      // 파일 이름 설정
      cb(null, file.originalname);
    }

  }),
});
```

여기서 저장 경로뿐만 아니라 파일명을 설정할 수 있습니다. destination과 filename은 세 번째 인자로 콜백함수를 받는데, 두 번째 인자로 설정한 값으로 저장 경로와 파일 이름을 설정합니다. 만약 첫 번째 인자에 null이 아닌 값을 넣어주면 에러로 간주합니다.

파일 이름을 설정할 땐 원래의 파일 이름을 그대로 저장하지 않습니다. 왜냐하면 파일 이름이 겹칠 수 있기 때문에 timestamp나 해시값을 사용하여 바꿔주는 것이 좋습니다. 또한 mimetype에 따라 확장자를 붙여주면 정상적인 파일 사용이 가능해집니다.

filename에서 확장자를 붙여주지 않으면 확장자 없이 저장되기 때문에 정상적인 사용이 불가능합니다. 그러므로 filename에서 확장자를 붙여 정상적인 사용이 가능한 파일로 저장하면 됩니다.

파일 업로드를 자체 서버가 아닌 다른 해당 서버를 거쳐 다른 서버(예를 들어 S3[1])로 전송을 할 수도 있습니다. 파일을 업로드하고 다른 서버로 넘겨준 뒤 해당 파일을 삭제하는 과정을 거쳐야 합니다. 디스크가 아닌 임시로 메모리에 저장하면 삭제하는 과정이 필요 없습니다.

다음과 같이 작성하면 메모리에 임시로 저장할 수 있습니다.

```javascript
const multer = require('multer')
let upload = multer({
  storage: multer.memoryStorage(),
});
```

---

1 S3 : S3는 아마존에서 제공하는 데이터를 저장하고 검색할 수 있는 서비스

이렇게 설정한 multer 옵션을 가진 upload를 미들웨어로 등록한 후 해당 API로 업로드하면 다음과 같이 결과를 출력합니다.

```
{ title: 'a' }
{ fieldname: 'file',
  originalname: '?????????? 2018-01-30 ???? 6.19.27.png',
  encoding: '7bit',
  mimetype: 'image/png',
  buffer: <Buffer 89 50 4e 47 0d 0a 1a 0a 00 00 00 0d 49 48 44 52 00
00 04 1e 00 00 00 ce 08 06 00 00 00 99 d7 c1 0f 00 00 0c 14 69 43 43
50 49 43 43 20 50 72 6f 66 69 ... >,
  size: 52482 }
```

filename이나 path, destination이 뜨지 않고 buffer가 뜹니다. buffer와 fieldname, originalname을 다른 서버로 전송하면 됩니다. 이렇게 전송된 데이터는 해당 서버에서 메모리에만 저장되기 때문에 파일을 다운받지 않습니다. 앞에 설정한 방식은 디스크에 저장하는 방식이고 이 방식은 메모리(버퍼)에 저장하는 방식입니다. 메모리는 휘발성 장치이기 때문에 영구적으로 저장하지 않습니다.

메모리를 사용하기 때문에 대량의 파일을 업로드 하거나 용량이 큰 파일을 업로드 할 땐 해당 애플리케이션 메모리가 부족해지는 현상이 발생할 수 있습니다. 메모리를 사용할 땐 항상 주의해야 합니다.

4 사용자 인증

어떤 서비스를 이용하든지 회원가입/로그인은 반드시 들어가는 기능입니다. 로그인을 하거나 특정 API를 사용할 때 사용자 인증을 하는 방법은 매우 많습니다. passport를 이용하면 facebook이나 naver같은 로그인을 이용할 수 있습니다**(사용자 인증 관련 코드는 ./codes/ch/ch8/auth에서 확인할 수 있습니다)**.

4-1 자체 로그인 구현

passport를 이용하여 로그인을 구현할 수 있습니다.

4-1-1 모듈 설치

passport는 세션을 이용하기 때문에 express-session 모듈도 설치해야 합니다.

```
$ npm install -s express
$ npm install -s express-session
$ npm install -s passport
$ npm install -s passport-local
$ npm install -s passport-facebook
```

passport를 이용하여 로그인 형태에 따라 설치하는 모듈이 나뉩니다. passport-local은 자체적인 로그인을 구현할 때 사용하고 passport-facebook, passport-google-oauth, passport-naver와 같이 다양한 서비스를 이용하여 로그인을 구현할 수 있습니다.

```
1  {
2    "name": "auth",
3    "version": "1.0.0",
4    "description": "",
5    "scripts": {
6      "test": "echo \"Error: no test specified\" && exit 1"
7    },
8    "author": "",
9    "license": "ISC",
```

```
10    "dependencies": {
11      "express": "^4.16.2",
12      "express-session": "^1.15.6",
13      "passport": "^0.4.0",
14      "passport-local": "^1.0.0"
15    }
16  }
```

 미들웨어 설정

passport의 원리는 사용자 인증을 하는 미들웨어를 만드는 것입니다. passport 설정을 하는 부분을 만들어 보겠습니다.

[코드 8-5-1] passport 설정　　　　　　　(파일명: ./codes/ch/ch8/auth/passportmiddlewatr.js)

```
 1  const passport = require('passport');
 2  const LocalStrategy = require('passport-local').Strategy;
 3
 4  passport.serializeUser((user, done) => {
 5      done(null, user);
 6  });
 7
 8  passport.deserializeUser((user, done) => {
 9      done(null, user); // 여기의 user가 req.user가 됨
10  });
11
12  passport.use(new LocalStrategy({ // local 로그인 구현
13          usernameField: 'id',
14          passwordField: 'password',
15          session: true,
16          passReqToCallback: false,
17      }, (id, password, done) => {
18          console.log(id, password)
19          if(id == password){
20              done(null, {id: id, name: ''})
21          }else{
22              done(true, false, {message: 'login fail'})
23          }
```

```
24  }))
25
26  module.exports = passport
```

모듈로 만든 passport를 호출하여 미들웨어 등록만 하면 끝입니다. 해당 코드가 어떤 역할을 하는지 알아보겠습니다.

1~2라인에서 가장 먼저 passport와 passport-local을 호출합니다. 로그인 구현 형태에 따라서 passport-local을 호출하거나 passport-facebook을 호출하면 됩니다.

4~10라인은 필수적으로 들어가는 부분입니다. 2개의 콜백함수를 등록합니다. serializeUser는 로그인 성공 시 실행하는 콜백함수를 등록합니다. deserializeUser 서버로 요청이 있을 때마다 호출되는 콜백함수를 등록합니다. serializeUser에서 생성한 세션 값을 가져오게 됩니다.

A라는 사람이 로그인하면 serializeUser에 등록된 콜백함수가 실행되어 서버 측 세션이 만들어집니다. 서버에 요청할 때마다 deserializeUser에 등록된 콜백함수가 실행되면서 서버는 A라는 유저의 세션 정보를 사용할 수 있습니다. 만약 B가 로그인했다면 B 유저의 세션 정보를 사용할 수 있습니다. 세션 정보는 요청 객체인 **req.user**로 사용할 수 있습니다.

콜백함수는 2개의 인자를 받습니다.
첫 번째 인자는 에러 유무입니다.
두 번째 인자는 serializeUser에서는 세션 정보를 만드는 것이고 deserializeUser에서는 serializeUser에서 만든 세션 정보를 받습니다.

12~24라인은 serializeUser에서 어떤 세션 정보를 만들지 done을 이용하여 전달하는 부분입니다. LocalStrategy를 생성할 때 첫 번째 인자로 옵션값이 들어갑니다. usernameField와 passwordField는 body에 포함된 데이터를 의미합니다. body에 있는 id와 password를 사용한다는 의미입니다. {id: ", passport: "} 형태로 된 데이터를 검사합니다. session은 세션에 저장할지 말지 판단하는 부분입니다. true를 해야 정상적으로 세션에 저장합니다. passReqToCallback는 LocalStrategy 두 번째 인자로 설정된 콜백함수에서 첫 번째 인자를 요청 객체를 넣을지 말지 결정하는 부분입니다. true를 하면 요청 객체를 포함합니다.

LocalStrategy의 두 번째 인자로 (요청 객체 – 선택, id값, password값, done)을 받습니다. 여기서 done을 호출하면 두 번째 인자로 전달한 값을 serializeUser이 첫 번째 인자로 받아서 세션을 만듭니다. 만약 passReqToCallback이 false라면 **(id값, password값, done) =〉 { }** 형태로 작성합니다.

콜백함수에는 id와 password를 검사하여 done을 호출합니다. done은 두 번째는 세션에 저장할 정보를 넘깁니다. 그리고 serializeUser가 호출되고 세션을 만듭니다. 만약 두 번째 인자가 false라면 해당 요청을 실패로 처리합니다.

앞의 코드는 id와 password가 일치하면 세션을 만듭니다.

이제 이렇게 만든 passport를 미들웨어로 등록하고 사용하면 됩니다.

```
1  const express = require('express');
2  const path = require('path');
3  const fs = require('fs');
4  const bodyParser = require('body-parser');
5  const session = require('express-session');
6  const passport = require('./passportmiddleware');
7
8  let app = express();
9  app.use(bodyParser.urlencoded({ extended: false }));
10 app.use(bodyParser.json());
11 app.use(session({
12     secret: 'asdfafdsafasdfasdf',
13     resave: true,
14     saveUninitialized: false,
15     cookie: {
16         maxAge: 1000 * 60 * 60 * 24 * 3// 1000 * 60 * 60 = 1시간 *
17 24 = 하루 * 3 = 3일
18     }
19 })); // 세션 설정
20
21 app.use(passport.initialize()); // passport 구동
22 app.use(passport.session()); // 세션 연결
23
24 app.use(express.static(path.join(__dirname, 'html')));
25
```

```javascript
26  app.get('/', (req, res) => {
27      fs.readFile('login.html', (err, data) => {
28          res.writeHead(200, { 'Content-Type': 'text/html' });
29          res.end(data);
30      })
31  })
32
33  app.get('/failur', (req, res) => {
34      console.log(req.user)
35      res.send('failur')
36  })
37
38  app.get('/success', (req, res) => {
39      console.log(req.user)
40      res.send('success')
41  })
42
43  app.post('/login', passport.authenticate('local', {
44      failureRedirect: '/failur',
45      successRedirect: '/success'
46  }));
47
48  app.listen(3000, () => {
49    console.log('Server on 3000 Port');
50  });
```

/login으로 POST 요청에 passport를 이용하여 우리가 만든 로그인 정책 미들웨어를 추가합니다. 우리는 자체적으로 만든 정책을 사용하기 때문에 local을 넘겨줍니다. facebook 로그인일 땐 facebook을 전달합니다. 그리고 두 번째 인자로 성공, 실패에 대한 리다이렉션을 설정합니다. 여기서 실패는 앞에서 정책을 만들 때 done(null, false)에서 두 번째 인자가 false인 경우를 의미합니다.

localhost:3000을 접속하면 로그인할 수 있는 양식을 제공합니다. id와 password를 입력한 후 입력값이 같으면 /success 페이지를, 실패했으면 /failur 페이지가 나타납니다. 이때 중요한 건 각 API에서 req.user를 출력하는 데, 성공 페이지에서는 {id: '값', name: ''}이 뜰 것이고 실패 페이지에서는 undefined가 뜹니다.

req.user가 {id: '', name: ''} 형태로 저장된 이유는 passport에서 로컬 로그인을 구현할 때 done(null, {id: id, name: ''})으로 해주었기 때문입니다.

여기서 중요한 점은 세션은 서버 메모리에 저장됩니다. 로그인이 성공해서 req.user가 있다면 서버가 종료되기 전까지 req.user가 존재하기 때문에 실패 페이지를 접속해도 해당 값이 출력됩니다. 이 부분을 테스트하기 위해서는 로그인을 해보고 서버 재시작을 해서 세션을 비워줘야 합니다.

이제 어느 API를 사용하든지 req.user로 유저가 로그인을 했는지 안 했는지 알 수 있습니다.

4-1-3 로그인 검사

req.user로 유저가 로그인 여부를 알 수 있습니다. 로그인이 필요한 서비스를 이용할 땐 이러한 형태로 로그인을 검사할 수 있습니다.

```
const loginCheck = (req, res, next) => {
    if(!req.user) res.redirect('로그인 페이지')
    else next()
}


app.use('/', loginCheck, router)
```

4-2 페이스북 로그인 구현

passport-facebook을 이용하면 페이스북을 이용하여 로그인을 구현할 수 있습니다.

4-2-1 페이스북 개발자 센터 등록

페이스북 로그인을 하기 위해서는 페이스북 개발자 센터에 들어가서 앱을 등록한 뒤 클라이언트 아이디와 클라이언트 시크릿키를 발급받아야 합니다.

https://developers.facebook.com에 접속하여 앱을 등록해 준 뒤 키를 발급받으면 됩니다.

[그림 8.3] 페이스북 개발자 센터 대시보드

test 이름으로 등록한 대시보드입니다. 상단에 ID와 앱 시크릿 코드가 보입니다. 이 값들을 잘 기억해야 합니다. 아래에 플랫폼 추가가 있는데 이 부분이 해당 서비스를 이용하는 URL 주소를 입력합니다. 지금은 테스트를 하므로 http://localhost:3000을 입력하지만, 실제 서비스에서는 해당 URL(IP) 주소를 입력합니다.

[그림 8.4] callbackURL 등록

미들웨어 설정은 앞에서 설정한 것과 똑같습니다. passport.use로 등록, 자체 인증을 할 땐 passport-local을 이용했는데 페이스북 로그인을 할 땐 passport-facebook을 이용합니다.

```
const FacebookStrategy = require('passport-facebook').Strategy;


. . . 중 략 . . .


passport.use(new FacebookStrategy({
        clientID: ' 페이스북 개발자 사이트에서 찾아서 넣으세요 ',
        clientSecret: '페이스북 개발자 사이트에서 찾아서 넣으세요',
        callbackURL: "http://localhost:3000/auth/facebook/callback"
    }, (accessToken, refreshToken, profile, done) => {
        console.log(profile);
        done(null,profile);
    }
));


module.exports = passport
```

passport-facebook을 이용하여 passport에 등록합니다.

```
app.get('/fblogin/facebook', passport.authenticate('facebook'));
app.post('/fblogin/facebook/callback',
passport.authenticate('facebook', {
    failureRedirect: '/failur',
    successRedirect: '/success'
}));
```

로그인을 구현하려는 페이지에서 /fblogin/facebook을 호출하면 페이스북 로그인 페이지로 넘어갑니다. 만약 페이스북이 로그인 상태라면 로그인은 추가적으로 하지 않습니다.

로그인 성공 유무에 따라 new FacebookStrategy에 정의된 callbackURL이 호출되고 여기서 두 번째 인자로 전달된 콜백함수는 new LocalStrategy를 한 부분과 똑같이 동작합니다. 대신 이 부분은 직접 아이디와 패스워드를 받지 않기 때문에 아이디와 패스워드가 아닌 **토큰, 프로필 정보**를 받아옵니다. done에 따라 failureRedirect나 successRedirect가 호출됩니다. 이 부분은 passport-local과 똑같이 동작합니다.

```html
1  <!DOCTYPE html>
2  <html>
3  <head>
4      <title></title>
5  </head>
6  <body>
7      <div class="facebook-login">
8          <form action="/fblogin/facebook" method="get">
9              <button type="submit">facebook login</button>
10         </form>
11     </div>
12 </body>
13 </html>
```

서버에서 해당 페이지로 접속한 후 facebook login 버튼을 누르면 페이스북 로그인 상태에 따라 로그인을 하라는 페이지가 안 뜰 수도 있습니다.

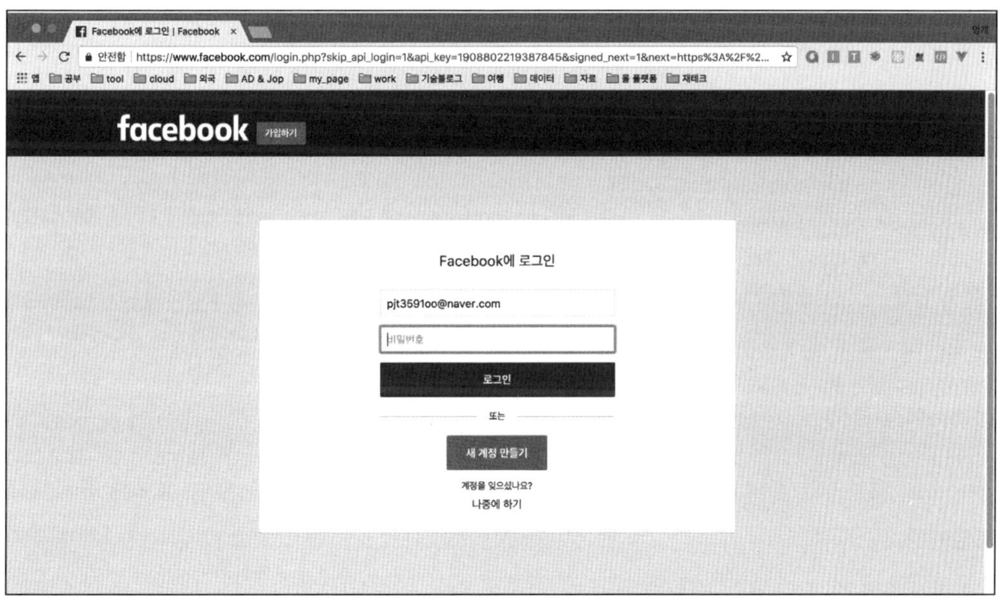

[그림 8.5] 페이스북 로그인

여기서 로그인을 하면 FacebookStrategy에 두 번째 인자로 등록한 콜백함수가 실행되면서 첫 번째 인자에 등록된 callbackURL에 실패 성공을 알립니다. 여기서 성공/실패는 done에 두 번째 인자가 false인지 아닌지에 따라 다릅니다. 페이스북은 첫 번째 인자로 전달받은 accessToken을 이용하여 바로 회원가입까지 진행할 수 있습니다.

다른 서비스를 사용하는 것도 페이스북을 이용해서 로그인하는 방식과 매우 유사한 형태로 구현합니다.

4-3 로그아웃 구현

로그아웃은 구현하기 매우 쉽습니다. 로그아웃 API에서 **req.logout( )**만 호출해주면 끝입니다. 해당 유저의 세션 정보를 지우는 작업을 합니다.

```javascript
app.post('/logout', (req, res) => {
    req.logout()
    res.send('<h1>로그아웃 완료</h1>')
});
```

클라이언트 측에서 POST 요청으로 /logout을 접속하면 로그아웃을 합니다.

```html
<div class="logout">
    <form action="/logout" method="POST">
        <button type="submit">logout</button>
    </form>
</div>
```

클라이언트 측에 로그아웃 버튼을 추가합니다.

/success 페이지와 /failur 페이지를 접속하면 console.log(req.user)로 세션 정보를 출력하고 있습니다.

메인화면에서 로컬 부분이나 페이스북 로그인을 성공하면, success 페이지로 이동합니다. /success 페이지를 접속할 때마다 해당 유저의 세션 정보가 출력됩니다. 만약 크롬으로 로그인이 된 상태라면 다른 브라우저로 /success 페이지를 접속한다면 세션 정보가 없다고 뜰 겁니다.

/로 돌아와 로그아웃 버튼을 눌러줍니다. 그리고 다시 /success로 이동하면 undefined가 뜹니다. 해당 유저의 세션 정보를 삭제했기 때문입니다.

4-4 로그인 검사

/success는 로그인 유저만 검사하기 위해서는 미들웨어로 req.user가 있는지 해주면 됩니다. req.user에 세션 정보가 있으면 next( )로 다음 미들웨어를 실행하고 만약 req.user가 없다면 /로 이동시킵니다.

```
app.get('/success', (req, res, next)=> {
    if(req.user)next();
    else res.redirect('/')
}, (req, res) => {
    console.log(req.user)
    res.send('success')
})
```

5 노드 버전 관리

노드는 지금까지 상당히 많은 버전을 출시했습니다. 간혹가다가 버전 간의 문제 때문에 에러가 발생하는 경우가 종종 있습니다. node에서는 n이라고 하는 도구로 노드의 버전을 관리할 수 있습니다.

https://github.com/nodejs/Release#release-schedule 해당 링크로 이동하면 노드 버전 간 LTS 지원 일정표를 확인할 수 있습니다.

이 책을 쓰는 시점 기준으로 LTS 버전은 8.9.4 버전이고 현재 최신 버전은 9.4.0 버전입니다. 노드는 상당히 빠르게 새로운 버전이 출시되기 때문에 매번 새로 설치하기가 매우 번거롭습니다.

5-1 n 설치

n을 이용하면 노드의 버전을 간단하게 관리할 수 있습니다. n은 터미널에서 사용하는 도구이기 때문에 npm을 이용하여 -g 옵션으로 글로벌 모드로 설치합니다.

```
$ npm install -g n
```

```
$ n --version
2.1.7
```

--version을 했을 때 에러 없이 버전이 뜬다면 정상적으로 설치가 완료된 것입니다.

5-2 n을 이용하여 버전 설치

n은 콘솔(터미널) 창에서 사용하는 방법이 매우 간단합니다.

```
$ n latest
$ n stable
$ n lts
```

latest는 가장 최신 버전을 설치합니다.

stable은 가장 안정적인 버전을 설치합니다.

lts는 LTS 버전을 설치합니다.

5-3 설치 가능/ 설치된 버전 리스트 보기

list 옵션을 사용하면 현재 설치된 버전과 설치 가능 버전을 볼 수 있습니다.

```
$ n list
. . . 중 략 . . .
    8.4.0
    8.5.0
    8.6.0
    8.7.0
    8.8.0
  o 8.8.1
    8.9.0
    8.9.1

. . . 중 략 . . .
```

list 옵션을 사용하면 설치 가능한 버전을 모두 띄워줍니다. 설치된 버전은 흰색으로 표시되고 사용 중인 버전은 흰색 좌측에 원형 표시가 됩니다. n만 입력한 후 실행하면 설치된 버전만 표시 됩니다.

```
$ n
    node/6.11.5
  o node/8.8.1
```

5-4 버전 설치/선택하기

버전을 선택할 땐 n [버전] 형태로 입력합니다. 선택한 버전이 설치되어 있지 않다면, 설치를 진행합니다.

```
$ sudo n 8.9.4
  install : node-v8.9.4
     mkdir : /usr/local/n/versions/node/8.9.4
     fetch : https://nodejs.org/dist/v8.9.4/node-v8.9.4-darwin-x64.tar.gz

    . . . 설 치 중. . .

   installed : v8.9.4
```

```
$ n
    node/6.11.5
    node/8.8.1
  o node/8.9.4
```

8.9.4 버전은 없던 버전이기 때문에 새로 설치한 후에 해당 버전을 선택합니다.

버전을 선택할 땐 항상 관리자 권한으로 실행해야 합니다. 윈도우는 터미널을 관리자 권한으로 실행하고 맥이나 리눅스는 sudo를 이용하여 설치하면 됩니다.

5-5 버전 삭제

삭제하는 방법은 설치하는 것만큼 간단합니다. n rm [버전] 형태로 삭제할 수 있습니다.

```
$ sudo n rm 8.9.4

   Error: cannot remove currently active version (node/8.9.4)
```

삭제할 때 주의사항은 해당 버전을 사용 중이라면 삭제를 할 수 없습니다. 8.9.4 버전을 삭제하고 싶다면 다른 버전으로 바꾸고 삭제해야 합니다. 또한 삭제도 관리자 권한으로 실행해야 합니다.

```
$ sudo n 8.8.1
$ sudo n rm 8.9.4
```

삭제가 정상적으로 완료되면 아무런 메시지를 출력하지 않습니다.

```
$ n
  node/6.11.5
o node/8.8.1
```

버전을 확인하면 삭제가 정상적으로 이루어졌습니다.

nodemailer를 이용하여 메일 보내는 방법, request와 cheerio를 이용하여 타 서버에 데이터를 요청하는 방법과 간단하게 크롤링하는 방법을 다뤘습니다. 또한, multer를 이용한 파일 업로드, passport를 이용하여 자체 로그인 시스템 구축 방법과 facebook을 이용한 로그인을 구현했습니다. 마지막으로 n을 이용하여 노드의 버전을 관리하는 방법에 대해 알아보았습니다.

이번 장은 서버를 만들면서 자주 사용하는 모듈에 대해 다뤄봤습니다. 다음 장에서는 소켓을 이용하여 채팅을 구현하는 데 필요한 socket.io에 대해 다룹니다.

PART
9

소켓 socket

소켓을 활용하여 서버–클라이언트 간 메시지를 주고받는 방법을 배웁니다. 앞에서 배운 서버는 http 통신 기반입니다. http 통신에서 서버는 클라이언트가 요청한 것에 대해서만 처리할 수 있습니다. 즉, 서버가 클라이언트에게 먼저 요청을 할 수 없습니다. 소켓을 사용하면 서버가 먼저 클라이언트에게 메시지를 줄 수 있습니다.

_ 소켓 사용을 위한 설정
_ 다양한 형태로 소켓 서버 구축

소켓을 이용하면 멋진 채팅 시스템을 만들 수 있습니다.

소켓을 사용하기 위해서는 두 가지 설정을 해야 합니다. 소켓 서버를 생성한 후, 클라이언트에서 서버에 생성된 소켓 서버에 접속을 해야 합니다.

1-1 필요 모듈 설치

소켓을 사용하는 데 필요한 모듈을 설치합니다. express에서는 소켓을 사용하기 위해 socket.io를 사용합니다. nuxt.js에서는 socket.io-client를 사용합니다. 추가로 서버와 클라이언트는 express와 nuxt.js를 사용하기 때문에 express, nuxt.js도 설치합니다.

```
$ npm install -s express
$ npm install -s nuxt.js
$ npm install -s socket.io
$ npm install -s socket.io-client
```

socket.io는 express에서 사용하고, socket.io-client는 nuxt.js에서 사용합니다.

[코드 9-1-1] 소켓 사용을 위한 준비 – package.json　　**(파일명: ./codes/ch9/ready/package.json)**

```
1  {
2    "name": "socket",
3    "version": "1.0.0",
4    "description": "",
5    "scripts": {
6      "dev": "nuxt"
7    },
8    "dependencies": {
9      "express": "^4.14.0",
10     "nuxt": "latest",
11     "socket.io": "^1.7.2",
12     "socket.io-client": "^1.7.2"
13   },
14   "author": "",
15   "license": "ISC"
16 }
```

필요한 모듈 설치가 끝났습니다. 이제 서버와 클라이언트에서 소켓 사용을 위한 준비를 합니다.

1-2 소켓 사용을 위한 준비 - 서버

express에서 소켓을 사용하는 방법은 간단합니다. http 통신을 위해 http 모듈을 가져오고 createServer를 이용하여 서버를 생성합니다. 여기서 생성된 http 객체를 socket.io에 전달만 해주면 됩니다.

[코드 9-1-2] 소켓 사용을 위한 준비 - 서버　　　　(파일명: ./codes/ch9/ready/readyServer.js)

```
 1  const express = require('express')
 2  let app = express()
 3
 4  const http = require('http')
 5  let server = http.createServer(app)
 6
 7  const socket = require('socket.io')
 8  let io = socket(server)
 9
10  server.listen(3001, () => {
11      console.log('server on 3001 Port')
12  })
13
14  let chat = io.of('/chat').on('connection', (socket) => {
15
16      socket.on('everyBodySend', (msg) =>{ // 클라이언트 이벤트 받기
17          socket.emit('everyBodySend', msg) // 클라이언트에게 이벤트 주기
18      })
19  })
```

앞에서 express를 다뤘을 때와 크게 다르진 않습니다. 다만 socket.io만 추가됐습니다.

4~8라인은 express 앱으로 만든 서버 객체를 socket.io에 전달하면 소켓 사용 준비가 끝입니다.

14~19라인은 뒤에서 자세히 다루겠지만 간단하게 짚고 넘어가겠습니다. 소켓 설정이 끝나면 클라이언트와 데이터를 주고받는 부분이 필요합니다. 해당 부분이 클라이언트와 데이터를 주고받는 부분입니다. 코드는 상당히 짧지만, 소켓의 거의 모든 것이 들어 있는 코드입니다.

io는 socket에 express 앱을 등록한 객체를 전달하여 만든 소켓 객체입니다. 해당 객체를 이용하여 엔드 포인트를 설정합니다. 소켓으로 localhost:3001/chat에 접속하면 해당 소켓 서버로 접속할 수 있습니다.

소켓에서는 on과 emit을 이용하여 구현합니다. on은 이벤트를 받고, emit은 이벤트를 전달합니다. 서버와 클라이언트는 누구나 on과 emit을 이용하여 이벤트를 주고받을 수 있습니다.

io.on('connection')은 해당 소켓 서버에 접속할 때 발생하는 이벤트입니다. 그리고 두 번째 인자로 접속한 소켓 정보를 콜백형태로 받습니다.

socket.on과 socket.emit은 이벤트를 발생시키고 받는 부분인데 간단하게 데이터를 요청하고 받는 부분이라고 이해하면 됩니다. emit 앞에 broadcast나 to를 이용하여 어떤 소켓들에 이벤트를 발생시킬지 정할 수 있습니다. 해당 부분에 따라 특정 그룹에 등록된 소켓, 특정 소켓, 다수의 소켓들에 이벤트를 발생시킬 수 있습니다.

1-3 소켓 사용을 위한 준비 – 클라이언트

nuxt.js에서 소켓을 사용하는 방법을 알아보겠습니다. nuxt.js에서는 socket을 사용하기 위해 socket.io-client 모듈이 필요합니다. 모듈 이름에서도 알 수 있듯이 클라이언트를 위한 소켓 모듈입니다. nuxt.js에서 소켓을 사용하기 위해 플러그인에서 소켓에 연결만 해주면 됩니다. 연결된 소켓 정보를 사용하여 소켓 서버와 데이터를 주고받을 수 있습니다.

[코드 9-1-3] 소켓 사용을 위한 준비 – 클라이언트 플러그인 설정
(파일명: ./codes/ch9/ready/plugins/socket.io.js)

```
1  import io from 'socket.io-client'
2  const socket = io('http://localhost:3001/chat')
3
4  export default socket
```

plugins에 소켓 서버와 연결된 소켓 객체를 생성합니다. 앞에서 소켓 서버의 엔드 포인트를 /chat으로 생성했기 때문에 /chat으로 접속합니다. 이제 각 페이지에서 해당 모듈만 import 하여 사용하면 됩니다.

각 페이지 plugins에 만든 socket.io.js 파일만 가져다가 사용하면 끝입니다. 파일명은 원하는 형태로 작성해도 됩니다.

[코드 9-1-4] 소켓 사용을 위한 준비 – 클라이언트　　　(파일명: ./codes/ch9/ready/pages/index.vue)

```html
1  <template lang="html">
2    <div class="">
3        <input type="text" name="" v-model="sendMessage">
4        <button type="button" name="button" @click="msgSend">소켓 이벤트
5  발생</button>
6        <h1>{{msg}}</h1>
7    </div>
8  </template>
9
10 <script>
11 import socket from '~/plugins/socket.io.js'
12 export default {
13     data () {
14         return {
15             sendMessage: '',
16             msg: ''
17         }
18     },
19     methods: {
20         msgSend () {
21             socket.emit('everyBodySend', this.sendMessage)
22         }
23     },
24     beforeMount () {
25         socket.on('everyBodySend', (msg) => {
26             this.msg = msg
27         })
28     }
29 }
30 </script>
```

plugins에 생성한 소켓 객체를 가져와 사용할 수 있습니다. 버튼을 누르면 input에 바인딩된 sendMessage를 가져와 socket.emit을 실행하는 msgSend를 실행합니다. beforeMount에는 서버가 발생한 이벤트를 처리하는 코드가 들어갑니다.

이제 서버와 nuxt를 실행한 후 input에 데이터를 넣어준 후 버튼을 누르면 해당 데이터를 서버로 전송하고 서버는 받은 데이터를 소켓들에 뿌려줍니다.

express 앱과 nuxt.js 앱을 실행합니다. express에서 nuxt.js를 제공해주는 형태가 아니므로 express와 nuxt.js 앱을 독립적으로 실행해야 합니다.

```
$ node readyServer.js # express로 생성한 앱(서버) 실행
```

```
$ npm run dev # nuxt.js로 생성한 앱(클라이언트) 실행
```

nuxt.js를 접속하기 위해서는 localhost:3000으로 접속합니다. nuxt.js에서는 3001번 포트로 express로 생성한 소켓 서버에 접속합니다.

localhost:3000을 접속한 후 input에 값을 입력하고 버튼을 누르면 해당 값을 아래에 띄워줍니다. 여러 개의 웹 브라우저에서 localhost:3000으로 접속한 후 input 값을 입력하고 버튼을 누르면 버튼을 누른 웹 브라우저만 아래에 값이 뜹니다. 서버의 코드를 살짝 수정해 보겠습니다.

```javascript
let chat = io.of('/chat').on('connection', (socket) => {

  socket.on('everyBodySend', (msg) =>{ // 클라이언트 이벤트 받기
    socket.broadcast.emit('everyBodySend', msg) // 클라이언트에게 이벤트 주기
    socket.emit('everyBodySend', msg) // 클라이언트에게 이벤트 주기
  })
})
```

socket.broadcast.emit을 추가합니다. 서버를 재시작하고 다시 여러 브라우저에서 input에 값을 입력하고 버튼을 누르면 해당 값으로 여러 개의 브라우저 창에 표시됩니다. socket.emit은 이벤트를 발생시킨 클라이언트(소켓)에게만 메시지를 전달하고 broadcast는 이벤트를 발생시킨 클라이언트(소켓)를 제외하고 모든 클라이언트(소켓)에게 이벤트를 발생시킵니다. 이 둘을 같이 사용하면 모든 클라이언트(소켓)에게 이벤트를 발생시킵니다.

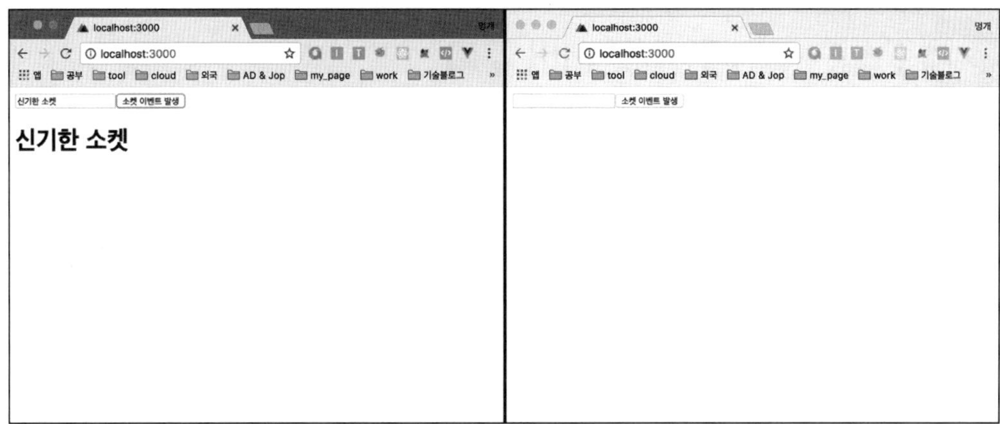

[그림 9.1] 이벤트를 발생한 클라이언트에게만 이벤트 발생(socket.emit)

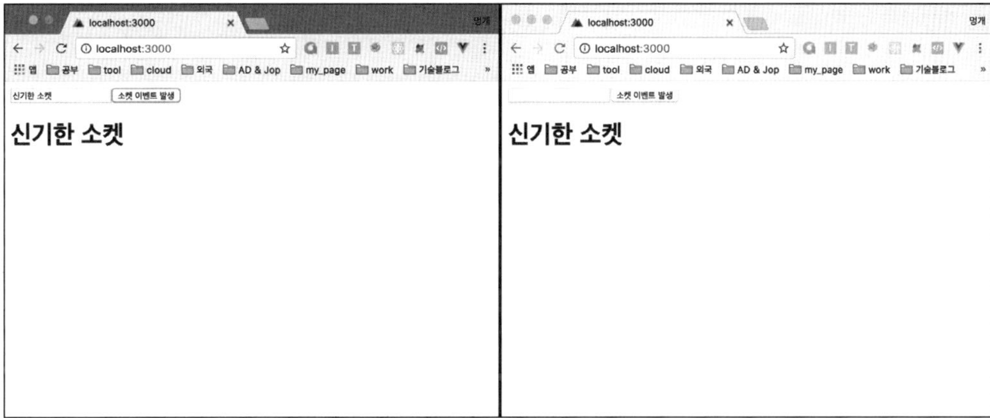

[그림 9.2] broadcast 추가한 소켓 서버

이 부분은 뒤에서 다양한 형태로 다뤄봅니다.

메신저를 사용하는 것처럼 1:1, 그룹 채팅을 구현할 수 있습니다. 코드가 어떤 식으로 호출되고 실행되는지 확인해 보겠습니다.

```javascript
let chat = io.of('/chat').on('connection', (socket) => {

  socket.on('everyBodySend', (msg) =>{ // 클라이언트 이벤트 받기
    // socket.broadcast.emit('everyBodySend', msg) // 클라이언트에게 이벤트 주기
    socket.emit('everyBodySend', msg) // 클라이언트에게 이벤트 주기
  })
})
```

서버 측에 정의된 소켓 서버입니다.

```javascript
let socket = io('http://localhost:3001/chat')
```

클라이언트는 plugins에 소켓 서버에 연결한 객체를 만들어 줍니다. 이 객체를 페이지에서 가져다가 사용할 수 있습니다.

```javascript
methods: {
  msgSend () {
    socket.emit('everyBodySend', this.sendMessage)
  }
},
beforeMount () {
  socket.on('everyBodySend', (msg) => {
    console.log(msg)
    this.msg = msg
  })
}
```

클라이언트 측에서 사용한 코드입니다.

웹 애플리케이션이 실행되면 소켓 서버에 접속합니다. 접속하게 되면 서버 측에 있는 on('connection')이 호출되고 접속한 소켓 객체를 콜백함수 첫 번째 인자로 전달합니다.

```
Socket {
  nsp:
   Namespace {
     name: '/chat',
     server:
      Server {
        nsps: [Object],

  . . . 중 략 . . .

 client:
  Client {
    server:
      Server {
        nsps: [Object],
        _path: '/socket.io',
        _serveClient: true,
        _adapter: [Function: Adapter],
        _origins: '*:*',
        sockets: [Object],
        eio: [Object],
        httpServer: [Object],
        engine: [Object] },
    conn:
      Socket {
        id: 'u4DaKlxVpivqI6zeAAAA',
        server: [Object],
        upgrading: false,

  . . . 중 략 . . .

 handshake:
  { headers:
     { host: 'localhost:3001',
      connection: 'keep-alive',
```

```
        accept: '*/*',
        origin: 'http://localhost:3000',
          'user-agent': 'Mozilla/5.0 (Macintosh; Intel Mac OS X 10_12_6)
AppleWebKit/537.36 (KHTML, like Gecko) Chrome/63.0.3239.132 Safari/537.36',
        referer: 'http://localhost:3000/',
        'accept-encoding': 'gzip, deflate, br',
        'accept-language': 'ko-KR,ko;q=0.9,en-US;q=0.8,en;q=0.7',
        cookie: 'connect.sid=s%3AecYh2Pn-csNqNVTAomUw1zaAQ1orRGq1.rygV3%
2FK3RSBo%2BLu%2FdYFzuZza6Hat6gkVX4I1u5wUAq8; io=tud8MZRiSbcLXWPmAAAA' },
    time: 'Thu Feb 01 2018 12:13:18 GMT+0900 (KST)',
    address: '::1',
    xdomain: true,
    secure: false,
    issued: 1517454798441,
    url: '/socket.io/?EIO=3&transport=polling&t=M5FMgvJ',
    query: { EIO: '3', transport: 'polling', t: 'M5FMgvJ' } },
  fns: [] }

. . . 중 략 . . .
```

연결된 소켓 정보에는 상당히 많은 정보가 포함되어 있습니다. 중간에 id가 보이는데 id 값으로 특정 소켓에만 이벤트를 발생할 수 있습니다.

```
console.log(socket.id)
console.log(socket.handshake)
```

연결된 소켓의 id 값과 헤더 정보를 뽑을 수 있습니다.

그 다음으로 중요한 건 on과 emit입니다. on은 이벤트 리스닝하는 부분이고 emit은 이벤트를 발생시키는 것입니다. emit은 emit('이벤트 명', 전달할 데이터) 형태로 사용합니다. on은 on('emit 으로 발생한 이벤트 명', 'emit으로 전달한 데이터') 형태로 사용합니다.

socket.io는 서버와 클라이언트 간 이벤트를 주고받을 수 있다고 이해할 수 있습니다. socket.io 를 사용하면 클라이언트에서 발생한 이벤트를 서버에서 받을 수 있고, 서버에서 발생한 이벤트 를 클라이언트에서 받을 수 있습니다.

msgSend 메소드가 호출되면 everyBodySend 이벤트를 발생시킵니다. 그리고 sendMessage 를 전달합니다. 서버에 정의된 on('everyBodySend')가 호출되고 두 번째 인자로 전달받은 메시지를 받습니다. 그리고 다시 everyBodySend 이벤트를 발생해서 클라이언트에 있는 on('everyBodySend')를 호출합니다. 이때 전달받은 msg를 그대로 전달해줍니다.

소켓은 이러한 흐름으로 호출되고 실행합니다.

2-1 모든 소켓에게 이벤트 발생

```
socket.broadcast.emit('이벤트명', 데이터);
socket.emit('이벤트명', 데이터);
```

모든 소켓에 이벤트를 발생시킬 땐 나를 제외한 소켓에 이벤트를 발생시키는 것과 나에게만 이벤트를 발생시키는 것을 이용하여 구현할 수 있지만, 소켓 엔드 포인트를 생성한 chat을 모든 소켓에게 이벤트를 발생할 수 있습니다.

```
io.emit('이벤트명', 데이터);
```

io에 이벤트를 발생시키면 모든 소켓에게 이벤트를 발생시킬 수 있습니다. 엔드 포인트인 chat 에 이벤트를 발생시키면 엔드 포인트에 연결된 객체만 이벤트가 발생합니다.

2-2 특정 소켓에게 이벤트 발생 – 1:1, 귓속말

```
io.to(소켓 아이디).emit('msgWhisperSend', msg)
```

해당 소켓 아이디에만 이벤트를 발생시킵니다. 1:1 접속을 할 땐 io.to( )를 이용합니다. 만약 엔드 포인트가 있다면 io대신 엔드 포인트를 사용해도 됩니다. chat.to(소켓 아이디)

```
let chat = io.of('/chat').on('connection', (socket) => {
})
```

여기서 **엔드 포인트(네임 스페이스)**는 chat입니다.

소켓에는 그룹room이라는 개념이 있습니다. 그룹에 포함된 소켓들에만 이벤트를 발생시킬 수 있습니다. 메신저에서 그룹 채팅을 구현할 땐 그룹을 이용하면 간단하게 구현할 수 있습니다. 우리가 그룹 채팅을 하기 위해 그룹에 가입을 해야 하는 것처럼 소켓에서도 먼저 그룹에 포함해야 합니다.

```
socket.join('방 이름')
socket.leave('방 이름')
```

매우 간단하게 그룹에 참가했다가 빠져나갈 수 있습니다.

```
io.to('방 이름').emit('이벤트명', 데이터);
socket.broadcast.to('방 이름').emit('이벤트명' , 데이터)
```

그룹에 이벤트를 발생할 때 내가 포함된 그룹을 제외한 그룹에 이벤트를 발생시키는 방법과 내가 포함된 그룹에 이벤트를 발생시키는 방법이 있습니다. 방 이름에 포함된 모든 소켓에 이벤트를 발생합니다.

socket.broadcast.to는 해당 그룹에서 나를 제외하고 데이터를 전송하는 방법입니다. 만약 엔드 포인트가 있다면 io대신 엔드 포인트를 사용해도 됩니다. chat.to('방 이름')

2-4 **소속된 그룹 리스트 보기**

소켓들이 어떤 그룹에 가입했는지 확인할 수 있습니다.

```
socket.rooms
```

해당 소켓 객체가 포함된 그룹을 보여줍니다.

2-5 **소켓 연결이 끊겼을 때 이벤트 발생**

웹 브라우저를 종료하면 소켓이 끊깁니다. 이때도 이벤트가 발생합니다. 소켓을 연결할 때 connection 이벤트가 발생하고 소켓이 끊겼을 땐 disconnect가 발생합니다.

```
socket.on('disconnect', () => {
})
```

1차 프로젝트
채팅 구현

첫 번째 프로젝트로 소켓을 이용하여 채팅 웹 애플리케이션을 만듭니다. 채팅을 만들기 위해서는 socket.io 라이브러리를 사용합니다. socket.io를 이용하여 메신저 프로그램을 만들 수 있습니다.

PART
10

프로젝트 – 채팅

앞에서 배운 socket.io를 이용하여 채팅 웹 애플리케이션을 구현합니다. 직접 채팅을 구현하여 socket.io를 사용하는 방법을 익혀보겠습니다. 이번 장에서 구현할 채팅 웹 애플리케이션은 이름으로 전체 채팅이 가능한 방으로 입장합니다. 해당 채팅방에서는 전체 채팅이 됩니다. 누구나 채팅방을 만들고 채팅방에 입장할 수 있습니다. 채팅 시 유저를 선택하여 귓속말을 할 수 있습니다. **채팅 시(전체 채팅/채팅방/귓속말) 보낸 사람 : 시간 – 메시지** 형태로 메시지를 전송하는 애플리케이션을 만들어 봅니다.

_ **프로젝트 생성과 초기 세팅**
_ **채팅방 입장**
_ **채팅 구현 – 전체 채팅**
_ **채팅 구현 – 귓속말**
_ **채팅 구현 – 팀 채팅**

1 프로젝트 생성과 초기 세팅

프로젝트를 시작할 땐 프로젝트 생성 후 기본적인 세팅이 필요합니다. 보일러 플레이트를 이용하여 프로젝트 생성 후 추가적인 모듈을 설치합니다. 그리고 자동으로 생성된 파일과 코드에서 필요 없는 부분을 추가/삭제/수정합니다.

1-1 프로젝트 생성

보일러 플레이트를 이용하여 프로젝트를 생성합니다.

```
$ vue init nuxt-community/starter-template chat
```

```
$ cd chat
$ npm install
$ npm install -s socket.io
$ npm install -s socket.io-client
```

보일러 플레이트로 생성한 프로젝트의 의존성 모듈을 설치한 후 필요 모듈까지 설치합니다.

```
chat
├── package.json
├── next.config.js
├── static
│   └── index.html
├── store
├── plugins
├── pages
│   └── index.js
├── middleware
├── layouts
│   ├── default.vue
├── components
│   ├── AppLogo.vue
│   └── Logo.vue
└── assets
```

 프로젝트 초기 세팅

plugins 디렉터리에 socket.io.js 파일을 추가합니다.

(파일명 : ./codes/project/chat/plugin/socket.io.js)

```
1  import io from 'socket.io-client'
2  const socket = io('http://localhost:3000/chat')
3
4  export default socket
```

server 디렉터리를 생성 후 index.js을 생성하여 서버를 추가합니다.

(파일명 : ./codes/project/chat/server/index.js)

```
1  const express = require('express')
2  let app = express()
3
4  const http = require('http')
5  let server = http.createServer(app)
6
7  const socket = require('socket.io')
8  let io = socket(server)
9
10 server.listen(3000, () => {
11     console.log('server on 3001 Port')
12 })
13
14 let chat = io.of('/chat').on('connection', (socket) => {
15    console.log('connection')  // 연결되면 connection 출력
16 })
```

서버 쪽에 소켓을 열었습니다. pages/index.vue 파일에서 plugins에 생성한 소켓을 가져와서 연결을 해보겠습니다.

(파일명 : ./codes/project/chat/pages/index.vue)

```
1  <template>
2    <section class="container">
3      <h2>채팅 웹 애플리케이션</h2>
4    </section>
```

```
 5  </template>
 6
 7  <script>
 8  import socket from '~/plugins/socket.io.js'
 9  export default {
10  }
11  </script>
12
13  <style>
14
15  </style>
```

자동으로 생성된 코드는 전부 지우고 plugins에 추가한 파일을 import로 가져옵니다. 그리고 components에 있는 AppLogo.vue와 Logo.vue 파일은 삭제합니다.

간단한 세팅이 완료되었으니 서버를 실행합니다.

```
$ node ./server/index.js
```

서버를 실행했다면 localhost:3000에 접속합니다. 서버를 실행한 콘솔(터미널) 창에는 connection을 출력합니다.

```
chat
├── package.json
├── next.config.js
├── static
│   └── index.html
├── store
├── plugins
├── pages
│   └── index.js
├── middleware
├── layouts
│   └── default.vue
├── components
├── server
│   └── index.js
└── assets
```

세팅한 프로젝트를 이용하여 채팅 웹 애플리케이션을 만들어 보겠습니다.

/로 접속하면 사용자 이름을 입력하여 채팅방에 들어갈 수 있도록 만들어 보겠습니다. 먼저 사용자 이름을 입력하는 폼을 만든 후 입장 버튼을 누르면 채팅방으로 입장합니다. 이때 서버 쪽에서는 해당 이름을 이미 사용 중인지 검사를 한 후 클라이언트에게 사용 여부를 알립니다. 클라이언트는 사용 여부에 따라 알림을 띄워주거나 채팅방으로 입장합니다.

이제 우리는 2개의 파일이 필요합니다.

pages/index.vue는 유저 이름을 입력하여 서버 쪽에 입장을 요청합니다.
pages/chat.vue는 채팅 페이지입니다.

index.vue 파일은 앞에서 만들었습니다. chat.vue 파일만 추가합니다.

2-1 pages/chat.vue 파일 생성

chat.vue는 전체 채팅, 귓속말, 그룹 채팅을 할 수 있는 공간입니다. 메인 페이지에서 유저 이름을 입력하면 해당 페이지로 이동합니다.

(파일명 : ./codes/project/chat/pages/chat.vue)

```
 1  <template>
 2    <div class="chat">
 3        <h1>채팅방에 오신것을 환영합니다.</h1>
 4    </div>
 5  </template>
 6
 7  <script>
 8  export default {
 9  }
10  </script>
```

해당 페이지로 넘어왔을 때 문구만 띄워줍니다.

index.vue에서 유저 이름을 입력하여 서버에 입장을 요청하는 부분을 추가합니다.

(파일명 : ./codes/project/chat/pages/index.vue)

```
1  <template>
2    <section class="container">
3      <input type="text" v-model="username">
4      <button type="button" v-on:click="enter" >입장</button>
5    </section>
6  </template>
7
8  <script>
9  import socket from '~/plugins/socket.io.js'
10 export default {
11     data () {
12         return {
13             username: ''
14         }
15     },
16     methods: {
17         enter (event) {
18             socket.emit('enter', this.username)
19         }
20     },
21     beforeMount () {
22         socket.on('enter', (result) => {
23             this.$nuxt.$router.replace({ path: '/chat' })
24         })
25     }
26 }
27 </script>
```

input에 입력되는 값은 username에 저장합니다. 입장 버튼을 누르면 enter( )를 실행하여 emit
으로 서버에 enter 이벤트를 발생합니다. 이때 입력받은 데이터인 username을 두 번째 인자에
포함하여 전송합니다.

서버의 이벤트를 받는 부분은 beforeMount( )에 넣어주고 이벤트를 발생시키는 메소드는 methods에 정의하면 됩니다.

22~24라인은 해당 부분은 서버가 enter 이벤트를 발생하면 /chat로 이동하는 부분입니다. 이제 서버에서 enter 이벤트를 받아서 enter 이벤트를 발생시키는 부분을 구현하면 채팅방 입장은 간단하게 구현됐습니다.

2-3 서버 구현

서버에서는 클라이언트에서 발생한 event를 처리하여 다시 이벤트를 발생해 주면 됩니다. enter 이벤트를 처리(on)한 후 enter 이벤트를 발생(emit)하여 정상적으로 입장하라고 알려줍니다.

(파일명 : ./codes/project/chat/server/index.js)

```
. . . 중 략 . . .
1 let chat = io.of('/chat').on('connection', (socket) => {
2     socket.on('enter', (result) => {
3         socket.emit('enter', true)
4     })
5 })
```

이벤트를 받고 다시 이벤트를 발생시키는 부분이 끝났습니다.

하지만 이렇게 구현을 하면 유저 이름이 겹치는 현상과 유저 이름이 비어 있는 경우가 있습니다. 이러한 예외를 처리하고 추후에 유저 이름을 이용하여 귓속말 기능을 위해 유저 정보와 소켓 아이디를 맵핑한 데이터를 추가합니다.

```
    . . . 중 략 . . .
1 let memberInfoName= {} // {name: id, name: id, ...}
2 let memberInfoId= {} // {id: name, id: name, ...}
3 let groups = [] // 채팅방 목록
4
5 let chat = io.of('/chat').on('connection', (socket) => {
6     socket.on('enter', (name) => {
7         let id = socket.id
8         if(memberInfoName.hasOwnProperty(name)){ // 유저존재 여부 검사
9             socket.emit('enter', false)
```

```
10          }else{
11              memberInfoName[name] = id
12              memberInfoId[id] = name
13              socket.emit('enter', true)
14          }
15      })
16  })
```

memberInfoName과 memberInfoId 변수는 유저 이름과 소켓 아이디를 맵핑한 정보입니다.

해당 정보에서 유저가 있는지 검사한 후 유저를 추가합니다. 이미 존재한다면 false 값을 전달해주고 유저가 정상적으로 추가되었다면 true를 전달해줍니다.

groups는 추후에 채팅방을 추가하면 채팅방 목록을 저장할 변수입니다.

2-4 유저 이름 입력 페이지 예외처리

서버에서 전달해준 true/false를 이용하여 분기합니다. 추가로 username이 비었다면 서버에 요청하지 못하도록 합니다.

```
. . . 중 략 . . .
1  methods: {
2      enter (event) {
3          if(this.username){
4              socket.emit('enter', this.username)
5          }else{
6              alert('유저 이름이 비었습니다.')
7          }
8      }
9  }
```

유저 이름이 있는지 검사 후 비어 있다면 유저 이름이 비었다고 알려줍니다.

서버가 true/false로 응답한 것에 따라 분기합니다.

```
       . . . 중 략 . . .
1  beforeMount () {
2      socket.on('enter', (result) => {
3          if(result){
4              this.$nuxt.$router.replace({ path: '/chat' })
5          }else{
6              alert('해당 유저이름은 존재합니다. 다른이름으로 참가해 주세요')
7          }
8      })
9  }
```

true라면 /chat으로 이동하고, false라면 경고 메시지를 띄워줍니다. 다른 이름으로 참가할 수 있도록 유도합니다.

2-5 확인

지금까지 만들어진 것들이 정상적으로 작동하는지 확인합니다. nuxt.js를 제공하는 express를 실행합니다.

```
$ node ./server/index.js
```

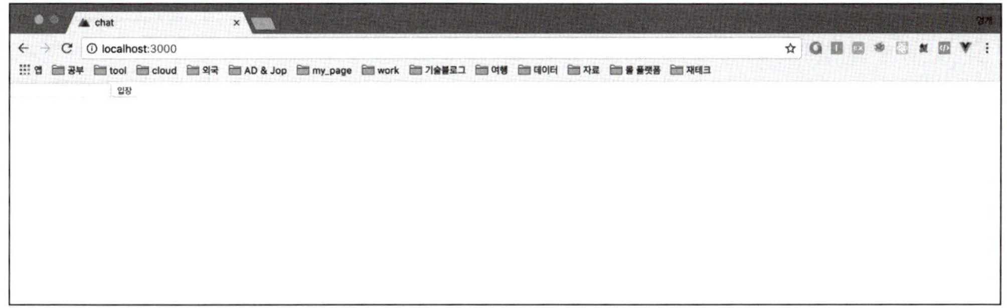

[그림 10.1] 메인 페이지 접속

localhost:3000에 접속하면 메인 페이지에 접속합니다. 유저 이름을 입력하는 부분과 입장하는 버튼이 있습니다.

유저 이름이 비어 있다면 유저 이름이 비었다고 경고 메시지가 뜹니다.

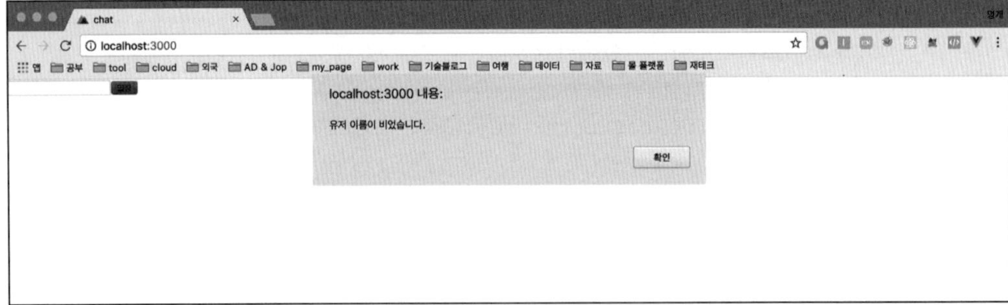

[그림 10.2] 유저 이름이 비었을 때

test라는 이름으로 접속했습니다. 해당 유저는 존재하지 않는 유저이기 때문에 정상적으로 /chat 으로 접속에 성공했습니다.

[그림 10.3] 채팅방 접속

test라는 이름으로 다시 접속을 시도한다면 해당 유저는 이미 존재한다는 메시지를 보여줍니다. 서버에서 존재 여부에 따라 true/false를 전달하고 클라이언트는 true/false에 따라 분기했기 때문에 이렇게 동작합니다.

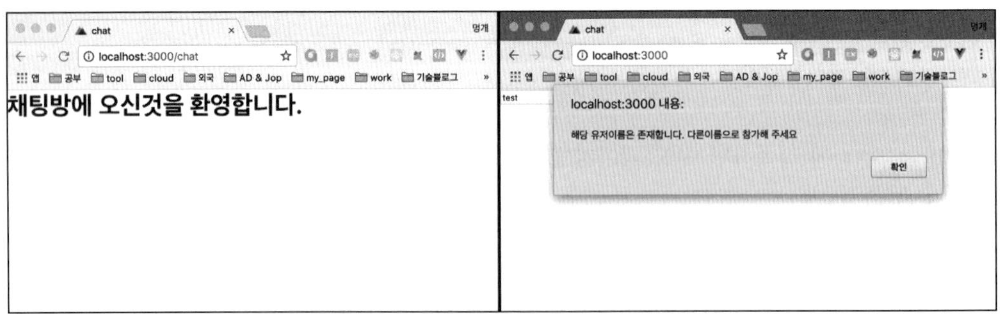

[그림 10.4] 존재하는 이름으로 접속했을 때

채팅방에 입장 기능 구현을 완료했습니다. /chat.vue를 수정하여 실제 채팅을 할 수 있도록 구현합니다.

③ 채팅 구현 – 전체 채팅

/chat에서는 기본적으로 전체 채팅을 제공합니다.

3-1 클라이언트 구현

클라이언트는 allSend 이벤트를 발생(emit)하여 전체 채팅 이벤트를 서버에게 발생합니다. 서버는 allSend 이벤트를 받고(on) allSend로 전체 채팅 이벤트를 발생(emit)하면 해당 이벤트를 처리하는 부분을 구현합니다.

(파일명 : ./codes/project/chat/pages/chat.vue)

```
 1  <template>
 2      <div class="chat">
 3          <h1>채팅방에 오신 것을 환영합니다.</h1>
 4          <input type="text" name="" v-model="message">
 5          <button type="button" @click="allSend">전체 채팅</button>
 6      <div class="msg">
 7          <ul id="msg">
 8              <li v-for="msg in messages" :key='msg'>
 9                  {{msg}}
10              </li>
11          </ul>
12      </div>
13      </div>
14  </template>
15
16  <script>
17  import socket from '~/plugins/socket.io.js'
18  export default {
```

```
19      data () {
20          return {
21              message: '',
22              messages: []
23          }
24      },
25      methods: {
26          allSend () {
27              socket.emit('allSend', this.message)
28          }
29      },
30      beforeMount () {
31          socket.on('allSend', (result) => {
32              this.messages.push(result)
33          })
34      }
35 }
36 </script>
```

소켓 통신을 하기 위해 plugins에서 socket.io.js를 가져옵니다.

```
      . . . 중 략 . . .
 1 data () {
 2     return {
 3         message: '',
 4         messages: []
 5     }
 6 }
```

전송할 메시지를 저장할 message 변수와 메시지 목록인 messages를 만들어줍니다. 화면에 messages를 띄워주어 채팅 리스트를 보여줄 수 있습니다.

```
      . . . 중 략 . . .
 1 methods: {
 2     allSend () {
 3         socket.emit('allSend', this.message)
 4     }
 5 }
```

전체 채팅 버튼을 누르면 allSend( ) 함수가 호출되어 allSend 이벤트를 발생시키고 message 변수에 저장된 문자열을 포함하여 전송합니다. 서버는 전송한 사람을 포함하여 모든 유저(소켓)에게 allSend 이벤트를 발생하여 메시지를 뿌립니다.

```
. . . 중 략 . . .
1 beforeMount () {
2   socket.on('allSend', (result) => {
3     this.messages.push(result)
4   })
5 }
```

서버에서 발생된 allSend 이벤트를 처리합니다. 서버가 전송한 메시지를 받아서 messages에 추가합니다. messages에 추가되면 화면에 추가된 데이터를 표시합니다.

3-2 서버 구현

서버는 클라이언트가 발생(emit)한 이벤트를 통해 전송 메시지를 받아서(on) **[전체 채팅]** 유저 – **메시지 (전송시간)** 형태로 클라이언트들에게 뿌려줍니다.

(파일명 : ./codes/project/chat/server/index.js)

```
. . . 중 략 . . .
1 let chat = io.of('/chat').on('connection', (socket) => {
        . . . 중 략 . . .
2   socket.on('allSend', (msg) => {
3     let id = socket.id
4     let message = `[전체채팅] ${memberInfoId[id]} - ${msg} (${new Date()})`
5     socket.emit('allSend', message)
6     socket.broadcast.emit('allSend', message)
7   })
8 })
```

allSend 이벤트를 처리하는 부분입니다. 소켓 아이디를 이용하여 유저 이름을 가져옵니다. memberInfoId는 소켓 아이디를 키, 유저 이름을 값으로 매핑한 정보가 있는 변수입니다.

서버를 재시작하고 테스트합니다.

2개의 브라우저에서 유저로 접속하고 테스트를 합니다.

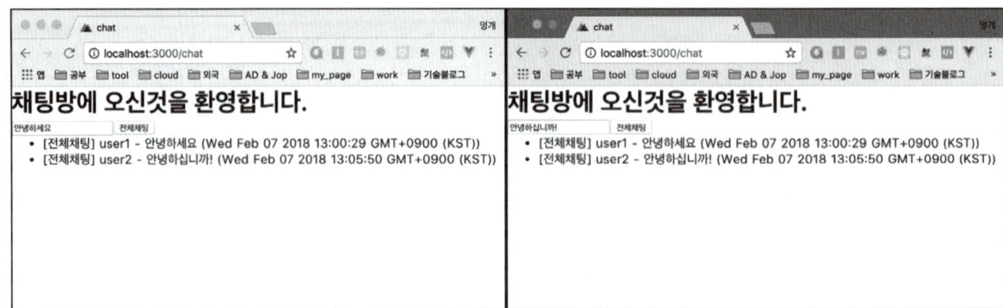

[그림 10.5] 전체 채팅 확인(좌: user1, 우: user2)

좌측은 user1로 접속한 유저이고 우측은 user2로 접속한 유저입니다. 시간 부분을 년 월 일 시 분 초의 형태로 출력하고 싶다면 다음과 같이 수정하면 됩니다.

```
let getNowDate = (d) => (`${d.getFullYear()}년 ${d.getMonth() +
1}월 ${d.getDate()}일 ${d.getHours()}시 ${d.getMinutes()}분 ${d.
getSeconds()}초`)
```

getNowDate 함수는 new Date( )로 생성한 값을 넣으면 년 월 일 시 분 초의 형태로 반환합니다.

```
1 let message = `[전체채팅] ${memberInfoId[id]} - ${msg}
2 (${getNowDate(new Date())})`
```

new Date( )를 그냥 출력하지 않고 getNowDate에 넣어주면 보기 좋은 형태로 바꿔줍니다.

특정 유저에게만 메시지를 전달할 수 있는 귓속말 기능을 구현합니다. 메시지를 전달하고 싶은
유저 이름과 메시지를 서버에 넘기면 서버는 유저 이름과 소켓 아이디가 맵핑된 정보에서 유저
의 소켓 아이디를 찾고 해당 소켓에만 이벤트를 발생시키면 됩니다.

4-1 클라이언트 구현

메시지를 받을 사용자를 입력하는 부분을 추가한 후 이벤트 발생 시 유저 이름과 메시지를
Object 형태로 전송합니다.

(파일명 : ./codes/project/chat/pages/chat.vue)

```
 1  <template>
 2      <div class="chat">
 3          <h1>채팅방에 오신 것을 환영합니다.</h1>
 4          <input type="text" name="" v-model="message">
 5          <input type="text" name="" v-model="whisperUser">
 6          <button type="button" @click="allSend">전체 채팅</button>
 7          <button type="button" @click="whisperSend">귓속말</button>
 8          <div class="msg">
 9              <ul id="msg">
10                  <li v-for="msg in messages" :key='msg'>
11                      {{msg}}
12                  </li>
13              </ul>
14          </div>
15      </div>
16  </template>
17
18  <script>
19  import socket from '~/plugins/socket.io.js'
20  export default {
21      data () {
22          return {
```

```
23                    . . . 중 략 . . .
24              whisperUser: '',
25          }
26      },
27      methods: {
28          . . . 중 략 . .
29          whisperSend () {
30              socket.emit('whisperSend', {
31                  whisperUser: this.whisperUser,
32                  message: this.message
33              })
34          }
35      },
36      beforeMount () {
37          . . . 중 략 . . .
38          socket.on('whisperSend', (result) => {
39              this.messages.push(result)
40          })
41      }
42 }
43 </script>
```

특정 유저에게 메시지를 보내는 버튼을 따로 만듭니다. 귓속말 버튼을 누르면 methods에 정의
된 whisperSend를 호출하고 whisperSend 이벤트를 발생합니다. 이번에는 메시지를 받을 유저
이름도 같이 포함합니다.

4-2 서버 구현

서버는 네임스페이스에서 특정 소켓 아이디에만 메시지를 전송합니다.

```
namespace.to(소켓 아이디).emit(이벤트명, msg)
```

여기서 namespace는 chat이 됩니다. chat.to(id).emit( ) 형태로 작성하면 됩니다.

(파일명 : ./codes/project/chat/server/index.js)

```
1 let chat = io.of('/chat').on('connection', (socket) => {
          . . . 중 략 . . .
```

```
 2       socket.on('whisperSend', (info) => {
 3           let id = socket.id
 4           let recieveId = memberInfoName[info.whisperUser]
 5             let message = `[귓속말] ${memberInfoId[id]}가
 6 ${info['whisperUser']}에게 - ${info['message']} (${getNowDate(new
 7 Date())})`
 8           chat.to(recieveId).emit('whisperSend', message)
 9           chat.to(id).emit('whisperSend', message)
10       })
11   })
```

memberInfoName을 이용하여 유저 이름을 가지고 해당 유저의 소켓 아이디를 찾습니다. 그리고 해당 소켓 아이디에만 이벤트를 발생합니다. chat.to는 전달한 소켓 아이디에만 이벤트를 발생하므로 메시지를 보낸 소켓에도 이벤트를 발생시키는 코드를 추가합니다.

4-3 확인

귓속말이 정상적으로 동작하는지 확인하기 위해 브라우저 3개를 이용합니다.

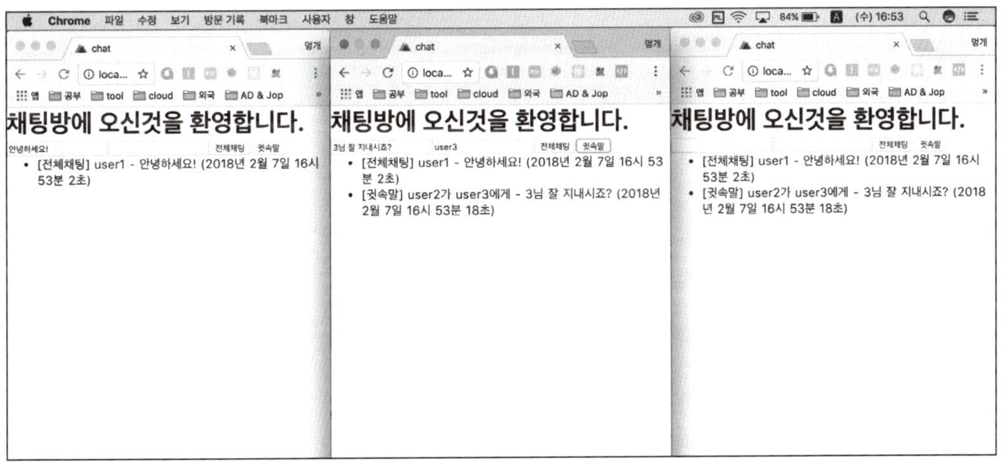

[그림 10.6] 귓속말 확인(좌: user1, 가운데: user2, 우: user3)

가장 좌측 user1이 전체 채팅으로 안녕하세요! 인사했습니다. 가운데 user2로 접속한 유저는 user3에게만 귓속말을 했습니다.

앞에서 user1이 웹 브라우저를 종료한 후 다시 user1로 채팅을 하려고 시도하면 이미 유저 이름이 존재한다고 메시지를 띄웁니다. 서버 쪽에서 유저와 소켓 아이디가 계속 남아있기 때문입니다. 그래서 유저가 브라우저를 종료하면 유저 정보를 다 지워줘야 합니다.

```
1  let chat = io.of('/chat').on('connection', (socket) => {
       . . . 중 략 . . .
2      socket.on('disconnect', (s) => {
3          let id = socket.id
4          let name = memberInfoId[id]
5          delete memberInfoName[name]
6          delete memberInfoId[id]
7      })
8  })
```

disconnect는 connection과 반대로 접속이 끊겼을 때 발생하는 이벤트입니다. 접속을 끊은 소켓의 아이디를 이용하여 이름을 찾은 뒤 아이디와 이름정보를 지웁니다.

5 채팅 구현 - 팀 채팅

이번에는 팀 채팅 기능을 넣어보겠습니다. 유저당 하나의 팀만 소속하도록 구현합니다. 클라이언트에서는 팀을 생성할 수 있는 폼을 추가합니다. 팀 채팅 버튼을 누르면 현재 포함된 팀에 메시지를 전송합니다.

```
socket.join('방 이름')
socket.leave('방 이름')
```

팀을 생성하거나 나갈 땐 join과 leave를 사용합니다. join이 되기 전에 leave를 이용하여 이전에 참가되어 있는 팀을 빠져나옵니다.

```
io.to('방 이름').emit('이벤트명', 데이터);
socket.broadcast.to('방 이름').emit('이벤트명', 데이터)
```

그리고 팀 채팅 버튼을 누르면 해당 방법으로 방 이름에 포함된 소켓에만 이벤트를 발생합니다.
io 대신 엔드 포인트(네임스페이스)인 chat을 사용해도 됩니다.

5-1 클라이언트 구현

클라이언트에서는 팀 생성/참가 버튼과 팀 채팅 버튼 2개를 만듭니다.

(파일명 : ./codes/project/chat/pages/chat.vue) – template 부분

```
1  <template>
2    <div class="chat">
3      <h1>채팅방에 오신 것을 환영합니다.</h1>
4      <div class="team">
5        <input type="text" name="" v-model="teamName">
6        <button type="button" @click="teamCreate">팀 생성/참가</button>
7      </div>
8
9      <div class="send">
10       <input type="text" name="" v-model="message">
11       <input type="text" name="" v-model="whisperUser">
12       <button type="button" @click="allSend">전체채팅</button>
13       <button type="button" @click="whisperSend">귓속말</button>
14       <button type="button" @click="teamSend">팀 채팅</button>
15     </div>
16
17     <div class="msg">
18       <ul id="msg">
19         <li v-for="msg in messages" :key='msg'>
20           {{msg}}
21         </li>
22       </ul>
23     </div>
24   </div>
25 </template>
```

코드가 점점 길어지니 template 부분을 3개의 div로 나눠서 표현합니다. 각각의 class는 team,
send, msg입니다. 팀 생성/참가 부분과 팀 채팅을 추가했습니다. teamName는 data 메소드에
추가합니다. teamCreate, teamSend는 methods 속성에 추가합니다.

```
1  <script>
2  import socket from '~/plugins/socket.io.js'
3  export default {
4    data () {
5      return {
           . . . 중 략 . . .
6        teamName: ''
7      }
8    },
9    methods: {
           . . . 중 략 . . .
10       teamCreate () {
11         socket.emit('teamCreate', this.teamName)
12       },
13       teamSend () {
14         socket.emit('teamSend', this.message)
15       }
16     },
17     beforeMount () {
           . . . 중 략 . . .
18       socket.on('teamCreate', (result) => {
19         // 팀 생성이 완료 됐다고 일림 띄워주기
20       })
21       socket.on('teamSend', (result) => {
22         this.messages.push(result)
23       })
24     }
25  }
26  </script>
```

클라이언트 영역에서 각 팀 생성 버튼과 팀 채팅 버튼을 눌렀을 때 다른 이벤트를 발생시킨 후 해당 이벤트를 처리한 후 서버에서 발생한 이벤트를 처리하는 이벤트 리스너를 만들어 줍니다.

이제 클라이언트가 발생한 이벤트를 처리하는 코드를 서버 측에 추가합니다.

팀 생성과 팀 채팅 2개의 이벤트를 처리해줍니다.

```
(파일명 : ./codes/project/chat/server/index.js)
   . . . 중 략 . . .
1  let groupJoinMember = {} // {id: groupName}
2
3  let chat = io.of('/chat').on('connection', (socket) => {
       . . . 중 략 . . .
4      socket.on('teamCreate', (teamName) => {
5          let id = socket.id
6          socket.leave(groupJoinMember[id], () =>{
7              socket.join(teamName, () => {
8                  groupJoinMember[id] = teamName
9                  socket.emit('teamCreate', null)
10             })
11         })
12     })
13 })
```

팀 생성 시 rooms에서 기존에 참가했던 팀은 지워주고 새로운 팀을 넣어줍니다. groupJoin Member 객체는 소켓 아이디가 어느 팀에 소속되어 있는지 정보를 가지고 있는 변수입니다. 다른 팀으로 들어가기 전에 이전에 들어가 있는 팀을 빠져나온 후 새로운 팀으로 다시 들어갑니다.

```
   . . . 중 략 . . .
1  let groupJoinMember = {} // {id: groupName}
2
3  let chat = io.of('/chat').on('connection', (socket) => {
       . . . 중 략 . . .
4      socket.on('teamSend', (msg) => {
5          let id = socket.id
6              let message = `[팀 채팅] ${memberInfoId[id]} - ${msg}
7  (${getNowDate(new Date())})`
8          chat.to(groupJoinMember[id]).emit('teamSend', message)
9      })
10 })
```

groupJoinMember에서 소켓 아이디가 어느 팀에 소속되어 있는지 가져온 후 chat.to를 이용하여 해당 팀에 포함된 소켓에 이벤트를 발생합니다.

5-3 확인

팀에 참가한 후 팀에 있는 유저들끼리 채팅을 하는지 테스트해 봅니다.

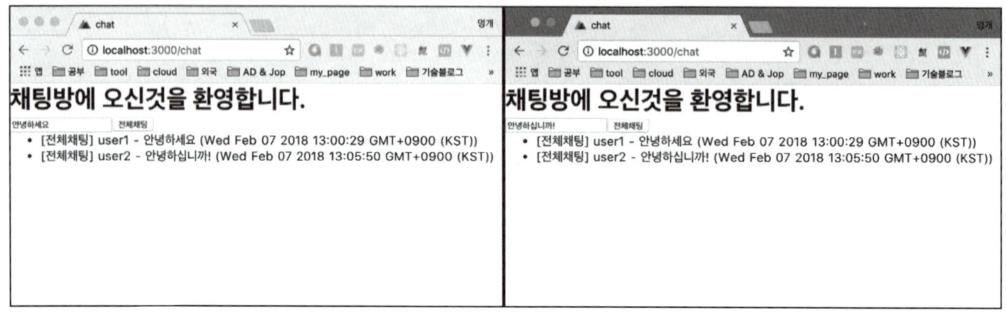

[그림 10.7] 팀 채팅 확인

테스트하고 보니 추가적인 사항이 필요해 보입니다. 바로 팀에 접속하면 팀에 접속했다는 사실을 다른 팀원들에게 알려주면 좋을 것 같습니다.

5-4 기능 개선

join을 할 때 teamCreate 이벤트가 아닌 chat.to를 이용하여 생성/참가한 팀에게 이벤트를 발생하여 팀원이 추가됐다는 메시지를 넣어줍니다.

```
     . . . 중 략 . . .
1  let groupJoinMember = {} // {id: groupName}
2
3  let chat = io.of('/chat').on('connection', (socket) => {
       . . . 중 략 . . .
4    socket.on('teamCreate', (teamName) => {
5      let id = socket.id
6        socket.leave(groupJoinMember[id], () =>{
7          socket.join(teamName, () => {
8            groupJoinMember[id] = teamName
9            let message = `[팀 채팅] **${memberInfoId[id]}가 참가 했습니다.**
10  (${getNowDate(new Date())})`
```

```
11            chat.to(groupJoinMember[id]).emit('teamSend', message)
12        })
13      })
14    })
15 })
```

서버에서 teamCreate 이벤트 리스터 부분을 수정합니다.

이제 클라이언트에서 필요 없는 부분을 지워줍니다.

```
socket.on('teamCreate', (result) => {
    this.messages.push()
})
```

./pages/chat.vue에서 beforeMount( )에 teamCreate 이벤트 리스너 부분을 지워줍니다. 팀에
참가하면 해당 팀에 참가된 모든 유저에게 알립니다.

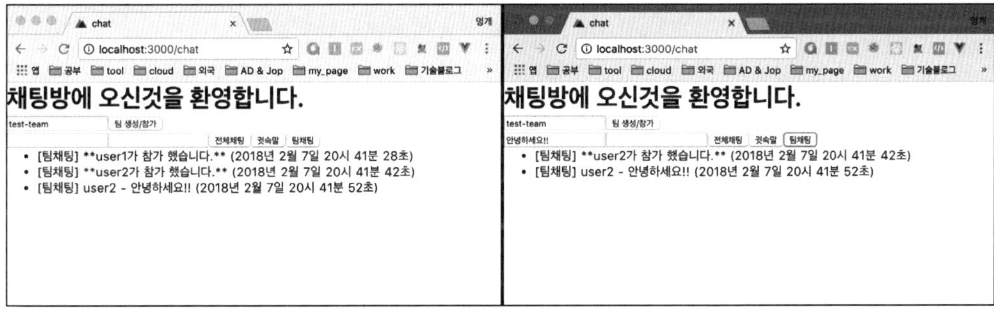

[그림 10.8] 팀 채팅 개선

JavaScript

최종 프로젝트
쇼핑몰 구축

이 책의 최종 프로젝트인 쇼핑몰 구축입니다. 앞에서 배웠던 것을 이용하여 쇼핑몰을 만들게 됩니다. 최종 프로젝트는 두 개의 파트로 나누어 진행합니다. 첫 번째는 관리자 부분이고, 두 번째는 일반 유저가 사용하는 부분입니다. 우리가 사용하고 있는 서비스는 대부분 관리자 전용 페이지와 일반 유저가 사용하는 페이지로 이루어져 있습니다. 또한, 다양한 서비스와 의존적으로 묶여있습니다. 대표적인 예로 결제, 배송 시스템 연동입니다. 이 책에서는 외부 시스템과 연동하는 부분은 다루지 않습니다.

쇼핑몰 구축 – 관리자편

이제 이 책의 최종 프로젝트인 쇼핑몰 구축의 관리자 페이지를 만들게 됩니다. 관리자 페이지에서는 사용자에게 판매할 의류를 등록하고 유저 리스트와 유저가 구매한 제품 리스트를 확인할 수 있도록 구현합니다. 프로젝트를 시작하기 앞서 간단하게 디비 모델링을 해봅니다.

_ 프로젝트 생성과 서버 초기 세팅
_ 디비 모델링 – 모델 파일 생성
_ 제품 등록
_ 제품 리스트
_ 유저 리스트
_ 구매 리스트
_ 메인 페이지

1 프로젝트 생성과 서버 초기 세팅

프로젝트를 시작할 땐 가장 먼저 프로젝트를 생성합니다. express와 nuxt.js가 미리 설정된 보일러 플레이트를 이용해도 되지만, 앞에서 채팅 앱 만들기에서 했던 것처럼 nuxt.js만 보일러 플레이트로 생성하고 express는 직접 추가하는 방식으로 진행합니다.

1-1 프로젝트 생성

보일러 플레이트를 이용하여 프로젝트를 생성합니다.

```
$ vue init nuxt-community/starter-template shop
```

```
$ cd chat
$ npm install
$ npm install -s express
$ npm install -s multer
$ npm install -s mysql2
$ npm install -s sequelize
$ npm install -s passport
$ npm install -s passport-local
```

보일러 플레이트로 생성한 프로젝트의 의존성 모듈을 설치한 후 필요 모듈까지 설치합니다. 프로젝트를 진행하다가 필요한 모듈이 있으면 그때 추가해도 됩니다. 우선, 관리자 페이지에서 제품 등록할 때 제품 이미지를 업로드해야 하기 때문에 multer를 설치합니다. sequelize는 ORM 형태로 데이터베이스를 사용하기 위해 설치합니다. sequelize를 사용하기 위해서는 mysql2가 필요하므로 mysql2도 설치합니다. passport와 passport-local은 유저 로그인 후 세션 관리를 위해 설치합니다.

```
shop
├── package.json
├── next.config.js
├── static
|   └── index.html
├── store
├── plugins
├── pages
|   └── index.vue      # 작성되어 있는 코드 필요 없음(코드 수정)
|   └── admin          # 관리자 페이지 추가(추가)
|       └── index.vue
├── middleware
├── layouts
|   └── default.vue
├── components
|   ├── AppLogo.vue  # 필요 없음(삭제)
|   └── Logo.vue     # 필요 없음(삭제)
└── assets
```

보일러 플레이트로 생성한 프로젝트 초기 모습입니다.

pages/index.vue에 작성된 코드와 components에 생성된 vue 파일은 지워도 됩니다. 그리고
관리자 페이지를 위해 admin 디렉터리를 추가합니다.

(파일명 : ./codes/project/shop/pages/index.vue)

```
 1  <template>
 2    <section class="container">
 3      <div class="">
 4          <h1>hello world</h1>
 5      </div>
 6    </section>
 7  </template>
 8
 9  <script>
10
11  </script>
```

```
 1  <template>
 2    <section class="container">
 3      <div class="">
 4          <h1>hello world - admin</h1>
 5      </div>
 6    </section>
 7  </template>
 8
 9  <script>
10
11  </script>
```

1-2 서버 초기 세팅

1. express를 이용하여 서버를 생성할 디렉터리를 추가합니다.

2. express에서 nuxt 앱을 제공하도록 합니다.

3. 관리자와 일반 유저 엔드 포인트를 나눕니다(API).

4. ORM을 사용하기 위해 모델 디렉터리를 추가합니다.

5. 파일 업로드, 유저 인증 부분을 관리하는 디렉터리를 추가합니다.

6. 업로드된 파일 저장 디렉터리를 추가합니다.

server 디렉터리에 index.js를 추가합니다.


```
 1  const express = require('express')
 2  let app = express()
 3
 4  const {Nuxt, Builder} = require('nuxt');
 5  const config = require('../nuxt.config.js');
 6  let nuxt = new Nuxt(config);
 7
 8  const http = require('http')
 9  let server = http.createServer(app)
10
```

```
11  app.use(nuxt.render);
12
13  const builder = new Builder(nuxt);
14  builder.build()
15
16  server.listen(3000, () => {
17      console.log('server on 3000 Port')
18  })
```

해당 파일을 실행하여 서버를 실행한 후, localhost:3000로 접속하면 hello world를 띄워줍니다.

```
server
├── routes
│   ├── index.js
│   ├── users.js
│   ├── clothes.js
│   ├── purchase.js
│   └── admin.js
├── models
│   ├── users.js
│   ├── clothes.js
│   ├── purchase.js
│   └── index.js
├── utils
│   ├── fileUpload
│   │   └── index.js
│   └── passport
│       ├── index.js
│       └── local.js
├── uploads
└── index.js
```

가장 먼저, routes 파일에 최소한의 코드로 채웁니다.

(파일명 : ./codes/project/shop/server/routes/users.js)

```
1  const express = require('express');
2  let router = express.Router();
3
```

```
4 router.get('/',(req, res, next)=>{
5     res.send('/users');
6 })
7
8 module.exports = router;
```

(파일명 : ./codes/project/shop/server/routes/clothes.js)

```
1 const express = require('express');
2 let router = express.Router();
3
4 router.get('/',(req, res, next)=>{
5     res.send('/clothes');
6 })
7
8 module.exports = router;
```

(파일명 : ./codes/project/shop/server/routes/purchase.js)

```
1 const express = require('express');
2 let router = express.Router();
3
4 router.get('/',(req, res, next)=>{
5     res.send('/purchase');
6 })
7
8 module.exports = router;
```

(파일명 : ./codes/project/shop/server/routes/admin.js)

```
1 const express = require('express');
2 let router = express.Router();
3
4 router.get('/',(req, res, next)=>{
5     res.send('/admin');
6 })
7
8 module.exports = router;
```

이렇게 만들어진 라우터를 ./routes/index.js에서 미들웨어로 등록합니다.

(파일명 : ./codes/project/shop/server/routes/index.js)

```
1  const express = require('express');
2  let router = express.Router();
3
4  const admin = require('./admin');
5  const clothes = require('./clothes');
6  const purchase = require('./purchase');
7  const users = require('./users');
8
9  router.use('/admin', admin)
10 router.use('/clothes', clothes)
11 router.use('/purchase', purchase)
12 router.use('/users', users)
13
14 module.exports = router;
```

해당 파일을 ./server/index.js에서 미들웨어로 등록하면 API 초기 세팅 부분은 완료됩니다.

그리고 ./server/index.js에 body-parser 미들웨어를 추가해줍니다.

```
const bodyParser = require('body-parser');


app.use(bodyParser.json());
app.use(bodyParser.urlencoded({extended: false}));
```

(파일명 : ./codes/project/shop/server/index.js)

```
1  const express = require('express')
2  let app = express()
3
4  const bodyParser = require('body-parser');
5
6  const {Nuxt, Builder} = require('nuxt');
7  const config = require('../nuxt.config.js');
8  const routes = require('./routes');
9  let nuxt = new Nuxt(config);
```

```
10
11  const http = require('http')
12  let server = http.createServer(app)
13
14  app.use(bodyParser.json());
15  app.use(bodyParser.urlencoded({extended: false}));
16
17  app.use('/api/v1.0', routes)
18  app.use(nuxt.render);
19
20  let builder = new Builder(nuxt);
21  builder.build()
22
23  server.listen(3000, () => {
24      console.log('server on 3000 Port')
25  })
```

이제 서버를 실행한 후,

localhost:3000/api/v1.0/clothes

localhost:3000/api/v1.0/users

localhost:3000/api/v1.0/purchase

localhost:3000/api/v1.0/admin

접속하면 화면에 각각 API에서 응답하는 결과를 볼 수 있습니다.

localhost:3000, localhost:3000/admin으로 접속하면 nuxt 앱에서 제공하는 페이지로 접속할 수 있습니다.

utils에 생성한 fileUpload와 passport는 파일 업로드 부분과 로그인 부분을 구현할 때 구현합니다. models는 디비 모델링할 때 코드들을 채워넣습니다.

여기까지 서버의 기본적인 세팅이 끝났습니다. 다음으로 디비 모델링을 하여 ORM으로 사용하기 위해 모델 파일을 생성합니다.

프로젝트를 본격적으로 시작하기 앞서 우리가 만들 서비스의 디비를 설계합니다. 설계한 모델을 파일로 생성합니다.

2-1 디비 설계

우리가 만들 서비스는 쇼핑몰입니다. 유저 정보를 가지고 있는 테이블, 의류 정보를 가지고 있는 테이블, 구매 기록을 가지고 있는 테이블을 생성합니다.

● **유저 정보**

```
id          # (PK) 데이터베이스에서 AUTO_INCREMENT로 생성한 고유값
uid         # (VARCHAR) 유저 아이디
password    # (VARCHAR) 유저 비밀번호
price       # (INT)     유저가 가지고 있는 돈
status      # (INT)     유저 권한 - 0 관리자, 1 일반 유저
```

우리가 만드는 쇼핑몰은 결제 모듈을 연동하지 않기 때문에 포인트 개념으로 진행합니다. 로그인한 유저의 권한에 따라 관리자 페이지 접근인가를 해야 하기 때문에 status를 추가합니다.

● **제품 정보 테이블**

```
id          # (PK) 데이터베이스에서 AUTO_INCREMENT로 생성한 고유값
name        # (VARCHAR) 제품 이름
price       # (INT)     제품 가격
category    # (VARCHAR) 카테고리
img         # (VARCHAR) 이미지(이미지 경로 저장)
```

제품 정보는 간단하게 제품 이름, 가격, 카테고리, 이미지만 다룹니다.

```
id              # (PK) 데이터베이스에서 AUTO_INCREMENT로 생성한 고유값
count           # (INT) 구매 개수
userId          # (FK) 유저 정보 id
clothesId       # (FK) 의류 정보 id
```

구매 기록은 유저 정보와 제품 정보에서 id 값을 가지고 어느 유저가 어느 제품을 구매했는지 표현합니다. userId와 clothesId와 같이 외부 테이블을 참조하고 있는 키를 **FK**라고 표현합니다.

count는 몇 개의 제품을 구매했는지 알려줍니다.

2-2 ORM 사용하기 위한 파일 생성

모델링한 정보를 바탕으로 ORM 사용 준비를 합니다.

(파일명 : ./codes/project/shop/server/models/users.js)

```javascript
1  module.exports = function(sequelize, DataTypes) {
2      let users = sequelize.define('users', {
3          id: {
4              type: DataTypes.INTEGER(11),
5              primaryKey: true,
6              autoIncrement: true,
7              allowNull: false
8          },
9          uid: {
10             type: DataTypes.STRING(255),
11             allowNull: false
12         },
13         password: {
14             type: DataTypes.STRING(255),
15             allowNull: false
16         },
17         price: {
18             type: DataTypes.INTEGER(11),
19             defaultValue: 0
20         },
21         status: {
```

```
22          type: DataTypes.INTEGER(11),
23          defaultValue: 1
24        }
25    }, {
26    })
27    ;
28    users.associate = function (models) {
29        users.hasMany(models.purchase);
30    };
31    return users
32 };
```

(파일명 : ./codes/project/shop/server/models/clothes.js)

```
1  module.exports = function(sequelize, DataTypes) {
2     let clothes = sequelize.define('clothes', {
3        id: {
4            type: DataTypes.INTEGER(11),
5            primaryKey: true,
6            autoIncrement: true,
7            allowNull: false
8        },
9        name: {
10            type: DataTypes.STRING(255),
11            allowNull: false
12        },
13        price: {
14            type: DataTypes.INTEGER(11),
15            allowNull: false
16        },
17        category: {
18            type: DataTypes.STRING(255),
19            allowNull: false
20        },
21        img: {
22            type: DataTypes.STRING(255)
23        }
24    }, {
```

```
25      })
26      ;
27      clothes.associate = function (models) {
28          clothes.hasMany(models.purchase);
29      };
30      return clothes
31  };
```

(파일명 : ./codes/project/shop/server/models/purchase.js)

```
1  module.exports = function(sequelize, DataTypes) {
2      var purchase = sequelize.define('purchase', {
3          id: {
4              type: DataTypes.INTEGER(11),
5              primaryKey: true,
6              autoIncrement: true,
7              allowNull: false
8          },
9          count: {
10             type: DataTypes.INTEGER(11),
11             defaultValue: 1
12         }
13     }, {
14     })
15     ;
16     purchase.associate = function (models) {
17         purchase.belongsTo(models.clothes);
18         purchase.belongsTo(models.users);
19     };
20     return purchase
21  };
```

(파일명 : ./codes/project/shop/server/models/index.js)

```
1  const Sequelize = require('sequelize')
2  const fs = require('fs')
3  const path = require('path')
4
```

```javascript
 5  const databaseName = 'shop' // 데이터베이스 이름
 6  const user = 'root'         // 데이터베이스 접속 유저 이름
 7  const password = ''         // 데이터베이스 접속 유저 비밀번호
 8  const options = {
 9      host: '127.0.0.1',      // 데이터베이스 접속 아이피
10      dialect: 'mysql'        // 데이터베이스 종류
11  }
12
13  let sequelize = new Sequelize(databaseName, user, password, options)
14  let db        = {};
15
16  fs.readdirSync(__dirname)
17      .filter(function(file) {
18          return (file.indexOf('.') !== 0) && (file !== 'index.js');
19      })
20      .forEach(function(file) {
21          let model = sequelize['import'](path.join(__dirname, file));
22          db[model.name] = model;
23      });
24
25  Object.keys(db).forEach(function(modelName) {
26      if ("associate" in db[modelName]) {
27          db[modelName].associate(db);
28      }
29  });
30
31  db.sql = sequelize;
32  db.S = Sequelize;
33
34  sequelize.sync(); // 모델과 디비간 싱크를 맞추는 부분
35
36  module.exports = db;
```

./models/Index.js로 모델 파일을 하나의 객체로 묶어주는 역할을 합니다.

```javascript
const {users, clothes, purchase} = require('./models')
```

API를 생성한 라우트 디렉터리에서 이러한 형태로 모델을 사용하여 데이터베이스를 조작할 수 있습니다.

(파일명 : ./codes/project/shop/server/routes/users.js)

```
 1  const express = require('express');
 2  const router = express.Router();
 3
 4  const {users} = require('../models')
 5
 6  router.get('/',(req, res, next)=>{
 7      res.send('/users');
 8  } )
 9
10  module.exports = router;
```

./server/routes/users.js에서 models로 생성한 users 모델을 사용합니다. 서버를 실행시키면 다음과 같은 에러가 발생합니다.

```
SequelizeConnectionError: Unknown database 'shop'
```

./server/models/index.js에서 database를 shop을 사용한다고 했기 때문에 shop이 있어야 합니다.

```
mysql> CREATE DATABASE shop;
Query OK, 1 row affected (0.00 sec)
```

데이터베이스에 접속하여 shop을 만들어 줍니다. 다시 서버를 실행하면 정상적으로 실행됩니다.

```
mysql> USE shop;
Database changed

mysql> SHOW TABLES;
+-----------------+
| Tables_in_shop  |
+-----------------+
| clothes         |
| purchases       |
```

```
| users          |
+----------------+
3 rows in set (0.00 sec)
```

서버를 실행하고 데이터베이스에서 테이블을 확인하면 sequelize로 생성한 모델 파일을 볼 수 있습니다. 만약 컬럼이 추가/수정한다면 컬럼을 추가/수정하고 모델 파일에서 컬럼 이름, 타입만 맞춰준 후 서버를 재시작하면 됩니다.

3 제품 등록

관리자 페이지에서 제품을 등록하는 부분을 구현합니다. 제품 업로드 시 파일을 업로드 해야 하므로 multer를 이용하여 파일 업로드를 구현합니다. 그리고 nuxt.js에서 요청 모듈인 axios를 설치합니다.

```
$ npm install -s axios
```

3-1 클라이언트 구현

클라이언트에서 제품을 등록할 수 있는 폼을 만들어 줍니다.

(파일명 : ./codes/project/shop/pages/admin/registry.vue)

```
1  <template>
2    <div class="container">
3      <form action="/api/v1.0/admin/clothes/registry" method="post">
4        <label for="옷 이름">옷 이름</label>
5        <input type="text" name="name">
6        <label for="옷 가격">옷 가격</label>
7        <input type="text" name="price">
8        <label for="옷 카테고리">옷 카테고리</label>
9        <select name="category">
```

```
10          <option v-for="cate in categories" v-bind:value="cate" :key="cate">
11            {{cate}}
12          </option>
13        </select>
14        <label for="옷 이미지">옷 이미지</label>
15        <input type="file" name="img">
16        <button type="submit">등록하기</button>
17      </form>
18    </div>
19  </template>
20
21  <script>
22  export default {
23    data () {
24      return {
25        categories: ['상의', '하의'],
26
27      }
28    }
29  }
30  </script>
```

form을 이용하여 서버에 데이터를 전송합니다. 이제 서버쪽에서 데이터를 받아 저장하는 부분을 구현합니다.

3-2 서버 구현

routes/admin.js에서 /clothes/registry를 추가합니다.

```
router.post('/clothes/registry', (req, res, next)=>{

})
```

models에서 clothes를 이용하여 데이터를 저장할 준비를 합니다.

```
const {clothes} = require('../models')
```

```
1  const express = require('express')
2  let router = express.Router()
3
4  const {clothes} = require('../models')
5
6  router.post('/clothes/registry', (req, res, next)=>{
7      let {name, price, category, img} = req.body
8
9      clothes.create({
10          name: name, price: price,
11          category: category, img: img
12      }).then((result) => {
13          res.status(201).json({message: 'succeess'})
14      })
15  })
16  module.exports = router;
```

유저한테 받은 데이터를 clothes.create를 이용하여 저장합니다. localhost:3000/admin/registry를 접속하여 등록하기 버튼을 누르면 해당 API가 호출되고 데이터베이스에 데이터를 저장합니다.

```
mysql> SELECT id, name, price, category, img FROM clothes;
+----+----------+-------+----------+------+
| id | name     | price | category | img  |
+----+----------+-------+----------+------+
|  1 | test 옷  | 12000 | 하의     | test.png |
+----+----------+-------+----------+------+
1 rows in set (0.00 sec)
```

데이터베이스에서 SELECT를 이용하여 확인할 수 있습니다.

아직 해당 API는 완벽한 기능이 구현되지 않았습니다. 파일 업로드 부분이 빠져있습니다. 먼저 ./server/utils/fileUpload/index.js를 구현합니다.

(파일명 : ./codes/project/shop/server/utils/fileUpload/index.js)

```
1  const multer = require('multer')
2  const path = require('path')
3
4  let storage = multer.diskStorage({
5      destination: function (req, file, cb) {
6          cb(null, path.join( __dirname, '../../uploads' ));
7      },
8      filename: function (req, file, cb) {
9          cb(null, file.originalname);
10     }
11 });
12
13 module.exports = multer({storage});
```

파일 업로드 시 저장될 경로와 파일 이름을 설정합니다. 해당 파일을 미들웨어에 추가만 하면 파일 업로드 기능이 완성됩니다.

(파일명 : ./codes/project/shop/server/routes/admin.js) – 파일 업로드 추가

```
      . . . 중 략 . . .
1  const file = require('../utils/fileUpload')
2
3  router.post('/clothes/registry', file.single('img'), (req, res,
4  next)=>{
5      let {name, price, category} = req.body
6      clothes.create({
7          name: name, price: price,
8          category: category, img: req.file.filename
9      }).then((result) => {
10         res.status(201).json({message: 'succeess'})
11     })
12 })
      . . . 중 략 . . .
```

저장 경로와 이름 설정된 모듈을 가져와 제품 등록 API에 미들웨어를 추가합니다.

서버 코드가 수정됐으니 서버를 재시작한 후, /admin/registry에서 등록하기 버튼을 누르면 제품 정보와 이미지 업로드가 됩니다.

```
mysql> SELECT id, name, price, category, img FROM clothes;
+----+----------+--------+----------+------+
| id | name     | price  | category | img  |
+----+----------+--------+----------+------+
|  1 | test 옷  | 12000  | 하의     | test.png |
|  2 | test 옷  | 120000 | 하의     | test.png |
+----+----------+--------+----------+------+
2 rows in set (0.00 sec)
```

데이터베이스뿐만 아니라 ./server/uploads 디렉터리로 가면 업로드된 test.png가 있습니다.

3-3 버그 개선 - ①

파일 업로드 시 같은 파일 이름을 업로드하면 기존의 파일이 덮어씌워 집니다. 그렇기 때문에 사용자가 업로드할 때 파일 이름이 아닌 새로운 이름을 만들어 주어야 합니다. timestamp를 이용하면 유니크한 파일 이름을 만들 수 있습니다. 정확히 같은 시간에 업로드하는 것은 불가능에 가깝습니다.

(파일명 : ./codes/project/shop/server/utils/fileUpload/index.js) – 파일명 timestamp 추가

```
. . . 중략 . . .
1 filename: function (req, file, cb) {
2     cb(null, new Date().getTime() +  file.originalname);
3 }
. . . 중략 . . .
```

new Date( ).getTime( )은 현재 timestamp를 가져옵니다. 기존 파일명 앞에 timestamp를 붙여 파일이 중복되는 현상을 방지합니다.

3-4 버그 개선 - ②

두 번째 버그는 등록하기 버튼을 누르면 submit의 특성 때문에 action으로 페이지를 이동하려고 합니다.

axios를 이용하여 서버에 데이터를 전송합니다. 그리고 **@submit.prevent**를 이용하여 자동으로 새로고침되는 현상을 없애고 강제로 /admin 페이지로 이동시킵니다.


```
1  <template>
2    <div class="container">
3      <form @submit.prevent="registry">
4        <label for="옷 이름">옷 이름</label>
5        <input type="text" v-model="name">
6        <label for="옷 가격">옷 가격</label>
7        <input type="text" v-model="price">
8        <label for="옷 카테고리">옷 카테고리</label>
9        <select v-model="category">
10           <option v-for="cate in categories" v-bind:value="cate"
11 :key="cate">
12             {{cate}}
13         </option>
14       </select>
15       <label for="옷 이미지">옷 이미지</label>
16       <input type="file" id="img">
17       <button type="submit" >등록하기</button>
18     </form>
19   </div>
20 </template>
21
22 <script>
23 import axios from 'axios'
24 export default {
25   data () {
26     return {
27       categories: ['상의', '하의'],
28       name: '',
29       price: '',
30       category: ''
31     }
32   },
33   methods : {
34     async registry () {
```

```
35          let formData = new FormData();
36          let fileDom = document.querySelector('#img')
37            if(this.name && this.price && this.category && fileDom.
38  files[0]){
39              formData.append("img", fileDom.files[0]);
40              formData.append("name", this.name);
41              formData.append("price", this.price);
42              formData.append("category", this.category);
43

44              let data = await axios.post('http://localhost:3000/api/
45  v1.0/admin/clothes/registry', formData, {
46                headers: {
47                  'Content-Type': 'multipart/form-data'
48                }
49              })
50              alert('제품이 정상적으로 등록되었습니다.')
51              this.$nuxt.$router.replace({ path: '/admin' })
52            }else{
53              alert('빈 양식이 있습니다.')
54            }
55
56        }
57      }
58  }
59  </script>
```

submit 버튼을 누르면 methods에 정의된 registry를 호출합니다. new FormData( )를 이용하여 서버에 전송할 파일과 데이터를 만들어 전송합니다.

input 타입이 file인 경우 데이터 바인딩이 되지 않기 때문에 document.querySelector('#img'). files를 이용하여 파일을 가져옵니다.

```
37  if(this.name && this.price && this.category && fileDom.files[0]){
        . . . 중략 . . .
38  }
```

여기서 양식이 비었는지 검사를 한 후 등록할지 빈 양식이 있다고 메시지를 띄울지 분기를 합니다. 제품 등록을 성공적으로 마치면 /admin으로 페이지 이동을 합니다.

4 제품 리스트

앞에서 등록한 제품들의 리스트를 확인하는 페이지를 만들어 보겠습니다. 리스트를 보여주는 부분은 서버와 클라이언트 모두 간단하게 구현할 수 있습니다. 대신 한 가지만 신경써주면 됩니다. 리스트를 보여줄 땐 저장된 리스트를 한 번에 보여주는 것이 아닌 페이지로 나누어서 보여주게 됩니다.

4-1 클라이언트 구현

서버에서 데이터를 가져오는 것처럼 비동기 형태로 데이터를 만들 경우 data보다는 asyncData를 사용합니다.

(파일명 : ./codes/project/shop/pages/admin/clothes.vue)

```
1  <template>
2    <div class="container">
3      <table>
4        <tr  v-for="cloth in clothes" :key="cloth['id']">
5            <td>{{cloth['category']}}</td>
6          <td>{{cloth['name']}}</td>
7          <td>{{cloth['price']}}</td>
8        </tr>
9      </table>
10   </div>
11 </template>
12
13 <script>
14 import axios from 'axios'
15 export default {
16   async asyncData () {
17     let data = await axios.get('http://localhost:3000/api/v1.0/
18 admin/clothes')
19     return {
20       clothes: data.data
21     }
```

```
22    }
23  }
24  </script>
```

해당 페이지는 localhost:3000/admin/clothes로 접속하면 볼 수 있습니다. asyncData에서 데이터를 받아와 화면에 뿌려줍니다. 이제 데이터를 받아오는 API를 추가해주면 등록한 제품을 확인할 수 있습니다.

4-2 서버 구현

clothes에서 findAll을 이용하여 제품 리스트를 다 제공해줍니다.

(파일명 : ./codes/project/shop/server/routes/admin.js)

```
    . . . 중 략 . . .
1  router.get('/clothes', (req, res) => {
2      clothes.findAll({
3          raw: true
4      }).then((result) => {
5          res.json(result)
6      })
7  })
```

서버를 재시작하고 localhost:3000/admin/clothes를 접속하면 clothes 테이블에 있는 정보를 볼 수 있습니다. 클라이언트에서 createdAt를 출력하면 제품이 언제 등록되었는지도 보여줄 수 있습니다.

4-3 페이지네이션 구현

제품이 많아지면 모든 제품을 한 번에 보는 것은 효율적이지 못합니다. 100개의 상품이 있다면 10개, 20개씩 끊어서 보는 것이 보기 좋고 서버와 클라이언트가 데이터를 처리하는데 오래 걸리지 않습니다.

(파일명 : ./codes/project/shop/pages/admin/clothes.vue)

```
1  <template>
2    <div class="container">
```

```
 3      <table>
 4        <tr  v-for="cloth in clothes" :key="cloth['id']">
 5          <td>{{cloth['category']}}</td>
 6          <td>{{cloth['name']}}</td>
 7          <td>{{cloth['price']}}</td>
 8        </tr>
 9      </table>
10
11      <div class="pagination">
12        <a href="#" @click='getPage(1)'>1</a>
13        <a href="#" @click='getPage(2)'>2</a>
14        <a href="#" @click='getPage(3)'>3</a>
15        <a href="#" @click='getPage(4)'>4</a>
16      </div>
17    </div>
18  </template>
19
20  <script>
21  import axios from 'axios'
22  export default {
23    async asyncData () {
24      let data = await axios.get('http://localhost:3000/api/v1.0/
25  admin/clothes')
26      return {
27        clothes: data.data.cloth,
28        totalCount: data.data.totalCount,
29        limit : data.data.limit,
30        currentPage: data.data.currentPage
31      }
32    },
33    methods : {
34      async getPage (page) {
35        let url = `http://localhost:3000/api/v1.0/admin/
36  clothes?page=${page}`
37        let data = await axios.get(url)
38
39        this.clothes = data.data.cloth
40        this.totalCount = data.data.totalCount
41        this.limit = data.data.limit
```

```
42        this.currentPage= data.data.currentPage
43      }
44    }
45  }
46  </script>
```

pagination 클래스를 만들고 a 태그를 클릭하면 getPage( ) 함수를 호출합니다. 몇 번째 페이지인지 쿼리스트링에 page로 요청합니다.


```
. . . 중 략 . . .
1  router.get('/clothes', (req, res) => {
2      let page = req.query.page || 0
3      let limit = 5
4
5      clothes.findAndCountAll({
6          raw: true,
7          limit: limit,
8          offset: page * limit
9      }).then((result) => {
10          res.json({
11              totalCount: result.count,
12              cloth: result.rows,
13              limit: limit,
14              currentPage: page
15          })
16      })
17  })
```

limit과 offset을 이용하여 페이지 별로 데이터를 조회할 수 있습니다.

```
2      let page = req.query.page || 0
```

해당 부분은 쿼리스트링에 page가 없으면 0을 사용하라는 의미입니다.

limit은 한 번에 띄워줄 데이터의 개수입니다. offset은 얼마나 떨어져 있는지에 대한 옵션입니다. 만약 0번째 페이지를 요청하면 limit은 5가 되고 offset은 5 * 0이기 때문에 0번째 데이터부터 5개를 조회합니다.

만약 첫 번째 페이지를 요청하기 위해 page가 1이면 limit은 5이고 offset은 1 * 5이기 때문에 다섯 번째 데이터부터 5개 조회를 합니다. 이런 식으로 페이지를 나눠서 조회하면 사용하는 클라이언트와 제공하는 서버는 부담 없이 데이터를 처리할 수 있습니다.

마지막으로 한가지 문제가 남아있습니다. 페이지네이션 부분의 숫자가 고정되어 있습니다.

```
11  <div class="pagination">
12      <a href="#" @click='getPage(1)'>1</a>
13      <a href="#" @click='getPage(2)'>2</a>
14      <a href="#" @click='getPage(3)'>3</a>
15      <a href="#" @click='getPage(4)'>4</a>
16  </div>
```

이 부분은 서버가 옷 정보와 함께 넘겨주는 제품 전체 개수, 페이지당 보여주는 개수, 현재 페이지를 이용하여 동적으로 바꿔보겠습니다.

(파일명 : ./codes/project/shop/pages/admin/clothes.vue) – template

```
1  <template>
2    <div class="container">
3      <table>
4        <tr  v-for="cloth in clothes" :key="cloth['id']">
5          <td>{{cloth['category']}}</td>
6          <td>{{cloth['name']}}</td>
7          <td>{{cloth['price']}}</td>
8        </tr>
9      </table>
10
11      <div class="pagination">
12          <a href="#" @click='getPage(p)' v-for="p in pagination"
13 :key="p">{{p + 1}}</a>
14      </div>
15    </div>
16  </template>
```

template 부분은 오히려 간단해졌습니다. 페이지네이션 데이터를 하나 더 추가하여 숫자 리스트를 서버에서 데이터를 요청한 후 만들어 줍니다. 그리고 0부터 조회하므로 +1을 하여 1부터 볼 수 있도록 합니다.

```
17  <script>
18  import axios from 'axios'
19  function getPagination ({currentPage, totalCount, limit}) {
20    let pn = []
21    let maxPage = Math.floor(totalCount/limit) // 최대 페이지 개수
22    for(let i = currentPage -3; i < currentPage +3 && i <= maxPage ;
23  i++){
24      if(i> -1){ // 페이지를 보여줄 때 음수는 의미 없음
25        pn.push(i)
26      }
27    }
28    return pn
29  }
30  export default {
31    async asyncData () {
32      let data = await axios.get('http://localhost:3000/api/v1.0/admin
33  /clothes')
34      return {
35        clothes: data.data.cloth,
36        totalCount: data.data.totalCount,
37        limit : data.data.limit,
38        currentPage: data.data.currentPage,
39        pagination: getPagination({
40          currentPage: data.data.currentPage ,
41          totalCount: data.data.totalCount,
42          limit : data.data.limit
43        })
44      }
45    },
46    methods : {
47      async getPage (page) {
48        let url = `http://localhost:3000/api/v1.0/admin/clothes?page
49  =${page}`
50        let data = await axios.get(url)
51        this.clothes = data.data.cloth
52        this.totalCount = data.data.totalCount
53        this.limit = data.data.limit
```

```
54        this.currentPage = data.data.currentPage
55        this.pagination = getPagination({
56          currentPage: data.data.currentPage,
57          totalCount: data.data.totalCount,
58          limit : data.data.limit
59        })
60      }
61    }
62 }
63 </script>
```

getPagination은 제품 개수와 페이지당 표시되는 제품 개수를 가지고 최대 페이지가 몇 개까지 나오는지 계산을 한 후 currnetPage에서 −3, +3까지 리스트를 만들어 줍니다. 여기서 반환된 페이지네이션 리스트는 this.pagination에 저장되고 this.pagination은 template에서 반복문을 이용하여 getPage( )를 호출합니다.

```
mysql> SELECT name, price, category FROM clothes;
+--------+-------+----------+
| name   | price | category |
+--------+-------+----------+
| cloth1 | 11000 | 상의      |
| cloth2 | 12000 | 상의      |
| cloth3 | 13000 | 상의      |
| cloth4 | 14000 | 상의      |
| cloth5 | 15000 | 상의      |
| cloth7 | 17000 | 하의      |
| cloth8 | 18000 | 하의      |
+--------+-------+----------+
7 rows in set (0.00 sec)
```

데이터베이스에 등록된 옷입니다. 이제 localhost:3000/admin/clothes에서 확인해 보겠습니다.

[그림 11.1] 관리자 페이지 – 옷 리스트 첫 번째 페이지

[그림 11.2] 관리자 페이지 – 옷 리스트 두 번째 페이지

총 7개의 제품이 있으므로 2개의 페이지만 띄워줍니다.

여기서 가장 어려운 부분이 페이지네이션을 구현하는 부분입니다. 이 부분은 살짝 계산이 필요하기 때문에 어렵다면 각각의 변수를 직접 계산하면 좀 더 익숙해질 겁니다.

유저 리스트와 구매 리스트도 이러한 형태로 리스트를 띄워주면 됩니다.

유저 리스트를 띄우는 건 앞에서 제품 리스트를 띄우는 것과 거의 유사합니다. 원리는 비슷하지만 유저 리스트에서 조금 다른 것이 있다면 status가 0인지 1인지에 따라 관리자인지 일반 유저인지 띄워주는 부분입니다.

이번에는 서버 측부터 구현합니다.

5-1 서버 구현

(파일명 : ./codes/project/shop/server/routes/admin.js)

```
. . . 중 략 . . .
1  const {clothes, users} = require('../models')
2
3  router.get('/users', (req, res) => {
4      let page = req.query.page || 0
5      let limit = 5
6
7      users.findAndCountAll({
8          raw: true,
9          limit: limit,
10         offset: page * limit
11     }).then((result) => {
12         res.json({
13             totalCount: result.count,
14             cloth: result.rows,
15             limit: limit,
16             currentPage: page
17         })
18     })
19 })
20
. . . 중 략 . . .
```

users 모델을 사용하기 위해 require을 이용하여 가져옵니다. 옷 리스트를 조회하는 API와 완전히 동일하게 동작합니다.

```
(파일명 : ./codes/project/shop/pages/admin/clothes.vue) – template
1   <template>
2     <div class="container">
3       <table>
4           <tr v-for="user in users" :key="user['id']">
5               <td>{{user['uid']}}</td>
6               <td>{{user['price']}}</td>
7               <td>{{user['status'] ? '일반 유저': '관리자'}}</td>
8           </tr>
9       </table>
10
11      <div class="pagination">
12          <a href="#" @click='getPage(p)' v-for="p in pagination"
13  :key="p">{{p + 1}}</a>
14      </div>
15    </div>
16  </template>
```

제품 리스트를 가져오는 것과 다른 점은 status를 검사하여 일반 유저인지 관리자인지 표시해주는 부분입니다.

```
    user['status'] ? '일반 유저': '관리자'
```

user['status']가 true면 일반 유저를 반환하고 false면 관리자를 반환합니다. 데이터베이스에서 일반 유저는 1(true), 관리자는 0(false)으로 저장하기 때문에 1일 때는 일빈 유저가 표시되고 0일 때는 관리자를 표시합니다.

```
(파일명 : ./codes/project/shop/pages/admin/clothes.vue) – script
17  <script>
18  import axios from 'axios'
19  function getPagination ({currentPage, totalCount, limit}) {
20      let pn = []
21      let maxPage = Math.floor(totalCount/limit)
22      for(let i = currentPage -3; i < currentPage +3 && i <= maxPage
23  ; i++){
24          if(i> -1){
```

```
25            pn.push(i)
26        }
27     }
28     return pn
29 }
30 export default {
31    async asyncData () {
32       let data = await axios.get('http://localhost:3000/api/v1.0/
33 admin/users')
34       return {
35          users: data.data.user,
36          totalCount: data.data.totalCount,
37          limit : data.data.limit,
38          currentPage: data.data.currentPage,
39          pagination: getPagination({
40             currentPage: data.data.currentPage ,
41             totalCount: data.data.totalCount,
42             limit : data.data.limit
43          })
44       }
45    },
46    methods : {
47       async getPage (page) {
48          let url = `http://localhost:3000/api/v1.0/admin/users?
49 page=${page}`
50          let data = await axios.get(url)
51          this.users = data.data.user
52          this.totalCount = data.data.totalCount
53          this.limit = data.data.limit
54          this.currentPage = data.data.currentPage
55          this.pagination = getPagination({
56             currentPage: data.data.currentPage,
57             totalCount: data.data.totalCount,
58             limit : data.data.limit
59          })
60       }
61    }
62 }
63 </script>
```

./pages/admin/users.vue의 script와 다른 점은 API 주소와 변수 이름 뿐입니다.

아직 회원가입 기능은 구현하지 않았기 때문에 INSERT를 이용하여 데이터베이스에서 직접 유저를 추가한 후 확인합니다.

```
mysql> SELECT uid, password, price, status FROM users;
+--------+----------+----------+--------+
| uid    | password | price    | status |
+--------+----------+----------+--------+
| admin  | admin    | 10000000 |      0 |
| user2  | user2    |   200000 |      1 |
| user3  | user3    |   300000 |      1 |
| user4  | user4    |   400000 |      1 |
| user5  | user5    |   500000 |      1 |
| user6  | user6    |   600000 |      1 |
| user7  | user7    |   700000 |      1 |
| user8  | user8    |   800000 |      1 |
| user9  | user9    |   900000 |      1 |
| user10 | user10   |  1000000 |      1 |
| user11 | user11   |  1100000 |      1 |
+--------+----------+----------+--------+
11 rows in set (0.00 sec)
```

INSERT INTO를 이용하여 직접 추가한 뒤 localhost:3000/admin/users에 접속합니다.

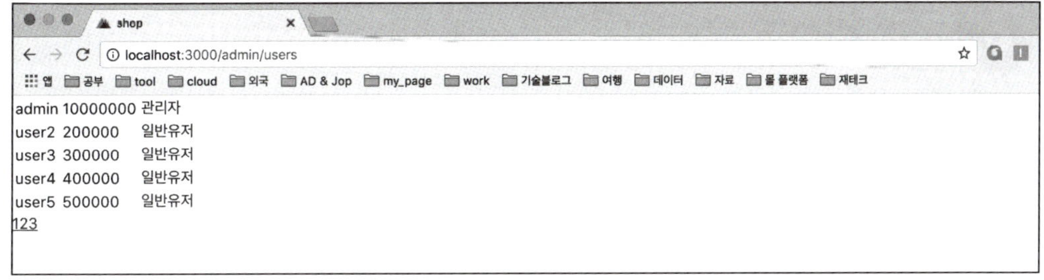

[그림 11.3] 관리자 페이지 – 유저 리스트 첫 번째 페이지

[그림 11.4] 관리자 페이지 – 유저 리스트 두 번째 페이지

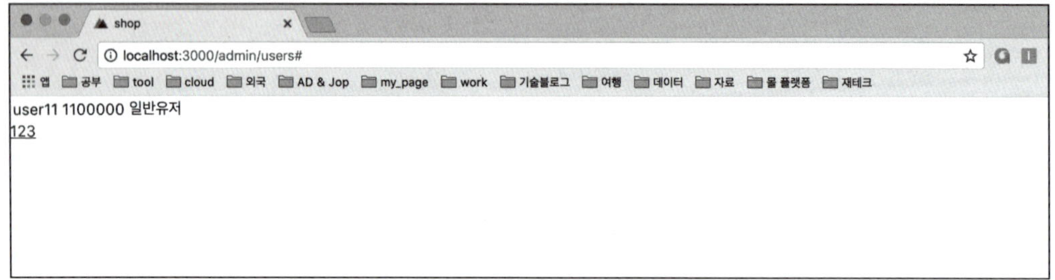

[그림 11.5] 관리자 페이지 – 유저 리스트 세 번째 페이지

제품 리스트를 보는 것을 활용하여 매우 간단하게 완성했습니다. 이제 구매 리스트만 남았습니다.

6 구매 리스트

구매 리스트는 유저 리스트와 제품 리스트보다 약간 어려울 수 있습니다. 구매 리스트는 유저 테이블과 제품 테이블이 엮여있기 때문입니다. 하지만 많이 어렵지 않으니 걱정하지 않아도 됩니다.

서버 측 코드를 먼저 구현합니다.

6-1 서버 구현

관계된 테이블을 엮을 땐 쿼리문에서는 JOIN을 이용하지만 ORM에서는 include를 이용하여 다른 테이블을 포함할 수 있습니다.

```
. . . 중 략 . . .
1  const {clothes, users, purchase} = require('../models')
2
3  router.get('/purchase', (req, res) => {
4      let page = req.query.page || 0
5      let limit = 5
6
7      purchase.findAndCountAll({
8          raw: true,
9          limit: limit,
10         offset: page * limit,
11         include: [
12             {model: users},
13             {model: clothes},
14         ]
15     }).then((result) => {
16         res.json({
17             totalCount: result.count,
18             purchase: result.rows,
19             limit: limit,
20             currentPage: page
21         })
22     })
23 })
. . . 중 략 . . .
```

users와 clothes를 include하고 join하여 테이블을 하나로 엮어서 결과를 만들어 줍니다. 모든 리스트를 띄워줄 땐 raw를 true로 하는 것이 좋습니다.

만약 ORM이 아니라 쿼리를 직접 사용한다면 다음과 같이 쿼리문을 만들어야 합니다.

```
mysql> SELECT count, users.uid, clothes.name FROM purchases INNER
JOIN users ON users.id = purchases.userId INNER JOIN clothes ON
clothes.id = purchases.clotheId;
+-------+-------+--------+
| count | uid   | name   |
+-------+-------+--------+
```

```
|      1 | admin | cloth1 |
|      1 | admin | cloth2 |
|      1 | user3 | cloth4 |
|      1 | user3 | cloth5 |
+-------+-------+--------+
4 rows in set (0.00 sec)
```

쿼리문으로 짜면 복잡하지만 ORM을 활용하면 간단한 형태로 표현이 가능합니다. 그리고 쿼리문보다 ORM이 보기가 훨씬 좋습니다.

6-2 클라이언트 구현

(파일명 : ./codes/project/shop/pages/admin/purchase.vue) – template

```
1  <template>
2    <div class="container">
3      <table>
4        <tr  v-for="purchase in purchases" :key="purchase['id']">
5          <td>{{purchase['user.uid']}}</td>
6          <td>{{purchase['clothe.name']}}</td>
7          <td>{{purchase['clothe.price']}}원</td>
8          <td>{{purchase['count']}}개</td>
9        </tr>
10     </table>
11     <div class="pagination">
12         <a href="#" @click='getPage(p)' v-for="p in pagination"
13  :key="p">{{p + 1}}</a>
14     </div>
15   </div>
16 </template>
```

역인 테이블에 접근할 땐 **[테이블.컬럼]** 형태로 접근합니다.

(파일명 : ./codes/project/shop/pages/admin/purchase.vue) – script

```
18 <script>
19 import axios from 'axios'
20 function getPagination ({currentPage, totalCount, limit}) {
```

```javascript
21    let pn = []
22    let maxPage = Math.floor(totalCount/limit)
23    for(let i = currentPage -3; i < currentPage +3 && i <= maxPage ; i++){
24      if(i> -1){
25        pn.push(i)
26      }
27    }
28    return pn
29 }
30 export default {
31   async asyncData () {
32     let data = await axios.get('http://localhost:3000/api/v1.0/admin
33 /purchase')
34     return {
35       purchases: data.data.purchase,
36       totalCount: data.data.totalCount,
37       limit : data.data.limit,
38       currentPage: data.data.currentPage,
39       pagination: getPagination({
40         currentPage: data.data.currentPage ,
41         totalCount: data.data.totalCount,
42         limit : data.data.limit
43       })
44     }
45   },
46   methods : {
47     async getPage (page) {
48       let url = `http://localhost:3000/api/v1.0/admin/purchase?page
49 =${page}`
50       let data = await axios.get(url)
51       this.purchases = data.data.purchase
52       this.totalCount = data.data.totalCount
53       this.limit = data.data.limit
54       this.currentPage = data.data.currentPage
55       this.pagination = getPagination({
56         currentPage: data.data.currentPage,
57         totalCount: data.data.totalCount,
58         limit : data.data.limit
```

```
59          })
60        }
61      }
62  }
63  </script>
64
```

script에서 다른 점은 요청 API 주소와 변수명이고 나머지는 다 똑같습니다.

6-3 확인

구매 기능도 아직 구현하지 않았기 때문에 INSERT를 이용하여 데이터를 직접 채워준 후 사이트에 접속해봅니다.

```
mysql> SELECT count, clotheId, userId FROM purchases;
+-------+----------+--------+
| count | clotheId | userId |
+-------+----------+--------+
|     1 |        1 |      1 |
|     1 |        2 |      1 |
|     1 |        4 |      3 |
|     1 |        5 |      3 |
+-------+----------+--------+
4 rows in set (0.01 sec)
```

clotheId는 clothes 테이블의 id 값을 의미하고 userId는 users 테이블의 id를 의미합니다. 해당 id를 가지고 테이블의 정보를 가져옵니다.

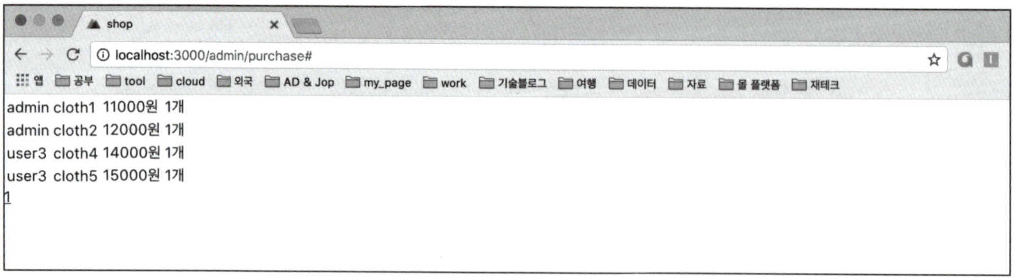

[그림 11.6] 관리자 페이지 – 구매 기록 리스트 페이지

지금까지 유저 리스트, 제품 리스트, 구매 리스트 페이지를 구현했습니다. 이제 관리자 전용 레이아웃을 만들어 상단에 각 페이지로 이동할 수 있도록 구현해보겠습니다.

7 메인 페이지

지금까지 디비 정보를 보여주기 위해 테이블마다 페이지를 만들었습니다. 서비스를 사용하기 위해 모든 주소를 외우는 건 리소스가 많이 소모됩니다. 관리자 페이지에서 가장 상단에 각 페이지로 이동할 수 있는 헤더를 추가합니다. 여기서는 서버에서 작업할 부분은 없습니다.

7-1 관리자 전용 내비게이션 컴포넌트

상단에 페이지 이동하는 내비게이션 탭을 components로 분리합니다.

(파일명 : ./codes/project/shop/components/adminHeader.vue)

```
1  <template>
2      <div class="">
3          <nuxt-link to="/admin">메인 페이지</nuxt-link>
4          <nuxt-link to="/admin/users">유저 리스트</nuxt-link>
5          <nuxt-link to="/admin/clothes">제품 리스트</nuxt-link>
6          <nuxt-link to="/admin/purchase">구매 리스트</nuxt-link>
7      </div>
8  </template>
9
10 <style scoped>
11 a{
12     padding: 10px;
13 }
14 </style>
```

컴포넌트 파일을 레이아웃에서 가져다가 사용합니다. nuxt-link는 HTML로 렌더링 될 때 a 태그로 렌더링합니다. a 태그에 간격을 살짝 줘서 보기 좋게 했습니다.

 관리자 전용 레이아웃

이제 컴포넌트를 가져다가 레이아웃에 붙여줍니다. 레이아웃 파일에서 컴포넌트를 가져와서 사용했습니다.

(파일명 : ./codes/project/shop/layouts/admin.vue)

```
1  <template>
2     <div class="">
3          <adminHeader></adminHeader>
4          <nuxt/>
5     </div>
6  </template>
7
8  <script>
9  import adminHeader from '../components/adminHeader.vue'
10 export default{
11     components: {
12         adminHeader
13     }
14 }
15 </script>
```

7-3 각 페이지에서 레이아웃 설정

레이아웃 파일을 만들었으므로 ./pages/admin 아래에 있는 vue 파일들에게 layout을 추가합니다.

```
<script>
export default{
    layout: 'admin'
}
</script>
```

export default에 layout을 admin으로만 설정해주면 됩니다. layouts에서 admin.vue로 만들었기 때문에 admin으로 설정하는 겁니다. 만약 aaa.vue라고 했으면 layout: 'aaa'라고 하면 됩니다. layout은 자동으로 layouts 디렉터리에서 해당 파일을 찾기 때문에 import 없이 사용 가능합니다.

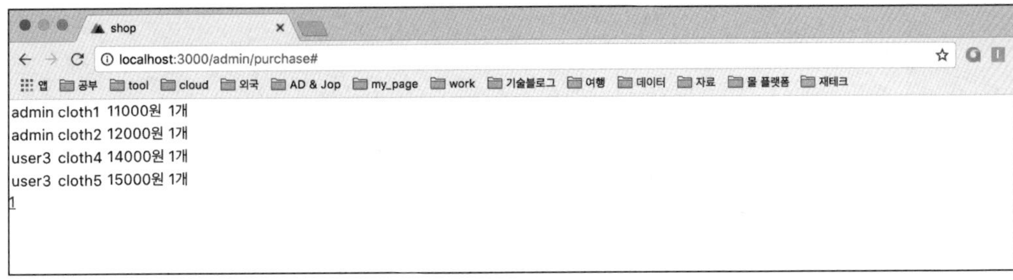

[그림 11.7] 관리자 페이지 레이아웃 추가

이제 관리자 페이지에서 좀 더 간단하게 페이지 이동을 할 수 있게 되었습니다.

PART
12

쇼핑몰 구축 – 사용자편

앞에서 관리자 페이지를 만들어 보았습니다. 관리자 페이지를 만들면서 nuxt와 express를 어떤 식으로 개발하는지 조금은 감이 잡혔을 겁니다. 이번 장에서는 실제 사용자가 사용하는 페이지를 만듭니다. 쇼핑몰 메인 페이지에 접속하면 제품리스트를 확인하여 제품 상세 페이지에서 제품을 구매할 수 있도록 합니다. 물론 실제로 결제를 만들지는 않습니다. 가상으로 결제를 하여 구매하는 형태로 진행합니다.

_ **메인 페이지**
_ **유저 관리 – 회원가입**
_ **유저 관리 – 로그인**
_ **제품 페이지**
_ **마이페이지**

1 메인 페이지

사용자가 보는 메인 페이지에서는 관리자가 등록한 제품을 볼 수 있습니다. 우리가 흔히 보는 쇼핑몰처럼 카테고리를 선택할 수 있고 페이지를 선택할 수 있습니다. 또한, 제품을 클릭하면 제품 상세 페이지로 이동합니다. 우선 제품 리스트를 띄워주고 누르면 상세 페이지로 이동할 수 있는 링크를 붙여줍니다.

1-1 클라이언트 구현

관리자 페이지에서 리스트를 보여줄 때 했던 것처럼 제품 리스트를 뿌려줍니다.

(파일명 : ./codes/project/shop/pages/index.vue) – template

```
1  <template>
2    <section class="container">
3      <ul>
4        <li  v-for="cloth in clothes" :key="cloth['id']">
5          <nuxt-link :to='{path: "/cloth/" + cloth["id"]}'>
6            <h3>{{cloth['img']}}</h3>
7            <h3>{{cloth['name']}}</h3>
8            <h3>{{cloth['price']}}</h3>
9          </nuxt-link>
10       </li>
11     </ul>
12
13     <div class="pagination">
14       <a href="#" @click='getPage(p)' v-for="p in pagination"
15  :key="p">{{p + 1}}</a>
16     </div>
17   </section>
18  </template>
```

관리자 페이지를 구현했던 것과 큰 차이는 없습니다. 한 가지 다른 점은 제품 정보에 링크를 이동할 수 있도록 합니다. 상세 페이지는 ./pages/cloth/_id.vue로 만들면 되고, 스크립트 부분은 관리자 페이지와 똑같습니다.

```
1  <script>
2  import axios from 'axios'
3  function getPagination ({currentPage, totalCount, limit}) {
4    let pn = []
5    let maxPage = Math.floor(totalCount/limit)
6    for(let i = currentPage -3; i < currentPage +3 && i <= maxPage ; i++){
7      if(i> -1){
8        pn.push(i)
9      }
10   }
11   return pn
12 }
13 export default {
14   async asyncData () {
15     let data = await axios.get('http://localhost:3000/api/v1.0/clothes')
16     return {
17       clothes: data.data.cloth,
18       totalCount: data.data.totalCount,
19       limit : data.data.limit,
20       currentPage: data.data.currentPage,
21       pagination: getPagination({
22         currentPage: data.data.currentPage ,
23         totalCount: data.data.totalCount,
24         limit : data.data.limit
25       })
26     }
27   },
28   methods : {
29     async getPage (page) {
30       let url = `http://localhost:3000/api/v1.0/clothes?page=${page}`
31       let data = await axios.get(url)
32       this.clothes = data.data.cloth
33       this.totalCount = data.data.totalCount
34       this.limit = data.data.limit
35       this.currentPage = data.data.currentPage
36       this.pagination = getPagination({
37         currentPage: data.data.currentPage,
```

```
38          totalCount: data.data.totalCount,
39          limit : data.data.limit
40        })
41      }
42    }
43  }
44  </script>
```

해당 부분은 계속 봤기 때문에 어렵지 않게 이해할 수 있습니다.

 ## 서버 구현

/api/v1.0/clothes API는 ./server/routes/clothes.js 라우터 파일에 추가하면 됩니다.

(파일명 : ./codes/project/shop/server/routes/clothes.js)

```
1  . . . 중 략 . . .
2  const {clothes} = require('../models')
3
4  router.get('/',(req, res, next)=>{
5      let page = req.query.page || 0
6      let limit = 3
7
8      clothes.findAndCountAll({
9          raw: true,
10          limit: limit,
11          offset: page * limit
12      }).then((result) => {
13          res.json({
14              totalCount: result.count,
15              cloth: result.rows,
16              limit: limit,
17              currentPage: page
18          })
19      })
20  })
21  module.exports = router;
```

서버를 실행한 후 localhost:3000을 접속하면 다음과 같이 나타납니다. 원활한 테스트를 위해 제품 정보에서 이미지는 test.png로 통일합니다.

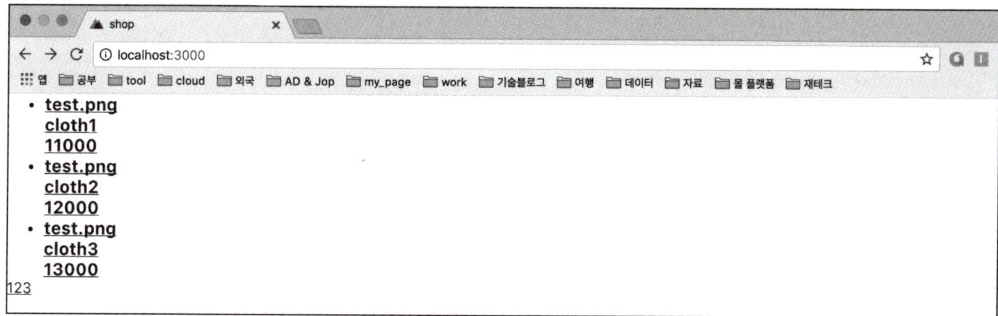

[그림 12.1] 사용자 메인 페이지

여기서 각 아이템을 누르면 /cloth/_id 형태로 페이지 이동을 합니다. 이 부분은 뒤에서 상세 페이지를 구현합니다.

페이지네이션도 정상적으로 동작합니다. 이제 두 가지만 해결하면 메인 페이지 기능 구현이 완료됩니다. 첫 번째는 카테고리 선택입니다.

1-3 카테고리 선택

카테고리를 선택할 수 있도록 페이지를 수정합니다.

(파일명 : ./codes/project/shop/pages/index.vue) – template

```
1  <template>
2    <section class="container">
3      <div class="category">
4        <a @click="changeCategory('하의')">하의</a>
5        <a @click="changeCategory('상의')">상의</a>
6      </div>
7      <ul>
8        <li  v-for="cloth in clothes" :key="cloth['id']">
9          <nuxt-link :to='{path: "/cloth/" + cloth["id"]}'>
10           <h3>{{cloth['img']}}</h3>
11           <h3>{{cloth['name']}}</h3>
12           <h3>{{cloth['price']}}</h3>
13         </nuxt-link>
```

```
14        </li>
15      </ul>
16      <div class="pagination">
17        <a href="#" @click='getPage(p)' v-for="p in pagination" :key
18 ="p">{{p + 1}}</a>
19      </div>
20    </section>
21 </template>
```

카테고리를 누르면 changeCategory를 호출합니다.

methods에 changeCategory를 추가합니다. 그리고 category를 asyncData( )에서 생성해줍니다.

```
1 async asyncData () {
2     return {
3         category: ""
4     }
5 },
6
7 methods: {
8     changeCategory (category) {
9         this.category = category
10        this.getPage(0)
11    }
12 }
```

getPage에서 서버에 데이터를 요청할 때 category 정보도 같이 포함하여 요청 보냅니다.

```
1 methods: {
2     let url = `http://localhost:3000/api/v1.0/clothes?page=${page}
3 &category=${this.category}`
4 }
```

서버는 category를 필터링하여 데이터 조회 결과를 클라이언트에게 응답합니다.

(파일명 : ./codes/project/shop/server/routes/clothes.js)

```
. . . 중략 . . .
1 router.get('/',(req, res, next)=>{
```

```
 2      let page = req.query.page || 0
 3      let category = req.query.category
 4      let limit = 3
 5
 6      if(category){
 7          category = {category: category}
 8      }else{ category = {} }
 9
10      clothes.findAndCountAll({
11          raw: true,
12          limit: limit,
13          offset: page * limit,
14          where: category
15      }).then((result) => {
16          res.json({
17              totalCount: result.count,
18              cloth: result.rows,
19              limit: limit,
20              currentPage: page
21          })
22      })
23  })
```

category로 필터를 만들어준 뒤 where에 필터로 넣어줍니다.

서버를 다시 시작한 후 localhost:3000으로 접속하면 카데고리를 선택하여 목록을 볼 수 있습니다.

```
mysql> SELECT name, price, category, img, id FROM clothes;
+--------+-------+----------+----------+----+
| name   | price | category | img      | id |
+--------+-------+----------+----------+----+
| cloth1 | 11000 | 상의     | test.png |  1 |
| cloth2 | 12000 | 상의     | test.png |  2 |
| cloth3 | 13000 | 상의     | test.png |  3 |
| cloth4 | 14000 | 상의     | test.png |  4 |
| cloth5 | 15000 | 상의     | test.png |  5 |
| cloth7 | 17000 | 하의     | test.png |  6 |
```

```
| cloth8  |  18000 | 하의        |  test.png  |   7  |
+---------+--------+-----------+-----------+----+
7 rows in set (0.00 sec)
```

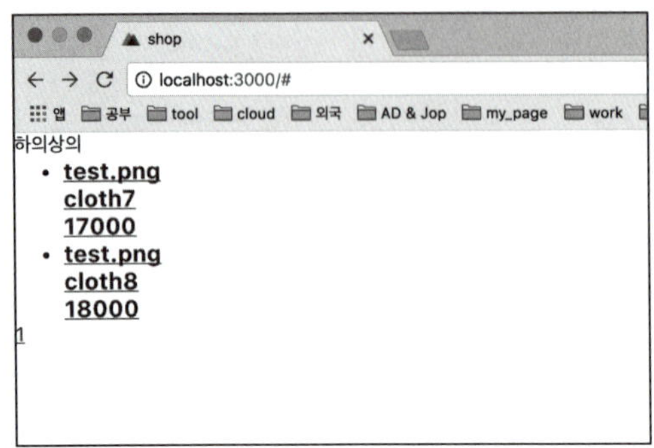

[그림 12.2] 하의 카테고리 선택

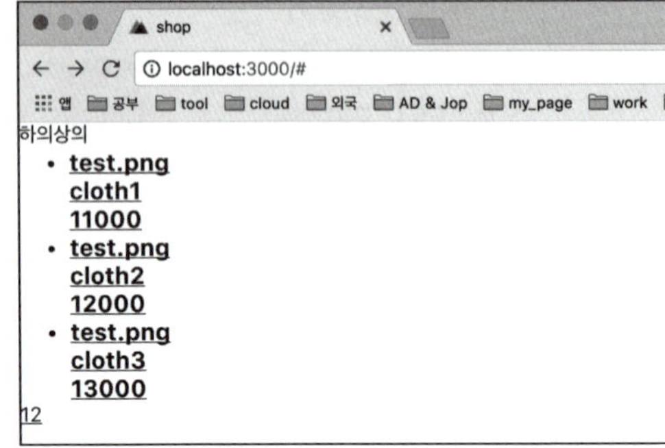

[그림 12.3] 상의 카테고리 선택

필터링과 페이지네이션이 잘 동작합니다.

이제 이미지 처리를 합니다.

```
1  <nuxt-link :to='{path: "/cloth/" + cloth["id"]}'>
2      <img :src='"http://localhost:3000/uploads/" + cloth["img"]'>
3      <h3>{{cloth['name']}}</h3>
4      <h3>{{cloth['price']}}</h3>
5  </nuxt-link>
```

이미지 부분의 태그를 바꿔주고 서버로 이미지를 받아올 수 있도록 합니다.

이제 서버를 수정합니다. 파일을 제공하는 API를 ./server/index.js에 추가해줍니다.

(파일명 : ./codes/project/shop/server/index.js)

```
   . . . 중 략 . . .
1  const fs = require('fs')
   . . . 중 략 . . .
2  app.get('/uploads/:filename', (req, res) => {
3      let file = __dirname + '/uploads/'+ req.params.filename
4      fs.readFile(file, (err, data) => {
5          res.end(data)
```

```
 6        })
 7   })
 8
 9   app.use('/api/v1.0', routes)
10   app.use(nuxt.render);
     . . . 중 략 . . .
```

파일을 제공하는 API입니다. 서버를 다시 시작한 후 메인 페이지에 접속하면 다음과 같은 이미지도 볼 수 있습니다.

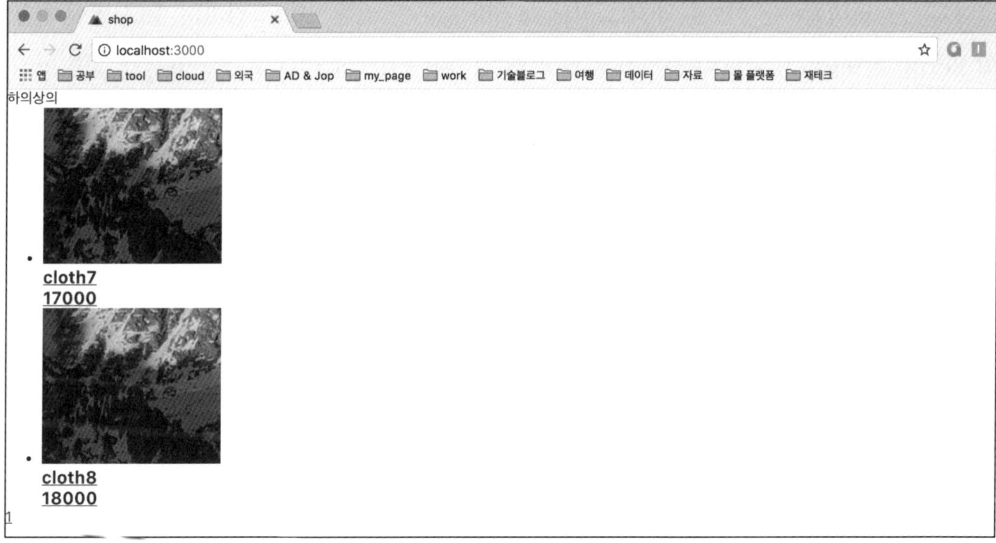

[그림 12.4] 메인 페이지 이미지

CSS가 없어서 멋은 없지만 그래도 멋지게 클라이언트와 서버가 만들어지고 있습니다.

2 유저 관리 – 회원가입

회원가입을 먼저 구현합니다. 회원가입은 서버에 데이터를 보내서 users 테이블에 아이디가 존재하는지 하지 않는지 검사 후 데이터를 생성하면 됩니다.

2-1 클라이언트 구현

클라이언트 영역에서는 아이디와 패스워드 초기자본금 양식을 서버로 넘겨준 후 서버에게 생성 여부를 응답받아서 로그인 페이지로 갈지 메시지를 띄워줄지 분기를 하면 됩니다. ./pages/signin.vue에 로그인 페이지를 만들어 줍니다.

(파일명 : ./codes/project/shop/pages/signup.vue)

```
1  <template>
2      <div class="container">
3          <form @submit.prevent="signup">
4              <label for="아이디">아이디</label>
5              <input type="text" v-model="uid">
6              <label for="패스워드">패스워드</label>
7              <input type="password" v-model="password">
8              <label for="초기자금">초기자금</label>
9              <input type="text" v-model="price">
10             <button type="submit">회원가입</button>
11         </form>
12     </div>
13 </template>
14
15 <script>
16 import axios from 'axios'
17 export default {
18     data () {
19         return {
20             uid: '',
21             password: '',
22             price: 0
23         }
```

```
24        },
25     methods : {
26         async signup () {
27             let url ='http://localhost:3000/api/v1.0/users/signup'
28             let data = await axios.post(url, data={
29                 uid: this.uid,
30                 password: this.password,
31                 price: this.price
32             })
33             console.log(data)
34             if(data.status == 200) {
35                 alert('해당 아이디는 이미 존재합니다.')
36             }else if(data.status == 201) {
37                 this.$nuxt.$router.replace({ path: '/signin' })
38             }
39         }
40     }
41 }
42 </script>
```

양식에 작성된 내용을 /api/v1.0/users/signup로 POST 요청한 후 응답 코드에 따라 분기를 합니다. 정상적으로 회원가입이 됐다면 201을 응답받고 로그인 페이지로 이동합니다. 로그인 페이지는 회원가입을 바로 구현합니다.

이제 uid와 password를 받고 uid가 users 테이블에 있는지 검사하여 존재 여부에 따라 200, 201로 응답해주면 됩니다.

2-2 서버 구현

findOrCreate를 이용하면 데이터 조회 후 존재 여부에 따라 한 번에 추가할 수 있습니다.

(파일명 : ./codes/project/shop/server/routes/users.js)

```
. . . 중 략 . . .
1 const {users} = require('../models')
2
3 router.post('/signup',(req, res, next)=>{
```

```
 4      let {uid, password, price} = req.body
 5      users.findOrCreate({
 6          where: {uid: uid},
 7          defaults: {
 8              uid: uid,
 9              password: password,
10              price: price
11          }
12      }).spread((user, created) => {
13          if(created){
14              res.status(201).json({})
15          }else{
16              res.status(200).json({})
17          }
18      })
19  } )
```

서버를 실행한 후 localhost:3000/signup에서 회원가입을 할 수 있습니다.

2-3 버그 개선

두 가지의 버그가 있습니다. 첫 번째는 빈 양식이 보내지는 경우, 두 번째는 가격이 숫자가 아닌 경우입니다. 이 부분은 양식이 비었는지 검사하고 price가 숫자가 맞는지 검사하면 됩니다.

```
methods : {
    async signup () {
        if(this.uid && this.password && !isNaN(this.price)){
            . . . 서버에 회원가입 하는 코드 . . .
        }else{
            alert('양식이 비었거나 초기자금이 문자가 포함되어 있습니다.')
        }
    }
}
```

유저 아이디와 패스워드가 비어 있거나 가격이 존재하지 않으면 경고창을 띄웁니다.

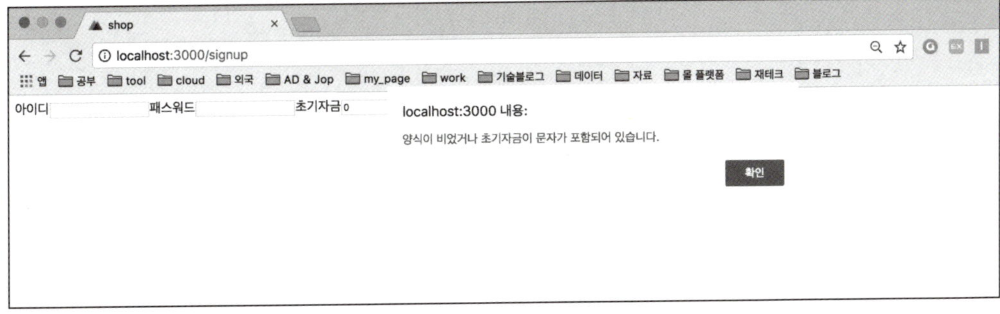

[그림 12.5] 잘못된 로그인 시도

하나의 양식이라도 비어 있거나 초기자금이 숫자가 아니면 해당 경고창을 띄웁니다. 만약 정상
적으로 회원가입이 됐다면 /signin 페이지로 이동합니다. 이제 signin 페이지를 구현합니다.

❸ 유저 관리 – 로그인

회원가입 기능이 끝났으니 로그인을 구현합니다. 로그인은 passport를 이용하여 구현합니다.

3-1 클라이언트 구현

클라이언트에서는 아이디와 비밀번호만 입력해서 서버로 보냅니다.

(파일명 : ./codes/project/shop/pages/signin.vue)

```
1  <template>
2    <div class="container">
3      <form @submit.prevent="signup">
4        <label for="아이디">아이디</label>
5        <input type="text" v-model="uid">
6        <label for="패스워드">패스워드</label>
7        <input type="password" v-model="password">
8        <button type="submit">로그인</button>
9      </form>
```

```
10        </div>
11    </template>
12
13    <script>
14    import axios from 'axios'
15    export default {
16        data () {
17            return {
18                uid: '',
19                password: ''
20            }
21        },
22        methods : {
23            async signup () {
24                let url ='http://localhost:3000/api/v1.0/users/signin'
25                let data = await axios.post(url, data={
26                    uid: this.uid,
27                    password: this.password
28                })
29                if(data.status == 200) {
30                    this.$nuxt.$router.replace({ path: '/' })
31                }else if(data.status == 204) {
32                    alert('잘못된 정보입니다.')
33                }
34            }
35        }
36    }
37    </script>
```

/api/v1.0/users/signin POST 요청으로 로그인을 시도합니다. 정상적인 로그인을 했다면 201을
응답합니다. 로그인을 실패했다면 204를 응답합니다. 로그인을 성공하여 201을 응답받으면 메인
페이지로 이동합니다.

3-2 서버 구현

passport를 이용하여 로그인을 구현합니다. 우선 미들웨어로 사용할 부분을 만들어 줍니다.

(파일명 : ./codes/project/shop/server/utils/passport/index.js)

```javascript
1  const passport = require('passport');
2  const local = require('./local');
3  passport.serializeUser(function(user, done) {
4      done(null, user);
5  });
6
7  passport.deserializeUser(function(user, done) {
8      done(null, user);
9  });
10 passport.use(local);
11 module.exports = passport;
```

앞에서는 serializeUser, deserializeUser와 로그인 정책 부분을 하나의 파일로 만들었지만 분리
하여 구현합니다.

(파일명 : ./codes/project/shop/server/utils/passport/local.js)

```javascript
1  const LocalStrategy = require('passport-local').Strategy;
2
3  const {users} = require('../../models');
4
5  module.exports = new LocalStrategy({
6        usernameField : 'uid',
7        passwordField : 'password',
8        passReqToCallback : true
9     }
10    ,function(req, userid, password, done) {
11      if(!userid || !password) return done(null, false);
12
13      users.findOne({
14        where: {uid: userid},
15        raw: true
16      }).then( result => {
17        if(!result){ done(null, false)}
18        else{
19          if(result.password == password){
20             done(null, {
```

```
21              uid: result['uid'],
22              id: result['id'],
23              status: result['status']
24          });
25        }else{
26          done(null, false)
27        }
28      }
29    });
30  }
31 );
```

로그인을 검사하는 부분입니다. uid와 password 중 하나라도 비어 있다면 done(null, false)를
호출하여 세션 생성을 하지 않습니다. 그리고 uid를 이용하여 디비에서 조회한 후 password
를 검사합니다. 만약 정상적으로 성공했다면 {uid, id, status} 형태로 세션을 만듭니다. 이제
passport와 session을 ./server/index.js에서 미들웨어를 등록합니다.

(파일명 : ./codes/project/shop/server/index.js)

```
    . . . 중 략 . . .
 1  const session = require('express-session')
 2  const passport = require('./utils/passport')
 3
 4  app.use(session({
 5    secret: '#123#123#asd#qwe#zxc#qwer#128*(*&asdjkwhereareyoufrom',
 6    resave: false,
 7    saveUninitialized: false,
 8    cookie: { maxAge: 1000 * 60 * 60 * 24 * 7} //  1000 * 60 * 60 *
 9  24 ==> 하루
10  }));
11
12  app.use(passport.initialize());
13  app.use(passport.session());
    . . . 중 략 . . .
```

passport는 세션에 정보를 저장하기 때문에 session도 등록해야 사용할 수 있습니다. 이제 사용
자가 요청한 API에 passport를 붙여줍니다.

```
. . . 중 략 . . .
1   const passport = require('passport');
2
3   router.post('/signin',
4       passport.authenticate('local',{
5           successRedirect: '/api/v1.0/users/signin/success',
6           failureRedirect: '/api/v1.0/users/signin/fail'}
7           )
8   );
9
10  router.get('/signin/success', (req, res) => {
11      res.status(200).json({})
12  })
13
14  router.get('/signin/fail', (req, res) => {
15      res.status(204).json({})
16  })
. . . 중 략 . . .
```

로그인이 정상적으로 됐다면 /signin/success가 호출되어 응답 코드 200을 응답합니다. 양식이 비었거나 아이디가 존재하지 않거나 비밀번호가 틀렸다면 /signin/fail이 호출되어 204를 응답하게 됩니다. 정상적으로 세션이 만들어졌다면 해당 유저는 서버에게 요청할 때 req.user로 세션 정보를 사용할 수 있습니다. 즉, 클라이언트가 요청할 때마다 본인의 정보를 전송할 필요가 없습니다.

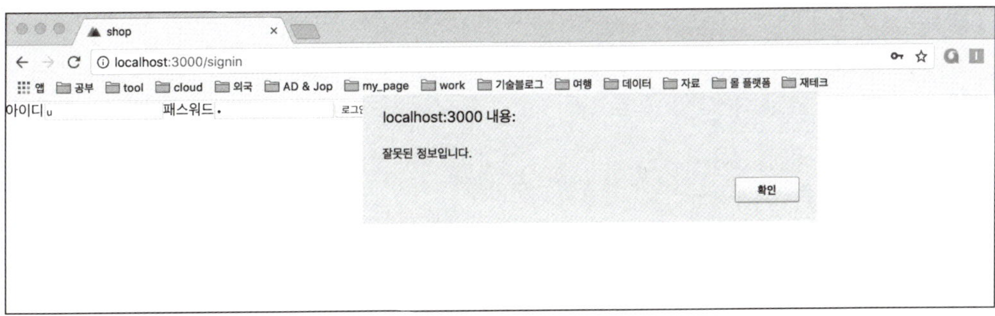

[그림 12.6] 잘못된 로그인 시도

일반 사용자 페이지도 관리자 페이지처럼 상단에 페이지를 이동할 수 있는 헤더를 추가합니다. 여기서는 layouts/default.vue를 수정합니다. 관리자 페이지와 다르게 서버 쪽에서 해야 할 작업이 하나 있습니다.

먼저 components에 Header.vue를 만들어 줍니다.

(파일명 : ./codes/project/shop/components/Header.vue)

```vue
1  <template>
2    <div class="header">
3      <nuxt-link to="/">메인 페이지</nuxt-link>
4      <nuxt-link to="/signup" v-if="! isLogin">회원가입</nuxt-link>
5      <nuxt-link to="/signin" v-if="! isLogin">로그인</nuxt-link>
6      <nuxt-link to="/mypage" v-if="isLogin">마이페이지</nuxt-link>
7    </div>
8  </template>
9
10 <script>
11 import axios from 'axios'
12 export default {
13   data () {
14     return {
15       isLogin: false
16     }
17   },
18   async mounted () {
19     let url = 'http://localhost:3000/api/v1.0/users/session-check'
20     let data = await axios.get(url)
21
22     if(data.data){
23       this.isLogin= true
24     }else{
25       this.isLogin= false
26     }
27   }
28 }
29 </script>
```

isLogin에 따라 nuxt-link를 선택적으로 보여줍니다. isLogin은 /api/v1.0/users/session-check에 요청하여 세션 정보를 받아옵니다. 세션 정보가 있으면 true, 없으면 false로 isLogin을 바꿔줍니다. 해당 컴포넌트 파일을 layouts/default.vue에서 가져다가 사용합니다.

(파일명 : ./codes/project/shop/layouts/default.vue)

```
 1  <template>
 2    <div>
 3      <Header/>
 4      <nuxt/>
 5    </div>
 6  </template>
 7
 8  <script>
 9  import Header from '../components/Header.vue'
10  export default{
11      components: {
12          Header
13      }
14  }
15  </script>
```

레이아웃을 만들었습니다. ./layouts/default.vue는 자동으로 레이아웃 설정되어 있으므로 페이지마다 따로 설정할 필요가 없습니다.

이제 서버에서 세션 여부에 따라 코드를 응답하는 부분만 추가하면 완성입니다.

(파일명 : ./codes/project/shop/server/routes/users.js)

```
 1  router.get('/session-check', (req, res) => {
 2      res.status(200).json(req.user)
 3  })
```

세션 정보를 응답하는 API를 추가합니다.

3-4 store를 이용하여 로그인 관리

서버를 다시 시작하고 로그인하면 한 가지 문제가 있습니다. 로그인을 하고 메인 페이지로 가면 계속 로그인 전 상태입니다. 하지만 페이지를 새로고침하면 로그인 상태로 바뀝니다.

이 부분이 발생하는 이유는 Header.vue는 페이지가 처음 열렸을 때 마운트[mount]되기 때문입니다. isLogin을 store로 전역으로 관리하여 로그인을 했을 때, 전역에서 관리하는 islogin을 바꿔주면 해결할 수 있습니다.

먼저 store에 users.js를 추가합니다.

(파일명 : ./codes/project/shop/store/users.js)

```
1  export const state = () => ({
2    isLogin: false
3  })
4
5  export const mutations = {
6    login(state) {
7      state.isLogin= true
8    },
9    logout(state) {
10     state.isLogin= false
11   }
12 }
13
14 export const getters = {
15   isLogin(state) {
16     return state.isLogin
17   }
18 }
```

isLogin을 상태에 추가한 뒤 login과 logout을 호출하면 true/false로 바꿔줍니다. 로그인하는 부분에서는 mutations에 생성한 login을 호출하고 ./layouts/default.vue에서는 getters에서 isLogin을 이용하여 상태를 가져오면 됩니다.

(파일명 : ./codes/project/shop/pages/signin.vue)

```
   . . . 중 략 . . .
1  import {mapMutations} from 'vuex'
   . . . 중 략 . . .
2  methods : {
3     async signup () {
4         let url ='http://localhost:3000/api/v1.0/users/signin'
5         let data = await axios.post(url, data={
```

```
 6                uid: this.uid,
 7                password: this.password
 8          })
 9          if(data.status == 200) {
10                this.login()
11                this.$nuxt.$router.replace({ path: '/' })
12          }else if(data.status == 204) {
13                alert('잘못된 정보입니다.')
14          }
15      },
16      ...mapMutations({
17          login: 'users/login'
18      })
19 }
     . . . 중 략 . . .
```

./store/users.js에 정의한 mutations을 사용하여 로그인에 성공하면 login을 호출하여 isLogin을 true로 바꿔줍니다.

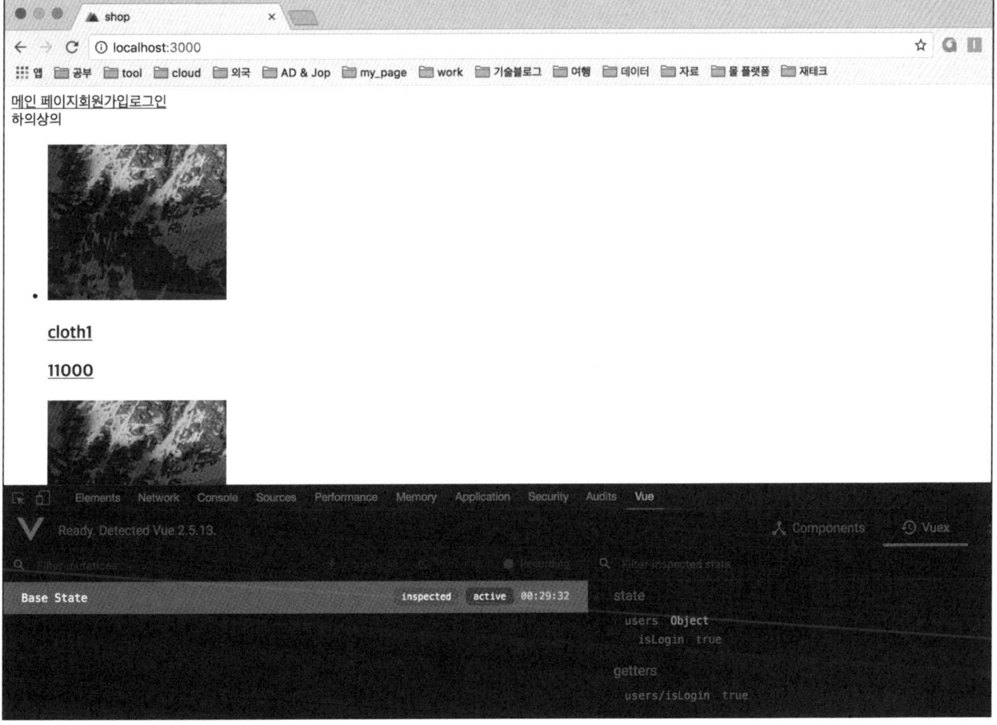

[그림 12.7] 로그인 후 상태 변경

로그인한 후 개발자 도구를 통해 vuex로 상태를 확인하면 true로 바뀌어 있습니다. 이제 ./
components/Header.vue에서 vuex로 관리하는 isLogin으로 내비게이션 상태를 바꿔주면 됩
니다.


```
. . . 중략 . . .
 1  <script>
 2  import axios from 'axios'
 3  import {mapGetters} from 'vuex'
 4
 5  export default {
 6    computed: mapGetters({
 7      isLogin: 'users/isLogin'
 8    }),
 9    async mounted () {
10      let url = 'http://localhost:3000/api/v1.0/users/session-check'
11      let data = await axios.get(url)
12
13      if(data.data){
14        this.isLogin= true
15      }else{
16        this.isLogin= false
17      }
18    }
19  }
20  </script>
```

vuex로 isLogin을 관리하기 때문에 어디서나 해당 값을 바꾸면 바로 적용됩니다. 만약 로그아
웃을 구현해야 한다면 서버에서는 req.logout( )을 호출하면 해당 세션을 삭제합니다. 그리고
./store/users에서 logout을 호출하거나 isLogin을 false로 바꾸면 됩니다.

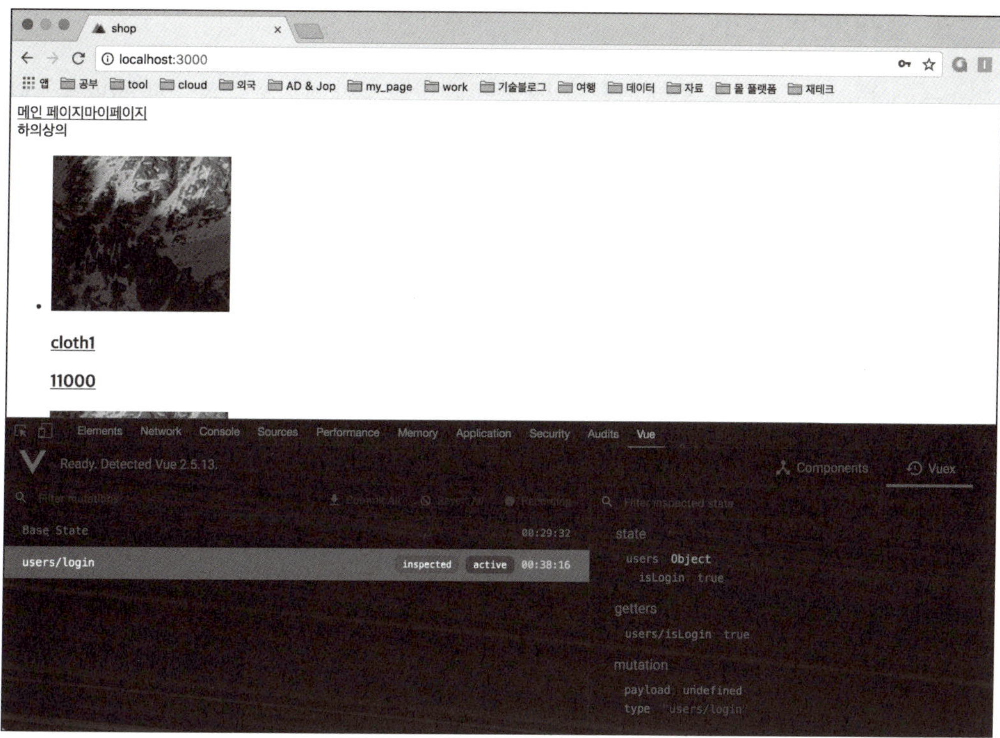

[그림 12.8] 로그인과 세션 유지 완료

로그인한 후 웹 브라우저를 종료했다가 다시 해당 페이지로 접속해도 로그인이 유지된 상태로 있습니다. 서버에서 세션을 유지하기 때문에 서버가 종료되거나 세션 만료 기간이 끝날 때 세션이 지워집니다.

4 제품 페이지

지금까지 제품 메인 페이지와 회원가입/로그인 기능을 구현했습니다. 메인 페이지에서 제품 목록을 띄워줄 때 ./pages/cloth/_id의 형태로 제품 상세 페이지를 연결했습니다. 여기서는 ./pages/cloth/_id.vue에서 제품 정보를 띄어주고 제품을 구매할 수 있도록 기능을 구현합니다.

./pages/cloth/_id.vue는 동적 라우팅을 이용하여 id 값을 받아 페이지를 띄울 때 서버에게 id
에 대한 정보를 요청하면 됩니다. 여기서 id는 clothes 테이블의 id 컬럼입니다.

(파일명 : ./codes/project/shop/pages/cloth/_id.vue)

```
1  <template>
2    <div class="detail">
3      <img :src='"http://localhost:3000/uploads/" + img'>
4      <h3>{{name}}</h3>
5      <h3>{{price}}</h3>
6
7      <button type="button" @click="buy">구매하기</button>
8    </div>
9  </template>
10
11 <script>
12 import axios from 'axios'
13 export default {
14   validate ({ params }) {
15     return true
16   },
17   data () {
18     return {
19       name: '',
20       price: '',
21       img: '',
22       clothId: this.$route.params.id
23     }
24   },
25   async created () {
26     let url = `http://localhost:3000/api/v1.0/clothes/detail?cloth
27 Id=${this.clothId}`
28     let data = await axios.get(url)
29     this.name= data.data.name
30     this.price= data.data.price
31     this.img= data.data.img
32   },
```

```
33    methods: {
34      async buy () {
35        let url = 'http://localhost:3000/api/v1.0/purchase'
36        let data = await axios.post(url, {
37          clothId: this.clothId,
38          price: this.price
39        })
40        if(data.status == 201) {
41          alert.('해당 제품 구매를 완료했습니다.')
42        }else if (data.status == 204) {
43          alert('돈이 부족합니다.')
44        }else if (data.status == 200){
45          alert('구매하시려면 로그인을 해야 합니다')
46        }
47      }
48    }
49 }
50 </script>
```

created( )를 이용하여 동적으로 생성된 id 값을 이용하여 서버에 정보를 달라고 요청합니다. asyncData( )에서는 this가 null이 뜨기 때문에 created( )를 이용합니다. 이 부분은 vuex로 제품 페이지 정보를 관리한다면 fetch( )를 이용하여 상태를 변경할 수 있습니다.

구매하기 버튼을 누르면 methods에 정의한 buy를 호출하는데 buy는 구매를 위해 서버에 어떤 옷을 구매하는지 clothId 값을 보냅니다. 시버에서 세션으로 해당 유저에 대한 정보를 가지고 있으므로 유저에 대한 정보는 포함하지 않아도 됩니다. 그리고 제품 구매 성공 여부에 따라 204, 201을 응답하고 응답 코드에 따라 다른 메시지를 띄워줍니다. 만약 로그인하지 않았다면 200 코드를 응답합니다.

4-2 서버 구현 – 제품 정보 응답

2개의 API 중에서 clothId를 받아서 제품 정보를 응답하는 API를 먼저 만들어 봅니다. findById( )를 이용하면 where로 필터링을 하지 않아도 됩니다.

```
    . . . 중 략 . . .
1 router.get('/detail', (req, res) => {
2     let id = req.query.clothId
3
4     clothes.findById(id, {
5         raw: true
6     }).then((result) => {
7         res.json(result)
8     })
9 })
    . . . 중 략 . . .
```

간단하게 API 구현이 끝났습니다. 메인 페이지에서 제품을 클릭하면 제품 페이지로 이동합니다.

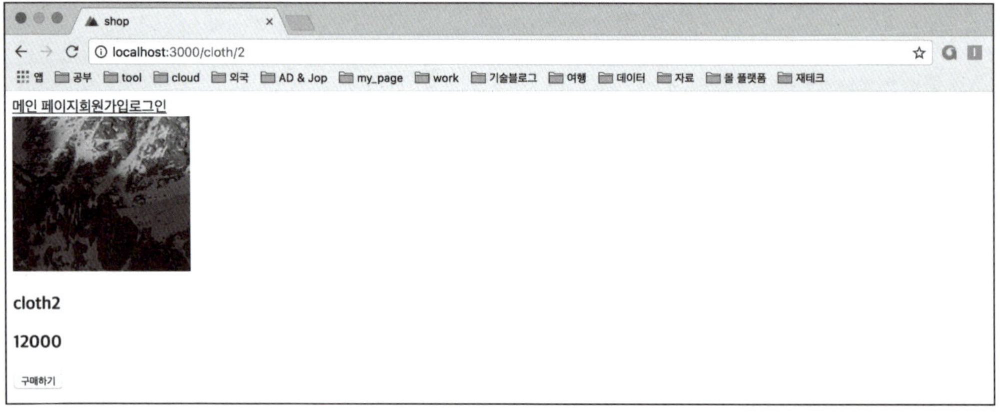

[그림 12.9] 제품 페이지

4-3 서버 구현 – 구매하기

구매하기 버튼을 누를 때 호출하는 API를 추가합니다. methods에 정의된 buy( )에서 /api/
v1.0/purchase로 POST 요청을 합니다. body에 clothId와 price를 포함하여 요청합니다.


```
    . . . 중 략 . . .
1 router.post('/', (req, res, next) => {
2     if(!req.user){
```

```
 3        return res.status(200).json({msg: '로그인 하지 않았습니다.'})
 4      }
 5
 6    let userId = req.user.id
 7    let {clothId, price} = req.body
 8
 9    let leftPrice = 0
10
11    users.findById(userId, {
12      raw: true
13    }).then((result) => {
14      if(result['price'] >= price){   // 유저가 가지고 있는 돈 검사
15        leftPrice = result['price'] - price // 제품 가격만큼 차감
16        return purchase.create({userId: userId, clotheId: clothId})
17      }else{
18        res.status(204).json({})
19      }
20    }).then((result) => {
21      return users.update(   // 제품 가격만큼 차감
22        {price : leftPrice},
23        {where: {id: userId}}
24      )
25    }).spread((affectedCount, affectedRows) => {
26      res.status(201).json({})
27    })
28  })
     . . . 중 략 . . .
```

이 책에서 가장 이해하기 힘든 코드일 수 있습니다.

세션에 있는 id를 이용하여 데이터베이스에서 유저가 가지고 있는 price를 가져옵니다. 제품 가격과 비교한 후 purchases 테이블에 이력을 추가합니다. 그리고 users 테이블에서 제품 가격만큼 차감하기 위해 업데이트합니다.

2~4라인은 첫 번째로 세션 정보 유/무를 판단합니다. 세션이 없으면 로그인이 되어 있지 않은 상태이므로 200을 응답합니다.

14~19라인은 두 번째로 제품 가격과 유저가 가지고 있는 금액을 비교합니다. 유저의 돈과 제품 가격을 비교합니다. 유저가 가지고 있는 금액이 더 적다면 204를 응답합니다.

제품 가격보다 유저가 가지고 있는 금액이 더 크면 purchases 테이블에 기록을 남깁니다. 여기서는 1개씩 구매한다고 가정하고 purchases에 count를 1로 기본값 설정했습니다. return으로 promise 객체를 다음으로 다시 넘깁니다. 그리고 기록을 남기기 전에 leftPrice 변수에 **유저 금액 – 제품 가격**을 계산한 값을 넣어줍니다.

21~24라인은 정상적으로 구매 이력이 기록됐으면 유저가 가지고 있는 금액을 업데이트합니다. **가지고 있는 금액 – 제품 금액**으로 수정합니다. leftPrice는 앞에서 **유저 금액 – 제품 금액**을 한 데이터입니다.

4-4 확인

앞에서 만든 기능들을 확인하는 단계입니다.

● 로그인을 하지 않은 상태

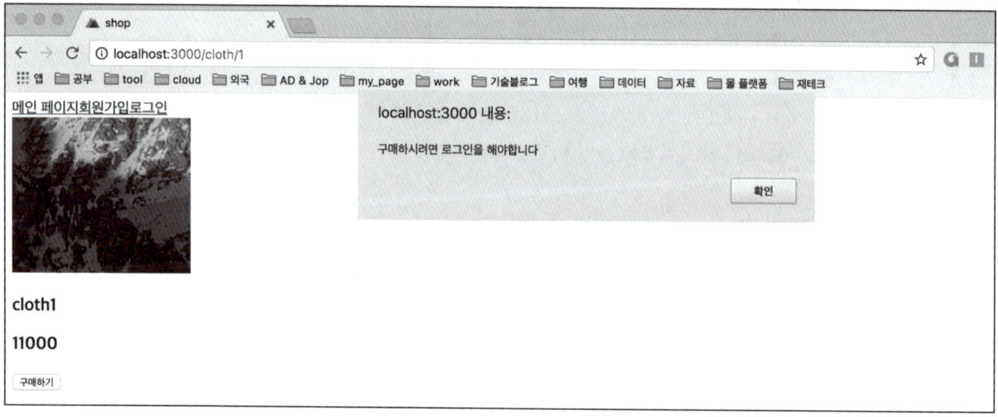

[그림 12.10] 로그인을 하지 않고 구매하기 버튼을 누를 때

로그인하지 않았다면 로그인이 필요한 서비스라고 알립니다.

● 로그인 상태 – 금액 부족

```
mysql> SELECT id, uid, password, price FROM users ;
+----+--------+----------+----------+
| id | uid    | password | price    |
+----+--------+----------+----------+
|  1 | admin  | admin    | 10000000 |
|  2 | user2  | user2    |   178000 |
|  3 | user3  | user3    |   300000 |
|  4 | user4  | user4    |   400000 |
|  5 | user5  | user5    |   500000 |
|  6 | user6  | user6    |   600000 |
|  7 | user7  | user7    |   700000 |
|  8 | user8  | user8    |   800000 |
|  9 | user9  | user9    |   900000 |
| 10 | user10 | user10   |  1000000 |
| 11 | user11 | user11   |  1100000 |
| 13 | 11     | 123      |        0 |
+----+--------+----------+----------+
12 rows in set (0.00 sec)
```

```
mysql> SELECT id, count, clotheId, userId FROM purchases;
+----+-------+----------+--------+
| id | count | clotheId | userId |
+----+-------+----------+--------+
|  1 |     1 |        1 |      1 |
|  2 |     1 |        2 |      1 |
|  3 |     1 |        4 |      3 |
|  4 |     1 |        5 |      3 |
|  7 |     1 |        1 |      2 |
|  8 |     1 |        1 |      2 |
+----+-------+----------+--------+
6 rows in set (0.00 sec)
```

구매하기 전에 데이터베이스 상태를 조회합니다.

금액이 0원 있는 11로 로그인한 후 구매를 눌러봅니다.

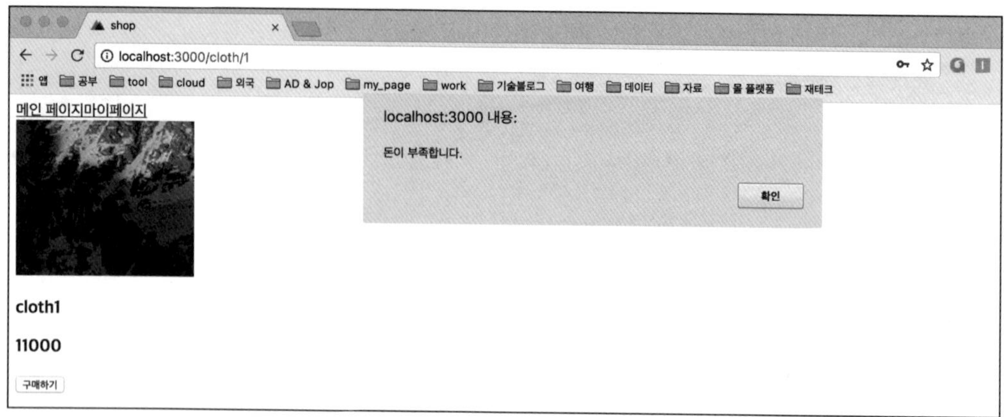

[그림 12.11] 유저가 돈이 부족할 때

유저가 가지고 있는 금액이 제품 가격보다 적기 때문에 구매가 이루어지지 않았습니다. 단순히 메시지가 아니라 데이터베이스를 조회하면 거래가 이루어지지 않았다는 것을 알 수 있습니다.

```
mysql> SELECT id, count, clotheId, userId FROM purchases;
+----+-------+----------+--------+
| id | count | clotheId | userId |
+----+-------+----------+--------+
|  1 |     1 |        1 |      1 |
|  2 |     1 |        2 |      1 |
|  3 |     1 |        4 |      3 |
|  4 |     1 |        5 |      3 |
|  7 |     1 |        1 |      2 |
|  8 |     1 |        1 |      2 |
+----+-------+----------+--------+
6 rows in set (0.00 sec)
```

구매하기 버튼을 누르기 전과 다르지 않습니다.

```
mysql> SELECT id, uid, password, price FROM users WHERE uid = '11';
+----+-----+----------+-------+
| id | uid | password | price |
+----+-----+----------+-------+
| 13 | 11  | 123      |     0 |
+----+-----+----------+-------+
1 row in set (0.00 sec)
```

유저가 가지고 있는 금액도 그대로입니다. 확실하게 구매가 이루어지지 않았습니다.

● **로그인 상태 – 구매 성공**

```
mysql> SELECT id, uid, password, price FROM users WHERE uid =
'user2';
+----+-------+----------+--------+
| id | uid   | password | price  |
+----+-------+----------+--------+
|  2 | user2 | user2    | 178000 |
+----+-------+----------+--------+
1 row in set (0.00 sec)
```

돈을 충분히 가지고 있는 user2로 로그인하여 구매하기 버튼을 누릅니다.

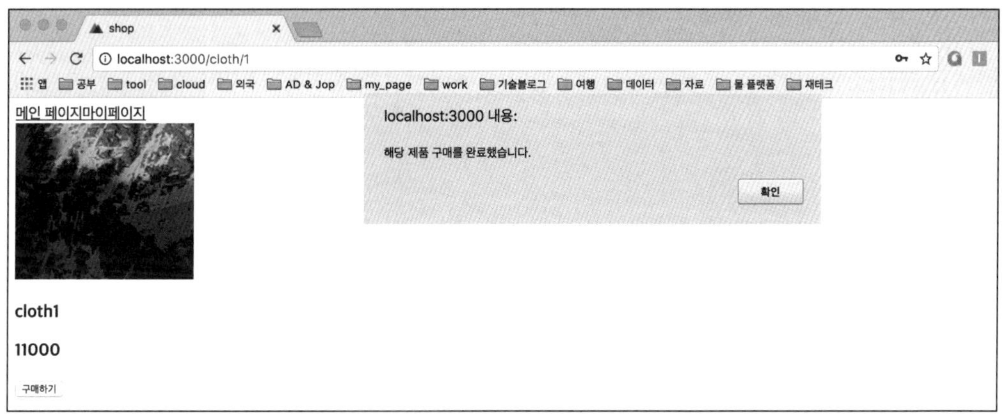

[그림 12.12] 구매 완료

구매 완료 메시지를 띄워줍니다. 구매가 잘 이루어졌는지 데이터베이스를 조회합니다.

```
mysql> SELECT id, uid, password, price FROM users WHERE uid =
'user2';
+----+-------+----------+--------+
| id | uid   | password | price  |
+----+-------+----------+--------+
|  2 | user2 | user2    | 167000 |
+----+-------+----------+--------+
1 row in set (0.00 sec)
```

178000원에서 11000원 제품을 구매하여 167000원으로 정상적으로 업데이트됐습니다. 구매 이력이 추가 됐습니다.

```
mysql> SELECT id, count, clotheId, userId FROM purchases;
+----+-------+----------+--------+
| id | count | clotheId | userId |
+----+-------+----------+--------+
|  1 |     1 |        1 |      1 |
|  2 |     1 |        2 |      1 |
|  3 |     1 |        4 |      3 |
|  4 |     1 |        5 |      3 |
|  7 |     1 |        1 |      2 |
|  8 |     1 |        1 |      2 |
|  9 |     1 |        1 |      2 |
+----+-------+----------+--------+
7 rows in set (0.00 sec)
```

구매된 제품을 마이페이지에서 확인할 수 있도록 구현해보겠습니다. 구매된 제품은 관리자 페이지에서도 확인할 수 있습니다.

5 마이페이지

로그인 상태일 때 마이페이지로 이동할 수 있는 탭을 생성합니다. 마이페이지에서는 해당 유저가 구매한 제품 리스트를 가져오고 로그아웃을 할 수 있도록 구현합니다. 관리자 페이지에서 구매 기록을 보는 것과 비슷한데 한 가지 다른 점은 purchases 테이블에서 조회할 때 세션에 저장된 id를 이용하여 userId를 WHERE로 필터를 넣어주면 됩니다.

로그아웃은 버튼을 누르면 ./store/users.js에서 mutaions에 만든 logout을 호출하면 됩니다.

5-1 클라이언트 구현

구매 리스트와 로그아웃 버튼을 추가합니다.

(파일명 : ./codes/project/shop/pages/mypage.vue) – template

```html
1  <template>
2    <div class="container">
3      <button type="button" @click="signout">로그아웃</button>
4      <table>
5        <tr  v-for="purchase in purchases" :key="purchase['id']">
6          <td>{{purchase['user.uid']}}</td>
7          <td>{{purchase['clothe.name']}}</td>
8          <td>{{purchase['clothe.price']}}원</td>
9          <td>{{purchase['count']}}개</td>
10       </tr>
11     </table>
12     <div class="pagination">
13       <a href="#" @click='getPage(p)' v-for="p in pagination" :key
14 ="p">{{p + 1}}</a>
15     </div>
16   </div>
17 </template>
```

template 부분은 관리자 페이지 때와 다른 점은 없습니다. 한 가지 추가된 부분은 로그아웃 버튼입니다.

(파일명 : ./codes/project/shop/pages/mypage.vue) – script

```js
1  <script>
2  import axios from 'axios'
3  import {mapMutations} from 'vuex'
4  function getPagination ({currentPage, totalCount, limit}) {
5    let pn = []
6    let maxPage = Math.floor(totalCount/limit)
7    for(let i = currentPage -3; i < currentPage +3 && i <= maxPage ; i++){
8      if(i> -1){
9        pn.push(i)
10     }
11   }
12   return pn
13 }
14 export default {
```

```
15    async asyncData () {
16      let data = await axios.get('http://localhost:3000/api/v1.0/purchase')
17      return {
18        purchases: data.data.purchase,
19        totalCount: data.data.totalCount,
20        limit : data.data.limit,
21        currentPage: data.data.currentPage,
22        pagination: getPagination({
23          currentPage: data.data.currentPage ,
24          totalCount: data.data.totalCount,
25          limit : data.data.limit
26        })
27      }
28    },
29    methods : {
30      async getPage (page) {
31        let url = `http://localhost:3000/api/v1.0/purchase?page=${page}`
32        let data = await axios.get(url)
33        this.purchases = data.data.purchase
34        this.totalCount = data.data.totalCount
35        this.limit = data.data.limit
36        this.currentPage = data.data.currentPage
37        this.pagination = getPagination({
38          currentPage: data.data.currentPage,
39          totalCount: data.data.totalCount,
40          limit : data.data.limit
41        })
42      },
43      async signout () {
44        let url = 'http://localhost:3000/api/v1.0/users/signout'
45        let data = await axios.put(url)
46        this.logout() // 상태변경
47        this.$nuxt.$router.replace({path: '/'}) // 메인 페이지 이동
48
49      },
50      ...mapMutations({
51        logout: 'users/logout'
52      })
```

```
53    }
54  }
55  </script>
```

/api/v1.0/purchase에서 구매 리스트를 가져옵니다.

여기서 중요한 점은 ./store/users.js에 정의된 logout을 로그아웃 버튼이 눌리면 직접 호출하는
것이 아니라 signout( )에서 호출합니다. ./store에 정의된 mutation은 상태만 변경해야 합니다.
서버에게 세션 삭제를 호출하거나 메인 페이지로 이동시키는 기능이 필요하므로 methods 속성
에 정의된 signout에서 상태 변경 이외의 작업을 담당하여 처리합니다.

(파일명 : ./codes/project/shop/server/routes/purchase.js) – 구매 이력

```
 1  router.get('/',(req, res, next)=>{
 2      let userId = req.user.id
 3      let page = req.query.page || 0
 4      let limit = 5
 5
 6      purchase.findAndCountAll({
 7          raw: true,
 8          limit: limit,
 9          offset: page * limit,
10          include: [
11              {model: users},
12              {model: clothes},
13          ],
14          where: {userId: userId}
15      }).then((result) => {
16          res.json({
17              totalCount: result.count,
18              purchase: result.rows,
19              limit: limit,
20              currentPage: page
21          })
22      }, err=> {
23          console.log(err)
24      })
25  })
```

관리자가 구매 이력을 조회하는 API에서 WHERE만 추가합니다. 세션에 저장된 userId를 이용하여 필터링합니다.


```
1  router.put('/signout', (req, res) => {
2      req.logout()
3      res.status(201).json({})
4  })
```

요청 객체에서 logout( )을 호출하면 세션을 삭제합니다. 그리고 클라이언트에게 응답하여 완료했다고 알립니다.

쇼핑몰의 최소한의 기능을 구현해보았습니다. 관리자 페이지, 사용자 페이지에서 필요한 기능만 넣었습니다. 아직 만들어지지 않은 기능이 있습니다. 관리자와 사용자를 구분하여 접근을 제한하는 부분입니다. 로그인하지 않은 상태로 mypage를 /mypage로 접속하면 정상적으로 접근이 되는데 이 부분도 페이지에서 서버에게 세션이 있는지 확인해야 합니다.

관리자 페이지 접근을 제한하는 부분은 관리자 페이지에서 서버에게 요청해서 권한을 확인한 후 관리자 권한이 아니면 접근을 허용하지 않으면 됩니다. 그리고 관리자가 사용하는 API에 관리자 권한을 확인하는 미들웨어를 추가하면 됩니다. req.user에 유저 권한을 나타내는 status를 이용하여 검사하면 됩니다.

마이페이지를 로그인하지 않고 접근할 땐 해당 페이지에서 서버에 요청한 후 세션이 없다면 로그인 페이지로 이동시키면 됩니다.

이 부분은 과제로 남겨드리겠습니다.

찾아보기